Somos todos
inocentes

© 1993, 2022 por Zibia Gasparetto
© iStock.com/ysbrandcosijn | iStock.com/D-Keine
© Dreamstime.com | Yuriyzhuravov

Coordenadora editorial: Tânia Lins
Coordenador de comunicação: Marcio Lipari
Capa, diagramação e projeto gráfico: Equipe Vida & Consciência
Preparação: Janaina Calaça
Revisão: Equipe Vida & Consciência

1ª edição — 29 impressões
2ª edição — 1ª impressão
3.000 exemplares — novembro 2022
Tiragem total: 276.000 exemplares

CIP-BRASIL — CATALOGAÇÃO NA PUBLICAÇÃO
(SINDICATO NACIONAL DOS EDITORES DE LIVROS, RJ)

L972s
2. ed.

    Lucius (Espírito)
    Somos todos inocentes / Zibia Gasparetto ; pelo espírito
Lucius. - 2. ed. - São Paulo : Vida & Consciência, 2022.
    384 p. ; 23 cm.

    ISBN 978-65-88599-52-5

    1. Romance espírita. 2. Obras psicografadas. I. Título.

22-78517
                        CDD: 133.93
                        CDU: 82-97:133.9

Todos os direitos reservados. Nenhuma parte desta edição pode ser utilizada ou reproduzida, por qualquer forma ou meio, seja ele mecânico ou eletrônico, fotocópia, gravação etc., tampouco apropriada ou estocada em sistema de banco de dados, sem a expressa autorização da editora (Lei nº 5.988, de 14/12/1973).

Este livro adota as regras do novo acordo ortográfico (2009).

Vida & Consciência Editora e Distribuidora Ltda.
Rua das Oiticicas, 75 – Parque Jabaquara – São Paulo – SP – Brasil
CEP 04346-090
editora@vidaeconsciencia.com.br
www.vidaeconsciencia.com.br

Somos todos inocentes

NOVA EDIÇÃO

ZIBIA GASPARETTO

Romance ditado pelo espírito Lucius

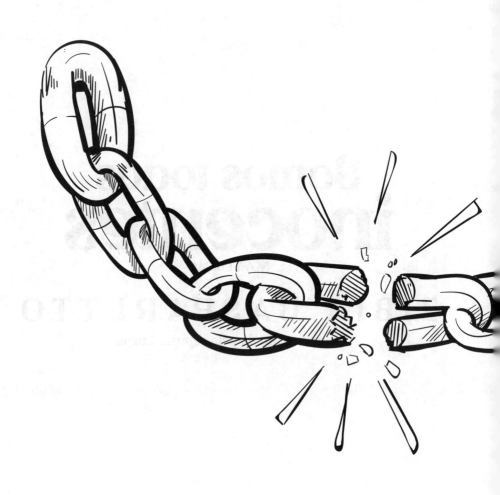

Deus
é grande. Nele devem estar nossas esperanças.

Deus
é grande.
Nele devem
estar nossas
esperanças.

Prefácio

    Observando o que se passa no mundo, onde a violência, a crueldade, a corrupção, a maldade e a hipocrisia parecem haver tomado conta de tudo, você se pergunta como Deus permite que pessoas inocentes, bondosas e honestas sejam forçadas a suportar essa convivência.

    E a noção de injustiça e o medo vão estabelecendo uma descrença progressiva, que, como um vírus destruidor, vai contaminando as pessoas, inferiorizando-as e colocando-as como vítimas indefesas da sociedade.

    Julgando defendê-las, você briga com a vida, procura os culpados, deseja vê-los punidos e, dedo em riste, vai tentando descobri-los entre os políticos, os jornalistas, o governo, os artistas, os escritores, os militares, os sindicatos, os empresários etc.

    Dentro desse processo, é fácil ir para o âmbito pessoal e culpar o patrão por sua falta de dinheiro, a esposa ou o marido por sua infelicidade, os pais, os amigos, a crise, a recessão, a poluição, a sorte. Para quem sofre, sempre haverá um culpado.

    A culpa tornou-se um elemento fundamental. Somos todos muito rigorosos quanto a isso. Quem fez deve pagar. E, prazerosamente, divulgamos casos em que as pessoas que erraram pagaram por seus erros.

    E o que dizer do *mea-culpa*? Quem cultiva a culpa costuma ser um cobrador inveterado de si mesmo.

    Entretanto, a moral cósmica é muito diferente. Tendo militado nas leis da Terra, custei muito a compreender isso. Mas agora eu sei que somos todos inocentes.

    Diante do quadro que você tem diante dos olhos, talvez não concorde comigo. Mas eu sei que o que você quer mesmo é melhorar suas condições no mundo, melhorando, assim, a sociedade.

Se é o que deseja, comece a perceber que a culpa nunca contribuiu para isso, nem a punição jamais conseguiu consertar ninguém.

Cada um tem um nível que lhe é próprio e agirá de acordo com ele. Será inútil exigir de alguém algo que ainda não pode dar. Quanto aos erros, eles representam degraus necessários à aprendizagem. Culpar alguém por isso é injusto e ineficaz.

É claro que a sociedade precisa de leis que regulamentem a ordem e precisa preservar o direito do homem, mas só.

Além do mais, Deus nos fez do jeito que somos, com o poder de criarmos nosso destino, de manusear a matéria, até certo ponto. Sofrer é desagradável, mas educa. O esforço é trabalhoso, mas desenvolve. A confiança é abstrata, mas harmoniza. A consciência do próprio poder centra e dignifica.

Escrevendo este livro, coloco em suas mãos a descoberta dessa realidade. Se você não quiser vê-la agora, não importa. Sei que um dia você chegará lá. Então, neste dia, poderá olhar o mundo de hoje e compreender que ninguém é vítima de ninguém e que, apesar das aparências, a vida mantém tudo sob controle e tudo está certo como está.

Lucius

Capítulo 1

Condenado à prisão, Jovino olhava desconsolado as paredes frias e tristes, sujas e descoradas de sua cela. Rosto vincado pela amargura, coração oprimido, alma dorida, ele nem sequer encontrara forças para defender-se.

Estava cansado de lutar contra o destino, que ele considerava cruel e inapelável. Deixara-se levar qual folha batida pelo vento, sem reagir, convicto de que nessa luta se considerava perdedor.

De nada lhe valera contar a verdade. Quem acreditaria? As aparências estavam contra ele, e as evidências colocaram-no como réu de um crime que não cometera.

A quem recorreria? Em quem confiaria, se os amigos que julgava fiéis o tinham traído? Onde buscaria o alívio para a tremenda mágoa que o acometia diante da injustiça e da vergonha?

Estava já habituado a ser subestimado, colocado em segundo plano. Sua orfandade, agasalhada em casa do doutor Homero, médico conceituado e bem de vida, sempre fora lembrada no olhar de tolerância dos membros da família, nos elogios à dona Aurora pela bondade em recolher o filho de sua empregada, quando ela foi atropelada e morta por um automóvel. Como Jovino não tinha pai, foi ficando ali, fazendo pequenos serviços, obedecendo aos filhos de Aurora, conformando-se em vestir as roupas velhas dos dois meninos e em aturar-lhes as birras e os caprichos.

Eles não eram maus, porém Jovino era para eles uma espécie de valete, que deveria estar sempre disposto às brincadeiras ou a cumprir as ordens que lhes ocorressem dar.

Magali era mais doce, todavia, mal reparava no menino triste e quieto que estava sempre pronto a buscar seus cadernos, suas bonecas, seus sapatos, seu agasalho e a levar o guarda-chuva à escola quando chovia ou seu lanche quando o esquecia.

Alberto era o mais velho, e Rui tinha dois anos a menos. Jovino era um ano mais novo do que ele e um ano mais velho do que Magali. Miúdo, magro, não por falta de comida, porque, neste particular, dona Aurora era pródiga. Deus nos livre de alguém dizer que ela não tratava bem do Jovino! O que seus filhos comiam, ele também comia. Doces, guloseimas, frutas etc. Ele era magro por natureza, costumava dizer, vendo-o miúdo ao lado dos seus filhos viçosos e bem tratados. Alto, cedo se curvara, abaixando a cabeça, obedecendo a uns e a outros.

Os amigos da família, frequentemente, olhavam-no com simpatia. Alguns batiam amigavelmente em seu ombro, falando-lhe da bondade do doutor Homero e de dona Aurora, que o acolhiam e lhe davam tudo. Até na escola ele ia para aprender a ler e a escrever!

Jovino, envergonhado, abaixava a cabeça concordando, e seu coração apertava-se num vazio triste e sem remédio.

Às vezes, na solidão do seu quartinho apertado, deitado, sem conseguir dormir, olhos abertos no escuro, ficava pensando. O rosto da mãe era lembrança vaga em sua memória, e, a cada dia, menos conseguia recordar-se de seus traços.

Lembrava mais o calor de seus braços morenos em torno de seu corpo, os beijos sonoros que lhe dava nas faces e suas mãos passando por seus cabelos. Nessas horas, a solidão doía, e ele chorava, triste. Daria tudo na vida para que ela voltasse. Talvez ela o pegasse no colo como dona Aurora fazia com os meninos, que disputavam seus braços acolhedores de mãe.

Gostava da família. Devia ser grato pela bondade deles. Porém, a tristeza e o vazio brotavam dentro dele, sem remédio, sem esperança.

Aurora queria que ele estudasse e, se Jovino se esforçasse, o mandaria tirar carteira de motorista. Ele, então, passaria a trabalhar de verdade, com ordenado e tudo, dirigindo o carro de luxo do patrão.

Jovino limpava cuidadosamente o carro todos os dias, tremendo só em pensar que um dia ele se sentaria naquele banco para conduzi-lo.

Quando completou dezoito anos, tirou carteira de motorista. Dava gosto vê-lo de uniforme discreto, muito elegante, conduzindo garboso o carro de luxo, sempre trocado a cada dois anos, cuidando dele como se fosse seu maior tesouro.

A princípio, revelava certa insegurança, mas depois de algum tempo tornou-se eficiente e discreto. Conhecia o carro nos mínimos detalhes e o mantinha polido e escrupulosamente limpo.

Assim, Jovino passou a acompanhar todos os membros da família. As escapadas do doutor Homero à boate ou ao encontro furtivo com alguma aventura; a visita aos clientes que estavam mal, altas horas da noite; as idas de dona Aurora ao dentista, à modista, ao mercado. As aulas de balé de Magali, as festinhas às quais ela comparecia e às quais Jovino tinha de levá-la e buscá-la, e o colégio, que ela às vezes cabulava por causa de um cinema ou de algum encontro com namorado.

Quando não estava ocupado com um desses três, os rapazes também se serviam do carro. Assim, Jovino participava da vida íntima de cada um, conhecendo-lhes os segredos, as fraquezas, os hábitos, tudo. Era calado, discreto, mas gostava de dona Aurora e não se sentia à vontade vendo as aventuras do doutor Homero. Preocupava-se também com os namoros de Magali sempre às escondidas, com os pileques do Alberto e as brigas do Rui, sempre escondido dos pais.

Era paciente, discreto, e pedia prudência aos jovens sempre que necessário. Não queria que nada de mal lhes acontecesse.

Eles estavam tão habituados à presença de Jovino que não tinham meias-palavras diante dele. Confiavam. Para eles, o moço era uma espécie de robô, que os obedecia cegamente, com dedicação.

Tudo começou numa noite de inverno. Os rapazes foram a um clube de bairro. Alberto andava namorando uma moça da periferia, bonita e graciosa. Rui foi junto.

Já era tarde quando os dois, acompanhando as moças, saíram do clube e, depois de levá-las para casa não distante dali, voltavam ao clube, onde Jovino os esperava dentro do carro. Alguns vultos sorrateiros caíram sobre os rapazes. Surpreendidos, eles defenderam-se como puderam. Jovino, porém, sacou a arma que tinha no porta-luvas e gritou com voz firme:

— Parem ou eu atiro!

Vendo que eles não atendiam, deu um tiro para o ar, e os atacantes largaram os rapazes. Um deles ainda ameaçou:

— Se ele não deixar a Mariazinha, eu matarei os três! Principalmente você, seu cachorro!

Jovino fez um gesto ameaçador, e eles fugiram esbaforidos. Os dois rapazes, rindo satisfeitos, não se cansavam de elogiar Jovino pela atuação pronta e bem-sucedida.

O moço, contudo, estava preocupado:

— Não voltem mais aqui. Eles são perigosos. O melhor é esquecer a moça.

— Ela é uma gracinha — disse Alberto, enlevado. — Não vou deixá-la para ele.

Jovino abanou a cabeça preocupado.

— Não se preocupe, Jovino. Vamos dar um tempo. Eles vão esquecer.

Não falaram mais nisso, e tudo foi esquecido. Foi exatamente um mês depois que tudo aconteceu. Doutor Homero, dona Aurora e Magali haviam viajado. Na casa, ficaram, além de uma criada, os dois rapazes e Jovino.

Alberto queria ver Mariazinha. Jovino tentou dissuadi-lo, e Rui também. A princípio, o moço relutou, mas depois concordou. Rui foi para o cinema, mas Alberto não quis ir. Jovino recolheu-se para dormir, contudo, estava inquieto e sem sono. Sentia o coração oprimido.

Levantou-se e dirigiu-se à cozinha para tomar água. Depois, devagarinho, foi ao quarto de Alberto e abriu a porta sem fazer ruído. A cama estava vazia. O moço saíra. Assustado, Jovino pensou: "Ele foi ver Mariazinha!".

Sem pensar em nada, vestiu-se e saiu rapidamente. Foi até o clube de bairro, circulou perto da casa da moça, procurou durante horas, mas não o encontrou. O dia já estava raiando, quando ele voltou para casa. Foi ao quarto de Alberto, mas o moço ainda não havia voltado.

Tentou acalmar-se. Talvez ele tivesse ido a outro lugar. De vez em quando, ele passava a noite fora. Não havia razão para preocupar-se. Deitou-se e por fim adormeceu.

Mas Alberto não apareceu no dia seguinte, e doutor Homero, já de volta, procurou a polícia. Dois dias depois, num terreno baldio atrás do clube de bairro, na beira do rio, encontraram o corpo. A autópsia revelou que uma das balas acertara a cabeça e a morte fora imediata. A arma estava ao lado do corpo.

Foram dias intermináveis. A família estava inconsolável. A polícia descobriu que a arma do crime era a de doutor Homero, que ficava no porta-luvas do carro. Tinha as impressões digitais do Jovino no cano, embora o cabo estivesse sem marcas.

Jovino foi acusado pelo delegado e não soube explicar onde havia estado na noite do crime. A criada vira-o sair sozinho, e algumas pessoas lembravam-se de tê-lo visto rondando o clube naquela noite.

Foi em vão que Jovino procurou dizer a verdade. Ninguém acreditou. Para piorar as coisas, nas mãos de Alberto foi encontrado um cachecol de Jovino, como se houvesse sido arrancado na hora do crime.

Todos estavam convencidos de que ele havia matado Alberto. O horror de dona Aurora, de Magali, de Rui; o ódio do doutor Homero; o desprezo com que o trataram sem dar-lhe crédito de maneira alguma deixaram-no arrasado. Ele chorava e repetia:

— Eu gostava de Alberto como irmão. Fui defendê-lo. Não tinha motivo para matá-lo!

A imprensa, revoltada com o crime, publicou manchetes violentas contra Jovino. Os conhecidos repudiaram-no, reprovando sua ingratidão, e apareceram até psiquiatras explicando que o crime de Jovino contra Alberto fora cometido por inveja. Enquanto o moço assassinado tinha tudo, ele, Jovino, não tinha nome, amor, família e posição.

Cansado de gritar, de chorar, de explicar, Jovino calou-se. Ouviu calado as ofensas, suportou o ódio de doutor Homero, o ressentimento do resto da família. De que lhe valeria protestar? De que adiantaria repetir que era inocente?

Foi nesses dias que Jovino sentiu mais sua orfandade. Ele estava só e não tinha ninguém que se preocupasse em ouvi-lo, em compreendê-lo, em acreditar nele. Tornou-se amargo, cético, indiferente. Olhava as paredes da cela e evitava pensar.

Como a arma fora parar ao lado de Alberto? Como seu cachecol estava nas mãos dele? Parecia um plano para incriminá-lo.

Não se incomodava com os estranhos, mas a atitude da família causava-lhe imensa dor. Havia nascido naquela casa. Conheciam-no muito bem. Como acreditaram que ele era capaz de cometer tal crime? Esforçava-se para esquecer, mas essa mágoa atormentava-o constantemente.

Foi condenado a vinte anos. O Tribunal do Júri comovera-se com o depoimento dos familiares do Alberto, dos clientes do doutor Homero, dos parentes. Todos falaram da bondade de Aurora, da paciência do doutor Homero, da amizade dos meninos, dividindo com ele guloseimas, roupas, brinquedos.

Sentado no banco dos réus, Jovino não conseguia nem chorar. Foi apontado como assassino frio e cruel, como ingrato, invejoso, mau-caráter, que, calado, escondia seu rancor e sua revolta.

Jovino sentiu-se traído. Amava aquelas pessoas. Elas eram sua família. Sentiu-se abandonado, escorraçado, desprezado.

Na prisão, tornou-se um indiferente. Ninguém o visitava, e até os carcereiros olhavam-no como se fosse um monstro. Todas as portas se haviam fechado para ele, que não via nenhuma possibilidade de auxílio.

Os dias sucediam-se iguais, tristes, e Jovino continuava amargo, calado e só. Não havia nada nem ninguém em quem se apegar. Não tinha esperanças.

Seus companheiros uniam-se entre si. Muitos rezavam, pedindo a Deus a liberdade. Iam à missa, quando era rezada na capela do presídio. A maioria tinha esperança de sair logo, impetravam recursos jurídicos, faziam o máximo, tentando reconquistar a liberdade. Tinham família, que lutava por eles do lado de fora.

Jovino não tinha nada. Não acreditava em Deus. Como poderia? Era inocente, então, por que Deus não o defendera? Se Ele existisse — pensava desanimado —, não teria permitido a condenação de um inocente.

Fechou seu coração. Nada conseguia tocá-lo. Nem a dor nem a alegria dos seus companheiros, nada. Obedecia às ordens que os carcereiros lhe davam, procurava manter a cela asseada. Não tolerava interferência dos outros presos em sua vida, quando se tornava até agressivo.

Isso impôs respeito aos demais, que compreenderam que, se o deixassem em paz, ele não se intrometeria em nada, tornando-se inofensivo.

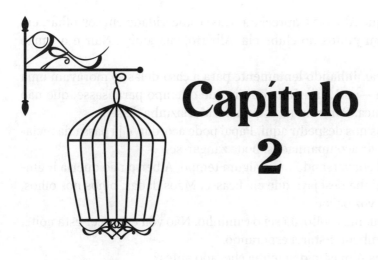

Capítulo 2

Mariazinha levantou-se um pouco assustada, olhando o relógio com preocupação. Precisava apressar-se para não chegar atrasada.

Lavou-se rapidamente, vestiu-se e engoliu uma xícara de café com leite. Apanhou a bolsa e saiu, mal ouvindo as recomendações da mãe para que se alimentasse melhor.

Precisava tomar o bonde antes das sete para chegar às sete e vinte e cinco à porta da fábrica. Não conseguiu. O bonde já havia passado. O remédio era esperar.

Eram sete e dez quando conseguiu enfiar-se em um bonde cheio, apertada por todos os lados, segurando firme a bolsa para não perdê-la.

Mariazinha estava acostumada a essa luta. Havia dois anos, trabalhava nessa fábrica do Brás e todos os dias tomava o bonde na Penha, onde morava, e, tanto na ida como na volta, eles passavam cheios. Sem importar-se com o desconforto, Mariazinha pensava.

Havia dormido mal naquela noite. A figura de Alberto não lhe saía do pensamento. Apaixonara-se por ele. Embora o houvesse visto poucas vezes, ele representara para ela o príncipe encantado. Jovem, bonito, elegante, instruído, rico, havia sido um sucesso sua presença no clube do bairro, geralmente frequentado por rapazes de nível social mais modesto.

As garotas disputaram-no. Ele, porém, só tivera olhos para ela. Dançaram, e a moça sentira seu coração bater mais rápido, aspirando gostosamente o perfume delicioso que vinha dele, sentindo seus braços ao redor do seu corpo, olhando seus olhos castanhos e profundos, nos quais havia admiração e carinho. A voz grave de Alberto dizia-lhe palavras doces, e Mariazinha deixou-se levar nas asas do sonho. Apaixonou-se desde o primeiro dia.

Sentiu que Alberto a apreciara. Havia sinceridade em seu olhar, em sua voz. Saíram juntos do clube ela, Alberto, sua amiga Nair e o irmão dele, Rui.

Foram caminhando lentamente para a casa delas — moravam uma perto da outra —, e Mariazinha queria que o tempo paralisasse, que não chegassem nunca. Pararam na esquina, e Mariazinha disse:

— Vamos nos despedir aqui. Papai pode acordar, e já passa da meia--noite. Se nos vir acompanhadas, pode zangar-se.

Ficaram conversando mais algum tempo. Alberto não queria ir embora, e Mariazinha desejava que ele ficasse. Mãos dadas, olhos nos olhos, ele dissera em voz baixa:

— Eu vou, mas volto. Já sei o caminho. Não vou esquecer esta noite.

— Eu também. Estarei esperando.

— Não há ninguém que tenha chegado antes?

Mariazinha sacudiu a cabeça negativamente:

— Nada importante.

— Posso voltar a vê-la?

— Claro.

Os olhos dela brilhavam, e Alberto levou aos lábios a mão que segurava, beijando-a com delicadeza. O coração de Mariazinha descompassou--se, e uma onda de calor envolveu-a. Naquela noite, custou a ela dormir. Pensava nele com entusiasmo, tecendo sonhos para o futuro.

No dia seguinte, quando regressava do trabalho, Nair já a estava esperando ansiosa.

— Você não sabe o que aconteceu ontem, depois que os dois nos deixaram!

— O que foi?

— Um horror. Até tiros houve.

Mariazinha empalideceu:

— Alguém ferido?

— Não. Foi só briga e o susto. O porteiro do clube me contou. Uma turma tentou bater nos dois, e parece que o motorista do carro... Você sabia que eles têm carro com motorista? — Mariazinha fez que não, e Nair continuou: — Pois tem. Vieram em um carro último tipo, com motorista de uniforme e tudo. Foi ele quem tirou o revólver e assustou os malandros.

— Não aconteceu nada com eles?

— Nada a não ser o susto.

— Quem você acha que pode ter sido?

— Desordeiros. Só pode ser a turma do Rino.

— Será?!

— Claro. Ele está apaixonado por você. Tem nos seguido por toda parte.
— Meu Deus! Se for assim, Alberto não voltará mais aqui! — Mariazinha agarrou o braço da amiga com força: — Eu estou apaixonada. O que será de mim se ele não voltar?
— Não é tanto assim. Às vezes, uma disputa dessas aumenta o interesse. Depois, Alberto parece um moço superior. Não vai se intimidar por um despeitado como o Rino.
— Não gosto dele. Se soubesse que ia me causar tantos problemas, nunca teria saído com ele algumas vezes.
— Cheguei a pensar que você estivesse interessada por ele. É um cafajeste. Ainda bem que desistiu.
— Tem boa aparência. No início, foi gentil, mas depois começou a mostrar o que é. Queria mandar até no ar que respiro. Ciumento, desconfiado, mentiroso, mau-caráter. Hoje, tenho-lhe aversão. Já lhe disse que não quero nada com ele, que me deixe em paz.

Por um desses acasos que não se explicam, alguém levantou-se para descer, e Mariazinha sentou-se.

Em seu pensamento, ainda estavam vivas as lembranças. Continuou recordando. Depois daquela noite, Alberto não apareceu mais no clube, e Mariazinha, que esperava ansiosamente por ele, começou a perder a esperança.

Por outro lado, Rino não a deixava em paz. Seguia-a por toda parte, e a moça tratava-o com irritação e desprezo.

Uma noite de sábado no clube, Rino aproximou-se dela com olhar apaixonado.
— Vamos dançar?
— Não sinto vontade.
— Você não vai me dar tábua. Se não dançar comigo, vou fazer um escândalo.
— Estou cansada.
— Se fosse aquele boneco de luxo, garanto que seu cansaço passava!
— Deixe-me em paz.
— Venha — disse ele, puxando-a com força pela mão.

Assustada, a moça levantou-se. Não queria ser motivo de escândalo. Se seu pai soubesse, não a deixaria mais frequentar o clube. Essa era sua melhor distração e a esperança de rever Alberto.
— Está bem — disse séria. — Só esta vez.

Rino enlaçou-a com força, e a moça teve que colocar a mão no ombro dele, empurrando-o.

— Se fosse aquele bocó, você não faria isso. Eu vi como se colou nele naquela noite.

— Nada tenho com você. Sou livre para namorar quem eu quiser.

— Você é que pensa. Vai se casar comigo ou não se casará com mais ninguém.

— Não diga isso. Não pode me obrigar. Não quero namorá-lo, muito menos me casar com você. Não percebe isso?

— Vai gostar de mim, verá. Há muitas mulheres que beijariam o chão se eu pedisse.

— Fique com elas e deixe-me em paz. Sabe o quê mais? Não quero dançar com você nunca mais. Se me ameaçar, vou falar com o guarda.

Mariazinha, zangada, empurrou Rino com força e saiu nervosa, indo procurar o guarda-civil que ficava de serviço à porta do salão. Enquanto o guarda procurava por ele para adverti-lo, Rino misturou-se aos demais e, rosto fechado, olhar rancoroso, deixou o local.

Alberto não aparecia, e Mariazinha pensou que ele a houvesse esquecido.

Uma noite em que estava em casa, Nair chegou dizendo com euforia:

— Mariazinha, adivinhe quem está aí fora, na esquina!

— Quem?!

— Alberto. Eu vinha da padaria, quando passei por ele. Cumprimentou-me e perguntou por você. Está lá, à sua espera.

Mariazinha sentiu o coração descompassar e as pernas tremerem.

— Vou me arrumar. Diga a ele que me espere.

— E seu pai?

— Está ouvindo rádio na sala. Fique aqui, é melhor. Direi que irei à sua casa ver uns figurinos.

— Está bem.

Rápida, tremendo de excitação, a moça arrumou-se discretamente, sem pintura, para que o pai não desconfiasse, e saíram. Enquanto a amiga entrava em casa, Mariazinha, coração cantando de alegria, foi ao encontro de Alberto.

— Boa noite — disse com suavidade.

— Boa noite. — Fez Alberto, segurando a mão dela com delicadeza e retendo-a com carinho.

— Pensei que nunca mais me procuraria — disse a moça.

— Tentei, mas não pude. Seus amiguinhos tentaram acabar comigo, e eu esperei um tempo para que eles esquecessem.

— Eu soube do que houve.

— Amor contrariado?

— Bobagem. Foi o Rino. Não tenho nenhum compromisso com ele nem nunca terei. Enfiou na cabeça que se casará comigo e tem me perseguido em todos os lugares.

— Você não gosta mesmo dele ou está comigo para lhe fazer ciúmes?

Mariazinha abanou energicamente a cabeça:

— Não diga isso! Não quero nada com ele. Tenho pensado muito em você. Não esqueci aquela noite.

— Eu também não. Vamos dar uma volta. Precisamos conversar.

Mãos dadas, trocando olhares carinhosos, os dois foram andando lentamente. Mariazinha esqueceu tudo mais que não fosse o moço de olhar doce e o calor que vinha de sua mão, que de vez em quando apertava a sua deliciosamente.

Conversaram bastante, e, quando em um canto discreto, Alberto a beijou, a moça pensou haver encontrado o céu. Sentiu-se completamente apaixonada por ele.

— Aquele seu admirador vai ter que se acostumar comigo. De agora em diante, estarei sempre por aqui.

Mariazinha sorriu feliz. Era tarde da noite quando ela voltou para casa, procurando entrar sem que o pai percebesse. Na cama, a moça deu livre curso aos seus sonhos de amor. A recordação do perfume de Alberto, da maciez de seus lábios, da delicadeza do seu trato, dos beijos carinhosos que ele de quando em quando lhe dava na mão, faziam-na estremecer de felicidade. E foi pensando nisso que naquela noite adormeceu.

Eles haviam combinado um passeio no dia seguinte, um sábado à tarde, e ela mal podia esperar. Alberto, porém, não apareceu. Decepcionada, Mariazinha não saiu de casa, esperando, olhando de vez em quando para a esquina onde ele deveria aparecer. Nada do Alberto. Nem no domingo.

Foi na segunda-feira que a bomba estourou. Quando ia para a fábrica, Nair, dentro do bonde, esperava-a um tanto pálida, tendo nas mãos um jornal.

— Mariazinha, aconteceu uma desgraça!

— O que foi? — indagou ela assustada.

— Alberto! Ele está morto!

— Não pode ser! — disse a moça, sentindo-se desfalecer.

— Olhe aqui o retrato no jornal! É ele mesmo.

Com mãos trêmulas, Mariazinha apanhou o jornal, e, de fato, a notícia era assustadora: *Moço da nossa sociedade aparece morto, atrás de um clube no bairro da Penha. A polícia está investigando.*

Deixou-se cair em um banco, desalentada.

— Não é possível! Não posso crer!

— Infelizmente, é verdade — disse Nair preocupada. — Quem você acha que foi? Teria sido o Rino?

Mariazinha sentiu um arrepio de terror:

— Espero que não. Para mim, isso não importa. Alberto era todo meu sonho de amor, que agora se desfez! Se você visse como era carinhoso, educado, fino! Não pode ser. Custa-me acreditar.

Mas era verdade, e ela tivera de render-se à evidência. Olhou em volta e deu o sinal. Estava na hora de descer. A custo, conseguiu chegar à porta de saída e saltar do bonde.

Ia chegar atrasada, quase quinze minutos, mas ela não estava tão preocupada com isso. Sentia-se particularmente acabrunhada naquele dia, sem poder esquecer a tragédia e seu amor truncado.

Já em frente ao tear onde trabalhava, envergando o uniforme, enquanto maquinalmente suas mãos experientes executavam seu trabalho de rotina, não pôde deixar de pensar no seu drama.

O choque fora grande. As investigações da polícia levaram até ela. O suspeito, o motorista de carro do Alberto, contara que o moço se interessara por Mariazinha e mencionara a agressão que os dois irmãos foram vítimas naquela noite. Dissera recear que Alberto houvesse sido assassinado por aqueles rapazes.

Assim, Mariazinha foi intimada a comparecer à delegacia. Apavorou-se. Seu pai, preocupado com o envolvimento da filha, pediu-lhe que negasse esse fato para não envolver-se em maiores encrencas.

A moça, porém, estava interessada em contar a verdade. Todavia, na tarde anterior ao seu depoimento na delegacia, na saída da fábrica, foi procurada por Rino.

— Você não dirá nada sobre aquela noite — disse ele segurando o braço de Mariazinha com força.

— Vou sim — respondeu ela com raiva. — Foi você quem o matou!

— Você está louca! Posso ser violento, mas assassino não. Não há mulher no mundo que valha isso.

— Então, do que tem medo?

— Não quero ser envolvido. Se me delatar e a polícia me incomodar, pagará muito caro por isso.

— O que você pode fazer?

— Se tem amor ao seu pai, trate de fechar o bico.

— Está me ameaçando? Será capaz de matar meu pai?

— Quem falou em matar? Mas uma lição ele leva. Uma boa surra, um assalto, um susto, mas só. Deus sabe como ele reagirá.

Mariazinha empalideceu:

— Deixe meu pai em paz. Afaste-se dele.

— Só se você não contar à polícia sobre aquela briga.

— Vou pensar. Meu pai não tem nada com isso.

— Depende de você!

Foi tremendo que Mariazinha compareceu à delegacia para declarações. Não falou da briga, à qual, por sinal, nem assistira, nem do ciúme do Rino. Só relatou seus dois encontros com Alberto. Soube que o porteiro do clube declarara ter ouvido tiros naquela noite, mas, quando saiu para ver o que era, os atacantes já haviam ido embora. Assim, apesar de Rui, irmão de Alberto, haver confirmado a agressão e a ameaça de um deles para que Alberto se afastasse da moça, a polícia não se interessou em investigar. Já havia um suspeito, e tudo indicava que ele fora o assassino. Talvez até ele o tivesse assassinado ali, naquele local, para impingir a culpa aos que o haviam agredido.

Mariazinha, porém, tinha suas dúvidas. Embora Rino afirmasse o contrário, ela desconfiava dele. Contudo, não queria falar sobre isso com a polícia, pois sentia medo.

O tempo passava, mas a figura de Alberto não lhe saía da mente. Recordava com amor cada frase trocada, cada gesto, cada olhar, e tudo isso, agora, ganhava uma conotação especial.

Frequentemente, era assaltada pelas dúvidas. Apesar de a polícia haver prendido o chofer e considerá-lo culpado, teria mesmo sido ele? Eram só suspeitas, e ela nada poderia provar. Sentia medo de Rino. Sua ameaça assustava-a. Julgava-o capaz de tudo.

Sentia-se infeliz e desanimada. Nunca mais encontraria alguém como Alberto. Felizmente, Rino deixara de importuná-la. Ela não fora mais ao clube, e ele não mais a procurara.

Naquela tarde, porém, teve desagradável surpresa ao sair da fábrica. Rino esperava-a na porta, tendo um jornal nas mãos. Mariazinha fingiu não tê-lo visto, foi saindo, mas ele segurou-a pelo braço.

— Espere aí. Não me viu à sua espera?

— O que quer?

— Falar com você.

— Estou cansada e com pressa de ir para casa.

Ele não escondeu a irritação.

— Você vai falar comigo de qualquer jeito.

— Não temos nada para conversar.

— Engana-se. É um assunto sério.

Ela parou e, olhando-o com frieza, respondeu:

— Está bem, mas seja breve.

— Vamos conversar em um lugar sossegado. Não no meio desse povo.

— Já disse que estou com pressa.

A voz dele tornou-se súplice:

— Mariazinha, não seja injusta comigo. Vou lhe provar que não sou ruim como pensa.

— Até agora, só tem demonstrado o contrário.

— Sou impulsivo, mas depois me arrependo. Estou louco por você. Meu ciúme tem me feito sofrer muito. Quero que compreenda.

— Está bem. Vamos conversar naquela esquina. Não tem ninguém lá.

Caminharam para outro lado da rua em local discreto.

— Aqui estamos sós. Pode falar.

— Estou muito magoado com você. Suspeita de mim, acha que tenho alguma coisa a ver com a morte daquele moço.

— Você o agrediu e ameaçou — respondeu ela.

— Só por ciúme. Mas não seria capaz de matar ninguém.

— Você me ameaçou também.

— Procurei defender-me. Se me incriminasse, a polícia me envolveria.

— Se é inocente, não tem nada a temer.

— Não é bem assim... Sabe como são as coisas. Ia ter aborrecimentos. Até que tudo se esclarecesse...

— Bem, mas, afinal, o que quer?

— Veja o jornal. O motorista foi julgado e condenado. Ele é o culpado. Ficou provado. Trouxe o jornal para comprovar a injustiça que fez comigo.

Mariazinha apanhou o jornal e leu: *Motorista do crime da Penha condenado a vinte anos.* Mais abaixo, o relato do julgamento. Apesar de o réu jurar inocência, as provas eram contra ele, e os jurados o consideraram culpado.

Os olhos de Mariazinha encheram-se de lágrimas.

— Espero que tenha se arrependido de haver suspeitado de mim.

— Você parece muito alegre com essa notícia.

— Claro. É a prova que eu esperava para você esquecer o passado.

Mariazinha olhou-o com tristeza.

— Gostaria de esquecer, entretanto, jamais conseguirei.

— Bobagem. Mal o conhecia. Iludiu-se. Ele era rico, almofadinha. Mas eu estou aqui e a amo muito. Vou ajudá-la a esquecer.

— Olha, Rino, é inutil. Apesar de o motorista dizer-se inocente, eu até posso acreditar que você não foi o assassino do Alberto. Mas eu gostava dele de verdade e, se quero esquecer o crime, meu amor por ele continua. Ninguém poderá arrancá-lo do meu coração. Sei que você gosta de mim, mas não adianta. Não quero namorar ninguém e posso garantir que nunca aceitarei seu amor. Peço-lhe que me deixe em paz. Procure me esquecer. Há de encontrar outra moça que o ame e o faça feliz.

Rino estava pálido.

— Isso passa. Você não pode amar um morto. É jovem. Não passará a vida inteira sozinha.

— É o que sinto agora. Se amanhã eu mudar de opinião, será por sentir por outro um amor maior do que o que tenho por Alberto. Nada tenho contra você. Podemos até ser amigos, mas amor, não. É definitivo.

Embora contrariado, Rino procurou dominar o rancor. De nada lhe valeria expressá-lo. A moça se afastaria mais ainda. Decidiu contemporizar.

— Está bem. Apesar da dor que sinto, respeito seus sentimentos. Um dia, você ainda me amará e me receberá de braços abertos.

— Agora preciso ir.

— Vou levá-la até sua casa.

— Melhor não. Prefiro ir só. Desculpe.

— Disse que poderíamos ser amigos!

— Disse, porém, hoje quero ir só. Não leve a mal, mas estou muito cansada.

Vendo-lhe o rosto pálido, Rino concordou.

— Está bem. Seja como quiser. Só desejo que, quando me encontrar, não me evite ou me ignore. Ser seu amigo me conforta.

— Está bem — concordou ela ansiosa para ver-se livre dele.

Apertou-lhe a mão e saiu apressada.

Estava escurecendo quando Mariazinha chegou em casa. Depois do jantar, procurou a amiga para desabafar. Nair ouviu-a com ar preocupado.

— Você não será amiga dele, será?

— Quero distância de Rino, mas será melhor se ele compreender e aceitar minha recusa.

— Não acredito nele. Viu que não a conquistará com brutalidade e agora quer passar por bonzinho. Daqui a pouco, chorará a seus pés um amor tão grande que pode ser até que você, com pena, acabe aceitando-o.

— Deus me livre. Tenho-lhe aversão.

— Cuidado. Tenho minhas dúvidas se não foi ele quem assassinou o Alberto.

— A polícia diz o contrário. Será que eles podem haver se enganado?

— Não é o primeiro caso. O motorista não confessou.

— Isso me intriga. Mas será que Rino seria capaz de matar? Ele é um pouco papudo.
— Isso é, mas também ele é muito violento. Numa hora de raiva, não sei, não.
— A polícia deve saber o que está fazendo.
— Amanhã, a Ana me dará o endereço de uma cartomante. Quer ir?
Mariazinha animou-se:
— Quero! Embora esteja desiludida, estou curiosa. Ela é boa mesmo?
— Acertou tudo pra Ana. Ela estava entusiasmada!
— É longe?
— Não. Ela me dará o endereço. Amanhã, quando você chegar da fábrica, nós iremos. Veremos se ela descobre a verdade.
— Mal posso esperar.

No dia seguinte, as duas amigas foram à casa de dona Guilhermina. Estavam ansiosas e animadas. Sentadas na sala simples da pequena casa, esperavam.
A mulher que as atendera era de meia-idade, tinha cabelos grisalhos e fisionomia simpática.
— Vamos entrar — disse com simplicidade. — Sentem-se. Vou pegar o baralho.
Logo depois, ela voltou com um maço de cartas bem usado.
— Quem quer vir primeiro?
— Ela — disse Nair, indicando a amiga.
— Melhor irmos para o quarto — sugeriu Guilhermina.
— Não — respondeu Mariazinha. — Não tenho segredos para ela.
— Muito bem. Vamos começar — disse, indicando as cadeiras ao redor da mesa.
Depois de vê-las acomodadas, colocou o maço de cartas diante de Mariazinha e pediu:
— Corte três vezes com a mão esquerda.
Mariazinha obedeceu. Guilhermina dispôs as cartas e começou a falar. Disse coisas triviais, sem importância, até que, a certa altura, levantou os olhos admirada, fixando Mariazinha. Juntou as cartas e disse:
— Vamos ver de novo.
Dispôs as cartas na mesa, depois levantou a cabeça, e seus olhos perderam-se em um ponto distante:

— Você está entre dois homens — afirmou. — Cuidado. Os dois estão desesperados. Não deve querer nenhum deles.

Mariazinha não entendeu:

— Dois?

— Sim. Um é ciumento, perigoso, desonesto. Se você o aceitar, sofrerá muito.

— Sei quem é — disse Mariazinha. — Mas não quero nada com ele.

— Ele não desistiu. Vai assediá-la. É até obsessão. Cuidado. Não deve dar a mínima esperança a ele. Mas há o outro. Esse também está desesperado. É um amor impossível. Foi cortado pelo destino. Ele sofre muito e está a seu lado.

Mariazinha assustou-se.

— Engana-se — disse com ar preocupado. — Tive um namorado a quem amo ainda, mas ele morreu.

Guilhermina olhava fixamente para frente e parecia haver esquecido as cartas dispostas sobre a mesa.

— O corpo morreu, mas ele continua vivo. Você não sabe que a vida continua?

Nair segurou a mão da amiga, apertando-a com força como para infundir-lhe coragem. Guilhermina continuou:

— Deve rezar para que ele a esqueça, pois a segue por toda parte.

— O que ele quer de mim? — indagou Mariazinha com voz insegura.

— Não sei, mas diz que você pode ajudá-lo. Vejo uma trama, uma injustiça, muita luta.

— O que devo fazer?

— Rezar. Pedir a ajuda de Deus. Procure um lugar, um centro espírita. Você precisa.

— Sou católica. Tenho medo dessas coisas — respondeu Mariazinha preocupada.

— É só o que posso dizer — completou Guilhermina, voltando a olhar atentamente para as cartas na mesa.

— Tem muita proteção. Não precisa ter medo de nada. Há uma possibilidade de casamento para daqui a dois, três anos. Uma mudança de vida para melhor.

A cartomante fez algumas previsões sem que Mariazinha desse importância. Foi a vez de Nair, que, com ar divertido, ouviu as informações de Guilhermina. Depois de pagarem, as duas saíram.

Mariazinha estava impressionada.

— Ela falou sobre o Rino.

25

— Eu não disse que ele não serve? Ela pediu para você não lhe dar ouvidos.

— Isso eu sei. Não pretendo ter nada com ele. Mas e o outro? É o Alberto. Ela disse que ele me acompanha. Será verdade? Será que os mortos podem voltar e acompanhar os vivos?

— Que pode, pode. Eu mesma sei de vários casos. Meu tio Mário era acompanhado pela alma de minha avó Josefa, porque ela queria que ele voltasse pra casa. Meu tio havia se separado da mulher e dos dois filhos. Gostava de beber. Ele tinha crises e dizia que vovó estava ao seu lado. Que a via e que ela pedia que ele largasse a bebida e voltasse para casa.

— A bebida causa alucinações. Com certeza, ele bebia e pensava ver a mãe. Quando nós fazemos alguma coisa errada, a figura da mãe sempre aparece em nossa memória.

— Não sei, não. Tio Mário sofria muito.

— E agora?

— Agora? Voltou pra casa há alguns anos e parece que melhorou. Faz tempo que não ouço falar das bebedeiras dele.

— Se ele deixou de beber, é claro que não viu mais a alma da sua avó.

— Quanto a isso, ele fala sempre com muita convicção. Ele anda frequentando um centro espírita. Aliás, dona Guilhermina a aconselhou a procurar um.

— Bobagem. Não gosto dessas coisas. Se Alberto pudesse voltar e ficar perto de mim, não me faria mal. Ele me amava tanto quanto eu a ele.

— É, mas agora ele morreu e é melhor que fique longe. Não é bom ter um encosto desses. Eu, se fosse você, procuraria um centro e me benzeria.

— Isso é superstição. Irei à igreja e pronto! Tudo ficará em paz.

Daquele dia em diante, Mariazinha passou a ir à igreja com mais assiduidade. Rezava pela alma de Alberto com devoção e saudade. Nair estava preocupada com a amiga. Achava que ela precisava esquecer, afinal, Alberto estava morto mesmo, e ela era jovem, bonita, e tinha o direito de ser feliz.

Compreendia que Mariazinha estivesse deslumbrada com o romance, porquanto Alberto era o que se chama de bonito moço, pertencia a um nível social superior, fora atencioso com ela, e sua morte trágica colocara naquele romance uma auréola dramática.

Mariazinha era muito romântica, sensível e sonhadora, por isso, mesmo depois de quase um ano da morte de Alberto, ela ainda se conservava chorosa e triste, fugindo dos divertimentos dos quais tanto gostava, e isso não era bom. Para Nair, parecia que a amiga estava cultivando uma paixão doentia e prejudicial. Para Mariazinha, nenhum rapaz tinha o porte de Alberto, sua gentileza, seu sorriso.

Mariazinha isolava-se mais a cada dia, tornando-se angustiada, triste, amarga. Nair tentava de todas as formas tirar a amiga dessa situação. Convidava-a frequentemente para ir ao clube, a passeios, procurava trazê-la para a realidade, estimulando-a ao flerte e aos divertimentos, contudo, Mariazinha não melhorava. Se ia ao clube, ficava triste, sentava-se a um canto, recusava-se a dançar. Dizia não poder esquecer o Alberto, e tudo quanto fazia aumentava sua saudade.

Nair preocupou-se de verdade. Rino não lhes dava descanso e as assediava por toda parte. Mariazinha, porém, não cedia. Sua aversão pelo moço era evidente. Apesar disso, ele não desistia. Ao contrário. Parecia até que, quanto mais ela o recusava, mais Rino se obstinava.

Uma manhã de sábado, Nair estava no centro da cidade fazendo compras, quando cruzou com Rui. Ele olhou-a sério. Ela parou e estendeu-lhe a mão.

— Como vai?

— Bem... e você? — respondeu ele educadamente.

— Também. Gostaria de falar-lhe por alguns minutos. Foi bom tê-lo encontrado.

— Comigo?

— Sim. Talvez possa ajudar-me.

— Vamos tomar alguma coisa e nos sentarmos um pouco — propôs ele.

Entraram em uma confeitaria e sentaram-se. Rui pediu refrescos. Estava admirado. Nunca mais a vira depois daquela noite no clube, quando Alberto conhecera Mariazinha.

— Sinto muito pelo seu irmão. Foi um golpe duro — disse logo que se viram a sós.

Rui suspirou fundo:

— Obrigado. Ainda não nos refizemos da tragédia. Minha mãe está inconsolável.

— Imagino. A Mariazinha também. Está dando trabalho. Não consegue esquecer Alberto. Está magra, abatida, não sai para divertir-se. Mudou completamente. Era alegre, bem-humorada, disposta, mas agora parece uma sombra.

— Sei que não teve culpa, mas cheguei a ter raiva dela. Foi para vê-la que Alberto saiu naquela noite.

— Não faça essa injustiça. Ela o amava muito e está sofrendo pelo que aconteceu. Na minha opinião, um pouco demais. Afinal, eles se viram duas vezes apenas. Não houve tempo para conhecerem-se melhor e amarem-se de verdade.

— Ela ficou impressionada por causa do crime. Se ele estivesse vivo, era possível que nem continuassem com o namoro.

— Também acho. Ela está doente. Se você a procurasse e conversasse com ela, como irmão dele, talvez Mariazinha encarasse a realidade.

— Eu?! Não saberia o que lhe dizer. Depois, eu também não consegui esquecer. Naquela noite, ele enganou-me. Disse que ia ter com ela, mas, como nós tentamos impedir, mentiu.

— Nós?

A fisionomia de Rui sombreou-se de tristeza.

— Aquele perverso do Jovino. Tentou impedir que Alberto saísse. Fingiu, naturalmente. Ah! Se eu tivesse desconfiado! É claro que ele quis preparar seu jogo. E eu fui ao cinema. Como não percebi? Como não evitei aquela barbaridade?

Nair olhou penalizada o rosto contrariado de Rui. Guardou silêncio durante alguns momentos, depois, quando ele pareceu mais calmo, perguntou pensativa:

— Tem certeza mesmo de que foi ele?

— A polícia comprovou. Por mais duro que possa ser, é verdade. Jovino foi criado em casa como filho. Participava de nossas brincadeiras, era como irmão. Quem podia saber a inveja e o ciúme que ele guardava no coração?

— Ele sempre jurou inocência.

— Claro que ele não confessaria, mas as provas eram todas contra ele. Matou meu irmão com a arma que papai havia colocado no porta-luvas do carro para nos proteger.

— Ele demonstrou insatisfação alguma vez?

— Nunca. Soube enganar-nos muito bem.

— Você já pensou que ele pode mesmo estar dizendo a verdade e ser inocente?

Rui sacudiu a cabeça energicamente.

— Isso não é possível. Além da arma, há o cachecol dele que estava na mão de Alberto. Depois, ele foi visto com o carro perto do local do crime. Foi ele mesmo.

Nair calou-se. Suspeitava de Rino, mas não possuía nenhuma prova. De que lhe adiantaria falar? Ninguém acreditaria. Além disso, e se Rino fosse inocente? Eram apenas suspeitas, nada mais.

— Sinto tê-lo feito recordar-se de um assunto tão triste. Mas, quando não podemos fazer nada, o melhor é tentar esquecer.

— Tem razão. É difícil, mas é preciso.

— Obrigada por ter me escutado. Ainda penso que, se Mariazinha conversasse com você, desabafasse, talvez saísse da depressão em que se encontra.

Rui deu de ombros.

— Se acha que posso fazer alguma coisa, vou dar-lhe um cartão meu. Me telefone, e combinaremos.

Tirou do bolso um cartão e entregou-o à moça. Terminaram de tomar o refresco e despediram-se.

— Que Deus os ajude a esquecer — disse a moça com sinceridade.

— Vai ser difícil, mas o que podemos fazer? Obrigado e até outro dia.

— Telefonarei.

— Está bem.

Guardando o cartão na bolsa, Nair sentiu-se esperançosa. Se Mariazinha falasse com Rui, desabafasse, conseguisse esgotar sua mágoa, poderia esquecer aquela tragédia e partir para uma vida normal.

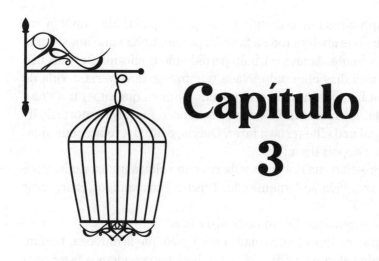

Capítulo 3

Rui saiu da confeitaria um tanto nervoso. Era-lhe penoso recordar-se da morte do irmão. Lembrando-se de Jovino, um sentimento de rancor invadiu-lhe o coração. Sentia vontade de esganá-lo com as próprias mãos. Profunda amargura sombreava-lhe a fisionomia enquanto caminhava rumo ao lar.

Um garoto aproximou-se de mão estendida:

— Moço, me dá uma ajuda?

Rui teve vontade de esmurrá-lo.

— Saia daqui, seu sem-vergonha! — disse com raiva.

O moleque saiu assustado, perdendo-se no meio dos transeuntes.

"Minha mãe deveria ter jogado o Jovino na rua", pensou o moço irritado. De que lhe adiantara proteger aquele traidor? Alimentara a serpente que os haveria de destruir.

Seu coração estava apertado e seus olhos refletiam a revolta e o ódio que lhe iam na alma. Nada havia para ser feito, e a sensação da própria impotência esmagava-o. Contra a morte não havia remédio.

Chegou em casa, cenho carregado, engolfado nos próprios pensamentos. Não aceitava a morte do irmão em plena juventude e de maneira tão trágica.

Magali, vendo-o entrar na sala, observando sua fisionomia, procurou acalmá-lo.

— Você voltou cedo. Hoje é sábado. Pensei que só voltaria pela tarde.

— Não tenho disposição para passeios — respondeu Rui de mau humor. — Perdi o companheiro. Sozinho não tem graça.

31

Magali aproximou-se e fitou o irmão preocupada. Ela também sofria pela tragédia que abalara toda a família, porém, tinha vinte anos e uma vida inteira pela frente. Amava o irmão perdido tão tragicamente, mas não queria passar seus dias chorando. Nada que fizesse devolveria a vida de Alberto. Era um fato consumado e sem volta. Tinham que superar a dor e continuar a viver. Ela recusava-se a deixar-se vencer. Aceitava a morte do irmão contra a qual nada lhe restava fazer. Queria, contudo, refazer sua vida.

Suspirou e depois disse:

— Compreendo sua dor, mas Alberto não voltará nunca mais. Você não pode passar a vida se lamentando. Precisa fazer amigos, sair, levar vida normal.

— Você é insensível. Como pode dizer isso?

— Engana-se. Sinto tanto quanto você pelo que aconteceu, porém, não nos cabe culpa alguma, assim como também nada podemos fazer para mudar os fatos. Não pretendo, no entanto, passar minha vida toda chorando. Quero viver, ser feliz, usufruir da minha mocidade. É injusto destruir nossas vidas por um drama que não criamos e que não podemos modificar.

— Isso é egoísmo. Nossos pais sofrem, nós sofremos, mas você pensa na própria felicidade. Não vê que nunca mais seremos felizes? Não percebe que a sombra de Alberto estará sempre em nossas vidas, como uma chaga dolorosa que sempre carregaremos?

Magali sacudiu a cabeça.

— Não eu. Eu quero libertar-me dela. Vocês não são religiosos? Mamãe não vive na igreja a ouvir sermões e a rezar? Por que não aceitam a vontade de Deus?

— Não blasfeme. Deus não pode permitir um assassinato como aquele.

— Nesse caso, o assassino é mais poderoso do que Deus?

— Você é criança; só fala besteiras — retrucou ele sério.

— Vocês dizem sempre que Deus é absoluto, que pode tudo. Que não cai uma folha da árvore sem que Ele permita. Logo, se Alberto morreu daquela forma, foi com a permissão de Deus.

— Que absurdo!

— Se Deus não pôde impedir, logo, Ele não é tão absoluto. Afinal, um reles assassino pôde mais do que Ele.

— Não se pode conversar com você! Só diz asneiras.

— Você não tem argumentos — respondeu ela triunfante. — O que quero dizer é: se Deus permitiu, quem somos nós para não aceitar? Você quer ser maior do que Deus?

— Quando você começa com essas ideias, não há quem aguente. Deixe-me em paz.

Magali segurou o braço do irmão e disse com voz súplice:

— Rui, não vale a pena guardar tanta tristeza. Não tem jeito mesmo. Precisamos esquecer. A vida continua, e nossos pais precisam de nós. Se perdemos o irmão, eles perderam o filho. Isso dói muito mais. Temos que cultivar a alegria para que eles encontrem em nós a ajuda de que necessitam. Se nos abatermos, se destruírmos nossas vidas, como eles poderão suportar a dor? Se formos felizes, eles se sentirão confortados. Perderam um filho, mas, pelo menos, os outros dois foram felizes. Não acha mais acertado?

Rui olhou a irmã admirado. Sua fisionomia distendeu-se quando disse:

— Não havia pensado nisso.

— Nós somos a esperança que lhes resta. Vamos fazê-los felizes com o que temos.

— Tem razão. — Considerou ele. — Eu a chamei de egoísta, mas só pensei em minha dor. Perdoe-me. O egoísta sou eu. Você está certa. Vou esforçar-me para ocultar a tristeza e procurar melhorar.

— Podemos ir ao cinema hoje — sugeriu ela séria. — Tem um ótimo musical no Cine Rosário.

Rui sentiu ímpetos de recusar, porém controlou-se.

— Está bem. Iremos à sessão das quatro.

Magali levantou-se na ponta dos pés e beijou a face do irmão com meiguice.

— Agora sim, encontrei meu irmão Rui!

Ele sorriu. Sentia-se mais calmo. A tensão havia passado.

Nair chegou em casa à hora do almoço e esperou com impaciência que Mariazinha voltasse da fábrica. Com o cartão do Rui entre os dedos, foi procurá-la. A moça surpreendeu-se:

— O irmão do Alberto?

— Sim. Rui, bonitão e cheiroso como o irmão.

— Ele a viu?

— Claro. Você acha que eu iria perder a chance? Sempre desejei encontrá-lo. Parei e cumprimentei.

— Você teve coragem?

— Naturalmente. Ele foi muito educado. É um moço fino. Estendeu-me a mão e me reconheceu. Eu disse que precisava falar-lhe, e ele conduziu-me a uma confeitaria para podermos conversar.

O coração de Mariazinha batia descompassado. Seus olhos encheram-se de lágrimas.

33

— E então?

— Ele está muito sentido com a morte do irmão. Não se conforma.

— É natural.

— Pensa que foi o motorista.

— Pode ser.

— Eu não acho. Tenho minhas ideias, mas não tenho provas.

Mariazinha deu de ombros. Conhecia os pensamentos da amiga.

— Falei de você, do seu sofrimento, do seu amor pelo Alberto.

— E ele?

— Deu esse cartão. Combinamos de nos encontrar para conversarmos.

— Vocês dois?

— Não, nós três. Bem que eu gostaria que ele se interessasse por mim, contudo, isso não aconteceu. Eu disse que você não esqueceu Alberto, e ele quer conversar um pouco. Só isso. Pensei que você fosse gostar.

— Claro. Tudo quanto diz respeito a Alberto me interessa.

— Amanhã é domingo. Poderíamos telefonar e marcar um encontro.

Mariazinha segurou o braço da amiga com força.

— Faça isso. Mal posso esperar.

No dia seguinte, Nair telefonou para Rui, que não sentia vontade de encontrar-se com elas. Não desejava rever o lugar onde Alberto perdera a vida. Deu uma desculpa alegando outro compromisso e arrependeu-se de ter-lhes dado o número do telefone.

Magali, vendo-o recusar o encontro, comentou:

— Por que não saiu com a garota? Desde quando recusa um convite desses?

— Não sinto vontade. Não se trata da minha garota. É a amiga da Mariazinha, a moça que Alberto foi procurar naquela noite.

Magali olhou-o curiosa.

— O que ela quer com você?

— Encontrei-a na rua ontem. Disse-me que Mariazinha tem estado doente desde que Alberto morreu. Pediu-me para conversar com ela.

— Ficou muito chocada, é claro.

— Ficou impressionada. Nair contou-me que ela se recusa a sair para passear, vive triste e chorosa. Ela acha que, se eu conversasse com a moça, talvez pudesse ajudá-la de alguma forma.

Magali considerou:

— Eu gostaria de conhecê-la, afinal, Alberto gostava dela. Se não gostasse, não teria voltado a vê-la.

— De certa forma, ela foi culpada. Se ele não houvesse ido à sua procura, talvez ainda estivesse vivo.

— Não seja injusto. Se Alberto tinha que morrer daquele jeito, isso aconteceria de uma forma ou de outra. A moça nada teve a ver com o que aconteceu. Perdeu o namorado, o que é sempre triste.

— Aquele cachorro estava aqui, dentro de casa. Iria matá-lo de qualquer forma. Nesse ponto, você tem razão, mas não acho que minha presença possa fazê-la esquecer. Ao contrário. Vendo-me, ela se recordará mais dele.

— Não sei, não. Você podia ter marcado o encontro. Não custava nada ter ido. Eu gostaria muito de conhecer essa moça.

— Uma pequena bonita de bairro, nada de mais.

— Por quem Alberto se interessou.

— Bobagem. Coisa passageira por certo.

Nair desligou o telefone decepcionada.

— Ele não pode. Tem outro compromisso.

— Ou não quis encontrar-se conosco. Afinal, para quê? Nada que fizermos trará Alberto de volta...

— Telefonaremos outro dia. Não desistiremos.

Naquela mesma tarde, Nair foi à procura da amiga.

— Vamos dar uma volta. Quero sair, passear um pouco.

— Não tenho vontade — respondeu Mariazinha desanimada.

— E eu? Você não é minha amiga? Quero passear, ver gente. Estou cansada de ficar em casa. Que tal irmos até a cidade ver as vitrines? Podemos tomar um sorvete.

— Está bem, vamos.

Nair sorriu satisfeita. Estava cansada de ver as lojas da cidade, mas queria tirar a amiga de casa de qualquer jeito. Quando estavam no bonde, Mariazinha perguntou:

— Você trouxe o cartão do Rui?

— Está na bolsa. Por quê?

— Tem o endereço. Eu li. Sinto uma vontade imensa de ver onde Alberto morava, sua casa. Parece que, indo lá, eu ficarei mais perto dele.

Nair abanou a cabeça.

— Saímos para passear, para esquecer as tristezas. De que lhe servirá ir até lá? Ficará mais triste ainda. Não. Nós não iremos.

Mariazinha agarrou a mão da amiga com força.

— Por favor! — pediu com voz súplice. — Eu quero ver a casa!

Nair suspirou. Teria sido bom haver conseguido aquele endereço? Estava relutante. Mariazinha insistia. Desceram na Praça da Sé e tomaram outro bonde para a casa de Alberto.

Os olhos de Mariazinha brilhavam de forma diferente, e Nair observava-a com ansiedade. Chegaram. Foi fácil encontrar a casa. Mariazinha parou diante do portão de ferro da entrada, coração batendo forte, olhando o jardim bem-cuidado com emoção.

— Você já viu a casa. Agora, vamos embora — disse Nair querendo afastá-la dali.

— Não — disse ela firme. — Conheço esse lugar. Vou entrar.

— Não faça isso. Viemos só olhar a casa. Vamos embora.

— Não — repetiu ela tentando abrir o portão sem conseguir.

Seus olhos estavam abertos e pareciam olhar sem ver. Nair assustou-se. Mariazinha não estava bem. O que ela sempre temera acontecera. O sistema nervoso da amiga não suportara mais aquela depressão, aqueles pensamentos doentios.

Olhou em volta, mas não havia ninguém. Precisava levar a amiga embora dali. Segurou-a pelo braço.

— Mariazinha, vamos embora. Chega. Vamos para casa.

A moça soltou o braço com violência.

— Deixe-me em paz. Daqui eu não saio. Preciso de ajuda. Vou entrar!

Nair apavorou-se:

— Mariazinha! Vamos embora. Alguém pode ver, e não ficará bem.

— Eu vou entrar. Vim para isso. Ninguém vai tirar-me daqui! Abra esse portão. Eu vou entrar!

Sacudia o portão com ambas as mãos. Nair estava apavorada. Mariazinha demonstrava estar fora de si.

Alguém abriu a porta da casa. Era Magali. Saiu admirada, vendo Nair puxando Mariazinha, que, agarrada ao portão, o sacudia. O que estava acontecendo? Foi até lá.

— O que é isso? — Magali indagou admirada.

— É Mariazinha — disse Nair preocupada. — Quis ver a casa de Alberto e teve uma crise. Não consigo controlá-la. Desculpe, por favor.

Mariazinha parou e olhou fixamente para a moça que a encarava curiosa.

— Magali! — disse. — Que saudade! Até que enfim!

Antes que uma das duas pudesse dizer alguma coisa, Mariazinha desmaiou. Nair amparou-a assustada. Magali abriu o portão rápido, ajudando-a a sustentar o corpo da moça.

— Meu Deus! — Gemeu Nair. — Ela está mal!

— Desmaiou — disse Magali. — Acalme-se. Vamos levá-la para dentro.

Tocou a campainha no portão, e uma criada apareceu. As três levaram Mariazinha até a sala de estar e colocaram-na no sofá. Rui acorreu preocupado. Seus pais haviam saído, mas Magali procurou socorrer a moça afrouxando-lhe a roupa e colocando um vidro de amoníaco perto do seu nariz. Mariazinha suspirou levemente.

— Graças a Deus! — exclamou Nair. — Que susto!

— O que houve? — indagou Rui.

— Ela quis ver a casa de Alberto. Disse que queria só passar em frente, ver onde ele tinha vivido. Porém, quando chegamos aqui, ficou transtornada, disse coisas sem nexo, parecia fora de si. Agarrou-se ao portão e queria entrar de qualquer jeito. Não consegui afastá-la. Quando você chegou — Nair apontou para Magali —, ela desmaiou.

— Ela me conhecia — disse Magali impressionada. — Chamou-me pelo nome e disse que sentia saudades.

— Ela disse coisas sem nexo — resmungou Rui. — Estava fora de si.

— Eu nunca a vi antes. Como sabia meu nome?

— Com certeza, Alberto falou de você. Olha, parece que ela está melhorando. Suas cores estão voltando. Já respira normalmente.

O moço estava aborrecido. Por que dera o cartão a elas? Magali, porém, condoía-se da moça. Compreendia seu abalo. Sentou-se a seu lado.

Mariazinha abriu os olhos ainda um tanto alheia e aos poucos foi se sentindo melhor. Um pouco assustada, olhou para Nair.

— Nair! O que aconteceu?

— Você desmaiou. Não se lembra?

— Eu?

— Não importa. Agora você já está bem — disse Magali, olhando-a com simpatia. — Vou mandar trazer um café. É bom para reanimar.

Mariazinha estava envergonhada.

— Não se incomode. Já vamos embora. Desculpe o incômodo. — Olhou para Rui admirada.

— Você por acaso não é o Rui?

— Claro. Você está em minha casa.

Mariazinha corou encabulada. Estava na casa de Alberto. Seus olhos encheram-se de lágrimas.

— Você é a irmã dele? — indagou emocionada.

— Sim. Magali. Chamou-me pelo nome, não se lembra?

— Eu?! Não sabia que se chamava Magali. Muito prazer.

— Melhor pedir o café — disse Rui.

A moça parecia mesmo muito perturbada.

— Desculpe... — Continuou Mariazinha, sem saber o que dizer. — Não tencionava incomodar, porém, tenho uma sensação diferente. Sinto uma emoção muito grande.

— É natural — disse Nair. — Você não tem feito outra coisa senão pensar em Alberto, falar de Alberto, desde que ele morreu. Bem que eu não queria vir. Você precisa esquecê-lo. Afinal, o mal é sem remédio.

As lágrimas corriam pelas faces de Mariazinha, sem que ela pudesse contê-las. Rui apressou-se em pedir o café e ele mesmo levou-o. Era muito desagradável aquela situação. Fora ingênuo em dar o cartão. A moça era desequilibrada e poderia trazer-lhes aborrecimentos. Magali pegou a xícara e a ofereceu a Mariazinha.

— Beba. Vai sentir-se melhor.

Ela apanhou a xícara, e suas mãos tremiam tanto que Nair perguntou:

— Quer que segure?

— Não — respondeu Mariazinha procurando dominar-se. Apesar do tremor que lhe sacudia o corpo, bebeu o café.

Magali sentou-se a seu lado. Mariazinha era bonita e, apesar de vestir-se modestamente, era elegante, discreta e tinha bom gosto. Compreendia por que seu irmão se interessara por ela. Seus olhos eram brilhantes e seu rosto, muito expressivo. Mariazinha devolveu a xícara a Magali dizendo:

— Obrigada. Sinto-me melhor.

— Então, vamos embora — decidiu Nair, notando o desagrado de Rui. Estava contrariada por ter atendido ao desejo da amiga. Parecia-lhe estar abusando da confiança dele, invadindo sua casa, quando ele recusara encontrá-las. Estava claro para ela que Rui não tinha outro compromisso. Simplesmente não desejava vê-las.

Mariazinha fez menção de levantar-se, contudo, Magali a deteve.

— Fique um pouco mais. Você ainda está trêmula e um pouco pálida. Não se preocupe. Espere melhorar para sair.

— É muito gentil — respondeu Mariazinha olhando-a nos olhos. Sentiu-se bem ali. Gostava da casa, dos móveis e mais ainda da moça bonita e educada que a olhava com simpatia. Percebia que ela a compreendia. Era a irmã de Alberto, e com certeza eles se amavam muito. Aos poucos, foi se sentindo mais calma. Suas mãos esquentaram, e o tremor passou.

Mariazinha levantou-se e despediu-se de Rui. Estendendo a mão a ele, Nair prometeu:

— Fique tranquilo. O que aconteceu hoje não se repetirá mais. Não voltaremos a incomodá-los. Eu não sabia que ela pretendia entrar aqui.

Rui apertou a mão de Nair respondendo sério:

— Essas cenas são sempre desagradáveis. Para nós, já basta nossa própria tragédia. Nossos nervos não suportam mais. Agradeceria muito se você cuidasse disso realmente. Ainda bem que mamãe não estava. Teria entrado em crise, chorado, recordado tudo novamente.

Nair lançou um olhar furtivo a Mariazinha, que já conversava com Magali no jardim. Felizmente, não tinha ouvido.

— Fique tranquilo. Apesar do que houve, Mariazinha é discreta e não pretende perturbar ninguém, muito menos vocês. Adeus.

Nair estava irritada. Rui demonstrara frieza e orgulho. Pena.

"Bonito por fora, feio por dentro", pensou ela desalentada.

Alberto também era assim? Estaria Mariazinha chorando por quem não merecia? Agora, mais do que nunca, lutaria para que ela se esquecesse dele.

Magali acompanhou Mariazinha ao portão.

— Estou envergonhada — disse ela. — Não sei o que se passou comigo. Nunca tive isso antes. Foi a primeira vez na vida que desmaiei. Sempre fui saudável, equilibrada. Logo aqui, que eu gostaria de causar uma boa impressão.

Magali olhou-a firme nos olhos:

— Sempre tive vontade de conhecê-la. Queria saber quem tinha abalado o coração de Alberto. Ele ficou muito impressionado com você.

Os olhos de Mariazinha iluminaram-se.

— Ele falou em mim?

— Na ocasião, não prestei muita atenção. Você sabe... Ele e Rui sempre conversavam sobre garotas. Rui caçoou muito dele, porque Alberto só falava de você. Estava muito interessado.

— Obrigada por me contar. Conhecer Alberto foi para mim a coisa mais maravilhosa. Apaixonei-me desde o primeiro dia, e ele correspondeu. Quem poderia prever o que iria acontecer?

— De qualquer forma, gostei de conhecê-la. Gostaria de conversar mais com você. Outro dia, quando estiver mais calma. Posso contar-lhe muitas coisas sobre ele. Você me falará como ele era para você. Vamos matar as saudades?

Mariazinha sorriu:

— Faria isso? Verdade? Sinto-me acanhada. Rui não gostou de eu ter vindo perturbar seu sossego.

— Não gostou mesmo — disse Nair, que ouvira as últimas palavras da amiga. — Acabo de prometer-lhe que nunca mais voltaremos aqui.

Magali sacudiu a cabeça.

— Não se preocupe com as rabugices de Rui. Ele também está muito acabrunhado com o que aconteceu. Ele e Alberto eram inseparáveis. Até agora, meu irmão não aceitou o que aconteceu. Antes, ele era mais alegre;

agora, está contra o mundo. Mas não importa. Pretendo vê-la muitas vezes. Se me der o endereço, irei à sua casa qualquer dia destes.

Nair suspirou. Estava difícil cortar as lembranças de Mariazinha, porém, não teve outro remédio senão pegar um papel na bolsa e escrever o endereço.

— Eu trabalho durante a semana, mas à noite e aos domingos estou em casa.

— Talvez no próximo domingo. Vamos ver — prometeu Magali.

— Adeus e obrigada — despediu-se Mariazinha, estendendo-lhe a mão.

Magali apertou a mão que a moça lhe oferecia e, puxando-a para si, beijou-lhe as faces com sinceridade.

— Tive muito prazer em vê-la. Senti Alberto muito perto de mim. Espero que se sinta melhor.

— Obrigada.

— Adeus — tornou Nair.

Magali beijou-a na face com delicadeza. Quando saíram, a moça entrou na sala onde Rui tomava um café, com o olhar perdido em um ponto distante.

— Você podia ter sido mais atencioso — reclamou ela.

Arrancado de seu mundo interior, ele respondeu:

— Tenho mais com que me ocupar do que suportar a histeria de uma menina desequilibrada.

— Não seja rude. A moça estava em crise. Não me pareceu histérica nem louca.

— Não falava coisa com coisa...

Magali sentou-se pensativa.

— Estranho que, em sua crise, ela soubesse meu nome. Falou comigo como se me conhecesse. Nunca nos vimos antes. Como poderia?

— Bobagem. Quem nos garante que Alberto não tenha falado de você, mostrado seu retrato?

— Que eu saiba, Alberto não andava com nenhum retrato meu na carteira.

— Você sempre se apega a detalhes sem importância. Será mesmo que ela disse isso? Não pode ter se enganado?

Magali sacudiu a cabeça.

— Certamente, não. Tenho certeza de que ela disse. Disse também: "Que saudades!". Saudades do quê? Nunca nos vimos antes.

— O que prova que ela estava fora de si. Vamos esquecer esse assunto, que acabou estragando meu domingo. Arrependo-me de ter lhe dado o cartão.

— Eu gostei. Mariazinha é moça boa e sincera. Pretendo conhecê-la melhor.

— Você não a convidou para vir aqui, convidou?

— Não. Já que você foi tão indelicado, e ela percebeu, irei à casa dela qualquer dia destes.

Rui deu um salto e segurou Magali pelo braço.

— Não fará isso. Não permitirei.

— Por quê?

— O ambiente lá não é para você. Não deve misturar-se com essa gente.

— O que tem isso? Mariazinha é uma moça bem-educada.

— Uma operária!

— Rui! Desde quando julgamos as pessoas por sua posição social? São esses valores podres e distorcidos que vocês querem impingir-me. Pois saiba desde já que não conseguirão. Recuso-me a escolher meus amigos pela posição que desfrutam. Um dia, vocês se arrependerão de tanto orgulho.

— Não discutirei com você. Papai é quem cuidará da sua rebeldia. Não quero que veja essa moça e pronto. Papai e mamãe concordarão comigo.

— Vocês são farinha do mesmo saco. Não penso assim.

— Você se mistura com a ralé. Alberto deu-se mal. Ainda não foi o bastante?

— Sei o que faço — respondeu ela séria, afastando-se antes que Rui revidasse.

Ele tinha mau gênio, mas o pior é que doutor Homero e Aurora sempre o apoiavam. Ela era mulher, mais nova, e tinha de obedecer ao irmão. No tempo de Alberto, ele sempre a protegia. Não deixava Rui fazer o que queria. Ele sempre dava a última palavra. Tinha muita ascendência sobre o irmão e até sobre os pais. Agora, sem ele, Rui dava vazão a seu temperamento hostil, sem que ninguém o contivesse. Os pais eram condescendentes com o rapaz. Afinal, agora, ele era o único filho homem.

Eram severos com Magali. Uma moça precisava ser submissa, educada, sem muita cultura para não ficar pedante, mas boa filha para poder encontrar um bom marido e vir a ser boa esposa e mãe.

Magali tinha ideias próprias e reagia às determinações da família. Gostava de ler sobre todos os assuntos e discutir livremente seus pontos de vista, no que era sempre muito criticada pelos pais e por Rui. Alberto era mais liberal. Com ele Magali trocava ideias, podia dizer o que pensava e ouvia sempre esclarecimentos, orientações, que, mesmo não sendo aceitas inteiramente por ela, davam margem a reflexões proveitosas.

Era com Alberto que ela conversava mais, principalmente sobre assuntos proibidos. Apesar de o pai ser médico, não podia mencionar certas doenças que lembrassem sexo, gravidez. Adultério e desquite também eram temas proibidos.

Magali tinha sede de saber. Obteve permissão só para ler os romances da coleção das moças, nos quais a heroína era sempre cheia de virtudes, rodeada pela maldade de algumas pessoas, e que, ao sacrificar-se pela honra e pela renúncia, acabava por derrotar seus inimigos.

Ela também gostava de ler esses livros. Era romântica. Contudo, sentia-os muito distantes da realidade e buscava respostas em livros científicos, filosóficos, enfocando os problemas humanos no dia a dia. Quando conseguia um desses livros, escondia-o e lia-o no quarto até altas horas da noite, meditando sobre eles. Depois, perspicaz e observadora, procurava testar essas teorias na vida prática, rejeitando o que não achasse verdadeiro.

Por isso, muitas vezes não concordava com o que a família desejava que ela fizesse. Habituada a questionar as coisas, Magali não se submetia aos acanhados padrões dos familiares, embora admitisse que eles agiam assim pretendendo poupá-la dos problemas da vida, desejando mostrar-lhe apenas o lado cor-de-rosa que eles, em sua ingenuidade, favoreciam.

Magali irritava-se com isso, porque seus pontos de vista eram tão singelos e pueris que ela se sentia subestimada em sua inteligência. Por isso, era considerada rebelde, e os pais apoiavam Rui na difícil tarefa de discipliná-la.

"Não importa", pensou Magali trancando-se no quarto. "Vou visitar Mariazinha e pronto. Irei escondida."

Não gostava de mentir, mas era a única forma de escapar daquela pressão injusta e sem sentido. Ela sabia o que queria, e, quando resolvia uma coisa, ninguém a faria desistir, a não ser que lhe provassem que estava errada. Quando se convencia de que não tinha razão, voltava atrás com a maior facilidade.

Estendeu-se no leito e, como era seu costume, procurou recordar os acontecimentos da tarde. Magali tinha o hábito de rever tudo quanto lhe acontecia nos mínimos detalhes. Era possuidora de rara acuidade de percepção, bem como de certa facilidade, desenvolvida pelo uso, de fotografar com a mente os fatos que a interessavam.

Foi com certa facilidade que se recordou de tudo. Estava na sala quando ouviu um ruído no portão, abriu a porta e viu duas moças lá fora. Ela reviu tudo mentalmente e chegou a sentir de novo a emoção que as primeiras palavras de Mariazinha lhe causaram. Tivera vontade de abraçá-la, logo depois substituída pelo susto ao vê-la desmaiar.

Por que sentira tanta emoção diante de uma moça desconhecida? Estaria sendo romântica, deixando-se envolver pela atmosfera mística de

Mariazinha? Não saberia dizer. Só sabia que a presença da moça a emocionava muito e que desejava ir à sua casa e conhecê-la melhor. Talvez seu amor por Alberto as aproximasse. Sentia-se tocada no íntimo do ser, e essa sensação desconhecida era como um ímã levando-a a buscar de novo a presença de Mariazinha.

Decidiu ir vê-la, assim que pudesse iludir a vigilância do irmão. Ele era astuto. Por certo, estaria de olho nela para tentar impedi-la. Magali sorriu. Teria o prazer de despistá-lo. Apanhou um livro que escondera sob o colchão e tranquilamente começou a ler.

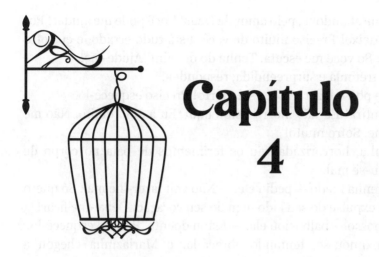

Capítulo 4

Mariazinha chegou em casa um pouco triste. Nair passara-lhe um sermão durante o trajeto, insistindo que não ficava bem perturbar a família de Alberto, já tão sofrida, afirmando que ela acabaria doente se não procurasse esquecer.

Nair tinha razão. Ela compreendia isso. Todavia, nos dias que se seguiram, embora tentasse reagir, sentiu-se debilitada, descontrolada. Ideias diferentes afluíam ao seu pensamento, provocando-lhe inquietação, desespero, revolta e depressão.

Aquele desmaio preocupava-a muito, por isso, finalmente decidiu ir ao médico. À noite, não dormia bem, e as náuseas e dores de cabeça repetiam-se amiúde. Quando conseguia pegar no sono, ouvia algo como um estrondo, que a acordava, em meio ao terror, à angústia e à dor na cabeça.

Estava doente. Embora amasse Alberto, não desejava morrer. Ao contrário, amava a vida, apesar de tudo. Seus pais, preocupados, queriam que ela tirasse uma licença da fábrica, mas Mariazinha recusava-se.

Marcou uma consulta médica e resolveu esquecer Alberto. Era triste, mas a situação não podia continuar. O médico ouviu os sintomas e diagnosticou abalo nervoso. Receitou-lhe calmantes e sugeriu que ela procurasse se interessar por outros rapazes para esquecer.

Mariazinha saiu do consultório mais animada. Precisava reagir. O sonho terminara. Alberto não voltaria nunca mais.

Nessa disposição, começou o tratamento médico. Vitaminas e calmante para dormir. Sentiu-se melhor.

Uma noite, sonhou com Alberto. Ele estava pálido, abatido, e, em meio a uma neblina, chamava-a insistentemente. Mariazinha sentiu grande emoção. Olhou para ele, que lhe estendeu os braços dizendo:

— Não me abandone, pelo amor de Deus! Você pode me ajudar! Por favor, não me deixe! Preciso muito de você. Está tudo errado, e eu sofro muito por isso. Só você me escuta. Tenha dó de mim! Ajude-me!

A moça, trêmula e surpreendida, respondeu:

— O que posso fazer? Você está morto! Preciso esquecê-lo.

— É mentira! Eu não morri. Estou aqui. Eu a amo muito. Não me deixe. Ajude-me. Sofro muito!

Mariazinha, horrorizada, viu os ferimentos de bala no corpo de Alberto e sentiu-se mal.

— Não tenha medo — pediu ele. — Não vou fazer-lhe mal. Só quero ajuda. Não me expulse do seu lado nem do seu coração. Deixe-me ficar!

— Não posso — balbuciou ela. — Estou doente. Preciso esquecê-lo.

Ele aproximou-se, tentando abraçá-la, e Mariazinha chegou a sentir a respiração de Alberto em seu rosto. Apavorada, acordou, com o coração batendo descompassado, corpo coberto de suor frio e um tremor incontrolável.

Assim que teve forças, gritou pela mãe, que a acudiu prontamente.

— Mamãe, eu vi Alberto! — disse ela nervosa. — Ele veio me pedir para que eu não o abandonasse! Quer ficar comigo.

Dona Isabel sentiu um arrrepio de medo, mas reagiu.

— Não vai ficar, não. Deus é grande. O lugar de quem já morreu é no outro mundo. Que Deus o perdoe.

Mariazinha soluçava, abraçada à mãe.

— Ele disse que me ama! Que precisa de ajuda. Pediu para eu não o esquecer.

Isabel alisava a cabeça da filha e respondeu já mais calma:

— Foi apenas um sonho. Você ainda está muito abalada. O médico disse que está com os nervos atacados. Um sonho não é verdade; é uma fantasia. Você diz que quer esquecê-lo, mas no fundo ainda pensa nele. Foi isso. Só um pesadelo, nada mais.

— Ele estava vivo e falou comigo. Vi seus ferimentos. Ele tinha um buraco na testa, do lado esquerdo. Oh, mamãe, foi horrível! Estava pálido e pedia que o ajudasse.

— Foi pesadelo, repito. Você nem sabe onde foram os tiros. Não me parece que tenham sido na testa. Além disso, ele está morto, bem morto, enterrado e tudo. Como poderia estar vivo? Os mortos não voltam, infelizmente. Não seja criança. Foi pesadelo, pode crer.

— Ele quis me abraçar. Disse que me amava.

Isabel sorriu.

— Está vendo? É o que você gostaria que fosse verdade. Que ele estivesse vivo e dissesse que a ama. Não vê que foi fruto da sua fantasia?

— A impressão foi muito forte. Senti a respiração dele em meu rosto. Tive medo. Ele estava pálido, sofrido. Além disso, eu sabia que ele estava morto e que eu estava vendo um fantasma.

— Bobagem, filha. Acalme-se. Vou fazer um chá de cidreira. Não pense mais nisso. Foi só um pesadelo.

Mariazinha acalmou-se um pouco, porém, no dia seguinte, a figura de Alberto, conforme o vira no sonho, não lhe saiu do pensamento. Sua mãe tinha razão. — Pensava. — Alberto estava morto, e os mortos não voltavam. Não acreditava que eles pudessem voltar.

Ainda assim, não conseguia tirar aquela cena dolorosa da mente. Quando fechava os olhos, parecia-lhe ver Alberto estendendo-lhe os braços, pedindo ajuda, seus olhos sofridos, seu rosto pálido e a ferida terrível em sua testa.

Ele dissera-lhe que tudo estava tudo errado. Por quê? Seria errado ela tentar esquecer? Sentia-se confusa. Todos lhe diziam para tirar Alberto da lembrança. Até o médico. Por que sonhara com ele pedindo o contrário? Preocupada e sem conseguir entender, atendeu aos conselhos de Isabel e procurou o padre.

Ouvida em confissão, Mariazinha abriu o coração, e o padre, depois de ouvi-la atencioso, respondeu:

— Minha filha, refugie-se na oração. Está muito nervosa. Em seu subconsciente, isto é, no íntimo do seu ser, você queria que ele estivesse vivo e a amasse. Por isso sonhou. O sonho é a realização de um desejo, disse um grande homem que estudou muito a mente humana. Foi o que aconteceu.

— Mas, padre, se eu queria, por que tive medo? Eu queria o Alberto bonito, alegre, como ele era, e não aquele moço ferido, pálido, parecendo um fantasma.

— Você queria, mas sabia que ele estava morto e fora ferido. Você mesma criou tudo isso. Teve um pesadelo criado por sua mente.

— Não consigo esquecer o sonho, padre!

— Vamos orar. Nosso Senhor Jesus Cristo vai ajudá-la. Não tem fé?

— Sim, senhor.

— Então, não esqueça. Vamos deixar os mortos em paz. É pecado perturbar o sono deles. Reze dez pais-nossos e dez ave-marias, agora e todas as terças-feiras, durante nove semanas. Essa novena a ajudará a esquecê-lo. Tenha fé.

A moça concordou. O padre devia estar certo. A um canto da igreja, rezou a penitência e depois voltou para casa, sentindo-se um pouco mais calma. Mas à noite, ao deitar-se, tinha receio de dormir. E se tivesse outro pesadelo? Tomou o calmante e pareceu-lhe que agora ele já não fazia o mesmo efeito.

A partir daquela noite, seu estado agravou-se. Acordava assustada, tinha medo de dormir, sonhar de novo. Começou a emagrecer, e seu rosto abateu-se a ponto de seu chefe na fábrica aconselhá-la a tratar-se. Seu trabalho decaíra de produção, e, embora ela lutasse para fazê-lo melhor, não conseguia.

Foi o médico da fábrica quem diagnosticou anemia e abalo nervoso e conseguiu uma licença, antecipando suas férias. Insistiu para que ela viajasse para a praia ou para o campo, como lhe fosse mais fácil, e procurasse recuperar-se no repouso e na boa alimentação.

Mariazinha voltou para casa desolada. Ela não conhecia ninguém que pudesse emprestar-lhe uma casa nessas condições ou convidá-la para isso e não tinha meios para gastar com uma viagem dessas. Seu pai, preocupado, resolveu:

— Se você precisa ir para fora, daremos um jeito. Sua saúde está em primeiro lugar. Tenho algumas economias e por certo cobrirão as despesas. Você irá com sua mãe para a praia. Ficará o tempo que for preciso.

Isabel concordou:

— Dona Dulce conhece uma pensão boa em Santos.

— Você irá também? — indagou Mariazinha.

— Não, filha. Tenho que trabalhar.

— Você nunca ficou só em casa. Quem cozinhará para você?

— Eu me arranjo. Não vou morrer de fome por isso.

Mariazinha comoveu-se. Abraçou o pai, beijando-lhe o rosto bondoso. Animou-se. Podia considerar-se uma moça feliz. Era muito amada pelos pais.

— Iremos. Adoro praia. Haveremos de aproveitar bastante. Hei de melhorar com certeza.

Foi com certa euforia que a moça se preparou para viajar. Precisava comprar maiô e algumas peças de roupa. Alegre, Mariazinha foi ao centro da cidade para as compras.

Andou bastante e comprou o que precisava. Sentia-se melhor. Tomou um sorvete e dirigiu-se ao ponto do bonde para voltar. Enquanto esperava, teve uma surpresa desagradável. Rino também estava lá. Vendo-a, aproximou-se imediatamente.

— Mariazinha! Que bom encontrá-la.

— Olá — disse ela, procurando dissimular o desagrado.

48

— Estava louco de saudades! Você sumiu. Não tem ido mais ao clube nem ao cinema. Por onde tem andado?

— Em casa. Não tenho me sentido bem.

Ele olhou-a um tanto desconfiado e concluiu:

— É, você emagreceu. O que tem?

— Nada sério. Anemia, cansaço, só.

Rino pegou-a pelo braço.

— Precisa cuidar-se. Não quero que nada de mal lhe aconteça.

Mariazinha tentou soltar o braço que ele segurava.

— Deixe-me segurar seu braço, por favor — pediu ele com emoção. — Sinto vontade de abraçá-la, beijar seus lábios, apertá-la de encontro ao peito, aqui mesmo.

Mariazinha assustou-se.

— Por favor, Rino, contenha-se! Estamos na rua. Não gosto de cenas.

O moço, empolgado pelo encontro inesperado, não estava disposto a perder aquela oportunidade.

— Não vou fazer nada — prometeu ele. — Quero passar o braço pela sua cintura, segurar sua mão, nada mais.

A moça sentiu que ele passava um braço em sua cintura, enquanto com a outra mão procurava a sua. Algumas pessoas começavam a olhar, e ela corou de vergonha. Tentou desvencilhar-se sem conseguir.

— Solte-me — pediu ela. — Não faça isso. Não somos namorados nem nada.

— Porque você não quer. Não consigo esquecê-la. Sonho com você, com seus beijos, seu amor. Você ainda será minha! Há de me amar tanto quanto eu a amo.

— Nunca! — Reagiu ela. — Eu não mudarei. Largue-me, por favor!

Rino, cego pela emoção, sentindo a proximidade dela, não parecia disposto a soltá-la. Ao contrário, apertou-a ainda mais, encostando o rosto nos cabelos da moça, enquanto lhe dizia ao ouvido:

— Eu quero você! Nunca a deixarei. Nunca será de outro, não permitirei!

Foi nessa hora que o rosto de Mariazinha se modificou. Sua expressão de medo foi substituída pela firmeza, enquanto, fixando os olhos de Rino, como se quisesse penetrar em seu íntimo, disse com voz modificada:

— Assassino!

Rino estremeceu violentamente e soltou Mariazinha imediatamente, enquanto seu rosto refletia o terror que lhe ia na alma. Ela, olhos muito abertos, continuava a olhá-lo com severidade:

49

— Deixe-a em paz, covarde. É comigo que você vai ajustar contas! Ainda nos encontraremos face a face.

Rino tremia, e seu rosto estava pálido. Mariazinha fechou os olhos e teria caído se o moço não a houvesse amparado. Ele queria sair dali. Seu desejo era de correr, desaparecer, mas a moça parecia atordoada, e ele não podia abandoná-la.

Felizmente, ela já parecia melhor, e as cores tinham voltado ao seu rosto.

— O que foi? — perguntou ela, vendo o rosto pálido de Rino e percebendo algumas pessoas ao redor, inclusive uma senhora que segurava seus pacotes.

— Sentiu-se mal, quase desmaiou — respondeu ele com voz que procurou tornar natural.

— Sinto muito — disse ela tentando sorrir. — Estou bem agora. Pode me dar os pacotes. Já passou. Tive uma tontura. Estou em tratamento médico. Anemia. Andei muito hoje... obrigada... Já estou bem.

Rino olhava-a temeroso. O que a moça sabia? Agora mais do que nunca precisava tê-la por perto, lhe vigiar os passos. E se ela começasse a falar?

— Será bom tomar um café — propôs ele. — Vai sentir-se melhor.

Mariazinha sentia as pernas bambas e certa fraqueza. Teve medo de aceitar. Rino percebeu e prometeu:

— Não vou abraçá-la de novo. Peço que me perdoe. Estava com muitas saudades. Perdi a cabeça. Não vai acontecer outra vez.

— Está bem — disse ela. — Aceito.

Foram a uma confeitaria, onde se sentaram. Ele estava curioso, precisava saber a verdade. Pediu café com leite e torradas. Enquanto esperavam, perguntou:

— Sempre se sente mal como hoje?

A moça passou a mão pela testa num gesto preocupado.

— Estou adoentada. Tirei férias da fábrica e irei para a praia com mamãe. O médico mandou.

— Essa tontura... dá sempre?

— Não. Assim, não. Sinto-me fraca, angustiada, por causa da anemia, mas a tontura como a de hoje eu só tive duas vezes. A outra vez até desmaiei. Hoje, não cheguei a tanto. Estou com esgotamento nervoso.

— Não sabia. Sem querer, provoquei seu mal-estar. Disse algumas palavras desconexas, lembra-se delas?

A moça sacudiu a cabeça.

— Não. O que foi que eu disse?

— Bobagens sem sentido.

— Senti muita raiva de você, depois uma onda de calor, uma dor aguda na cabeça, um torpor. Só me recordo de ver seu rosto aflito perto do meu, e depois tudo passou.

— De fato, precisa tratar-se. O médico tem razão.

— Não sei o que se passa comigo — tornou ela, triste. — Tenho pesadelos e não consigo dormir.

O rosto de Rino estava mais tranquilo quando disse:

— Você ainda não esqueceu aquele caso. Precisa cuidar de sua vida, esquecer o passado.

Mariazinha suspirou triste:

— Não consigo. A figura de Alberto não me sai do pensamento!

— Esqueça essa ilusão. Mesmo que você não me ame, deveria sair dessa confusão. O que passou, passou. Ele está morto e nunca mais voltará. Você é jovem e precisa viver sua vida.

— Eu sei, mas não consigo. Ainda uma noite dessas sonhei com ele. Estava pálido e implorava que eu o ajudasse.

— Foi fantasia. O sonho é ilusão. O desabafo faz bem. Conte-me como foi. Analisando seu sonho, você pode descobrir a causa de seus problemas emocionais.

Mariazinha esperou que o garçom colocasse as coisas na mesa e os servisse. Quando ele se foi, ela disse:

— Todos me dizem isso, mas foi tão real que até agora me parece verdade. Senti a respiração de Alberto no meu rosto e vi seus ferimentos. Havia um buraco na testa dele e outro no peito. Não sei onde foram os tiros que o mataram, mas na hora tudo pareceu tão real que não duvidei. Alberto estava comigo.

Rino estava pálido. Remexeu-se na cadeira e perguntou:

— O que mais ele lhe disse?

— Que estava tudo errado e que eu precisava ajudá-lo a colocar as coisas no lugar.

Rino levou a xícara aos lábios, procurando dominar o tremor que lhe percorria o corpo.

— Tem pesadelo que parece verdade, mas não passa de ilusão. Felizmente, a gente acorda.

— É verdade. Sei que foi só um pesadelo, mas a impressão foi muito forte. Ainda agora, falando nisso, parece que estou vendo-o de novo. Ele me disse que está vivo.

Rino sorriu:

— Por aí você percebe o absurdo. Está morto e bem morto. E os mortos não voltam.

— Eu sei.

— É melhor esquecer.

— Estou tentando. Vou descansar na praia, tratar-me direitinho e voltarei boa. Estou disposta a esquecer e a recomeçar minha vida.

Rino sorriu de novo com satisfação. Fora estúpido de sua parte forçar a situação. O melhor mesmo seria conquistar-lhe a confiança, a amizade, para chegar aonde queria.

Tomaram o bonde de volta, conversando naturalmente durante o trajeto. Mariazinha achava que assim Rino acabaria compreendendo e aceitando sua recusa. Ele desceria primeiro, e ela seguiria mais adiante.

— Vou descer no próximo ponto. Está se sentindo bem? Permite que a acompanhe até sua casa?

A moça sacudiu a cabeça:

— Obrigada. Não precisa. Estou muito bem.

Rino tomou a mão dela e apertou-a com delicadeza.

— Desculpe meu arrebatamento. Não pude controlar-me. Amo-a muito. Prometo ser mais discreto.

— Passou. Quero que compreenda que não o amo. Não quero que se iluda.

— A esperança é a última que morre. — Volveu ele, sério. — Não quero magoá-la. Aproveite bem suas férias. Adeus.

— Adeus — disse ela aliviada por ver-se livre dele.

Mesmo depois do que aconteceu, a moça estava animada com a viagem. Voltaria curada. O médico estava certo. Ela estava mesmo muito nervosa. A insistência de Rino evidenciara seu mal-estar. Seus nervos não suportaram. Estava resolvida a tratar-se e recomeçar a vida. Afinal, era jovem e Alberto estava morto. Outro homem haveria de aparecer, e ela aprenderia a amá-lo. Seria feliz de novo e não deixaria sua oportunidade escapar.

Nessa disposição, arrumou as malas no dia seguinte, despediu-se de Nair, a quem abraçou comovida, e viajou para Santos.

O pai acompanhou-as até a estação e, quando o trem apitou, abraçou-as com força recomendando:

— Cuide-se bem. Boa viagem.

As duas, acomodadas no banco, viram-no descer do vagão e permanecer em frente à janela, onde Mariazinha se acomodara, abrindo-a para vê-lo melhor. Mais um apito, e o trem partiu, enquanto as duas acenavam comovidas.

Seu José procurou conter as lágrimas sem conseguir. Apressadamente, passou a mão nos olhos, tentando disfarçar e olhando para os lados a verificar se alguém percebera sua emoção. Era a primeira vez em vinte anos que elas saíam sem ele. Confiava que sua Mariazinha pudesse voltar curada.

Era sua única filha, nascida quase cinco anos depois do seu casamento e muito esperada. Isabel sofrera uma gravidez difícil e um parto penoso, depois do qual ficara impossibilitada de ter outros filhos. Mariazinha era para eles todo o seu tesouro. Fariam qualquer sacrifício para vê-la saudável e feliz. Sentia-se confiante. Com a ajuda de Deus, ela voltaria boa.

Nos dias que se seguiram, procurou acostumar-se à nova rotina. A vizinha cuidava da casa e deixava sempre um prato de comida no fogão. Isabel só concordara em viajar depois de ter acomodado as coisas para o marido. Não era justo que ele chegasse com fome do trabalho e não tivesse nada para comer.

Sua vizinha também precisara dela quando fora cuidar da mãe doente, e ela cuidara de tudo. Lavara a roupa de todos, cozinhara e dera até banho no cachorro. Agora, era justo que a outra a socorresse, o que, aliás, ela se prontificou a fazer de coração.

Apesar disso, José sentia muito a falta da família. Sua casa estava triste, e ele consolava-se pensando no bem-estar da filha. Isabel, por sua vez, também merecia esse descanso.

Uma tarde, ao chegar em casa do trabalho, foi surpreendido por uma moça que tocava a campainha da porta. Aproximou-se:

— Procura alguém? — indagou.

— Mariazinha. Não é aqui que ela mora?

— Sim. Sou o pai dela.

— Muito prazer. Meu nome é Magali. Ela me deu o endereço, e eu vim visitá-la.

— Sinto muito. Ela está viajando. Está de férias.

— Ah! Não sabia. Quando estará de volta?

— Dentro de duas semanas. Dia vinte e seis.

— Está bem. Voltarei depois desse dia. Quando ela chegar, diga que Magali esteve aqui e lhe deixou um abraço.

José olhava-a admirado. Conhecia as amigas da filha e nunca vira aquela moça. Era bonita e agradável. Gostara dela.

— Direi, sim. Não deixe de voltar. Será muito bem-vinda. Venha tomar um café conosco. Isabel terá muito prazer em recebê-la.

Magali sorriu.

— Obrigada. Virei mesmo. Até logo. Passe muito bem.

José entrou em casa, e Magali afastou-se um pouco contrariada por haver perdido a viagem. Ao dobrar a rua, deparou-se com Nair.

— Magali!

— Nair! Que bom encontrá-la. Vim visitar Mariazinha, mas ela está viajando.

— Está. As coisas não andam bem com ela.

— Por quê?

— Está doente. Venha até minha casa, vamos tomar um café. Lá, conversaremos melhor.

— Aceito. Obrigada.

As duas moças entraram na casa de Nair, onde a mãe da moça lhes serviu café com bolo.

— Vamos conversar no meu quarto. Ficaremos mais à vontade.

Sentadas na cama, Magali perguntou:

— O que Mariazinha tem?

— Não sei explicar. Ela não esquece Alberto, contudo, me parece que há alguma coisa de sobrenatural.

— Por que diz isso?

— Por vários motivos. Veja você. No começo, ela não queria esquecer Alberto, mas agora ela quer. Não dorme bem, emagreceu, tem anemia e vive deprimida. O médico receitou-lhe calmantes, disse que é do sistema nervoso, mas ela não melhorou com o tratamento. Assustada com o rumo que as coisas estão tomando, ela quer sair disso e tem se esforçado. Houve época em que Mariazinha parecia bem melhor, mas teve o pesadelo, o sonho com Alberto.

— O sonho? — indagou Magali, curiosa.

— Sim. Mariazinha disse que ele apareceu, pedindo que ela não o abandonasse, que precisava de ajuda.

— O que ele disse mais?

— Que estava tudo errado e que ela precisava ajudá-lo a pôr tudo em seu lugar.

— Ele disse isso?

— Sim. E disse que estava vivo. Mariazinha contou que tudo parecia tão real que ela sentiu a respiração dele e viu seus ferimentos.

Magali olhou-a séria.

— Ela não teria ficado impressionada com os jornais ou coisa assim?

— Não. Ela ficou tão chocada por ocasião do crime que nunca quis saber dos detalhes. Nem sequer sabia onde foram os tiros e quantos foram.

— Tem certeza disso?

— Absoluta. Tenho acompanhado tudo de perto. Sou amiga íntima e confidente de Mariazinha. Ela realmente não sabia.

— E onde ela disse que foram os ferimentos?

— Na testa e no peito. Ela via do lado esquerdo da testa.

Magali levantou-se surpreendida.

— Realmente, foram dois tiros. Um na testa e outro no peito. Só que o ferimento foi do lado direito da testa.

— Esse é um detalhe. Eu procurei me informar e descobri sobre os ferimentos. Não contei a ela para não impressioná-la ainda mais.

— Fez bem. Você tem razão. Tem se passado coisas estranhas com ela. Naquele dia em minha casa, ela me chamou pelo nome e disse que sentia saudades.

— Não dei importância a isso. Estava preocupada com a situação, o escândalo e com ela. Afinal, eu tinha lhe dado o endereço. Seu irmão não quis nos ver.

— Não ligue para o Rui. Ele é assim mesmo. Diga-me... ela sabia meu nome? Alberto falou de mim?

— Se falou, eu nunca soube. Sabíamos que ele tinha uma irmã, além do Rui. Eu mesmo o ouvi mencionar você uma vez, chamando-a de irmãzinha.

— Era assim que ele sempre me chamava.

— Eu não sabia seu nome e acredito que Mariazinha também não soubesse. Nunca o mencionou.

— E como se explica o que aconteceu? Isso tem me intrigado muito.

— Pensando bem, você tem razão. Ela disse mesmo seu nome.

— Disse. Você falou em sobrenatural... Acha que Alberto esteja mesmo perto dela?

Nair sentiu um arrepio percorrer-lhe o corpo.

— Não sei. Nós fomos outro dia em uma cartomante, você acredita nisso?

— Mais ou menos. Às vezes, acertam algumas coisas, às vezes, não.

— Mas essa disse que Mariazinha tinha dois apaixonados. Um é o Rino, mau-caráter que está sempre atrás dela. Foi a turma dele que atacou seus irmãos uma vez. E o outro, nós não identificamos, porque Alberto está morto. Ela garantiu que seu espírito continua ao lado dela e que ela deveria benzer-se em um centro espírita.

— E ela foi?

— Foi nada. Ela não acredita nessas coisas. Acha que os mortos não voltam. Foi ao médico, ao padre, mas não conseguiu melhorar. Eu acho que é mesmo o Alberto. Você acredita nisso?

Magali sacudiu a cabeça.

— Não sei. Pensando bem, acho que pode ser. Afinal, para algum lugar devem ir os que morrem na Terra. Meu irmão era cheio de vida, de projetos para o futuro. Era generoso. Não posso crer que tudo isso tenha se acabado quando aquelas balas o mataram. O espírito existe. Eu sinto que isso é verdade.

— Você acha que seja ele?

— Sabemos tão pouco sobre essas coisas, mas por quê não? Já li um pouco sobre isso, e há até gente de muita cultura que acredita nisso.

— Eu pensei sempre que fosse coisa de gente simples, ignorante.

— Engana-se. Há cientistas muito interessados nesses assuntos. Já pensou se for verdade? Já pensou, por exemplo, na possibilidade de Alberto estar vivo em algum lugar e de um dia estarmos com ele, abraçá-lo de novo, matar as saudades?

Os olhos de Magali brilhavam expressivos, e Nair comoveu-se:

— É verdade. Seria bom reencontrar os que já morreram, mas tenho medo de cultivar uma ilusão.

— Nós sabemos muito pouco sobre isso, porém, se fosse verdade, explicaria tudo. A dificuldade de Mariazinha esquecer, a vontade de entrar em nossa casa, suas palavras ao me ver, o sonho no qual ele contou que está vivo.

— É verdade. Estou toda arrepiada.

— Só não explica suas palavras, dizendo que está tudo errado.

— Tenho pensado muito nisso. Você tem certeza de que quem atirou no Alberto foi mesmo seu motorista?

— Foi difícil acreditar. Jovino sempre foi nosso amigo, nasceu em nossa casa, era tido como da família. As evidências eram contra ele.

— Eu sei. O revólver, a echarpe, mas ele jamais confessou. Sempre jurou inocência.

— É verdade. Mas, se não foi ele, quem foi? Afinal, não houve roubo.

— Eu tenho minhas suspeitas. Mariazinha não acredita, mas acho que Rino teve alguma coisa a ver com isso.

— A polícia não deu atenção ao caso. Mariazinha nem sequer o mencionou. Só Jovino aventou essa hipótese.

— Ela foi ameaçada pelo Rino. Ele chegou a prometer dar uma surra no seu José, caso ela contasse à polícia sobre a briga ou sobre a paixão dele por ela.

— Ela concordou?

— Ficou apavorada. Tinha medo da polícia. Nunca havia entrado em uma delegacia. Além disso, adora o pai. Não queria que ele sofresse.

— Que canalha!

— Rino não presta e continua a perseguindo. Felizmente, ela não o aceita. Para mim, ele é sem-caráter e capaz de tudo, até de matar! É rancoroso, prepotente.

Magali sentou-se novamente na cama.

— Isso faz sentido. Se Jovino for inocente, está mesmo tudo errado. É preciso fazer alguma coisa, achar o verdadeiro culpado. A alma de Alberto não terá sossego enquanto não desfazer essa injustiça.

— Estou assustada. Você juntou todas as peças desse quebra-cabeça. E, agora, o que vamos fazer?

— Não sei... Tentar chegar à verdade. Você me ajuda?

— Mariazinha é para mim como uma irmã. Eu a estimo muito. Farei tudo por ela. Além disso, odeio injustiça. Se esse moço está preso sendo inocente, avalio sua dor, seu sofrimento.

— É verdade! Tremo só em pensar nisso. Deus nos ajudará. Descobriremos tudo.

— Como? Tem uma ideia por onde começar?

— Não sei. Podemos insistir com Mariazinha para ir ao centro espírita. É preciso escolher um bom lugar, sério, eficiente. Tentarei descobrir um. Tenho amigas que entendem dessas coisas... Perguntaremos a Alberto o que aconteceu. Se ele está mesmo querendo comunicar-se conosco, vamos dar-lhe uma oportunidade.

Nair abanou a cabeça pensativa:

— Mesmo que essa hipótese seja real e que ele se comunique contando a verdade, nós vamos precisar de algo mais. A justiça não aceitará nossa versão. Precisaremos de provas concretas.

— É mesmo. Descobrir a verdade será meio caminho andado, mas teremos de provar na justiça que Jovino é inocente. Encontrar o verdadeiro culpado, fazê-lo confessar ou arranjar tantas provas que ele não possa negar a verdade.

— Que loucura! Será que estamos no caminho certo?

— Tudo leva a crer que sim, porém, vamos investigar. Se o tal Rino ameaçou Mariazinha foi porque sua consciência não está muito limpa.

— Que tal é esse Jovino?

— Jovino sempre foi muito eficiente. Ponderado, lustrava tanto o carro da família que ele parecia novo.

— Era invejoso, mau-caráter, deixou transparecer algum desagrado alguma vez?

— Nunca, e foi isso o que mais nos surpreendeu. Jovino foi nosso companheiro nas brincadeiras da infância. Foi sempre meu amigo, me protegendo de tudo e de todos. Eu estava tão acostumada com ele, confiava tanto em suas palavras, que jamais poderia acreditar que fosse capaz de matar meu irmão. Foi um choque tremendo para todos nós.

— E se ele for inocente?

— Pensando bem, eu gostaria muito que isso fosse verdade. Jovino era como um irmão para mim.

— Imagino o que ele sofreu e deva estar sofrendo, acusado de um crime que não cometeu...

— Tudo são hipóteses. Podemos estar enganadas...

— Concordo. Contudo, penso que é mais fácil um mau-caráter como Rino cometer um crime do que um moço bom como o Jovino. Foi ele quem defendeu seus irmãos na noite da briga. Se ele quisesse, poderia ter deixado as coisas como estavam naquela noite. Se não gostasse de seus irmãos, teria feito de conta que não estava vendo e não os teria defendido. Se o fez, foi porque queria bem a eles. Assim sendo, não acho provável que tenha matado Alberto um mês depois. Já experimentou perguntar a ele o que realmente aconteceu naquela noite?

Magali abanou a cabeça.

— Nunca mais conversei com Jovino. Minha família ficou muito revoltada com ele.

— Se ele fosse culpado, seria o caso, mas se for inocente? Deram-lhe chance de explicar-se?

— Na polícia, ele prestou depoimento. Disse que, naquela noite, saiu preocupado com Alberto e não o encontrou. Voltou para casa de madrugada. Foi isso que o condenou: ele foi visto perto do local onde o corpo foi encontrado. A arma que ele portava foi a que matou o Alberto. Encontraram também o cachecol. Como duvidar?

— Foram muitas evidências contra ele, mas o assassino pode ter roubado a arma e o cachecol ali mesmo, perto do local do crime. Será que ele não saiu do carro uma vez sequer?

— É mesmo... não havia pensado nisso...

— Mariazinha vai demorar a voltar. Que tal se nós fôssemos visitar o Jovino, falar com ele?

— Não sei... nunca fui à penitenciária.

— Aos domingos, eles recebem visitas. Podemos ir e falar com ele.

Magali olhou-a um pouco assustada.

— Tem que ser escondido. Se alguém de casa souber, nem sei o que pode me acontecer.

— Se você não quiser ir, posso compreender. Que seria útil, isso seria...

Os olhos de Magali brilharam decididos.

— Mas talvez seja melhor esperar a volta de Mariazinha. Iremos ao centro espírita para confirmarmos se é mesmo Alberto quem está com ela.

— Você está com medo. Deve reconhecer que a única explicação lógica que temos para os fatos estranhos que têm acontecido é essa.

— É verdade. Tem razão. Vamos agir. Descobriremos o que realmente aconteceu. Investigarei algumas coisas e, quando tiver as informações, voltarei para decidirmos o que fazer.

— Ótimo. Estarei esperando. Pode contar comigo para o que for preciso.

As duas despediram-se afetuosamente. Magali saiu pensativa e, durante todo o trajeto de volta, quanto mais analisava os fatos, sentia aumentar suas suspeitas e a vontade de buscar a verdade. Se Jovino fosse inocente, elas descobririam.

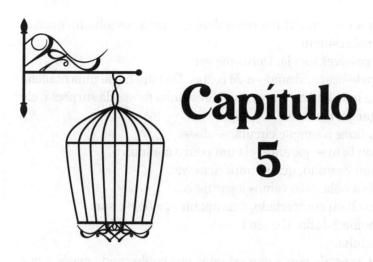

Capítulo 5

Sentada na areia da praia, Mariazinha, pensativa, olhava o céu azul e sem nuvens. Era domingo, e havia sol e muita gente ao redor. Uns estavam estendidos na areia, outros se entretiam com jogos diversos e havia ainda aqueles que se entregavam ao banho de mar.

Mariazinha sentia-se bem. Estava mais disposta, alimentando-se melhor, e as cores haviam voltado ao seu rosto. Aqueles dez dias em Santos fizeram-lhe muito bem, e sua mãe estava radiante. Ela estava dormindo melhor, sem pesadelos, tanto que já acreditava haver recuperado a saúde.

De repente, foi arrancada de seus pensamentos. Uma bola atingiu-a nas costas, e ela soltou um grito, mais de susto do que de dor. Virou-se e logo viu um par de pernas musculosas. Um rosto moreno abaixou-se até ela dizendo:

— Desculpe. Machucou?

Mariazinha estava irritada.

— Deveriam tomar mais cuidado. Afinal, há muita gente hoje aqui. Alguém pode machucar-se.

— Sinto muito — respondeu ele. — Foi o Zezinho. Ele não fez por mal.

Mariazinha olhou mais adiante e viu um menino de uns nove ou dez anos esperando. Ela levantou-se.

Ele continuou:

— Está doendo muito?

— Um pouco.

— Não vamos mais jogar. Você tem razão. Alguém pode se machucar.

— Pena que não tenha decidido antes...

61

Ele olhou-a e sorriu. Tinha belos dentes e uma covinha no queixo. Mariazinha também sorriu.

— Posso resolver isso já. Deixe-me ver...

Pegou-a pelo braço, virando-a de costas. De fato, havia uma mancha vermelha onde a bola batera. Antes que Mariazinha saísse da surpresa, ele friccionou o lugar várias vezes.

— É para fazer o sangue circular — disse.

— Já estou bem — garantiu ela um pouco corada.

Ele chamou Zezinho, que se impacientava:

— Guarde a bola. Não vamos jogar mais.

O menino olhou contrariado, mas apanhou a bola e saiu.

— Meu nome é Júlio. E o seu?

— Mariazinha.

— Vamos fazer de conta que estamos nos conhecendo agora e que o acidente com a bola não aconteceu.

— Isso é fácil para você.

— Faz-me sentir melhor.

— Está certo.

Mariazinha gostou do rosto franco do moço e de sua naturalidade. Teve a impressão de conhecê-lo há muito tempo. Foi fácil conversar com ele. O tempo passou com rapidez.

Júlio morava em São Paulo e fora a Santos passar o fim de semana com os dois irmãos.

— Eu havia prometido esse passeio a Zezinho se ele melhorasse na escola.

— Pelo jeito, ele melhorou.

— Muito! E eu tive de cumprir a promessa. Não vim com muita disposição, mas, agora, acho que valeu a pena.

— Está um lindo dia. A praia é uma beleza.

— É verdade. Nós iremos embora hoje à noite, o que é uma pena. Você vai ficar?

— Vou. Ainda tenho uma semana de férias.

— Quer dizer que estará aqui no próximo domingo?

— Estarei. Iremos embora na terça-feira da outra semana. Agora, devo ir. Mamãe me espera para o almoço.

— Onde você está?

— Em uma pensão aqui perto.

— Vamos até lá.

Foram andando lentamente e conversando animadamente. Ao chegarem à porta da pensão, ele perguntou:

— Vai sair à tarde?

— Geralmente fico por aqui mesmo. Às vezes, dou uma volta com mamãe.

— É bom saber. Até logo.

Ele saiu acenando um adeus, e Mariazinha entrou na pensão. Sentia-se contente. Júlio era um moço bonito e muito simpático. Gostaria de voltar a vê-lo. Naquele instante, a lembrança de Alberto estava muito distante.

— O ar da praia fez-lhe muito bem — comentou Isabel contente, vendo a disposição da filha.

— É verdade. Conheci um moço muito simpático.

— Daqui mesmo?

— Não. Mora em São Paulo.

Isabel exultou. Rezava todas as noites, pedindo a Deus que Mariazinha conhecesse outro moço. Acreditava que, se isso acontecesse, ela esqueceria Alberto.

— Vai voltar a vê-lo?

— Não sei. Ele não disse nada.

As duas conversaram animadamente. Após o almoço, deitaram-se um pouco para descansar. Mariazinha dormiu com facilidade. Acordou mais de uma hora depois, descansada e alegre.

Levantou-se e arrumou-se cuidadosamente. Isabel observava-a com satisfação. Finalmente, a filha estava curada.

— Aonde iremos esta tarde? — perguntou.

— Dar uma volta, tomar um sorvete.

A mãe concordou. Saíram. As ruas estavam movimentadas e alegres. Foram andando lentamente pela avenida à beira da praia, conversando. Pararam em frente ao Cassino Atlântico.

— Vamos entrar? — propôs Mariazinha. — Nunca entrei em um cassino.

— Não é lugar para nós.

— A porta está aberta, e tem gente entrando. Vamos ver como é.

Um pouco contrariada, Isabel seguiu a filha que, decidida, entrou. Havia muita gente, e elas olharam o belíssimo salão, onde havia uma orquestra tocando. As mesas estavam repletas. Depois, passaram pelas salas de jogos, onde ainda havia pessoas em trajes noturnos, mulheres com muitas joias ao redor das mesas, jogando.

Mariazinha perguntava-se por que, em plena tarde, as pessoas estavam vestidas daquela forma. Havia muita fumaça de cigarro, e a maioria jogava carteado em silêncio, enquanto a roleta girava. O número era dito em voz alta, e havia o ruído das fichas e das vozes na torcida dos jogadores.

Quando as duas saíam do cassino, Mariazinha ouviu a voz de Júlio:

— Você gosta de cassinos?

Ela voltou-se.

— Olá! Entrei para conhecer. Nunca havia entrado em um. Esta é mamãe.

O rapaz apertou a mão de Isabel.

— Como vai?

— Bem — respondeu ela.

— Que tal o cassino?

— Lindo. Muita gente bem-vestida, principalmente nas salas de jogo. Em plena tarde, estavam vestidas com trajes de noite.

— É que elas estão jogando desde ontem. A paixão pelo jogo é tanta que nem vão embora. Emendam.

— Sem dormir?

— Muitos não sentem sono, alguns dormem poucas horas nas dependências do próprio cassino e voltam ao jogo. O cassino os trata muito bem. Dá-lhes comida e bebida quase de graça. O jogo cobre tudo.

— Não é uma vida sadia — comentou Isabel.

O moço riu bem-humorado.

— Não é mesmo. É ruim para a saúde e para o bolso. Muitos perdem dinheiro nesse vício.

Foram andando, e Júlio convidou:

— Vamos tomar um sorvete? Conheço uma sorveteria ótima.

Conversando agradavelmente, alcançaram a sorveteria e sentaram-se. Júlio era um rapaz alegre, educado, e fazia tudo com naturalidade. Elas sentiam-se à vontade. As palavras fluíam em conversa animada.

Depois do sorvete, sentaram-se em um banco à beira da praia, e, na hora de voltar à pensão, Júlio acompanhou-as. Lá chegando, Isabel despediu-se do moço e entrou. Vendo-se sozinho com Mariazinha, ele estendeu a mão que a moça apertou e a conservou entre as suas.

— Vou voltar agora a São Paulo. Não quero perdê-la de vista. Preciso do seu endereço.

Anotou tudo e voltou a segurar a mão de Mariazinha.

— Só estarei de volta na outra terça-feira.

— Não esquecerei. Até logo.

— Boa viagem — desejou ela.

— Até breve — disse ele, levando a mão dela aos lábios e beijando-a com delicadeza.

— Até breve — repetiu Mariazinha, sentindo uma onda de alegria invadir seu coração.

Quando entrou, Isabel comentou:
— Agradável esse moço. Educado, boa companhia.
— Também acho. Gostei dele.
Isabel abraçou a filha com alegria.
— Estou feliz. Parece um bom moço.
— Por enquanto, somos só amigos. Não ponha fantasias em sua cabeça.
— Que ele está interessado em você, isso deu para notar. Não me surpreende. O que me deixa feliz é que você se interessou por ele. Mesmo que não aconteça nada entre vocês, seu interesse demonstra que está curada, voltou ao normal.
Mariazinha sorriu animada.
— Tem razão, mamãe. Tudo passou, e eu estou muito bem.

Os dias que se seguiram foram de calma e alegria. As cores voltaram ao rosto jovem de Mariazinha, e Isabel escreveu uma carta ao marido descrevendo a recuperação da filha. Queria que ele compartilhasse da sua alegria.

Mariazinha sentia saudades do pai, da amiga Nair, mas, ao mesmo tempo, valorizava cada minuto de suas férias. À medida que o tempo passava e se aproximava o dia do regresso, a moça comentava:

— Os dias passam muito depressa! Dentro em pouco, teremos que voltar... Sentirei saudades destes momentos.

— Eu também. Tenho saudades de seu pai, de nossa casa. Voltar também será bom. Principalmente porque você recuperou a saúde.

— Vou trabalhar bastante e fazer horas extras para juntar dinheiro. Faremos outras férias, viajaremos e traremos papai.

Isabel sorriu.

— Nossa alegria seria completa se ele estivesse aqui.

— Chegará o dia, se Deus quiser. Agora que sentimos como nos fez bem essa viagem, voltaremos outras vezes. Seria bom se papai pudesse ter esse descanso. Ele merece.

Isabel sorriu feliz. Agora que Mariazinha estava bem, a alegria e o otimismo haviam voltado.

No domingo, Mariazinha foi à praia pensando no Júlio. O moço não lhe prometera voltar, mas dera a entender essa intenção. Perscrutou a praia com certa ansiedade. Júlio não estava.

Quando regressou à pensão para o almoço, sentia-se um pouco decepcionada.

— Júlio não veio, mamãe — comentou ela.

Isabel balançou a cabeça.

— Naturalmente, não pôde.

— Ou não quis — disse ela pensativa.

— Nós não sabemos. Ele tem nosso endereço. Se estiver interessado, irá à sua procura.

— Gostei dele. Mesmo como amigo, gostaria de vê-lo.

Isabel sorriu.

— O que importa é que você está bem, quer fazer amigos, está se interessando por outros moços. Filha, estou muito contente. Você é moça bonita, boa, honesta. Um dia, aparecerá alguém que você amará e que a fará feliz.

Mariazinha sorriu.

— Também acho, mamãe. Quero gostar de alguém, esquecer as coisas tristes e encontrar a felicidade.

Na terça-feira, foi com misto de tristeza e alegria que elas arrumaram as malas para voltar.

A felicidade de José não tinha limites. Comprou guloseimas que Isabel gostava e pediu à vizinha que arrumasse tudo. Gostaria de não trabalhar nesse dia, poder ir esperá-las na estação, mas não podia faltar ao emprego.

Com impaciência, consultava o relógio imaginando o que elas estariam fazendo. Quando deu o sinal, foi o primeiro a sair e correu para casa o mais rápido que pôde.

Elas já haviam chegado e abraçaram-se comovidos. Foram duros para ele aqueles dias de solidão. Não se queixava. Mariazinha estava bem, e isso era o mais importante.

Conversaram animadamente. Estavam felizes. Nair foi abraçar a amiga e, vendo-a tão bem e alegre, não mencionou a visita de Magali nem as conclusões a que haviam chegado. Temia que Mariazinha se envolvesse de novo. Agora que tudo parecia esquecido, o melhor seria silenciar. Fora difícil para a amiga superar aquele drama. Não seria justo fazê-la voltar a ele.

Nair saiu da casa da amiga pensativa. Estava feliz pela melhora dela e vibrara ao saber que ela se interessara por outro rapaz, ainda que de maneira superficial. Ela estava voltando ao normal.

Um pensamento, contudo, a incomodava. Se Jovino fosse inocente, seria justo não fazer nada para libertá-lo?

"Não tenho nada com isso", pensava ela, tentando banir esse pensamento. "Nem sequer posso fazer nada por ele!"

Todavia, pensando no moço preso injustamente, não podia furtar-se a um aperto no coração. E quanto ao espírito de Alberto? Estaria mesmo interessado em restabelecer a verdade? Ele existia mesmo ou tudo não teria passado de ilusão, sugestão?

Sentiu-se angustiada.

"Não vou mais me envolver nessa história", decidiu. "Se Mariazinha esqueceu, está bem. Devo dar graças a Deus."

Mas a insatisfação e a preocupação não a deixavam. Naquela noite, deitou-se, mas não conseguiu dormir.

"Vou rezar", pensou. "Estou impressionada."

De fato, a conversa com Magali não lhe saía da lembrança, e, só quando o dia já começava a clarear, a moça conseguiu adormecer.

Nos dias que se seguiram, Nair não falou com a amiga sobre o assunto, apesar de não conseguir esquecê-lo. Afinal, o que tinha com isso? Mariazinha estava bem, e ela não queria entristecê-la. Precisava apagar a preocupação da cabeça definitivamente.

Magali voltou a procurá-la em casa e perguntou por Mariazinha.

— Já voltou das férias?

— Sim. Ela está bem, conseguiu superar os problemas. — Suspirou e prosseguiu: — Não quero mais envolver-me com esse caso. Você sabe... Mariazinha pode piorar. Não é justo.

Magali fitou-a nos olhos e disse com voz firme:

— Nair, eu preciso de você! Eu também não quero prejudicar Mariazinha, porém, desde que conversamos naquele dia, não consegui deixar de pensar no Jovino. Como poderemos esquecer? E se ele for inocente? Seria justo deixá-lo lá, pagando por um crime que não cometeu, sem fazermos nada?

— Essa é só uma hipótese. Não temos certeza de nada. Ele pode mesmo ser culpado.

— Pode. Mas por que Alberto disse que tudo estava errado? Por que seu espírito não tem sossego no outro mundo?

Nair permaneceu alguns segundos pensativa e depois disse:

— Agora que tudo passou, pode ter sido alucinação de Mariazinha. Nós podemos estar entrando em uma grande ilusão.

— Quando saí daqui, estava disposta a descobrir os fatos. Fui procurar a mãe de uma amiga, que é médium espírita. Relatei tudo a ela, que me aconselhou a orar por ele. Queria que fôssemos às sessões no centro espírita.

— Por quê?

— Ela garantiu que Mariazinha tem mediunidade.

— O que é isso?

— Sensibilidade para perceber além dos cinco sentidos físicos. Ela pode perceber coisas que acontecem em outras dimensões da vida, ver pessoas que já se foram deste mundo e conversar com elas.

Nair sentiu um arrepio percorrer-lhe o corpo.

— Será que ela realmente viu Alberto?

— Dona Dora disse que sim.

— Mesmo assim, não devemos envolvê-la agora que está bem.

— Concordo. Mas nós duas podemos fazer alguma coisa.

— É ela quem precisa ir ao centro espírita. Nós não temos nada a fazer lá.

— Se Alberto quiser comunicar-se comigo, terá oportunidade. Dona Dora emprestou-me *O Livro dos Espíritos*. Estou encantada. Esse livro explica todas essas coisas com muita clareza. Lendo-o, estou convencida de que era Alberto mesmo quem estava com Mariazinha. Quando a gente morre, não acaba tudo. Nós continuamos a viver em outro mundo. Não é maravilhoso?

— É verdade.

— Agora, tudo ficou mais claro para mim. Alberto continua vivo, porém, não se conforma com a prisão de Jovino. A cada dia que passa, eu acredito mais na inocência dele.

— Mesmo assim, o que nós podemos fazer? Quem acreditará em espíritos? Nada conseguiremos, pode crer.

Magali segurou o braço de Nair com força e disse:

— Deus nos ajudará. Não consigo tirar Jovino da cabeça. Pensando bem, ele nunca cometeria tal crime. Era um moço bom, amigo.

— Agora é tarde para fazer qualquer coisa.

— Você não se comove com a prisão de um inocente?

— Claro. Já passei sem dormir pensando nessa possibilidade, porém, nada podemos fazer. Ele já foi julgado, condenado. Não temos nenhuma prova de sua inocência. Como vamos ajudá-lo?

— Resolvi visitá-lo na penitenciária. Queria que fosse comigo.

— Sua família sabe?

— Claro que não. A visita é no domingo. Podemos ir até lá tentar falar com ele. Quero que nos conte como tudo aconteceu.

Nair sentiu um friozinho percorrer-lhe o corpo. Apesar do medo que sentia, resolveu:

— Irei com você. Vamos deixar Mariazinha fora disso.

— Está bem. Farei o que você quiser. Agradeço sua ajuda. Sozinha, eu teria medo de ir. Vamos rezar muito e pedir a ajuda de Deus nestes dias que faltam.
— Está certo.

Passava um pouco das quatorze horas do domingo, quando as duas moças deram entrada no presídio. Passaram pela revista, e Nair abriu o pacote com algumas frutas que levou. Magali não comprara nada para Jovino, porém Nair pensava que deveria levar alguma coisa.

Havia muita gente entrando no presídio. Depois de passarem pela revista, encaminharam-se para outra sala, onde deram o nome do preso que queriam visitar.

Magali deu o nome de Jovino e foi convidada a sentar-se e esperar. Os minutos passavam e nada. Depois de quinze minutos, o encarregado chamou-as e esclareceu:

— Jovino não quer receber visitas. Ele não virá.

As duas sentiram-se decepcionadas.

— Por favor — pediu Magali —. É muito importante. Eu preciso vê-lo, falar-lhe. Diga que é Magali. Ele virá. Tenho certeza. Por favor!

O encarregado, vendo a aflição dela, concordou.

— Está bem. Vou falar com ele de novo.

— Por favor! Ficarei muito grata.

Novamente, sentaram-se à espera. Depois de certo tempo, ele voltou, e elas levantaram-se.

— É inútil. Ele não quer vê-las.

— Disse-lhe meu nome?

— Disse, mas não adiantou.

As duas sentiram-se desanimadas.

— Como está ele? — indagou Magali.

— Jovino é muito fechado, arredio. Não faz amizade com ninguém e vive calado. É uma pessoa esquisita. Não se interessa por nada.

— Ele não era assim — comentou Magali pensativa. — Era alegre, disposto, animado.

— Pois não parece — tornou o funcionário. — Aqui, ele é calado, sério e nunca sorri. Aceita tudo da disciplina, da direção da Casa, mas que nenhum outro preso mexa com ele. Agride sem pena. Reage violentamente. No começo, andou surrando alguns mais abusados. Agora, os outros têm medo dele. Jovino não mexe com ninguém, mas não mexa com ele.

— Ele mudou — disse Magali. — Estamos interessadas em ajudá-lo. Gostaríamos muito de vê-lo.

— Sinto muito. Se eles não querem ver as pessoas, não podemos obrigá-los. É um direito deles.

— Dê-lhe essas frutas — pediu Nair.

— Vou escrever-lhe um bilhete. Poderia entregar-lhe por favor?

— Certamente. — Ele pegou as frutas. — Quando estiver pronto, avise-me.

Magali conseguiu uma folha de papel e escreveu:

Jovino, vim vê-lo. Tenho pensado muito em tudo quanto aconteceu. Agora, custa-me a crer que você tenha cometido esse crime. Inquieta-me pensar que possa ser inocente. Desejo ouvir a verdade de seus lábios. Gostaria que me contasse tudo. Voltarei no próximo domingo. Não se recuse a ver-me. Peço-lhe, por favor!

Magali

Magali mostrou o bilhete a Nair, dobrou-o e entregou-o ao encarregado. Saíram pensativas. Nair considerou:

— Pensei que encontraria Jovino ansioso para vê-la. Ele não era tão seu amigo?

— Era. Custa-me crer que ele seja esse que o guarda falou. Era calmo e bom. Nunca agrediu ninguém, mesmo quando Rui o provocava. Rui sempre foi briguento. Quando eram meninos, ele sempre abusava do Jovino. Escondia suas coisas, caçoava quando ele olhava para alguma moça, implicava com suas saídas, seus horários... Enfim, era difícil de lidar.

— E ele nunca reagiu?

— Ele não era submisso, contudo, sempre conservava a calma. Jamais foi violento.

— Pelo que ouvimos, ele mudou. Será que estamos certas? Será que ele é inocente mesmo? Se reage com violência, pode bem ter atirado em Alberto.

Magali guardou silêncio por alguns instantes e depois disse:

— Não creio. Se ele mudou foi agora, com a injustiça, com a convivência com outros presos. Não deve ser fácil conviver com eles. Contam coisas terríveis sobre os presídios.

Nair sacudiu a cabeça.

— Não sei se estamos fazendo bem nos envolvendo nesse caso. Ele pode ser culpado mesmo.

— Pode. Mas, enquanto houver possibilidade de ele ser inocente, não desistirei. É um caso de consciência. Enquanto eu não tirar as dúvidas, não terei paz.

Combinaram de voltar ao presídio no domingo seguinte, contudo, Jovino recusou-se a recebê-las novamente. Magali deixou-lhe outro bilhete, as frutas que Nair levara, e as duas moças retiraram-se decepcionadas.

— Ele não quer nada mesmo. — Concluiu Nair. — É melhor desistirmos.

Magali abanou a cabeça.

— Não vou desistir.

— O que vamos fazer? Ele não quer nos ver.

— Não sei. Vou pensar. Hei de encontrar um jeito. Você vai ver.

— O que você decidir, eu aceito. Já entrei nisso mesmo...

— Obrigada, Nair. Você tem me ajudado muito.

Despediram-se. Magali sentia-se indecisa. Não sabia como prosseguir. Se Jovino não cooperasse, o que poderia fazer?

Chegou em casa preocupada, pensativa. Resolveu procurar a mãe de sua amiga Dalva, dona Dora, e pedir-lhe um conselho.

Sentada em uma agradável sala de estar, Magali contou o que lhe ia no coração. Dora ouviu-a com interesse. Ela concluiu:

— Estou desorientada. Não sei o que fazer. Não tenho certeza da inocência de Jovino, contudo, a dúvida me perturba, pois também não tenho certeza da sua culpa. Estarei sendo precipitada?

— Não, minha filha — respondeu Dora com calma. — A dúvida justifica plenamente seu desejo de saber a verdade. Se ele for inocente, algo deve ser feito a seu favor.

— É isso! A senhora compreendeu meu ponto de vista. Em casa, eles não querem tocar nesse assunto. Não duvidam de que Jovino seja o culpado. Sozinha, está difícil conseguir saber a verdade, provar o contrário.

— Sozinha, seria mesmo difícil. Porém, você não está só. Além de Nair, há o próprio Alberto, que me parece interessado em mostrar a verdade.

— Mas ele está morto. Não posso falar com ele.

— Se ele realmente deseja comunicar-se com você e se Jovino for mesmo inocente, se puder libertar-se dessa prova dura a que foi submetido, tudo se esclarecerá. Deus nos ajudará.

Magali olhou-a admirada:

— Se ele puder libertar-se? Se Jovino for inocente, seria injusto permanecer preso. Deus não haveria de permitir.

Dora fixou Magali com seriedade e respondeu:

— Diante da justiça de Deus, se ele fosse inocente, não teria sido preso.

Magali arregalou os olhos.

— Tem certeza de que ele é culpado? E os erros judiciários? Quem é preso sempre é culpado? Nunca leu nos jornais os enganos e as injustiças que são cometidos neste mundo?

— Você não me compreendeu. Não disse que Jovino é culpado pela morte de Alberto. Estou mais inclinada a crer que ele seja inocente nesse crime.

— E então?

— Mas como Jovino foi preso, acusado, e as evidências eram contra ele, e, sabendo que Deus é justo e não cai uma folha da árvore sem sua permissão, há de convir que de alguma forma ele fez jus à lição que está recebendo. Talvez em vidas passadas esteja a resposta disso que está lhe acontecendo agora.

Magali estava admirada.

— Não é injusto sofrer agora por algo que aconteceu em outra vida? Algo de que ele nem se lembra agora? Que vantagem teria? Deus seria vingativo?

Dora sorriu. Gostava da franqueza de Magali, que sempre ia direto ao ponto sem se importar com o convencional.

— Quando praticamos uma ação, seja ela adequada ou não, acionamos energias, interferimos nos ciclos da vida, desorganizamos programas alheios, colocamos nossa atuação, nossos atos e impomos aos outros nossa forma de ser. É uma escolha nossa. E, de acordo com nossas crenças, a vida responde à contribuição que lhe demos, à reação que provocamos nos outros, aqueles que envolvemos diretamente, a fim de nos educar para o desenvolvimento de nossa responsabilidade de espíritos eternos, tornando-nos, assim, mais lúcidos e conscientes. Essa resposta chegará para nós seja onde estivermos, e, embora a bondade divina tenha nos apagado da memória a recordação do passado, vivenciar determinadas experiências nos ensinará a perceber coisas que ignorávamos e que permitiram ou contribuíram para que nós praticássemos ações que foram a causa de nossos sofrimentos.

— É difícil compreender...

— Não é. Se Jovino não matou Alberto, mas foi julgado culpado e preso, por certo deve estar lidando com a justiça por outro crime, cometido, contudo, em vidas passadas. Ninguém é preso sendo inocente. Deus não permitiria. É uma lição que é ministrada só a quem necessita aprender.

— Os erros judiciários estão certos? Neste caso, devemos deixar o Jovino continuar preso?

— Se podemos compreender por que Deus permite que uma pessoa seja punida, sendo inocente de um crime pelo qual é acusada, isso não quer dizer que devamos ser coniventes com o erro. Quem somos nós para conhecer toda a verdade e julgar de fato a culpa de cada um? Nosso papel será sempre o de buscar a verdade, ajudar as pessoas, coibir enganos, impedir os erros judiciários e o de jamais condenar sempre que houver dúvida. Nossa consciência nos diz que essa é a atitude correta.

— Então, estou certa.

— Claro, minha filha! O que eu queria que entendesse é: o fato do Jovino não haver matado seu irmão não aparecerá. Você não conseguirá as provas materiais de que precisa para livrá-lo da prisão, se ele não estiver liberto da justiça de Deus. Se a lição que a vida preparou para ele não houver sido assimilada, se seu espírito ainda necessitar ficar ali, nós não conseguiremos libertá-lo.

— Nesse caso, sinto-me impotente. Como lutar contra forças tão desiguais?

— Nós não vamos lutar contra. Lutaremos a favor. Nós nos uniremos com Deus. Você não tem nenhuma prova da inocência de Jovino para reabrir o processo, nem sequer sabe como encontrá-la, contudo, o espírito de Alberto tem procurado ajudar.

— Agora, parece que até ele desistiu. Mariazinha não sentiu mais nada.

— Isso pode ser temporário. No momento, você quer ver Jovino, falar com ele. Eu penso que esse seja o caminho certo. Ele está ferido, magoado. Precisamos tocar seu espírito.

— Como?

— Deus sabe. Gostaria que me acompanhasse ao centro espírita que eu frequento. Buscaremos orientação e ajuda lá. Por certo, encontraremos recursos para chegar a Jovino.

— Está bem. Irei. Mas ninguém deverá saber em casa. A senhora sabe que eles não gostam dessas coisas. Odeiam Jovino. Não posso tocar em seu nome.

— Infelizmente. Fique tranquila. Guardaremos segredo. Poderia ir na quinta-feira à tarde?

— Sim.

Quando saiu da casa de Dora, Magali sentia-se mais calma. Dora tinha razão. Era preciso esperar. Se Deus ajudasse e se Alberto realmente estivesse interessado, ele teria ocasião de se manifestar.

Quando Magali chegou em casa, já passava das sete. Aurora esperava-a com impaciência.

— Até que enfim! Onde esteve até esta hora?

— Na casa de Dalva.

— Você sabe que temos horário. Atrasamos o lanche à sua espera. Seu pai não tolera atrasos.

73

— Desculpe, mamãe. Não precisavam esperar-me. Não estou com fome.

— Agora não vai fechar-se no quarto como sempre. Nós a esperamos para o lanche. Seja educada e pelo menos sente-se à mesa conosco. Nem parecemos uma família. Agora, cada um vai para seu lado e eu fico só. Seu pai tem atendido clientes fora de hora. Não aguento mais. No tempo de Alberto, tudo era diferente.

Magali olhou a mãe sem se comover. Estava habituada às suas reclamações. Teve vontade de dizer-lhe que era por isso que a família não encontrava mais prazer em estar reunida. Não havia alegria; só queixas, acusações, ressentimentos. Magali percebia que o pai se entregara mais ao trabalho para fugir daquele ambiente sempre triste e desagradável, porém, não adiantava falar com Aurora. Ela não aceitava, não percebia a verdade. Sempre que pretendia tocar no assunto com a mãe, provocava uma avalanche de queixas, justificativas para o sofrimento, acusações para todos.

Olhando-a, Magali sentiu o quanto ela estava enganada. Como fazê-la enxergar?

Em outros tempos, teria argumentado, tentado dizer o que pensava, mas, naquela noite, estava cansada e interessada em pensar nos últimos acontecimentos. Dona Dora lhe dera o livro *O Evangelho Segundo o Espiritismo*. Ela embrulhara-o cuidadosamente, colocando-o entre os jornais para que ninguém o percebesse. Magali estava ansiosa para folheá-lo e teve de concordar com a mãe. Se queria ficar sossegada, seria melhor comer o lanche.

— Está bem, mamãe. Vou lavar-me e já desço. Pode servir.

Aurora olhou a filha admirada. Não esperava tanta passividade.

"Melhor assim", pensou. "Está na hora de ela tornar-se mais comportada. Afinal, já é uma moça."

Magali foi para o quarto, escondeu o livro embaixo do colchão, lavou as mãos e desceu para a copa, onde os demais já haviam se sentado ao redor da mesa.

Depois de um "boa noite, papai" e um "olá, Rui", Magali sentou-se. Doutor Homero resmungou "boa noite" e continuou a servir-se em silêncio. Aurora sentou-se, olhou-os com tristeza, e um suspiro escapou-lhe do peito. Precisava conformar-se. Agora, as reuniões de família seriam sempre assim. Nunca mais a alegria voltaria à sua casa. Não conseguiu conter as lágrimas.

Doutor Homero baixou mais a cabeça sobre o prato, Rui parecia interessado em passar manteiga no pão, e Magali procurou comer mais depressa para poder ir para o quarto.

O silêncio era opressivo. Aurora não suportou. Rompeu em soluços e levantou-se da mesa, indo refugiar-se no quarto. Um suspiro escapou do peito de doutor Homero.

Por que ficara em casa? Não aguentava mais aquele ambiente. Ele era de carne e osso. Precisava esquecer a tragédia. Alberto era seu orgulho. Mais inteligente, mais bonito do que Rui. Sentia-se revoltado com sua morte de forma tão brutal, porém, agora que tudo estava consumado, o que poderia fazer? O culpado estava preso, e nada que fizesse devolveria a vida ao filho.

A dor era grande, todavia, ele sentia que precisava esquecer. Seus nervos não suportavam mais a lembrança do crime. Mergulhara no trabalho para fugir da sua dor, e isso o ajudara um pouco. Quando estava trabalhando, esquecia suas preocupações. Contudo, ao chegar em casa, a revolta e a angústia voltavam. Ele não acreditava mais em Deus. Se Ele existisse — pensava no auge de sua dor —, não teria permitido que seu filho morresse daquela forma.

O mundo era dos maus, dos perversos. Sentia-se agitado, nervoso, insone. Revolvia-se no leito sem poder conciliar o sono, percebendo que Aurora também não tinha um sono tranquilo, apesar dos tranquilizantes que a obrigava a tomar.

Havia momentos em que ele temia enlouquecer. Não aguentava mais aquele ambiente triste, opressivo. Terminou de comer rapidamente e levantou-se. Em alguns minutos, voltou à copa. Vestira o paletó e apanhara o chapéu que mantinha entre os dedos.

— Preciso sair — disse.

— Mamãe está em crise — argumentou Rui um pouco irritado. — Não seria melhor socorrê-la?

Homero abanou a cabeça.

— Não vai adiantar. É melhor deixá-la desabafar. Sua dor é imensa. O que podemos fazer?

Magali nada disse. Se pudesse, também sairia dali para respirar outro ar. Compreendia o pai e percebia que ele estava chegando ao limite do que podia suportar.

Vendo-o sair, Rui considerou:

— O lugar dele é ao lado dela, confortando-a. Ele não pode abandoná-la nesta hora.

— Mamãe precisa reagir. Alberto morreu, e todos nós sofremos muito com essa tragédia. Papai adorava Alberto. Tinha orgulho dele. De certa forma, era seu predileto. Está sofrendo muito também. Mamãe é que precisa confortá-lo.

Rui olhou-a admirado.

— Ela é mulher, frágil. A obrigação é dele. O homem precisa apoiar a mulher.

— E a mulher ao marido. Mamãe está sendo egoísta. Pensa apenas em sua dor e se esquece de todos nós.

— Não seja injusta.

— É verdade. Todos sofremos, mas a vida continua e não há como trazer Alberto de volta. Por que infelicitar toda a família agora? Por que viver na tristeza, sem pensar que nós todos temos direito à felicidade, à alegria e ao bem-estar?

— Você que é egoísta. Como pode dizer uma coisa dessas? O amor de mãe é sagrado!

— Eu sei. Mas de que adianta chorar por uma coisa que não tem remédio e esquecer que ainda tem outros filhos, que também deve amar, e um marido, que é um ser humano e também precisa de atenção e amor?

— Mamãe não está em condições de entender isso. É preciso apoiá-la.

— Ao contrário. Se a apoiarmos, ela jamais sairá dessa mágoa. Jamais enxergará o quanto está errada e se arriscando a perder o que ainda lhe resta de afeto. Está nas mãos dela agora.

— Você é criança e não entende essas coisas. Mamãe nunca nos perderá.

Magali olhou-o séria.

— Se ela continuar a cultivar este ambiente de tristeza, papai é o primeiro que se afastará. Ele não aguenta mais. A cada dia, fica menos em casa. Eu, por minha vez, me isolo no quarto e espero encontrar um homem com quem me casar para sair daqui para sempre. Quanto a você, percebo que também não para em casa. O ar está pesado, e apenas nos sentimos bem fora.

Rui não se deu por achado.

— Esse clima vai passar. Tudo vai melhorar. Não vai acontecer nada disso.

— Se mamãe reagir, pode ser. O clima do lar depende quase sempre da mãe.

— Você é muito fria — disse ele. — Vou ter com ela e confortá-la.

— Faça como quiser.

Magali foi para o quarto. Deitada no leito, pensava. Sentia pena do sofrimento da mãe, mas entendia que ela precisava sair daquela posição. Muitas mães haviam passado por essa perda e conseguido refazer a vida. A morte é lei da natureza e é irreversível, ainda que seja antes do que se espera.

Lembrou-se do livro. Fechou a porta à chave e apanhou-o. Deitou--se, abriu-o ao acaso e leu: "Causas anteriores das aflições". Interessada, mergulhou na leitura desse trecho.

Mil perguntas afluíam-lhe à mente. Se Jovino, embora fosse inocente daquele crime, estava preso por atos cometidos em outra existência e que teriam ficado impunes, por que Alberto morrera daquela forma? Se Deus não erra e se Alberto não cometera falta grave nesta vida, sua morte estaria ligada a problemas de vidas passadas? Sua morte tivera um motivo justo?

Ela não justiçara apenas a ele. Toda a família sofria por isso. Sua mãe sofria, no seu entender, até mais do que Alberto. Estariam todos respondendo também por problemas de vidas anteriores? Estaria lá a verdadeira causa de tantos sofrimentos do mundo, das tragédias, das calamidades, das doenças que atingiam a humanidade?

Magali sentou-se na cama admirada. Se isso fosse verdade, era fenomenal! Conseguiria resolver todos os problemas e as indagações que envolviam a humanidade havia séculos e seu senso de justiça.

Deus, dentro desse contexto, aparecia em toda a Sua glória, dando a cada um segundo suas obras, como dissera Jesus. Era extraordinário! Por que essa descoberta não era espalhada aos quatro cantos da Terra?

Magali reabriu o livro, sentindo aumentar seu interesse. Quanto mais lia, mais se identificava com seus ensinamentos. Ela sempre pensara dessa forma, embora de maneira pouco precisa.

Lágrimas apareceram em seus olhos, ao ler certos conceitos que lhe falavam ao coração. Sentia que acabara de encontrar Deus. Não um Deus distante e circunscrito a templos, religiões, mas um Deus verdadeiro, atuante. O Deus vivo que Jesus mencionara.

Apesar da euforia da descoberta, Magali sentiu descer sobre ela um sentimento de paz. Guardou o livro no esconderijo e, sentindo uma alegria nova no coração, adormeceu.

Capítulo 6

Foi com o coração aos saltos que Magali entrou no centro espírita, ao lado de Dora e de Dalva. Apesar de desejar conhecer o local e dos motivos que a levavam até lá, estava um pouco receosa. Imaginava um lugar misterioso, escuro, cheio de símbolos, como em certos filmes americanos a que assistira, em que os médiuns apareciam vestidos de negro e falando com voz cavernosa.

Surpreendeu-se ao entrar em uma sala agradável, muito limpa, com as paredes pintadas de azul-claro. Uma mesa grande rodeada de cadeiras já comportava algumas pessoas sentadas e, um pouco além, havia cadeiras dispostas em fileiras. Sobre a mesa foram dispostos um vaso cheio de flores, uma bandeja contendo uma jarra com água e alguns copos.

O ambiente era alegre e acolhedor. As pessoas conversavam em voz baixa, e Dora, a cada passo, encontrava amigos a quem abraçava com prazer.

Magali sentiu-se bem ali. Onde estavam os "loucos" que sempre ouvira sua mãe mencionar? Onde estavam os charlatães, os endemoniados, os ludibriados pelo espírito do demônio que frequentavam o espiritismo?

Aquelas pessoas não se assemelhavam a nada disso. A grande maioria trazia um sorriso nos lábios, olhos brilhantes de alegria e muito carinho entre si.

Dora colocou as duas moças sentadas na primeira fileira de cadeiras e disse a Magali:

— Não se preocupe com nada. Ore, peça a Deus que nos ajude. Lembre-se de Alberto e de Jovino.

Magali concordou. Sentia-se emocionada. Percebia o ar diferente ali dentro, como uma brisa fresca, leve e gostosa.

Dora sentou-se à mesa, e, em mais alguns instantes, fez-se silêncio na sala. Uma senhora, que dirigia a reunião, levantou-se e fez sentida prece.

Magali sentiu lágrimas brotarem de seus olhos. Apesar da sala fechada e repleta, ela sentia uma brisa leve e agradável envolvê-la e experimentava uma sensação de grande bem-estar.

Depois, ela abriu ao acaso o livro *O Evangelho Segundo o Espiritismo* e leu: "Perda de pessoas amadas. Mortes prematuras".

Magali sentiu crescer sua emoção. Aquela página respondia a muitas das indagações que lhe iam na alma. Terminada a leitura, Dora fez curta explanação e passou a palavra para as outras pessoas sentadas ao redor da mesa, e algumas delas também, cada uma por sua vez, comentaram a lição da tarde. Depois, a dirigente pediu prece e concentração, passando a palavra aos espíritos presentes que quisessem manifestar-se através dos médiuns.

Magali sentiu aumentar a emoção. Alberto estaria ali? Iria reencontrar o irmão?

Um médium começou a falar sobre as dificuldades após a morte, sobre a dificuldade de os espíritos libertarem-se do magnetismo do lar, dos familiares e dos amigos. Considerou que as lamentações, as queixas e o inconformismo dos familiares são como polvos, que, em forma de energias viscosas, tentam impedi-los de seguir o novo destino, atraindo-os para o lar, onde prolongam indefinidamente seus sofrimentos, atrasando, assim, sua libertação e seu equilíbrio.

Magali pensava em seu lar, sua mãe, seu pai e até em Rui, que conservavam a mágoa, o pessimismo, a revolta. Estariam com isso atormentando o espírito de Alberto? Estariam aumentando seus sofrimentos?

Quando a médium acabou de falar, outro espírito manifestou-se através de outra pessoa. Desta vez, para falar sobre a justiça dos homens e a justiça de Deus. Pedia a todos que se sentiam injustiçados pelos homens que se entregassem a Deus e esperassem em Sua justiça, que nunca falha, embora muitos ainda não conseguissem percebê-la de pronto, porquanto ela age no íntimo de cada ser à medida que ele fica pronto para aprender a lição. A confiança em Deus é fundamental, pois só Ele tem poderes para saber o que cada um precisa passar para aprender.

Mais alguns espíritos se manifestaram, e a sessão foi encerrada. Apesar de sentir-se muito bem, Magali ficou um pouco decepcionada. Esperava que Alberto se comunicasse. Se ele estava tentando um contato havia tanto tempo, por que não o fizera ali, onde tudo era favorável?

Dora abraçou-a com carinho e considerou:

— Você esperava que Alberto falasse, contasse tudo sobre o crime, confirmasse a inocência de Jovino e indicasse os meios de libertá-lo.

— É verdade. Eu esperava.

Dora sorriu.

— Isso seria uma interferência indevida nos fatos e jamais seria permitido pelos espíritos superiores.

— Por quê?

— Porque se a vida dispôs as coisas assim como estão e aproveitou os acontecimentos para preparar lições a todos os envolvidos, anular tudo isso seria prejudicial. É preciso que os fatos ocorram normalmente e que as situações se transformem com aproveitamento de todos e a superação de suas dificuldades.

— Quer dizer que não adianta fazer nada? Teremos que esperar?

Dora abanou a cabeça.

— Não disse isso. Ao contrário. As mensagens de hoje lhe deram preciosa orientação sobre as primeiras providências a serem tomadas no caso.

— Como assim?

— Em primeiro lugar, o Evangelho mostrou que a morte não é uma desgraça irreparável. Que, quando ocorre prematuramente, pode até ser uma libertação para aquele que não precisa mais estar recluso no corpo de carne. Depois, os espíritos nos mostraram as consequências da falta de compreensão dos familiares. Pelo que sei, esse é um campo em que você precisará lutar muito para conseguir fazer alguma coisa.

— É verdade. Principalmente minha mãe. Ela não se conforma.

— Ela não sabe que a vida continua, que Alberto está vivo.

— Meu pai, agora, nem sequer crê em Deus...

— Eis aí um trabalho importante que você pode desenvolver. A falta de fé é responsável por grande parte dos sofrimentos humanos.

Magali suspirou.

— Eu não havia percebido tudo isso. Sei que é preciso fazer alguma coisa para ajudar os meus, mas não sei o que é. Eles não aceitariam o espiritismo. Nem sequer posso lhes contar que estive aqui.

Dora alisou os cabelos de Magali com carinho.

— Não cultive a ansiedade, pois ela é sempre prejudicial. Em uma das mensagens, nos pediram para confiar na justiça de Deus. Ore, envolva seus familiares em pensamentos de amor, fé, esperança. Prontifique-se a ser instrumento de Deus dentro do seu lar, a favor do que Ele determinar, e verá que as coisas começarão a acontecer para melhor.

— A situação em casa está insustentável. Ninguém aguenta mais as lamentações, a dor, a tristeza.

— É urgente quebrar esse círculo vicioso. Todos os dias, faça suas preces, leia o Evangelho, medite, confie em Deus.

— Farei isso — concordou Magali. — Esperei tanto que Alberto viesse!

— Não é tão simples como pode nos parecer. A comunicação entre eles e nós obedecem a determinadas condições físicas, nem sempre favoráveis. Além disso, ele pode não ter obtido permissão. Em sessões organizadas, há muita disciplina. Cada centro espírita tem seus dirigentes espirituais, que, com muito critério, conduzem os acontecimentos. Você pode perceber que, embora Alberto não tenha se manifestado pessoalmente, suas indagações foram respondidas, seus problemas estudados, e eles dispensaram grande cota de tempo com seu caso.

— Isso é verdade. Seria muita coincidência.

— Foi programado. Ninguém a conhecia aqui, não avisei que você viria, e não sabem dos seus problemas. Logo, foram os espíritos que conhecem seu caso que dispuseram tudo.

— E quanto a Jovino? Não disseram nada.

— Coloquei seu nome no caderno de preces. Ele está sendo atendido. Por que não tenta visitá-lo de novo?

— Acha que me receberá?

— Não sei. Vamos orar, pedir, quem sabe... tudo pode acontecer.

Magali chegou em casa pensativa. Aquele mundo novo empolgava-a. Sentia vontade de contar a todos, de dizer à mãe que Alberto estava vivo e que ela não deveria chorar por ele.

A casa estava em penumbra e não havia ninguém. Aurora com certeza estava no quarto. Recolheu-se e estirou-se no leito. Precisava pensar! Tantas coisas passavam pelo seu pensamento!

Alberto estava vivo em outra dimensão da vida. Gostaria de vê-lo feliz. Branda sonolência a envolveu, e Magali adormeceu.

Sonhou que estava sentada na sala de estar e que Alberto estava ao seu lado no sofá. Tudo lhe parecia natural, e os dois conversavam animadamente. Até que ela, de repente, se lembrou:

— Alberto, você morreu!

— É mentira. Eu estou aqui.

Aproximou-se e beijou-a na face. Magali acordou sobressaltada, sentindo ainda o beijo do irmão. Passou a mão pela face e disse:

— Que saudade!

Aquele beijo fora tão real que ela, instintivamente, olhou ao redor procurando por Alberto.

— Foi sonho — murmurou.

Sentiu viva emoção. Aquele fora um sonho diferente. Estaria sugestionada? Teria mesmo estado com ele?

Levantou-se rapidamente, abriu a porta do quarto e desceu as escadas. Aurora estava na cozinha.

— Mamãe, mamãe, estive com Alberto! — disse Magali com euforia.

Aurora olhou a filha assustada. Estaria em seu juízo perfeito?

— Estive com ele, mamãe. Ele disse que está aqui!

— Não seja maluca. Seu irmão está morto, e os mortos jamais voltam.

— Pois ele voltou. Ele não está morto. Alberto continua vivo!

— Você sonhou. Teve uma alucinação.

Magali abanou a cabeça:

— Alberto estava sentado no sofá da sala e eu também. Conversávamos, mas não me lembro sobre o quê. De repente, me lembrei que ele havia morrido e disse: "Você está morto", e Alberto respondeu: "É mentira. Eu estou aqui", e me deu um beijo no rosto. Acordei sentindo esse beijo. Foi ele mesmo. Seu espírito veio até aqui. Eu sei que é verdade.

Aurora estava boquiaberta. Não sabia o que dizer. Várias vezes, desejara sonhar com o filho, vê-lo ao menos, mas nunca conseguira.

— Os sonhos são produto dos nossos desejos. Freud já disse isso. Desejamos tanto uma coisa que acabamos sonhando com ela.

Magali abanou a cabeça.

— Não é verdade. Eu estive com Alberto. Ele me beijou.

— Você está impressionada.

— Estou porque senti a presença dele. E se for verdade? E se a vida continua de alguma forma depois da morte? E se Alberto estiver vivo?

Aurora abanou a cabeça negativamente.

— Deus sabe como eu daria minha vida para que isso fosse verdade, mas é impossível! Quem morre jamais volta. Você sonhou, nada mais. Ponha na sua cabeça que Alberto está morto e que nunca mais o veremos.

— Você diz que tem fé, mas não acredita que haja um outro mundo para o qual vão todos os que morrem?

Aurora olhou-a triste.

— Ilusão. Alucinação. Vontade que isso seja verdade. É duro aceitar o "nunca mais".

— E se for verdade? E se o espírito de Alberto estiver vivo depois da morte? E se ele estiver aqui, vendo-a chorar e sofrer? Acha que ele não ficaria infeliz com isso?

— Um filho jamais ficaria infeliz com o amor de sua mãe. O melhor é você tirar essas fantasias da cabeça. Vão fazer-lhe mal.

— Seria bom que você esquecesse um pouco a tragédia e melhorasse o ambiente da nossa casa. Alberto morreu, e não há nada a fazer quanto a isso, mas estamos aqui, vivos, e precisamos esquecer.

Aurora olhou a filha revoltada.

— Jamais esquecerei o que aconteceu. Minha dor não cicatrizará nunca. Ele era seu irmão! Como pode ser tão fria?

Magali abraçou a mãe com carinho.

— Engana-se. Eu adoro Alberto e sofro por sua ausência. Mas essa tristeza e esse clima de tragédia estão fazendo mal a todos nós, inclusive a Alberto. Dizem que chorar e lamentar causam sofrimento ao morto, sem falar do mal que faz aos vivos.

Aurora indignou-se:

— É fácil falar quando não se viveu este drama. Meu consolo é chorar. Jamais me conformarei. E você, se amasse mesmo seu irmão, não diria todas essas besteiras.

Magali desanimou. Tudo quanto pudesse dizer não modificaria o pensamento de sua mãe. Apesar disso, ainda afirmou:

— Seja como for, acredite ou não, foi ele quem me beijou. Ele está aqui, e eu sinto que isso é verdade.

Voltou as costas e afastou-se.

Aurora parou admirada, olhando-a afastar-se. Sentiu até uma ponta de inveja. Gostaria de ser como ela. De poder acreditar que Alberto, ou que alguma coisa do Alberto, estivesse ali. Precisava, contudo, manter o equilíbrio, os pés no chão. O fato de querer o filho de volta não deveria fazê-la ter alucinações e entrar pelos caminhos da loucura. Tinha uma família para cuidar e precisava manter sua sanidade.

No entanto, gostaria muito de sonhar com ele! Poder ver de novo seu rosto bonito, seus olhos alegres, seu sorriso amigo! Sonhar com ele, abraçá-lo de novo. Como ela seria feliz!

Sentiu sua emoção aumentar, e lágrimas vieram-lhe aos olhos. Ela não percebeu que o espírito de Alberto estava ali, abraçando-a comovido, mantendo sua cabeça inclinada em seu ombro, sem conter o pranto, misturando suas lágrimas, aumentando a emoção da mãe e sua vontade de chorar.

Aurora foi para o quarto e estirou-se no leito desalentada. O que lhe restava na vida senão chorar?

E o espírito de Alberto, vendo-a tão triste, não resistiu ao desespero da mãe e, deitado a seu lado, desanimado, angustiado, não encontrou outra solução senão chorar, sem forças para sair dali, deixando-a em crise.

Muitas vezes, já a abraçara e tentara dizer-lhe que estava vivo, que a morte apenas lhe arrebatara o corpo. Tudo fora inútil. Ela recusava-se a ouvir. Não acreditava que ele pudesse continuar vivo após a morte física. E, vendo-a sofrer, Alberto não tinha coragem de afastar-se, permanecendo ao lado da mãe até que ela serenasse.

Nesses momentos, recordava-se da cena do crime, de sua dor, de sua tristeza, e sentia que morria novamente. Era-lhe muito penoso esse estado.

Ao lado de Magali, ficava muito melhor. Sua alegria e seus pensamentos faziam-lhe bem ao coração. Principalmente suas leituras sobre a justiça de Deus, sobre a morte e a continuidade da vida.

Comparecera à sessão espírita acompanhando Magali e lá fora atendido por um assistente espiritual, que conversara com ele, respondendo--lhe as indagações que fizera e convidando-o a permanecer com eles.

Alberto não aceitara. Como deixar a família tão sofrida? Como deixar o Jovino preso inocente? Ele não queria ir. Preferia ficar até esclarecer tudo.

Foi inútil pedir que confiasse em Deus e esperasse a manifestação de sua justiça. Ele não aceitou. Queria falar com Magali, contar-lhe tudo, pedir que o ajudasse a desmascarar o verdadeiro assassino, mas não pôde. Os orientadores da reunião não permitiram, alegando que isso conturbaria ainda mais a situação. Que ele orasse, confiasse em Deus e continuasse a esperar.

Como ele houvesse ficado muito decepcionado, concordaram em ajudá-lo a encontrar-se frente a frente com Magali, desde que ele omitisse qualquer queixa e desse ao encontro um enfoque positivo.

Acompanharam-no à casa e, aproximando-se de Magali, envolveram-na, fazendo-a adormecer. Na sala, Alberto esperava-a ansioso.

— Aja com naturalidade — disseram-lhe. — Qualquer atitude mais dramática poderá levá-la de volta ao corpo.

Vendo-o, Magali abraçou-o com alegria, e Alberto, emocionado, conversou com a irmã como fazia anteriormente quando estava na Terra, esperando que ela mencionasse a verdade. De repente, Magali lembrou-se:

— Alberto, você morreu!

Ele aproveitou esse instante para afirmar:

— É mentira. Eu estou aqui!

Magali afastou-se surpreendida, procurando voltar ao corpo adormecido. Alberto seguiu-a, abraçou-a e beijou-a na face com muito amor.

A moça acordou sentindo o beijo do irmão.

— Que saudade! — disse.

Quando Magali correu para contar para a mãe, ele exultou. Finalmente, Aurora saberia a verdade e aprenderia a conformar-se. Porém, ela não aceitou, preferiu não ver. Escolheu a dor, a mágoa, a tragédia.

Alberto decepcionou-se. Convidado a partir com os assistentes que o haviam auxiliado, não aceitou. Recusou-se a deixar a mãe naquele estado.

Vendo que ele não cedia, afastaram-se, e Alberto, então, longe da influência positiva desses amigos, deu largas ao sofrimento, mergulhando também na depressão e na dor.

Capítulo 7

Sentadas na sala em meio a outros visitantes, Magali e Nair esperavam ansiosas. Teriam sucesso dessa vez?

Conforme Dora pedira, as moças fizeram uma prece a caminho do presídio, pedindo a Deus êxito na visita. Enquanto Nair carregava um pacote com frutas e chocolate, Magali levava em um embrulho cuidadosamente preparado um exemplar de *O Evangelho Segundo o Espiritismo*. Naquele livro, ela encontrara muitas respostas às indagações que a afligiam. Confortara-a e dera-lhe paz.

Por certo, se Jovino o lesse, poderia também encontrar esclarecimento e conforto.

O encarregado voltou e disse a Magali:

— Vocês conseguiram. Ele vem aí. Podem entrar na sala ao lado.

As moças entraram, sentindo o coração bater forte. Pararam diante da divisória. Várias pessoas conversavam com os presos pelos guichês, e Magali, emocionada, procurou por Jovino.

Por trás da tela, diante de um guichê aberto, ele estava. Magro, rosto endurecido, olhos frios, sério, ele esperava de cabeça erguida.

Magali aproximou-se. Seus olhos encontraram-se. Os dele estavam frios, indiferentes; os dela, brilhando pelas lágrimas que a emoção justificava.

— Jovino — disse Magali por fim —, vim vê-lo porque preciso conversar com você. Quero ouvir de seus lábios a verdade. Custa-me crer que tenha cometido esse crime. Tenho pensado muito e alimento sérias suspeitas de que todos cometemos tremenda injustiça com você.

Jovino olhou-a firme. Por seus olhos passaram um brilho de emoção que ele logo dominou. Ela prosseguiu:

87

— Preciso conhecer a verdade. Você pode ajudar-me. Juntos, haveremos de provar sua inocência e encontrar o verdadeiro culpado.

Jovino olhou-a sério e respondeu:

— Gritei minha inocência o quanto pude. Contei à justiça tudo quanto sei. Ninguém acreditou. Agora, tudo está consumado. Só reabrirão o processo se aparecer uma prova convincente, um fato novo. Não sei quem cometeu esse crime, embora tenha suspeitas, mas como provar? Como?

— Conte-me o que aconteceu naquela noite.

— Para quê? Ninguém acreditou. Preferiram pensar que eu fosse capaz de matar uma pessoa! E o pior: meu próprio irmão. Não vai adiantar. Seu pai, sua mãe, Rui, todos me condenaram e acreditaram que eu fosse capaz de tal crime.

A voz de Jovino tinha um tom amargurado, embora ele lutasse para dissimular. A moça aproximou o rosto do guichê e segurou a mão dele, apertando-a com força.

— Compreendo sua mágoa. A tragédia nos envolveu, e até agora, lá em casa, ninguém encontrou a paz. Procure perdoar. As evidências eram contra você. A polícia afirmou. Todos estávamos perturbados.

Jovino retirou a mão com raiva:

— E agora, o que mudou? Por que me procura, se ainda pensam que fui eu?

— Começaram a acontecer coisas. Começo a crer que a morte seja uma ilusão. Alberto continua vivo. Isto é, seu corpo morreu, mas seu espírito continua vivendo em outro mundo.

Jovino olhou-a admirado. Nunca pensara nisso. Ela continuou:

— Alberto tem nos chamado a atenção de várias formas. Tenho motivos para afirmar que ele está interessado em provar sua inocência e em esclarecer tudo.

Jovino não sabia o que dizer. O que ela dizia parecia-lhe fantástico, mas, por outro lado, se fosse verdade, se Alberto estivesse vivo no outro mundo, sabia que ele era inocente.

Emocionou-se. Todo sofrimento represado e toda mágoa acumulados durante aquele tempo de sofrimento afloraram de repente, e Jovino não conseguiu mais deter o pranto, que curvou ainda mais seus ombros magros, sacudidos pelos soluços.

As duas moças deixaram as lágrimas correrem pelas faces, envolvidas pela emoção. Quando ele se acalmou, Magali segurou sua mão e apertou-a com carinho.

— Jovino, precisamos nos unir. Deus nos ajudará. Haveremos de descobrir a verdade, provar sua inocência. Eu acredito em você. Você é meu irmão. Sempre amigo, velando pelo nosso bem-estar. Jamais seria capaz de tal crime. Eu sei.

— Não será fácil provar — disse ele.

— Para nós, talvez — considerou Magali. — Para Deus, não. Você está magoado, revoltado, sofrido, porém, eu tenho fé. Deus tudo pode e nos ajudará. Gostaria que, todos os dias, você pensasse em Deus e rezasse. Trouxe este livro para você. Leia-o com atenção. Tenho certeza de que encontrará nele muitas respostas para explicar o que nos aconteceu. Pense em tudo e peça a ajuda de Deus. Voltaremos aqui no próximo domingo. Analise bem os fatos daquela noite. Procure lembrar-se nos mínimos detalhes. Hoje, estamos muito emocionados.

Jovino apanhou o pacote que ela lhe estendia e concordou com a cabeça. Magali continuou:

— Esta é a Nair. Ela sabe de tudo e quer nos ajudar. É amiga de Mariazinha, a moça que Alberto namorou. Mora perto da casa dela e conheceu Alberto.

Jovino fitou-a.

— Eu estava com Mariazinha no clube quando ela conheceu Alberto. Saímos juntas naquela noite. Farei o que puder para ajudá-lo.

— Obrigado.

Magali aproximou-se do guichê e disse com carinho:

— Fique com Deus, Jovino. Eu gosto muito de você. Sinto-me feliz por tê-lo encontrado hoje.

Jovino não encontrou palavras para responder. Seus olhos brilharam. Apertou a mão que elas lhe estendiam e pegou os pacotes de Nair. Não disse nada, mas, pela primeira vez depois de tanto tempo, sentiu um brando calor no peito e experimentou uma agradável sensação de paz.

Quando elas se foram, sobraçando os pacotes, Jovino saiu da sala pensativo. Em sua cela, estirado na cama, ele sentia-se emocionado. O rosto comovido de Magali e suas palavras conseguiram quebrar a camada de indiferença com a qual ele tentara proteger-se dos acontecimentos.

Sentia-se sensibilizado. Magali acreditava nele. Estava do seu lado. Confiava em sua inocência. Pretendia ajudá-lo.

Jovino não tinha ilusões quanto ao seu caso. Achava difícil conseguir provas da sua inocência. Magali era jovem, inexperiente e não dispunha de meios para enfrentar a ação da justiça. Ele não acreditava que a moça conseguiria provar a verdade.

Entretanto, seu apoio e sua amizade sincera tiveram o dom de despertar nele o desejo de reabilitar-se. Podia ter esperanças. Não estava só. Sentia-se confortado. O interesse de Magali por seu destino despertara nele profunda emoção. No futuro, quem sabe, Rui, doutor Homero e dona Aurora também reconheceriam sua inocência.

Sabia que Magali tinha ideias próprias. Alberto costumava dizer que ela era a mais inteligente e a mais lúcida da família. Enxergava longe. Ele estava certo. Magali fora a primeira a perceber a verdade.

Não tinha religião. Fora sempre um indiferente. E, depois do que lhe acontecera, tornara-se descrente. Se Deus existisse, se fosse bom como diziam, perfeito e justo, não teria permitido tanta injustiça. Nada fizera para ajudá-lo.

Magali pedira-lhe para rezar, mas não sentia vontade. Não acreditava que isso pudesse adiantar. Mesmo assim, o interesse dela comovia-o. Recordou-se da infância, do convívio amoroso, da família, das brigas com Rui, das peraltices de Alberto, das escapadas de Magali, dos cuidados de dona Aurora, da vontade que sentia de abraçá-la como os meninos faziam, sem nunca, contudo, haver tido coragem.

Como ela estaria? Pela primeira vez, começou a pensar na dor de dona Aurora. Sabia que ela adorava o filho. Percebia o brilho em seus olhos sempre que o fitava, a luz que ela refletia quando falava dele. Muitas vezes, sentira-se enciumado desse afeto. Não que ela deixasse de gostar do Alberto, mas que viesse a sentir por Jovino também o mesmo sentimento. Pobre dona Aurora! Tão boa!

Um arrepio de horror percorreu-lhe o corpo. Dona Aurora também pensava que ele havia matado Alberto. Devia odiá-lo com certeza.

Lágrimas desceram-lhe pelas faces, e uma profunda amargura acometeu-o.

"Um dia, ela saberá a verdade", pensou. "E, como Magali, também acreditará em mim."

Sentiu-se mais calmo depois disso. Sentou-se no leito, abriu o pacote e comeu um pedaço de chocolate. Há quanto tempo não experimentava um? Há quanto tempo não sentia o gosto dos alimentos?

Depois de comer, abriu o pacote que Magali lhe dera. Olhou a capa do livro sem muito interesse. *O Evangelho Segundo o Espiritismo*, leu. Admirou-se. Magali nunca fora adepta de nenhuma religião. Frequentava a igreja por imposição dos pais e escapava sempre que podia. O que teria mudado? Além disso, o espiritismo era coisa de gente ignorante. Magali era uma moça instruída. Sentiu certa curiosidade.

Ela dissera-lhe que Alberto continuava a existir no outro mundo. Como podia saber disso? Alberto sabia a verdade. Queria ajudar a desmascarar o verdadeiro assassino. Seria possível? Jovino duvidava disso.

No entanto, quando tudo estava contra ele, todos acreditavam em sua culpa, quem convencera Magali de sua inocência? Como isso acontecera? Quando ela voltasse, perguntaria-lhe.

Lembrou-se das palavras dela: "Leia este livro. Tenho certeza de que encontrará nele muitas respostas ao que nos aconteceu".

O moço folheou-o, enquanto pensava: "O que poderei encontrar em um livro?".

Deteve-se em uma página e leu: "A eficácia da prece. Por isso digo: todas as coisas que vos pedirdes orando, crede que as haveis de ter e que assim vos sucederão"[1].

"Mentira", pensou. "Muita gente reza e não acontece nada. Aqui mesmo, quantos vivem de terço na mão?"

Baixou os olhos novamente para o livro e leu: "Há pessoas que contestam a eficácia da prece".

Crítico, descrente, Jovino prosseguiu lendo. Aqueles argumentos começaram a interessá-lo. Colocavam a prece como elemento de ajuda espiritual, que oferecia coragem, conforto, paciência, inspiração, sem isentar quem ora de fazer a parte que lhe cabe na solução dos problemas de sua vida.

Pensou em seu caso. Há muito entregara-se ao desânimo, sem ter coragem para defender seus direitos. Curvara a fronte diante dos golpes do destino. Sabia que possuía inteligência. Estudara. Fizera até o curso ginasial com muita facilidade. Contudo, não procurara utilizá-la para conseguir provar sua inocência. Conforme dizia o livro, preferira esperar por um milagre sem nada fazer, aceitando a sentença injusta e cruel como fatalidade, sem apelação. Abatera-se diante dos acontecimentos.

Um vulto luminoso de mulher aproximou-se de Jovino, colocou a mão sobre sua testa e disse-lhe ao ouvido:

— Reze, meu filho. Busque Deus. Nós vamos ajudá-lo.

Jovino nada viu nem ouviu, mas, de repente, sentiu uma força nova brotar dentro de si e pensou: "Eu não sou fraco nem estou sozinho. Tenho a força da verdade. Sou inocente desse crime! Posso lutar, gritar minha inocência. Magali me ajudará. Hei de vencer o destino!".

Fechou o livro pensativo. Pelo menos sentia agora vontade de lutar. E se Alberto estivesse mesmo vivo no outro mundo, querendo ajudá-lo? Até que ponto ele teria influenciado Magali?

Sentiu um arrepio. Nunca pensara muito nessas coisas de espíritos. O que o impressionava era o fato de que, se tudo fosse verdade, Alberto sabia de sua inocência e quem fora o verdadeiro assassino.

---

1 Marcos 11:24.

Os fatos daquela noite voltaram-lhe à memória com nitidez. Deixara o carro perto do clube e circulara ao redor para verificar se havia gente lá dentro, se Alberto estava. Como não vira nada além dos funcionários, ele voltou ao carro onde permanecera ora parado ora circulando pelas ruas adjacentes. Não vira nada de anormal.

Não possuía elementos para esclarecer o que acontecera para Magali. Suspeitava dos rapazes que haviam brigado com Alberto. Seu corpo fora encontrado por aqueles lados. Quem, senão eles, poderia tê-lo assassinado? Com seu próprio revólver, seu cachecol. Teriam roubado o revólver do carro quando saiu a pé? E o cachecol? Ele não estava no carro. Como fora parar lá?

Precisava descobrir a verdade. Se Alberto estava interessado em ajudar, que aparecesse, contasse como aconteceu, pois só ele realmente conhecia a verdade. Para conseguir isso, o que ele deveria fazer? Magali pedira-lhe para rezar. Deus o ouviria?

Deus! Seu relacionamento com Ele não era dos melhores. Afinal, onde estava Deus quando permitiu sua condenação? Sabia que ele era inocente.

Abriu novamente o livro, fixou os olhos e leu: "As vicissitudes da vida têm, pois, uma causa, e como Deus é justo, essa causa deve ser justa".

Não concordou. Fora preso inocente, enquanto o verdadeiro culpado permanecia impune. Como aceitar tanta injustiça? Como aceitar que Deus pudesse permitir tanta maldade, como as que tomava conhecimento dentro do presídio? Seu sofrimento era injusto, e Jovino não encontrava uma causa.

Fechou o livro pensativo. Como aceitar sua prisão como uma causa justa? Só para poder afirmar que Deus era perfeito?

Uma onda de revolta envolveu seu coração. As pessoas costumam torcer as coisas conforme seus interesses. Os padres faziam isso, e os religiosos, em geral, também. Tentar explicar o inexplicável só para que Deus continuasse em Seu trono de perfeição era uma acomodação ingênua.

Colocou o livro de lado. Ele não conseguiria rezar. Se Deus existisse, por certo estava longe e desinteressado deste mundo, porquanto o que mais via ao seu redor eram injustiças. A crueldade triunfando sobre a bondade, a ingenuidade. O mundo era dos poderosos, dos que tinham dinheiro.

"Rico não vai pra cadeia" era uma frase comum ali. Ele mesmo não passava de um pobre-diabo, criado de favor, sem recursos nem nome. Se fosse rico, filho de gente importante, por certo acreditariam em suas palavras. Nem teria sido preso. Estava ali porque era um joão-ninguém, pobre, apagado.

Jovino sentiu-se desanimado e muito só. Lembrou-se do rosto emocionado de Magali. Ela acreditava nele. Tivera coragem de ir ao presídio, sem que os pais soubessem, e incentivá-lo a lutar por sua liberdade. Não estava só como pensava.

Um sentimento de ternura pela moça acometeu-o e pensou: "Não posso decepcioná-la nem parecer covarde".

Apesar de tentar encorajar-se, Jovino sentia-se inútil e impotente para enfrentar a justiça dos homens, que o esmagara com tanto rigor.

Quem iria descobrir a verdade? Ele, preso, estava de mãos amarradas. O que Magali, moça, inexperiente, poderia fazer?

"Eu tenho fé. Deus tudo pode e nos ajudará." As palavras convictas de Magali acudiam-no. De novo Deus! Como rezar, se ele estava magoado, ferido? Se Deus permitira seu castigo injusto, como pedir-Lhe ajuda?

Sentiu inveja de Magali, que se confortava na oração. Ele não possuía esse conforto. Reconhecia que, mesmo sem ser atendido, a prece poderia representar um ponto de apoio, uma maneira de aliviar o coração, de varrer o desespero e aguentar a situação difícil.

Ah! Se ele pudesse rezar! Se conseguisse um pouco de fé, talvez encontrasse mais coragem.

Fundo suspiro escapou-lhe do peito. Jovino apanhou o livro novamente, abriu-o e leu: "As vicissitudes da vida são de duas espécies; têm duas origens bem diversas que importa distinguir. Umas têm causa na vida presente, outras, fora desta vida".

Surpreendeu-se. Estava inocente, seus problemas não tinham explicação na vida presente, como teriam origem fora desta vida se ele não existia? Interessado, continuou a leitura.

Achava justo que os faltosos, os culpados, fossem punidos pela sociedade, mas e os inocentes?

"Mas se há males nesta vida dos quais o homem é a própria causa, há também outros que, pelo menos em aparência, são estranhos à sua vontade e parecem golpeá-lo por fatalidade."

Era seu caso. Jovino bebia as palavras com ansiedade, e sua cabeça trabalhava reagindo a cada frase que lia, criando argumentos, indagações, porém, prosseguindo a leitura. As respostas sucediam-se, como se quem escreveu o livro estivesse ali, ao vivo, dialogando com ele.

Mil pensamentos acudiam-lhe a mente. Uma vida anterior! Seria possível? Por que ele nascera sem pai e fora atirado à orfandade, enquanto outros tinham mãe, família, dinheiro? Muitas vezes, perguntara-se o porquê dessa discriminação injusta. Agora, pela primeira vez, alguém lhe oferecia uma explicação lógica.

Tratava-se de uma teoria um tanto fantástica, mas capaz de fazer compreender melhor as desigualdades sociais.

A cabeça de Jovino fervilhava, e ele esqueceu onde estava, o tempo, a hora e continuou lendo com avidez. Só largou o livro quando o sono o impediu de continuar.

Fechou os olhos e pensou: "Abençoada a hora em que Magali apareceu". Sentia que, daquele dia em diante, sua vida mudaria. Talvez Deus não houvesse se esquecido dele, como havia pensara, mas fora ele quem não tivera condições de perceber Deus.

Sentindo um brando calor envolvendo seu coração, finalmente adormeceu.

Capítulo 8

Sentadas na varanda da casa de Mariazinha, as duas amigas conversavam. Nair dizia com energia:

— Você faz muito bem. Um dia ele desistirá.

— Assim espero. Fui clara mais uma vez. Não gosto dele. Não adianta ir me esperar na fábrica nem dizer que não pode viver sem mim.

— Conversa fiada. Rino é caprichoso. Não se conforma de ser recusado. É vaidoso. É até um homem bonito. Mesmo sem caráter, muitas moças são caidinhas por ele.

— Pois que fique com elas — frisou Mariazinha com raiva. — Não quero nada com ele.

— Faz bem. Ele não serve.

— Ele queria ir ao cinema hoje. Prefiro ficar este sábado em casa do que ir com Rino.

— Se quiser ir ao cinema, poderíamos ir juntas na primeira sessão. E o moço da praia? Não apareceu?

Mariazinha suspirou.

— Não. Esses moços são todos falsos. Ficou de voltar a Santos no domingo seguinte e não apareceu. Por certo, nunca mais o verei.

— Você lhe deu o endereço. Qualquer dia, ele aparece.

— Não creio.

— Você gostou dele. É bonito?

— Gostei. É bonito, simpático. Até mamãe gostou. Educado, gentil. Mas de que adianta isso agora?

— Você gostaria que ele viesse...

— Gostaria, porém, não quero me iludir. Nunca mais o verei.

Nair sacudiu os ombros.

— Pena. Vamos mesmo ao cinema?

— Vamos. São seis horas. Espere eu me arrumar, e irei com você até sua casa.

— Está bem.

As duas entraram. Mariazinha aprontou-se, e as duas saíram exatamente no momento em que alguém se aproximava do portão. Mariazinha parou assustada.

— Júlio!

— Olá! Pensei que já não se lembrasse de mim! Como vai?

A moça apertou a mão que ele lhe estendia e apresentou-o à amiga. Depois dos cumprimentos, ele esclareceu:

— Não pude voltar a Santos naquele fim de semana. Alguns problemas de família.

— Espero que nada grave — respondeu a moça com delicadeza.

Ele sorriu.

— Agora está tudo bem. Vocês iam a algum lugar?

— Até minha casa — disse Nair. — Eu moro ali do outro lado da rua.

— Posso roubar Mariazinha um pouquinho? Faz três semanas que não nos vemos.

— Ia mesmo para casa. Minha mãe está me esperando. Foi um prazer conhecê-lo.

Quando se viram a sós, Júlio olhou Mariazinha nos olhos e disse:

— Vamos dar uma volta?

— Vamos.

— Eu temia que você houvesse me esquecido.

— Não esperava mais tornar a vê-lo.

— Não pense que não tenho palavra. Geralmente, faço o que digo, contudo, não pude vir antes, infelizmente.

— Alguma namorada?

Ele riu divertido.

— Você é ciumenta?

Mariazinha enrubesceu.

— Desculpe. Minha pergunta foi indelicada. Simples curiosidade.

— Não respondeu à minha pergunta. Você é ciumenta?

— Por que quer saber?

— Quero conhecê-la melhor. Um pouquinho de ciúme é bom; muito, no entanto, é desagradável.

— Também acho. Não tenho nenhum motivo para ter ciúmes de você. Afinal, mal nos conhecemos.

— Estou aqui para remediar isso. Gostaria que você me apreciasse.

Júlio segurou a mão de Mariazinha, levando-a aos lábios com carinho. A moça sentiu seu coração bater mais forte. Teria encontrado de novo o amor?

Nair ficara bem impressionada com Júlio. Bonito, bem-vestido, fino, educado, ele tinha um jeito de olhar nos olhos das pessoas que a agradava. Sentia-se feliz pela amiga. Mariazinha merecia esquecer e encontrar a felicidade.

Pensou em Jovino. Seu rosto não lhe saíra da mente durante toda a semana. No dia seguinte, voltariam a vê-lo. Como as receberia? Magali pedira-lhe para rezar. Ela o fazia de coração. Ia à igreja e pedia a Deus por ele, mas, ao mesmo tempo, sentia-se impotente. Reconhecia que só Deus poderia libertá-lo. Acreditava em sua inocência.

Que injustiça! Enquanto o moço sofria inocente, o verdadeiro assassino estava livre para cometer outras maldades. Lembrou-se de Rino. Teria sido ele? Tinha sérias suspeitas, mas como descobrir?

A arma e o cachecol eram provas difíceis de serem recusadas. Além disso, Rino era filho de gente rica. O pai era comerciante e metido em política. Quem se atreveria a suspeitar dele?

De repente, Nair sobressaltou-se. Se Rino visse Mariazinha com Júlio, poderia fazer alguma coisa. Não era bom eles ficarem andando pelas ruas do bairro. Se alguém da turma dele os visse, poderia contar-lhe.

Ficou angustiada. Mariazinha tinha o direito de escolher o namorado, e Rino não podia impedi-la. Entretanto, ele, além de ciumento, era vingativo. Sua paixão era perigosa.

Ao chegar em casa, foi para o quarto e orou pedindo à Nossa Senhora proteção para o jovem casal. Depois disso, sentiu-se mais calma, porém, a cada pouco, ia espiar pela veneziana, olhando a esquina por onde eles deveriam passar ao regressar. Só se acalmou quando os viu atravessar a rua de mãos dadas, conversando tranquilamente.

"Graças a Deus", pensou e recolheu-se para dormir.

O casal parou diante do portão.

— Chegamos!

— Precisa entrar?

— Já é tarde. São quase dez horas.

— Já? Passou rápido. Não vai convidar-me a entrar?

— A esta hora? Já pensou no que papai diria?

— Amanhã, virei mais cedo. Quero cumprimentar sua mãe.

— Fazer média.

— Claro! Tem todo jeito de ser uma grande mãe.

— Ela é a melhor mãe deste mundo.

— Sabia que você diria isso!

Continuaram conversando, e, quando Mariazinha entrou em casa, seu coração cantava de alegria. Júlio era encantador. Apreciava cada frase do moço, seu jeito franco, seu sorriso alegre e bonito.

Sua mãe já se recolhera, e ela, procurando não fazer ruído, foi para o quarto e deitou-se.

Sentia-se feliz! Naquela hora, a lembrança de Alberto estava distante, substituída pelo rosto bonito de Júlio, seu jeito afetuoso, seu ar encantador.

Entusiasmada, Mariazinha rememorava cada palavra, cada gesto, cada momento daquele encontro, sentindo prazer de viver. Embalada por novos sonhos de felicidade, adormeceu.

No dia seguinte, logo após o almoço, Nair foi ver a amiga.

— Pelo seu rosto, já sei que tudo foi muito bom.

Mariazinha sorriu:

— Acertou. Ele apareceu assim, quando eu nem esperava mais!

— Ele é encantador.

— Você notou?

— Sim. E, além de tudo, pareceu-me um bom moço.

Mariazinha não escondeu seu entusiasmo.

— Também acho. Virá mais cedo hoje para cumprimentar mamãe.

— Nota-se que é um moço decente.

— Você simpatizou mesmo com ele!

— Muito. Desejo de coração que dê tudo certo. Você merece!

— Você é minha amiga. Torce por mim. Gosto dele. Vamos nos conhecer melhor, quem sabe...

— Você encontrou um novo amor. Seria prudente não andar muito pelo bairro com ele. Rino é mau-caráter. Não desejo preocupá-la, mas tenha cautela. Nunca é demais.

Mariazinha permaneceu pensativa por alguns segundos. Seu rosto estava sério.

— Não havia pensado nisso. Você acha que ele poderia tentar alguma coisa contra Júlio?

— Não sei. Ele é louco por você. Não vai gostar do seu namoro.

— Isto me fez pensar em Alberto. Será que Rino tem alguma coisa a ver com o crime? O culpado está preso.

— Não sei.

98

Vendo a palidez da amiga, Nair não teve coragem de contar-lhe sobre Jovino. Ela poderia ter uma recaída. Não desejava impressioná-la. Por isso, sorriu tentando desviar o assunto.

— Ninguém sabe bem como aconteceu. Só disse para tomar cuidado, porque Rino é bem capaz de provocar briga. Briguento, ciumento, isso ele é.

— É mesmo. Foi bom você lembrar. Seria muito desagradável se ele aparecesse para provocar Júlio.

— Evite os lugares onde ele costuma ir e pronto. Nada acontecerá.

— Tem razão. Fez bem em me alertar.

Nair mudou de assunto, e logo Mariazinha voltou a sorrir. Despediu-se da amiga e saiu, sem contar aonde iria naquela tarde. Emocionava-se ao pensar em rever o Jovino. Como ele estaria?

Foi ao encontro de Magali com ansiedade. Abraçaram-se com alegria.

— Tenho esperança de encontrá-lo mais animado — disse Magali.

— Alguma novidade?

Magali abanou a cabeça.

— Nada. Tudo na mesma. Fui ao centro espírita, e as mensagens foram para ter paciência, confiar em Deus e esperar sem desanimar.

— Não temos outro remédio.

No presídio, as duas aguardaram ansiosas. Desta vez, não tiveram que esperar muito. Jovino estava tão ansioso quanto elas.

Apertando a mão de Magali, ele disse com emoção:

— Temia que não viesse, que se arrependesse. Fui muito rude.

Magali sorriu.

— Você foi, porém, nós compreendemos.

— Jamais esquecerei o que vocês estão fazendo por mim.

— Você é inocente — disse Nair, olhando-o firme. — A verdade há de aparecer.

— Eu acredito nisso — ajuntou Magali. — O que fizeram com você não tem cabimento.

Jovino olhou-as e disse com voz embargada:

— Ouvir isso me faz um grande bem. Até agora, eu estava sozinho carregando o peso do meu drama. Desacreditado, sem esperança. Conforta-me saber que vocês acreditam em mim, em minha inocência.

— Não descansaremos enquanto não conseguirmos provas para libertá-lo — disse Magali.

Jovino suspirou triste.

— O que vocês estão fazendo está me ajudando muito. Com vocês do meu lado, sinto-me mais calmo, mais conformado. Pensei muito, recordei tudo como aconteceu, mas não vejo meios de provar minha inocência. Não há testemunhas. Ninguém viu nada, a não ser eu mesmo circulando próximo ao local onde o corpo foi encontrado. Nem eu posso explicar como meu cachecol foi parar nas mãos de Alberto. Onde encontraríamos as provas? A justiça não aceita hipóteses; quer fatos.

— Eu também tenho pensado muito. É capaz de contar-me minuciosamente tudo quanto aconteceu naquela noite?

— Posso. Alberto estava no quarto, se aprontando para sair. Vi quando Rui o interpelou e ele respondeu que iria à procura de Mariazinha. Entrei na conversa e tanto eu quanto Rui tentamos convencê-lo a não ir. Relutando, ele, por fim, concordou. Rui convidou-o a ir ao cinema, mas Alberto não aceitou. Disse que preferia ir dormir. Rui saiu sozinho. Alberto fechou a porta do quarto, e eu fui para o meu. Meu coração, porém, estava oprimido. Alberto nunca desistia com facilidade. No meu quarto, por mais de uma hora, fiquei atento ao menor ruído. Não ouvi nada. Deitei-me e cochilei um pouco, mas acordei sobressaltado. Levantei-me angustiado. Você sabe que eu me preocupava muito quando eles saíam e voltavam tarde. Rui, porque brigava, e Alberto, porque sempre se metia em confusão.

Magali assentiu com a cabeça, e Jovino prosseguiu:

— Pé ante pé, fui ao quarto de Alberto para ver se ele estava dormindo. Abri a porta de leve e, na obscuridade, olhei a cama vazia. Nem fora desfeita. Ele havia mentido. Fiquei irritado. Se ele insistisse em ver a moça, eu o teria acompanhado. O carro estava disponível, mas ele preferira ir só. E se aquela turma o agredisse de novo? Ninguém estaria a seu lado para defendê-lo. Fui para o quarto, vesti-me rápido e saí tentando não acordar ninguém. Pretendia encontrá-lo e ficar vigiando-o de longe. Quando se despedisse da moça, voltaria comigo. Eu sabia onde ela morava e o clube onde eles se conheceram.

— Viu que horas eram quando saiu de casa? — perguntou Magali.

— Vi. Faltavam dez minutos para as dez. Circulei perto do clube e depois passei pela casa da moça. Estava às escuras. Voltei ao clube, parei o carro e desci. Circulei a pé por ali. Havia luz, mas não parecia noite de baile. Voltei para o carro e fiquei ali, sem saber onde procurar. Várias vezes, andei por ali, pelas ruas próximas da casa de Mariazinha. Não vi nada. Já era muito tarde, o clube já estava fechado, e eu comecei a pensar que meus temores eram infundados. Pensei que Alberto não fora ao encontro da moça. Saíra para outro local, e eu estava fazendo papel de bobo. Por aqueles lados, ele não estivera. Voltei para casa e guardei o carro. Fui ver o quarto. Continuava vazio. Intrigado, sem saber o que fazer, deitei-me. Estava cansado. Procurei dormir. O resto você já sabe.

— Sei — disse Magali pensativa. — Lembra-se a que horas se deitou?

— Passava das duas.

— Em nenhum momento, você notou que o revólver não estava no carro? — perguntou Nair.

— Ele estava sempre lá. Eu não o tirava para nada. Mantinha o porta-luvas fechado à chave. Não olhei quando saí. Não abri o porta-luvas. Não sei como foi tirado de lá. A chave estava comigo, no chaveiro do carro.

— Quando você desceu do carro perto do clube, deixou a chave dentro? — perguntou Nair.

— É, eu pensei na hipótese de alguém tê-lo roubado quando você circulou a pé. — Considerou Magali.

Jovino abanou a cabeça.

— Não poderia. Não me recordo desse detalhe, mas não creio que tenha deixado a chave no carro. É automático. Qualquer motorista sabe que a primeira coisa a se fazer ao sair do carro é pegar a chave.

— Então, como o revólver poderia ter saído de lá?

— Isso me intriga. Não consigo entender.

Magali suspirou pensativa.

— Tem de haver uma explicação. De alguma forma, a arma foi parar lá. Notou se o porta-luvas foi forçado? Para uma pessoa habilidosa, não seria difícil abri-lo. Os ladrões abrem fechaduras e até cofres com facilidade...

Jovino sacudiu a cabeça.

— Não notei nada de anormal. Se a fechadura houvesse sido forçada, eu perceberia. Teria sido um bom argumento a meu favor.

— Só Alberto poderia esclarecer o que de fato aconteceu.

Jovino não se conteve:

— Acredita mesmo que ele esteja vivo? Isto é, que exista mesmo esse outro mundo? O dos espíritos?

— Acredito, Jovino. Mariazinha o viu várias vezes. Eu sonhei com ele, e não foi um sonho comum.

As duas relataram tudo quanto sabiam a respeito, como haviam se conhecido, os esclarecimentos de dona Dora, os problemas de Mariazinha.

— É incrível — disse ele —, mas eu acredito! Alberto foi sempre bondoso, justo. Ele sabe que sou inocente. Que fiz tudo para protegê-lo e evitar a tragédia. Deve reconhecer que foi imprudente e por isso perdeu a vida, me envolveu nessa situação. Seria justo ele desejar restabelecer a verdade, esclarecer os fatos e ver o verdadeiro culpado punido.

— Confio na ajuda dele — tornou Magali.

— Se ele pensa assim, não poderia relatar como foi? Se seu espírito está vivo e interessado, por que não aparece e conta tudo?

— Não é tão fácil assim — esclareceu Magali. — Eles não podem tudo. Sozinho, ele não saberia como fazer isso, e os que dirigem as comunicações nos centros espíritas não permitem uma interferência direta nos acontecimentos.

— Por quê? — indagou Jovino.

— Porque tudo quanto acontece obedece às leis da vida, à própria força das coisas. Nós escolhemos livremente este ou aquele caminho, e isso determina esta ou aquela experiência. Só a sabedoria divina conhece quando é o melhor momento para colocar tudo nos devidos lugares e naturalmente o fará, porquanto Deus só faz o bem e o mal é ilusão passageira. É compreender, crer na ação do bem e esperar.

Jovino abanou a cabeça.

— Não escolhi esse caminho. Nunca roubei nem matei ninguém e estou preso aqui por um crime que não cometi.

A voz de Magali estava um tanto diferente quando ela disse:

— Você não era violento por índole, mas sempre acreditou na violência. Via perigo em tudo e estava sempre querendo nos proteger. Não acreditava que Deus tinha poderes para isso e, o que é mais grave, acreditava na força do mal. Confiava mais na arma que guardava no carro do que na providência divina.

Jovino olhava-a admirado. O que ela dizia era verdade, porém, não se deu por achado:

— Não sou religioso, mas o mal não é ilusão. Este presídio está cheio de gente ruim, que matou, roubou, traiu, odeia e grita por vingança. Eu mesmo nunca fiz mal a ninguém, porém, fizeram comigo essa maldade.

— Pensando dessa forma, será difícil restabelecer a verdade. Você acredita no mal e o alimenta com a força de sua mente. Para perceber o que é verdadeiro, é preciso compreender que Deus só faz o bem, que só quer o bem e que só existe o bem. O homem acredita no mal e o alimenta, mas, um dia, terá que perceber que está destinado à luz, ao amor, à alegria e que tudo o mais vai acabar. Que a programação divina nos criou para sermos felizes.

Os olhos de Magali brilhavam iluminados por um magnetismo diferente, e tanto Nair quanto Jovino, envolvidos, não conseguiam desviar os olhos dela.

— Você acredita no mal. Não cometeu nenhum crime agora, mas pode tê-lo feito em encarnações passadas, quando escolheu a violência como solução para seus problemas. O que está acontecendo com você é para que compreenda que a violência não só agrava uma situação, como atrai a lição que precisamos aprender. Entretanto, como Deus é justo, amoroso e nunca pune ninguém, se você modificar sua crença, deixar de dar força para o mal em sua vida, os fatos que o envolvem também se modificarão. Percebendo que só o bem existe e é a única força verdadeira da vida, começará a dar espaço para que ele possa atuar em você.

Jovino ficou impressionado:

— Desse jeito, você diz que, de certa forma, eu contribuí para o que aconteceu.

— Você é o único responsável pelo que acontece em sua vida.

— Nunca me acreditei culpado. Os outros é que me envolveram nesta situação.

— Engano. Os outros foram envolvidos pela força das coisas que você desencadeou e obedeceram. A responsabilidade é sua. Pense nisso. Percebe como você deu guarida ao medo da violencia? Como sempre se colocou como vítima da sociedade e sempre esperou tudo dos outros.

Jovino fitava-a assustado, e ela prosseguiu:

— Pense e modifique seus pensamentos. Só Deus tem poder. Só o bem existe realmente. Quando acreditar nisso, toda a sua situação se modificará. Experimente e verá.

Magali calou-se. Suspirou e passou a mão na testa.

— Você disse coisas estranhas. Acredita mesmo nisso?

— Falou como se estivesse vendo o futuro — ajuntou Nair.

— Não havia pensado nisso antes, dessa forma. Mas sinto que os pensamentos que me ocorreram são verdadeiros. Acredito neles. No fundo da minha alma, sei que são reais.

— Quisera eu possuir sua fé — disse Jovino pensativo. — Custa-me pensar que eu possa ter ocasionado esses fatos. Parece-me absurdo.

— Você não o fez conscientemente, Jovino, mas por ignorar certas coisas. Experimente acreditar no bem e não alimente o medo, o pessimismo e o mal. Cultive pensamentos bons. Deus o ama muito e, por certo, vai dar-lhe o melhor. Vamos esperar os resultados.

Quando elas se foram, Jovino, de volta à cela e estendido no leito, rememorou toda a conversa.

Magali era ingênua, sonhadora. Só o fato de ele acreditar no mal ou no bem não modificaria os fatos. Ele precisava de provas que o inocentassem e encontrar o verdadeiro assassino. Ela, por sua vez, oferecia-lhe palavras e conceitos, procurando justificar os fatos com a ilusão.

Um sentimento de ternura acometeu-o. Magali queria animá-lo, erguer seu moral. Como não dispunha de recursos mais objetivos, estimulava sua fé, seu otimismo.

Jovino remexeu-se no leito. Podia compreender a intenção dela. A vida o ensinara que era preciso não sonhar. A realidade era bem outra.

"Você acreditava na violência, vivia querendo nos proteger."

— Claro — disse ele. — A maldade do mundo é uma constante. Há mais pessoas ruins do que boas.

A vida para ele fora sempre de sofrimento, dor e dificuldade. Magali estava enganada. Ele não se sentia responsável pelo próprio destino.

Não escolhera nascer sem pai nem perder a mãe de forma tão dolorosa, em uma idade em que nem sequer sabia pensar por si.

Lembrou-se da reencarnação. Teria mesmo tido uma vida anterior? Considerava injusto ter que responder por uma vida da qual nem sequer se lembrava.

Visualizou o rosto de Magali, enquanto dizia: "Você acredita no mal. Não cometeu nenhum crime agora, mas pode tê-lo feito em encarnações passadas".

Teria sido um assassino? Estremeceu. Se fosse verdade, ele estaria agora respondendo por seu crime. Como saber? Existiria mesmo a justiça divina? Ele temia a violência, mas seria capaz de matar?

Teve de reconhecer que sim. Se tivesse visto Alberto ferido ou em perigo, se houvesse surpreendido seu assassino, não teria hesitado em atirar. Quem não o faria? A defesa era legítima.

Suspirou. Era difícil julgar. As pessoas agrediam, matavam, e havia necessidade de defesa. Deus estava distante e não aparecia para defender ninguém.

Há momentos em que é preciso defender-se. Ali no presídio, se ele não houvesse sido duro, mostrado sua força, por certo teria sido submetido a todos os vexames.

Ele não era agressivo, porém, quando agredido, sabia defender-se.

Novamente, o rosto expressivo de Magali acudiu-lhe à memória enquanto dizia: "Perceba como você deu guarida ao medo, à violência. Como sempre se colocou como vítima da sociedade e sempre esperou tudo dos outros".

— Eu não me coloquei — reagiu ele. — Foi a vida. Eu tinha que esperar tudo dos outros, pois fui criado de favor. Jamais tive autonomia.

"Só Deus tem poder. Só o bem existe realmente. Quando acreditar nisso, toda a sua situação se modificará. Experimente e verá."

Acreditar no bem? Como?! A vida para ele só oferecera orfandade e tristezas. Como acreditar em uma força que nunca vira?

Lágrimas assomaram-lhe aos olhos, e Jovino deixou-as correr livremente.

— Se pudesse crer na existência do bem — considerou —, poderia cultivar a esperança e sofrer menos. Nesse ponto, Magali estava certa. Se pudesse ter fé, enfrentaria a vida com mais coragem.

Pensou em Deus e pediu:

— Eu quero ter fé. Mostre-me o caminho!

Uma brisa leve envolveu-o, e Jovino sentiu-se mais calmo. Não viu o vulto de mulher, que, aproximando-se com carinho, lhe beijou a testa e lhe afagou os cabelos com amor. Sem perceber a amorosa presença, Jovino adormeceu.

Capítulo 9

Mariazinha saiu da fábrica e caminhou rapidamente para o ponto do bonde. Estava com pressa de voltar para casa. Ao atravessar a rua, alguém a segurou pelo braço e disse:

— É sempre assim tão apressada?

Ela parou agradavelmente surpreendida:

— Júlio! Não esperava vê-lo por aqui!

— Hoje não era dia de ir à sua casa, mas senti saudade!

Mariazinha corou de prazer. Há dois meses, eles estavam namorando. Júlio frequentava sua casa regularmente três vezes por semana, e Mariazinha sentia que estava apaixonada por ele. Seus pais, felizes com o namoro, apreciavam Júlio e a cada dia reconheciam nele melhores condições de tornar Mariazinha feliz.

— Queria ver onde você trabalha!

— Deveria ter me avisado. Eu teria me arrumado melhor.

Ele riu enquanto dizia:

— Isso não. Eu queria ver como você é sem artifícios.

— E então? — perguntou ela em tom de desafio.

Ele olhou-a sério, e havia algo em seus olhos que fez o coração de Mariazinha bater mais depressa.

— O que eu queria mesmo é vê-la, estar com você. Não aguentei pensar que hoje não iria encontrá-la.

— Estou feliz que tenha vindo. Também sentia muita vontade de estar com você.

Júlio levantou delicadamente o queixo da moça e beijou-lhe os lábios com carinho. Ela sentiu um calor agradável percorrer-lhe o corpo e não disse nada.

O bonde estava cheio, e Mariazinha ficou em pé entre os bancos, enquanto Júlio pendurava-se no estribo. Logo alguém desceu, e a moça sentou-se. Saíra cansada do trabalho, mas nem se lembrava mais disso. Estava feliz. Alguém mais desceu, e Júlio pôde sentar-se ao seu lado. Passou o braço sobre os ombros da moça e apertou-a de encontro ao peito. Suas cabeças encostaram-se, enquanto conversavam baixinho.

De repente, Mariazinha sentiu um arrepio e levantou os olhos. Encontrou os olhos fuzilantes de Rino, que, no estribo do bonde, bem no banco onde eles estavam, os fixavam rancorosos. Mariazinha estremeceu.

— O que foi? — perguntou Júlio, surpreendido.

O rapaz seguiu o olhar da namorada, e seus olhos encontraram-se com os de Rino. Havia tanto ódio neles que ele se inquietou.

— Você o conhece? Quem é?

Mariazinha desviou os olhos com o coração descompassado. Temia que Rino provocasse uma cena. Fingiu ignorá-lo e respondeu baixinho:

— Depois eu explico. Melhor ignorá-lo.

Afortunadamente, estavam no ponto da casa de Rino, e foi com grande alívio que Mariazinha o viu descer.

Durante seu namoro com Júlio, nunca eles haviam se encontrado. Aliás, o moço desaparecera do bairro e estivera viajando. Metera-se em uma encrenca, e seu pai o mandara passar algum tempo fora.

— Você ficou tensa por causa daquele sujeito. Não gostei da forma como ele nos olhava. Estava louco de ódio.

— Você sentiu?

— Claro. Pensei que ele fosse me agredir.

Mariazinha suspirou fundo. Estava na hora de descer. Enquanto caminhavam para a casa dela, Júlio considerou:

— Quero que me conte o que há com ele. Seja sincera. Eu gosto de você de verdade. Não pode haver segredos entre nós.

— Certamente. Vamos até minha casa. Mamãe se preocupa quando não chego no horário. Aviso-a que cheguei, e continuaremos nossa conversa.

Depois de conversar com Isabel, sentaram-se na varanda. Júlio esperou que Mariazinha falasse.

— Contei-lhe que tive um namorado, a quem vi poucas vezes e que foi encontrado morto com dois tiros aqui perto, em um terreno baldio atrás do clube.

Júlio assentiu, e ela prosseguiu:

— Você sabe como fiquei impressionada com isso e até adoeci, razão pela qual tive as férias em Santos.

— Sim, continue.

— Porém, não contei os detalhes. Agora, é melhor que saiba para prevenir-se contra Rino. Ele meteu na cabeça que eu tenho de ser dele e jurou que não serei de mais ninguém.

— Você já o namorou? Deu-lhe esperanças?

— Quando o conheci, ele interessou-se por mim. Encontrei-me com ele algumas vezes, mas logo percebi que não o apreciava e que jamais iria aceitá-lo. Fui franca. Com educação e respeito, disse-lhe a verdade. Jamais lhe dei esperanças. Isso, contudo, parece haver aumentado seu interesse. Na noite em que conheci Alberto...

Mariazinha contou minuciosamente tudo quanto acontecera, e, ao final, Júlio disse:

— Se o assassino de Alberto não estivesse preso e condenado, eu seria capaz de dizer que esse Rino teve a ver com esse crime.

— Você fala como Nair. Ela suspeita dele. Principalmente por Rino me haver ameaçado e proibido de contar à polícia sobre a briga.

— Você acompanhou o caso. Quem está preso e por que teria cometido o crime?

— O motorista da casa, um moço que foi criado pela família. Era estimado, e ninguém suspeitava que ele pudesse matar. Dizem que foi por inveja.

— E ele? O que disse?

— Jura inocência. Jamais admitiu o crime. Mas as provas estavam todas contra ele. O revólver era o que ele guardava no porta-luvas do carro e seu cachecol estava nas mãos do morto. Além disso, o rapaz foi visto rondando o clube naquela noite. Disse que estava preocupado com Alberto e procurava por ele.

— Acha que foi ele?

A moça fitou-o interdita. Omitira seus sonhos com Alberto e sua ida à cartomante. Tinha receio de parecer ignorante. Vencendo a vergonha, acabou por relatar o resto, inclusive sua ida à casa de Alberto, onde não se lembrava de haver chamado a irmã dele pelo nome e acordara surpreendida e envergonhada na sala de estar da família.

Júlio ouviu-a sério e opinou:

— Naturalmente, o espírito de Alberto está interessado e a envolveu.

— Acredita nisso?

— Por quê não? A morte não é o fim de tudo. O espírito continua vivo em outro mundo e conserva os mesmos afetos, problemas, desejos e a mesma personalidade que tinha no corpo.

— Acredita nessas coisas?

— Acredito. Por certo, você é médium.

Mariazinha segurou a mão de Júlio temerosa.

— Por favor, não diga isso. Eu não quero. Custei muito a encontrar equilíbrio. Não desejo voltar a sentir aquelas coisas de novo.

— Não sonhou mais com Alberto? Não soube nada dele?

— Felizmente, não. Naturalmente, foi ilusão. Se fosse verdade, ele não teria desistido. Eu estava impressionada, só isso.

— Nair estava com você quando foi à casa dele. O que ela acha?

— Que o moço que está preso pode ser inocente e que por isso Alberto disse que tudo está errado. Certamente, ela exagera. Suspeita de Rino, pois não gosta dele. Ele não presta, contudo, chegar ao crime... Eu não acredito que tenha sido capaz.

— Eu não diria isso. Gostaria de conversar com Nair sobre isso.

— Acha bom? Receio envolver-me novamente...

Júlio apertou a mão de Mariazinha com força e disse:

— Seja o que for que tememos, sempre será melhor enfrentar do que fugir. Além disso, ser médium é uma condição natural. Tudo quanto Deus faz é certo. Se Ele nos fez mais sensíveis a ponto de percebermos coisas que a maioria das pessoas não percebe, isso é para o nosso bem. O melhor é aprendermos a usar esse potencial do nosso espírito, comandá-lo de maneira adequada, do que sermos, à nossa revelia, conduzidos a contragosto por espíritos nem sempre equilibrados a situações dolorosas e enfermiças.

— Você entende dessas coisas.

— Sou estudioso desses assuntos. A vida me colocou em situações que me mostraram esse caminho. Acredite, você precisa vencer o medo e confiar em Deus, porque Ele nunca erra.

— Eu confio em Deus!

— Quem confia não sente medo. O medo está sempre onde não existe fé.

— Ainda assim, esses assuntos me causam arrepios. Veja como estou arrepiada.

— É seu corpo querendo chamar sua atenção para as energias que circulam ao seu redor. Só isso.

Ela sorriu mais calma:

— Você diz as coisas de um jeito!

— Coloco as coisas como elas são, de forma natural. Tudo isso é natural, pertence à vida. Chega um tempo na existência de cada um que não se pode ignorar mais essa realidade. Então, coisas começam a acontecer para demonstrar isso.

Isabel apareceu na porta da varanda com um sorriso nos lábios.

— Vocês estão conversando e ainda não comeram nada. Preparei um lanche para nós.

Júlio levantou-se:

— Desculpe-me por eu haver aparecido fora de hora, dona Isabel. Não desejo abusar. Não queria que se incomodasse.

— Nossa casa está sempre aberta para você. Deve aparecer sempre que sentir vontade.

— Obrigado. Eu queria ver Mariazinha, senti saudades. Pretendia trazê-la em casa e ir embora. Ficamos conversando, e o tempo passou.

Isabel sorriu. A alegria que via no rosto da filha a tornava muito feliz.

— Alegro-me que esteja aqui. Entre! Vamos ao nosso lanche.

Mariazinha não estava com fome, porém, não quis desagradar a mãe. A mesa estava posta com carinho, e tanto Isabel quanto José procuraram deixar o moço à vontade e conversaram com ele alegremente.

O ambiente carinhoso que reinava naquele lar agradava Júlio, que se sentia muito bem ali.

Quando voltaram à varanda depois de comer, Júlio retornou ao assunto.

— Ainda estou pensando no que me contou.

Foi nesse instante que Nair apareceu no portão. Entrou, mas, quando os viu na varanda, hesitou. Levantaram-se ambos.

— Entre, Nair.

A moça abraçou a amiga, cumprimentou Júlio, e depois disse:

— Desculpe. Não sabia que você estava aqui.

— Foi meu pensamento que a atraiu para cá — disse Júlio.

— Por quê?

— Estivemos conversando. Mariazinha me contou tudo sobre Alberto e Rino.

— Júlio foi esperar-me na saída da fábrica, e voltamos juntos. Rino estava no bonde e olhou-nos com tanto ódio que cheguei a pensar que fosse nos agredir.

Nair não ocultou a preocupação.

— Sempre tive medo de que ele os visse.

— O que ele pode fazer? — indagou Júlio. — Mariazinha não o quer. Deverá conformar-se.

— Não ele. Rino é vingativo, teimoso. Cuidado quando sair daqui à noite. Ande prevenido. Poderá encontrá-lo com sua turma em alguma esquina.

— Não tenho medo.

— Cautela não faz mal a ninguém.

Mariazinha foi buscar mais uma cadeira.

— Não vou demorar...

— Fique — pediu Júlio. — Eu queria mesmo lhe falar, ouvir sua versão dos fatos.

— Que fatos?

— A morte do Alberto, o envolvimento de Mariazinha, tudo.

Nair olhou a amiga sem saber o que dizer. Mariazinha pediu:

— Conte tudo, Nair. Já contei a ele o que passei. Não temos segredos.

Concordando, Nair contou ao moço tudo quanto Mariazinha já sabia e terminou um pouco hesitante:

— Estou contente por Mariazinha o haver conhecido e estar bem agora. Receio que esse assunto possa perturbá-la novamente.

Júlio retrucou:

— O medo sempre é prejudicial. Em qualquer situação, o melhor será enfrentá-la, compreendê-la. Se o espírito de Alberto deseja esclarecer alguma coisa, ele voltará.

Mariazinha arrepiou-se:

— Não acredito nisso. Ele não teria ido embora sem conseguir o que desejava.

— Ele pode estar tentando agir de outra forma, por meio de outras pessoas, para não perturbá-la.

Nair admirou-se:

— Você entende desse assunto!

— Um pouco. O suficiente para perceber isso.

— Falar sobre isso não prejudicará Mariazinha?

— Nesses casos, é sempre melhor conhecer do que ignorar. Diga-me com sinceridade, você acha que esse motorista é mesmo o assassino?

Nair remexeu-se na cadeira, tomou coragem e respondeu com voz firme:

— Jovino é inocente. Não matou Alberto.

— Como sabe? — tornou Mariazinha. — Como pode afirmar isso?

— Porque eu o conheço. Sei que é inocente. Acredito que esteja dizendo a verdade.

Mariazinha olhou-a entre surpreendida e assustada. Júlio interessou-se ainda mais:

— Como assim?

Nair contou tudo. Sua amizade com Magali, suas dúvidas, a ida ao presídio e as mensagens recebidas no centro espírita.

Mariazinha não saía da surpresa:

— Você não me disse nada! Como pôde ocultar tudo isso?

Nair abanou a cabeça.

— Desculpe. Não fiz por mal. Temia perturbá-la. Você está tão bem! Agora, com Júlio, ganhei coragem. Mesmo porque tenho certeza da inocência de Jovino e que o verdadeiro assassino está solto por aí. E se houver sido o Rino? Vocês precisam se prevenir.

— Que horror! — Mariazinha encolheu-se, apertando fortemente as mãos que Júlio retinha entre as suas.

— Terei feito mal em contar?

— Nem pense nisso. Como você diz, o melhor é estar prevenido.

— E se foi mesmo Rino? — Mariazinha estava pálida. — Ele poderá tentar algo contra você!

— Calma — disse Júlio. — Por enquanto, é apenas uma suspeita. Não sabemos nada. Pode não ter sido ele.

— Nesse caso... — começou Nair.

— Nesse caso, o melhor seria investigar, tentar descobrir a verdade.

— Será difícil. Jovino não esclareceu nada. Não sabe nem como a arma sumiu do porta-luvas.

— Vocês sabem o nome completo e o endereço de Rino?

— Sei — disse Mariazinha.

— Eu quero por escrito. Vamos colher informações sobre ele. Há pessoas que trabalham nesse setor.

— Um detetive? Isso custa muito dinheiro!

Júlio sorriu.

— Tenho um amigo que fará isso por mim de graça. Saberemos o que esse moço faz na vida, como age ou pensa.

Nair suspirou:

— Sinto-me aliviada por haver contado. Eu e Magali temos estado sozinhas.

— Têm tido a ajuda de Deus, dos amigos espirituais e até do maior interessado, que é Alberto. Como acham que conseguiram vencer a resistência de Jovino?

— É verdade. Foi surpreendente e emocionante. Confesso que não contive as lágrimas. Estou animada com seu interesse.

— Pois pode contar comigo. Mariazinha é livre para escolher seu caminho. Esse moço não tem o direito de perturbá-la.

— Tenho medo dele! Não o desafie! — Ponderou Mariazinha.

— Não sou de briga, porém, não gosto de imposições nem de injustiças. Vamos procurar a verdade. Parece-me que Deus está conosco e deseja restabelecer as coisas. Podemos nos tornar instrumentos Dele. Quando estamos com Deus, tudo se resolve com facilidade.

— Que alívio! — desabafou Nair radiante. — Dividir esse problema fez-me bem. Magali gostará de saber que contamos com aliados.

— Gostaria de conhecer Jovino. Como é ele?

Nair permaneceu pensativa durante alguns segundos e depois disse:

— No início, ele pareceu-me revoltado, descrente, e até negou a existência de Deus... Agora, percebo que é apenas um homem assustado. De qualquer forma, nosso apoio fez-lhe bem. Pude notar que tem muito carinho por Magali e mostra-se atencioso comigo. Não sei explicar, mas acredito que esteja dizendo a verdade. Há algo em seus olhos que me diz que Jovino não seria capaz de cometer esse crime. Fala das pessoas da família e do próprio Alberto com muito afeto.

Júlio ouvia atento e ao final disse:

— Vocês se incomodariam se eu as acompanhasse ao presídio?

Nair deu de ombros.

— Da minha parte, acho bom. Falarei com Magali.

— Faça isso. Quando pretendem ir visitá-lo?

— Sem ser no próximo domingo, no outro.

— Quer ir também? — indagou Júlio a Mariazinha.

— Não sei. Nunca fui a um presídio. Vou pensar...

Júlio assentiu.

— Pense. Se quiser, iremos juntos. Lembre-se, Mariazinha, que o medo distorce a verdade e tumultua nossa vida. Quando Deus nos coloca em determinadas situações, precisamos estar preparados para vivenciá-las sem receio, porque, vencendo-as, desenvolveremos nossos potenciais e melhoraremos nossa vida. Além disso, agindo e acreditando no bem, contamos com a ajuda de Deus. Quando estamos com Ele, quem nos prejudicará?

Mariazinha considerou:

— Quando você fala, meu medo desaparece. Minha mãe não vai gostar, mas, se Magali concordar, irei com vocês.

— Conversarei com dona Isabel. Ela vai compreender.

Continuaram conversando animadamente. Quando Nair se retirou, estava feliz. Júlio revelava-se um moço sério, bom, interessado em fazer o bem. Parecia gostar de Mariazinha de verdade. Aquele namoro tinha tudo para dar certo. Desejava à amiga toda a felicidade do mundo. O único problema era Rino, mas Júlio estava prevenido. Rino não seria tão louco a ponto de agredi-lo e de despertar suspeitas.

A esse pensamento, Nair sentiu um aperto no coração. Ele poderia mandar outra pessoa, não aparecer. Era vingativo, e seu amor louco por Mariazinha era um motivo muito forte.

— Devo confiar em Deus. — Observou, tentando acalmar-se. — Estamos fazendo o bem e ajudando um inocente. Ele há de nos mostrar a verdade. É só o que desejamos: descobrir a verdade.

No dia seguinte, Nair telefonou a Magali e colocou-a a par de tudo. Ela ficou radiante. Finalmente, aparecera alguém interessado em ajudá--las. Já no sábado, encontrou-se com Nair, e juntas foram à casa de Mariazinha onde Júlio as esperava.

Isabel estava nervosa. A presença da irmã do moço assassinado poderia transtornar Mariazinha. Preferia que ela esquecesse Alberto. Era loucura envolver-se nesse caso, contudo, Júlio estava decidido a convencê--la do contrário. Isabel relutava.

— É uma temeridade. Nada temos com o caso. O moço morreu mesmo, e nada podemos fazer a seu favor. Mariazinha já sofreu muito por causa disso.

— Compreendo sua preocupação, entretanto, há um moço que está preso inocente.

— Não temos certeza — argumentou ela.

— A senhora disse bem: não temos certeza. Por isso mesmo, precisamos descobrir a verdade. E se ele for inocente mesmo? Já pensou na tremenda injustiça? E se esse moço fosse seu filho, como a senhora estaria?

Isabel ficou pensativa por alguns segundos e depois disse:

— Acha que poderão descobrir alguma coisa?

— Tentaremos. Tudo indica que o próprio Alberto esteja interessado em esclarecer as coisas.

— Cruz-credo! Você fala dele como se estivesse vivo!

Júlio sorriu alegre:

— Ele está vivo! O corpo morre, mas a alma, o espírito sobrevive.

— Não creio — respondeu ela.

— Ele já deu inúmeras provas de que está vivo e preocupado com o erro judiciário que foi cometido contra Jovino.

— Você diz isso de um jeito! Parece verdade.

— E é, dona Isabel. A morte é apenas uma mudança de estado, de lugar.

— Não gosto de falar desses assuntos. Tenho medo.

— Não precisa preocupar-se. Alberto não deseja fazer nenhum mal. Não deve temê-lo.

— Ainda penso que vocês deveriam esquecer esse caso... Trazer essa moça logo aqui em casa...

Júlio levantou-se e disse:

— Não sabia que a senhora não iria gostar. Ela desejou nos falar, e Mariazinha convidou-a a vir aqui. Contudo, se a senhora não concorda, iremos esperá-la lá fora. Conversaremos em outro local. Desculpe, não desejo aborrecê-la.

O rosto de Isabel distendeu-se. A cada dia, gostava mais de Júlio. Sua delicadeza, educação e seu carinho com Mariazinha tocavam fundo seu coração. Não queria desgostá-lo. Depois, ele entendia desses assuntos. Confiava nele.

— De forma alguma — respondeu. — Você sabe qual é minha preocupação. Quanto ao resto, concordo plenamente. Se esse moço for inocente, alguém deve tentar ajudá-lo. Segundo sei, ele não tem família. Se fosse meu filho, eu estaria desesperada. Podem receber a moça aqui em casa. Não tem cabimento vocês conversarem lá fora. Só peço para terem cuidado com Mariazinha.

Júlio colocou delicadamente a mão sobre o braço de Isabel ao responder:

— Não tema. Mariazinha é médium. Fugir não resolverá seu problema. Ao contrário. É enfrentando, compreendendo, estudando, que ela ficará bem.

— Mariazinha está bem. Por isso eu não queria voltar a esse assunto que ela custou tanto a superar.

— Ela ainda não o superou, tanto que, quando falamos sobre isso, ela se ressente. Se houvesse superado, não sentiria mais nada.

— Nesse caso, como ela melhorou?

— Alberto afastou-se temporariamente. Magali procurou um centro espírita, e isso deve tê-lo ajudado. Principalmente, conseguiu que sua irmã se interessasse por Jovino e tentasse libertá-lo. Foi isso que o acalmou e o fez deixar Mariazinha em paz. Porém, se julgar necessário, ele pode voltar. Não se esqueça disso.

— Deus me livre!

— Ele é um moço bom. Não há o que temer.

— Você fala dos mortos com uma calma!

— Não há motivo para temer. Não cai uma folha de uma árvore sem a vontade de Deus.

Isabel abanou a cabeça:

— Não sei, não... Mariazinha é todo nosso tesouro. Cuide bem dela.

— Obrigado por confiar em mim. Velarei por ela com todo carinho. Pode ter certeza de que, se eu suspeitasse de que isso iria prejudicá-la, seria o primeiro a evitar.

Mariazinha apareceu na porta da sala:

— Elas estão chegando.

Magali emocionou-se e abraçou Mariazinha com carinho. Apertou a mão de Júlio e de Isabel. Quando se acomodaram na sala, Magali considerou:

— Fico feliz em contar com vocês. Não sabia que atitude tomar e estava desanimada.

— O que pensa sua família?

— Não podemos contar com eles. Mamãe está muito revoltada. Não se conformou com a morte de Alberto. Meu pai mergulhou no trabalho e mal o vemos em casa, e meu irmão Rui pensa como eles. Ninguém duvida da culpa de Jovino.

— E você?

— Eu sei que ele não matou meu irmão. Não sei lhes explicar. No começo, eu duvidava, mas agora, depois de tê-lo visto, olhado em seus olhos, não o julgo capaz de ter cometido esse crime.

— Como era esse Jovino? Ele foi criado em sua casa?

— Sim. Odete veio trabalhar em nossa casa antes de meu nascimento. Nessa época, Jovino tinha meses. Mamãe conta que gostava muito dela. Quando ela morreu, atropelada por um automóvel, Jovino ficou só no mundo. Odete era mãe solteira e não gostava dos parentes. Nunca os procurava. Mamãe nem pôde avisá-los de sua morte, porque nem sequer sabia onde encontrá-los. A esse tempo, Jovino estava com quatro ou cinco anos. Meus pais resolveram adotá-lo. Era um menino obediente e nunca deu trabalho. Adorava o carro de papai e ficou muito feliz em cuidar dele e preparar-se para ser nosso motorista. Estudou, fez o ginásio e depois não quis continuar.

— Como ele era com vocês em casa? — indagou Júlio.

— Ele era como um irmão mais velho, embora fosse mais novo do que meus irmãos. Tinha muito cuidado comigo. Levava-me e buscava-me no colégio todos os dias. Alberto era distraído, e Jovino vivia cuidando para ele não se esquecer dos compromissos importantes. Rui era briguento, metia-se em encrencas, e ele sempre procurava acalmar os ânimos. Jovino nunca deu nenhum problema. Quando foi preso, todos ficamos muito chocados.

— Ninguém aventou a hipótese de ele ser inocente?

Magali deu de ombros.

— Estávamos todos muito abatidos. Ninguém tinha condições de pensar claramente. A polícia concluiu, e nós não duvidamos. As provas apresentadas pareciam concludentes.

— Por que mudou de opinião? — quis saber Júlio.

— Por causa dos acontecimentos. Não conhecia Mariazinha e, quando a vi no portão de minha casa, fui ver o que estava acontecendo. Você já sabe da história. Ela olhou-me fixamente, e eu vi amor em seus olhos quando disse: "Magali, que saudade!".

— Não me lembro de nada disso. Vocês falam, porém custa-me crer que eu tenha dito isso!

— Pois disse! — afirmou Magali. — Chamou-me pelo nome sem nunca me ter visto antes. Fiquei intrigada, porque depois, quando voltou ao normal, você não sabia onde estava nem quem eu era. Como explicar isso?

— A forma mais plausível é a de que Alberto tenha envolvido Mariazinha e falado com você através de Mariazinha. Isso é fato comum na mediunidade — esclareceu Júlio.

— Eu não entendia nada desses assuntos, contudo, não pude esquecer o episódio e desejei aproximar-me de Mariazinha para tentar descobrir o que havia acontecido. Vim procurá-la, mas ela havia viajado. Conversei com Nair e fiquei sabendo dos problemas de Mariazinha. O resto vocês já sabem. Fui procurar a mãe de uma amiga que é espírita e me iniciou nesses assuntos. Agora sei que Alberto continua vivo, vivendo em outra dimensão e deseja ajudar Jovino, porque sabe que ele é inocente. Quer contar à minha família, principalmente à minha mãe, que ele continua vivo e que a separação é temporária, porém, ela não aceita. Vive em desespero. Sua revolta transformou nossa casa em um lugar triste, desagradável. Ninguém pode sorrir mais, esquecer, viver. Meu pai, meu irmão e eu permanecemos em casa o mínimo possível. Desse jeito, ela acabará destruindo todas as nossas possibilidades de alguma alegria nesta vida!

— Ela passa por uma grande dor — considerou Isabel.

— É verdade — ajuntou Júlio. — Deus deve estar muito errado.

Todos olharam-no admirados. Ele prosseguiu:

— Já que Ele permitiu que esse crime acontecesse!

Isabel encorajou-se a dizer reticenciosa:

— Mas Deus é perfeito! Você não pode dizer isso!

— Sim. Ele é perfeito! Logo, Ele não erra. Se Ele permitiu esse acontecimento tão doloroso é porque teve Suas razões, Seus motivos, que nós desconhecemos. Reconhecer isso poderia confortar a dor dos envolvidos. A fé restabelece a harmonia e transforma acontecimentos desagradáveis em lições proveitosas de amadurecimento. Um dia, todos saberemos as causas que provocaram esse triste acontecimento e poderemos compreender melhor. Cultivar revolta, ressentimentos, mágoas não vai melhorar os fatos passados, que fogem ao nosso controle, nem devolverá a vida de quem partiu. Mas certamente aumentará a infelicidade, alimentando-a, atraindo doenças e afastando todas as possibilidades de quem está aqui agora e precisa e pode ser feliz.

— É assim que eu penso — disse Magali, comovida. — Nada devolverá a vida de Alberto. O melhor agora será esquecer e procurar aproveitar a oportunidade de viver aqui, de aprender.

Júlio sorriu.

— Vejo que tem aproveitado suas leituras.

— Tenho, sim. Mamãe diz que sou fria porque não alimento sua depressão.

— Dramatizar exageradamente uma situação só prejudicará ainda mais. Infelizmente, muitas pessoas têm tendência de exagerar as coisas desagradáveis que lhes acontecem. Assim, ampliam sua cota de sofrimento, ao mesmo tempo que enfraquecem seu espírito. Acabam quase sempre dominadas por entidades desencarnadas, que as subjugam e conduzem.

— Meu Deus! — exclamou Nair. — Isso pode acontecer?

— Pode — respondeu Júlio. — Cada um escolhe o caminho que deseja seguir. Quem prefere a dor, o sofrimento, a revolta, não se alimenta de fé, não reage e torna-se vulnerável à energia doentia desses espíritos com os quais se afina.

— Isso pode acontecer com mamãe? — perguntou Magali.

— Pode. Mas você pode ajudá-la a sair dessa situação, tentando esclarecê-la sobre a vida espiritual.

— Ela não acredita! — desabafou Magali.

— Agora. Com o tempo, a própria vida se encarregará de mostrar-lhe a verdade.

— É isso que Alberto quer — tornou Magali. — Eu sei que ele deseja isso.

— Ele também precisa de nossas preces, de nossos pensamentos otimistas. É difícil para Alberto desligar-se do lar, dos amigos, da vida na Terra. Foi arrancado do corpo em plena mocidade, quando estava cheio de sonhos e projetos. Ele precisa de pensamentos calmos e compreensivos. A atitude mental de sua mãe deve fazê-lo sofrer. Por certo, Alberto deseja que ela se acalme e procure compreender para que ele possa seguir seu caminho.

— De todas as formas, eu acho que, se mamãe reagisse um pouco e aceitasse o que ela não pode mudar, tudo melhoraria, e, aos poucos, nós poderíamos voltar a levar uma vida normal.

Isabel baixou a cabeça comovida. Podia compreender o sofrimento daquela mãe, mas também reconhecia que de nada valia revoltar-se.

— Foi muito proveitosa nossa conversa — disse Júlio. — Temos já alguns objetivos a atender: descobrir e provar a inocência de Jovino e ajudar sua família a encontrar a fé e a serenidade. Assim, estaremos atendendo ao espírito de Alberto, que, por sua vez, poderá seguir em paz.

Mariazinha olhou Júlio com carinho. Sentiu brotar dentro de si um profundo respeito e admiração por ele, um misto de confiança e de amor, uma agradável sensação de paz.

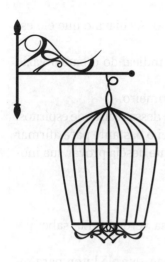

Capítulo 10

Faltavam dez minutos para as quatorze horas quando o grupo deu entrada no presídio. Magali, Nair, Júlio e Mariazinha. Isabel dera permissão para a filha ir e, condoída da situação de Jovino, preparara algumas guloseimas que eles levaram de boa vontade.

Desta vez, foram conduzidos a uma sala onde poderiam conversar mais à vontade sem o incômodo guichê. Jovino apareceu, e havia ansiedade em seus olhos, que brilharam de satisfação vendo as duas moças.

Após cumprimentá-las, Magali apresentou os companheiros:

— Esta é Mariazinha, lembra-se dela? Este é o Júlio.

Jovino olhou-a curioso. Por causa dela, as coisas haviam acontecido. Reconhecia que a moça não tivera culpa, porém, vendo-a, seu rosto tornou-se sério e a ansiedade reapareceu.

Constrangida, Mariazinha disse:

— Você deve pensar que eu tenha sido o motivo da tragédia. Já sofri muito por isso, mas ninguém poderia prever o que aconteceu.

— Eles acreditam em você. Vieram porque querem ajudar-nos a encontrar a verdade! — disse Magali.

Jovino respirou fundo, e Júlio esclareceu:

— Sentimos muito pelo que lhe aconteceu e viemos dizer-lhe que vamos investigar. Haveremos de descobrir o verdadeiro culpado e fazer justiça.

Estendeu a mão para Jovino, que a apertou.

— Desculpe. Ultimamente, não tenho conhecido gente boa. Obrigado por desejarem ajudar-me.

Jovino estendeu a mão para Mariazinha.

— Sei que não tem culpa.

121

Comovida, a moça apertou a mão de Jovino. Avaliava o que ele estava passando.

— Vamos nos sentar — convidou Jovino, indicando o banco vazio a um canto da sala.

Acomodaram-se. Foi Magali quem falou primeiro.

— Júlio conhece todo o caso e entende muito dessas coisas de espíritos.

— Sou apenas um estudioso do assunto. Sei o bastante para afirmar que Alberto continua vivo em outra dimensão e que deseja provar sua inocência, Jovino.

Jovino admirou-se:

— Acredita seriamente nisso?

— Acredito. Os fatos estão mostrando essa verdade. Ele sabe que não foi você quem o matou.

Os olhos de Jovino encheram-se de lágrimas, que ele lutou para reprimir. Foi com suavidade que respondeu:

— Alberto era meu irmão. Crescemos juntos, e ele me ensinava quando eu estava na escola. Eu fazia tudo quando ele me pedia. Era meu ídolo. Eu gostaria de ser como ele: bonito, bom, inteligente. Tinha muita estima por Alberto. Jamais levantaria uma palha contra ele. Logo eu...

Parou engasgado. Não sabia por que estava tão emocionado. Geralmente, conseguia controlar-se, porém, naquela tarde, uma comoção diferente envolvia-o, tornando-o sensível e perturbado.

Magali abraçou-o com carinho, e Jovino, não podendo conter-se mais, chorou comovido. Apoiado no ombro da moça, sentindo a amizade dela, soluçou durante alguns instantes.

Mariazinha levantou-se e, puxando Jovino pelo braço, fê-lo voltar-se para ela. Abraçou-o e disse com voz embargada:

— Eu também gosto muito de você. Vou tirá-lo daqui! Tenha fé em Deus!

Jovino tremia, sentindo arrepios pelo corpo, enquanto Mariazinha, olhos fixos em um ponto indefinido, continuava:

— Tenha esperança, companheiro. O que é esse problema para um crânio como você? Tudo vai dar certo.

Jovino abriu os olhos assustado e empalideceu. Júlio levantara-se e postara-se atrás de Mariazinha, enquanto as duas moças olhavam admiradas.

Mariazinha soltou Jovino e teria caído se Júlio não a houvesse amparado.

— Tudo está bem — disse Júlio com voz calma. — Não foi nada. Passou. Sente-se aqui.

Mariazinha olhava, parecendo não entender. Júlio continuou:

— Respire fundo. Passou.

A moça suspirou.

— O que aconteceu? Tive outra crise?

— Não se assuste. Tudo é natural. Não tenha medo.

Jovino, pálido, olhava Mariazinha com fundo respeito.

— Quem me abraçou não foi ela — disse. — Foi Alberto! Agora eu sei que ele está vivo! Acredito em tudo o que vocês me disseram.

Mariazinha segurou a mão de Júlio com força.

— Como pode ter certeza? — perguntou Magali emocionada.

— Porque ele falou como quando eu lhe pedia para me ensinar matemática: "O que é esse problema para um crânio como você?". Ele sempre me dizia isso. Eu até já sabia e chegava a falar ao mesmo tempo que ele. Era ele mesmo. Tenho certeza disso. Além do mais, estou muito comovido. Não consegui chorar nem quando fui condenado. Eu creio! Agora eu creio!

— Ele deseja que você nos ajude, cultivando a esperança e tendo fé em Deus.

— Talvez agora ele possa dizer o nome do verdadeiro culpado! — desejou Jovino.

— Não sei se ele terá permissão para fazer isso. Os acontecimentos da vida obedecem a uma necessidade de esclarecimento e de desenvolvimento dos envolvidos. Os espíritos desencarnados não têm permissão para precipitar as coisas. Tudo acontecerá pelas vias naturais, quando chegar a hora e for oportuno.

— Nesse caso, tudo ficará como estava antes — disse Nair. — Ele não esclareceu nada.

— Engana-se — respondeu Júlio. — Ele nos deu a certeza de que estamos no caminho certo. A cada um de nós deu alguma coisa nova. A Jovino, ele deu a certeza da imortalidade e a esperança no futuro. Para Magali, a certeza de que ele continua vivo e consciente da situação. A mim, a certeza da inocência de Jovino e de que estamos sendo ajudados em nossos propósitos. Para Mariazinha, a comprovação de uma mediunidade preciosa e muito bem sintonizada, que permitiu a Alberto expressar-se fielmente. Todos ganhamos muito hoje com o que aconteceu.

— Tem razão — reconheceu Magali. — A prova foi muito convincente. Eu mesma não me recordava desse hábito de Alberto de fazer frases jocosas.

— Estou lendo o livro que Magali me deu sobre espiritismo e encontrei ali muitas explicações sobre as possíveis causas do que me aconteceu. Contudo, eu duvidava. Parecia-me fantasia demais. Viver depois da morte?! Reencarnar?! Sinceramente, eu temia estar entrando em uma ilusão, que, no fim, me levaria a um desânimo maior. Agora tudo ficou diferente. Vou estudar melhor e com mais atenção. Percebi que, de fato, eles estão certos. Os espíritos existem e podem comunicar-se conosco.

— Trarei outros livros sobre o assunto. Tenho certeza de que o esclarecerão. Agora vamos estudar as providências práticas. Tenho um amigo que está investigando o caso. Ele foi detetive particular e não está cobrando nada para fazer isso.

— Não posso pagar. Nem para um advogado tenho dinheiro. Se ao menos eu pudesse trabalhar!

— Agora não pode. Não se preocupe. Vamos nos empenhar em descobrir alguma coisa. No momento, ele está colhendo informações sobre Rino, o moço que brigou com Alberto.

— Boa ideia, Júlio. Sempre desconfiei dele!

— Logo teremos informações.

— Não há testemunhas do crime e, se houver, não desejam falar — disse o Jovino.

— Vamos manter o pensamento positivo. Não entre no pessimismo. Ao contrário. Pense sempre que a polícia encontrará o verdadeiro culpado, que pode não ser esse moço. Não sabemos ainda se foi ele realmente.

— Está bem. Obrigado por terem vindo. Mariazinha, de agora em diante terá em mim um amigo agradecido. Deus lhe pague o que fez por mim!

— Eu não fiz nada! — respondeu ela, um pouco perturbada.

Júlio abraçou-a carinhosamente:

— A mediunidade, quando bem sintonizada, pode trazer muitos benefícios às pessoas. É uma bênção de Deus.

Mariazinha não respondeu. Havia em seus olhos o brilho de uma lágrima, e, em seu coração, um sentimento de alegria gratificante. Sentia-se serena, feliz. Por fim, disse:

— Júlio, eu não sabia que podia acontecer dessa forma. Estou comovida. Era como se Jovino fosse meu irmão e eu lhe quisesse muito bem. Ainda estou experimentando essa sensação!

— É Alberto quem está sentindo isso. Você está registrando os sentimentos dele.

— É incrível! — comentou Nair, admirada.

— É natural — esclareceu Júlio. — A mediunidade é isso. A pessoa pode perceber além dos cinco sentidos físicos e registrar pensamentos, emoções, sentimentos e ideias dos seres que vivem em outras dimensões. Acontece mais vezes do que supomos.

A conversa seguiu animada por mais meia hora, quando esgotou o tempo de visita. Despediram-se. Jovino abraçou-os comovido. Não estava mais só. Sentia que aqueles amigos o encorajavam a ter esperanças em melhores dias para o futuro.

Saíram e tomaram o bonde para o centro da cidade. Júlio convidou--as para tomar sorvete.

Sentados na sorveteria, conversavam animadamente. A certa altura, Mariazinha calou-se pensativa, alheando-se do ambiente. Os três notaram, e Júlio perguntou:

— O que aconteceu?

— Estou pensando em uma coisa...

— Em quê? — perguntou Nair.

— No que aconteceu no dia em que encontrei Rino. Foi muito estranho.

— O que foi? — indagou Júlio. — Conte-nos tudo.

Mariazinha balançou a cabeça afirmativamente:

— Está bem. Foi na véspera da minha viagem a Santos. Vim à cidade para algumas compras, e na volta, no ponto do bonde, Rino apareceu. Veio logo falando que estava com saudades, que me amava e eu ainda o aceitaria.

— E você? — inquiriu Júlio.

— Fui franca, e, como sempre, ele insistiu. Disse que não o amava, que ele desistisse. Porém, ele não se conteve e tentou beijar-me. De repente, senti uma raiva muito grande. Tive vontade de esmurrá-lo. É só o que me lembro. Tive uma crise. Quando dei por mim, estava sentada no chão, e Rino, com o rosto pálido e preocupado, estava debruçado sobre mim. Fiquei envergonhada. Procurei levantar-me, e ele me ajudou. Uma senhora segurava meus pacotes. Sentia-me atordoada, fraca, e meu peito doía. Rino estava modificado. Respeitoso, amável, desculpando-se. Levou-me até uma confeitaria, onde insistiu para que eu tomasse café.

— Não se lembra de nada do que aconteceu depois que sentiu raiva? — perguntou Júlio.

— Nada. Fiquei assustada, nervosa. Agora, estou pensando que talvez tenha sido o espírito de Alberto.

— É muito provável — concordou Júlio. — Rino não comentou nada?

— Ele estava preocupado. Disse que eu pronunciara palavras desconexas. Infelizmente, não consigo lembrar-me. Foi como hoje. Só me lembro que, de repente, olhei para Jovino e senti muita emoção, muita amizade, vontade de abraçá-lo. Depois, mais nada. Quando voltei, sentia certa fraqueza e não me lembrava de haver dito nada.

— Mas você disse — esclareceu Nair. — Todos ouvimos. Até sua voz ficou um pouco diferente.

— Se foi Alberto — tornou Magali —, o que ele teria dito ao Rino?

— Uma coisa é certa: Alberto sentia raiva dele. Essa emoção quem sentiu foi ele — considerou Júlio.

— Eu também sinto raiva quando ele insiste em me namorar. A raiva poderia ser minha. Ele estava tentando me abraçar contra minha vontade.

— Sua raiva iria ao ponto de querer esmurrá-lo? Geralmente, é o homem quem briga aos murros. É claro que, se o espírito de Alberto estava perto, deve ter ficado zangado com a atitude dele e é provável que tenha desejado defendê-la.

— Alberto era muito cavalheiro. Seria incapaz de abraçar uma moça contra a vontade dela. Se ele estivesse aqui, por certo a defenderia — opinou Magali.

— Fale mais da atitude de Rino. Ele voltou a insistir em namorá-la?

— Não. Ao contrário. Ele estava modificado. Tratou-me com amabilidade. Desculpou-se. Disse que respeitava minha vontade. Foi muito delicado.

— Aí tem coisa. — Ajuntou Nair. — Rino jamais seria delicado. É alterado, briguento e quer que sua vontade prevaleça.

— Acha que me enganei? — perguntou Mariazinha.

— Não é isso. Acho que ele deve ter ficado muito assustado.

— Ele nunca me viu desmaiar. Talvez não tenha acontecido nada de mais. É que foi igualzinho ao que aconteceu hoje. Só que, naquele dia, senti raiva, e a sensação foi muito desagradável. Hoje, ao contrário, senti amor, amizade. Foi muito bom.

— De qualquer forma, você deve ter sido envolvida por algum espírito. Foi ele quem sentiu raiva. Tem certeza de que não o agrediu? — perguntou Júlio.

— Não sei. Não consigo lembrar-me. É isso que me assusta. Como posso falar, fazer coisas das quais não me lembro depois?

— Você tem um tipo de mediunidade pouco comum. Precisa estudar o assunto para compreender de que forma deverá educá-la para que se apure a cada dia e possa cumprir sua finalidade. Creia, Mariazinha, que não corre nenhum risco. Ao contrário. Trata-se de uma capacidade que pode beneficiar pessoas. Você é um canal de Deus através do qual a revelação divina se faz presente para mostrar aos homens a verdade. A maioria das pessoas não tem essa possibilidade.

Mariazinha apertou a mão que Júlio retinha entre as suas e segurou as dele com força.

— Não quero ser nada disso. Desejo levar vida comum, como as outras pessoas.

— Nada a impedirá — respondeu Júlio, calmo. — O médium é pessoa como qualquer outra, com os mesmos defeitos e qualidades comuns. Apenas tem habilidade para registrar e transmitir coisas de outras dimensões da vida, além dos nossos cinco sentidos. É só isso.

— Eu queria lembrar o que eu disse — reclamou Mariazinha.

— O médium inconsciente interfere menos na comunicação dos espíritos. Se você fosse consciente, talvez não tivesse permitido a Alberto se expressar com tanta fidelidade. O médium consciente também pode transmitir fielmente uma comunicação, sem interferir, permitindo ao espírito que o envolve manifestar-se livremente. Para isso, precisa, contudo, educar convenientemente sua sensibilidade e conhecer muito bem a interferência dos espíritos e os mecanismos dessas comunicações. Isso leva tempo e exige experimentação adequada. Além do mais, você está desenvolvendo agora. Com o tempo, quando estiver mais calma, mais preparada emocionalmente, pode acontecer de você se recordar das comunicações.

— Que bom! — exclamou Nair. — Deus faz tudo certo!

— Por quê? — indagou Mariazinha.

— Você arranjou o namorado que lhe convinha. Júlio entende desse assunto. Não podia haver melhor combinação. — Finalizou ela.

— Sem falar da ajuda que está prestando a todos nós, que não entendemos nada sobre isso. — Considerou Magali.

Mariazinha sorriu. Confiava em Júlio e, mais do que isso, começava a amá-lo de verdade.

— Eu também agradeço a Deus por tê-lo colocado em meu caminho — disse com suavidade.

Júlio olhou-a nos olhos e disse sério:

— Pois pode preparar-se para aturar-me durante muito tempo. Não pretendo deixá-la escapar. Comigo, não precisa ter medo de nada. Vamos aprender juntos e perceber as coisas do espírito. Será uma viagem maravilhosa!

Conversaram durante alguns minutos mais, e, quando saíram, Magali despediu-se dizendo:

— Obrigada por tudo.

Abraçaram-se, trocaram poucas palavras, porém, todos sabiam que naquela tarde uma grande e verdadeira amizade se estabelecera entre eles.

Magali chegou em casa pensativa. A cada dia mais, suas dúvidas dissipavam-se. Acreditava que Alberto continuava vivo em outro lugar e que estava perto deles tentando comunicar-se. Gostaria de ser médium para poder sentir-lhe a presença, vê-lo, talvez ouvir telepaticamente suas palavras.

Entrou e encontrou a mãe sentada na sala. Vendo-a, perguntou:

— Onde esteve a tarde inteira?

— Com alguns amigos, mamãe.

— Demorou!

— Fomos tomar sorvete, e a conversa estava muito agradável. E o resto do pessoal?

— Todos saíram. Seu pai, como sempre, está trabalhando. As pessoas não têm nenhuma consideração. Chamam-no aos domingos e fora de hora. Ele nunca diz não nem impõe horário. Afinal, ele é um ser humano, tem direito ao descanso. Além disso, ele tem família. Não temos condições nem de conversar.

Magali não soube o que responder. Percebia que o pai procurava sair de casa sempre que podia, permanecendo ali o menos possível.

Aurora prosseguiu amargurada:

— Você também não liga mais para mim, para minha solidão. Rui nem almoçou em casa hoje.

Em outros tempos, Magali teria dado uma desculpa e se recolhido ao quarto, porém, naquela tarde, vendo a mãe tão sofrida, tão alheia a tantas coisas que ela estava descobrindo, sentiu vontade de conversar. Sentou-se ao seu lado no sofá e disse calma:

— Estou aqui, mamãe. Posso fazer-lhe companhia.

Aurora olhou-a surpreendida.

— Esta casa ficou muito triste depois da tragédia — disse.

— Mamãe, há muitas coisas neste mundo que não temos condições de compreender. O que nos aconteceu foi terrível, mas Deus não impediu. Ele deve ter uma razão boa. Deus faz tudo certo, não acha?

Aurora abanou a cabeça desalentada. Muitas vezes, perguntara-se por que Deus permitira aquela desgraça. Nunca encontrara resposta.

— Não sei — disse com tristeza. — Até hoje, não entendi o porquê.

— É difícil, mamãe, por causa da perda sofrida. Contudo, neste mundo, muitas pessoas passam por provas difíceis e dolorosas. Nós não somos os únicos. Deve haver uma razão para isso. Deus é bom e justo. Se permite a dor e o sofrimento é porque isso nos ajuda a perceber certas coisas, sensibilizar nossa alma, amadurecer nosso espírito.

— Não posso aceitar — retrucou Aurora sacudindo a cabeça. — Um moço bom, nobre, belo, inteligente, morto brutalmente pela inveja de um homem que comia em nossa mesa, que aqui só recebeu amparo e amizade.

Magali retrucou com firmeza:

— Você sofreu duas perdas. A do Alberto e a do Jovino, a quem estimava verdadeiramente. Sofre pela morte de Alberto e sofre muito também pela ingratidão de Jovino.Você o queria bem. Orgulhava-se dele.

Aurora levantou o rosto, e em seus olhos brilhava o rancor:

— Isso é verdade. Fui enganada. Alimentei a mão que matou meu filho. Deus há de castigá-lo por isso. O remorso há de torturá-lo enquanto viver!

— Mãe, não posso devolver a vida a Alberto, pois é impossível, mas posso aliviar seu coração de um grande peso.

Aurora olhava-a sem compreender. Magali prosseguiu:

— Sei que não foi Jovino quem matou Alberto. Tenho certeza disso.

Aurora arregalou os olhos:

— Como?! Ficou provado que foi Jovino, o ingrato! Depois de tudo quanto fizemos por ele!

— Mãe, pense um pouco. E se Jovino for inocente? E se as provas foram forjadas contra ele? Já pensou que injustiça? Pode imaginar o que ele está sofrendo?

Aurora balançou a cabeça negativamente.

— Isso é impossível! Foi ele mesmo.

— A polícia pode ter se enganado. Nunca ouviu falar de erros judiciários? Tenho certeza de que ele é inocente!

— Como pode afirmar isso? Que provas tem do que está dizendo?

Magali respirou fundo, tomou coragem e respondeu:

— Algumas coisas aconteceram que mudaram minha forma de pensar. Hoje, tenho certeza absoluta de que Jovino é inocente. Tenho algumas provas, mas ainda são insuficientes para reabrir o processo na justiça. Alguns amigos meus estão investigando. Todos temos certeza da inocência de Jovino. Vamos conseguir as provas para restabelecer a verdade e libertá-lo.

Aurora agitou-se:

— Você enlouqueceu! Quer libertar aquele assassino?

— Ele não matou Alberto!

— Você mesma disse que não tem provas suficientes. Acha que sabe mais do que a polícia?

— Ainda provarei o que estou dizendo. Já pensou que, enquanto Jovino jura inocência e está preso por um crime que não cometeu, o verdadeiro assassino está impune, livre, sem responder pelo que fez?

Aurora não soube o que dizer. Pela primeira vez, pensou nessa possibilidade. Queria que o assassino fosse justiçado. A morte de Alberto não poderia ficar impune.

— Você me assusta. Por que está me dizendo tudo isso? Como chegou a essa conclusão?

— Como lhe disse, várias coisas aconteceram que me levaram a descobrir que Jovino é inocente.

— Que coisas foram essas?

— Por enquanto, prefiro não revelar. Só quero que você comece a pensar na possibilidade de termos todos nos enganado e cometido uma terrível injustiça com Jovino. Ele foi sempre bom, amigo, amoroso, companheiro. Gostava de Alberto, admirava-o.

— Invejava-o. Essa foi a razão do crime.

— Não creio. Alberto sabe a verdade. Ele sabe que não foi Jovino e está interessado em provar isso.

— Você enlouqueceu? Alberto não sabe de nada. Ele está morto!

— Está vivo! Mamãe, nosso mundo não é o único no universo. De onde vêm os espíritos que nascem e para onde vão os que morrem? Acredita que Deus seja tão pobre que só tenha criado seres vivos na nossa insignificante Terra? Mãe, nosso espírito é eterno, nunca morre. Mudamos de estado, mas continuamos a viver. A morte é ilusão, aparência, transformação!

Aurora olhava-a boquiaberta, sem encontrar palavras para responder. Magali falava com alma e sua voz vibrava com uma força diferente.

— Você não acredita que Alberto esteja noutro mundo, em outra vida, de onde deseja comunicar-se conosco?

Aurora suspirou triste:

— Quem dera que isso fosse verdade!

— É verdade, mãe. Se desejar procurar, encontrará provas do que afirmo. Eu as tive.

— Como?!

— Acreditaria se eu lhe contasse?

— Não sei. Parece tão fantástico! Seria bom demais para ser verdade.

— Você está sendo materialista. É triste pensar que a vida termina com a morte. Todos nós morreremos um dia. Afinal, para quê lutar se todos acabaremos no nada, sem apelação? Mãe, você está negando Deus! Não percebe isso?

— A dor transtorna o coração e mata a fé.

— Não é verdade. A fé aceita as determinações da vida, compreende e confia.

— Sempre fui pessoa de fé.

— Não é verdade. Se tivesse fé, saberia que Deus age sempre para nosso bem e não estaria tão revoltada. Sei que não é fácil passar pelo que nos aconteceu. Todos sofremos de saudade e com a ausência de Alberto. Eu o amo muito! Mas, se aconteceu, foi porque a vida não podia evitar. E a vida é Deus em ação e age sempre a nosso favor. Deus é perfeito e escreve direito por linhas tortas. Um dia, ainda teremos condições de compreender isso.

Aurora respondeu com voz triste:

— Reconheço que você tem mais fé do que eu. Devo admitir que Deus sabe o que faz, mas dói muito. Meu coração ainda sangra vendo meu menino morto por um assassino cruel!

— Um infeliz que certamente ajustará contas com Deus. Pelo seu ato cruel, fará jus a uma lição dolorosa que o ensine a respeitar a vida. Ouso afirmar que é preferível ser a vítima do que o algoz.

Aurora admirou-se:

— Por quê?

— Porque a vítima, se aproveitar a lição, amadurecerá e poderá libertar-se de muitos sofrimentos em razão disso, enquanto o algoz atrai para si experiências dolorosas. Um já sabe que a violência não é solução para nada; o outro, contudo, terá de descobrir isso.

— Você diz coisas estranhas! Alberto era um moço bom e de bons costumes. Ele não cultivava a violência. Já o Rui é mais belicoso.

Magali passou a mão pelo braço da mãe em meiga carícia e disse:

— Mãe. Tenho estudado muito certos problemas da vida. Você sabe como eu sou. Nunca aceito nada sem questionar, indagar, pesquisar. Tenho amor à verdade, e, por causa disso, muitas vezes temos discutido. Você contemporiza, ajeita, eu não. Vou direto ao ponto, sem me importar com a opinião dos outros.

— Isso é verdade — concordou Aurora.

Magali prosseguiu:

— Você diz que tenho mais fé em Deus do que você. Hoje, pode ser. Porém, quando Alberto morreu, fiquei abalada. Se Deus existe e é perfeito, bom, tudo sabe e vê e se uma folha não cai da árvore sem Sua permissão, por que teria permitido a morte de Alberto? Por que permitiria que os maus agissem e ferissem os bons? Por que a vilania, a safadeza, o roubo, o crime existiriam no mundo? Das duas uma: ou Deus não é tão perfeito como dizem e não tem poder para vencer o mal, ou o mal teria tanto poder quanto ele.

Aurora olhava-a pensativa. Nunca havia pensado daquela forma. Magali continuou:

— Nesse ponto, minha fé já havia sido abalada. Foi quando aconteceu o incidente com Mariazinha...

— Aquela história?

— Pense bem, mãe. Alberto só viu essa moça duas ou três vezes. Ela não me conhecia. Foi tão inesperado! Elas não tocaram a campainha. Eu as vi no portão. Uma, agarrada nele, e a outra, tentando tirá-la de lá. Fui ver o que era. Quando cheguei, ela olhou-me e disse emocionada: "Magali! Que saudade!".

— Pensando bem, é estranho mesmo. Vai ver essa moça é desequilibrada.

— Por mais que fosse, como poderia ter-me reconhecido? Eu nunca a havia visto antes!

— É mesmo!

— Depois, ela desmaiou. Quando acordou, nem sabia meu nome. Fiquei intrigada e resolvi descobrir a verdade.

— O que você fez?

— Fui procurá-la algum tempo depois.

— Que loucura!

— Você sabe que, quando eu quero, descubro as coisas.

— E aí?

— Ela estava de férias, havia viajado, mas encontrei Nair, amiga de Mariazinha, que me contou coisas muito interessantes...

Vendo que a mãe a escutava interessada, Magali relatou aos poucos os acontecimentos. Quando disse que fora ao centro espírita, Aurora reagiu:

— Você ousou? Isso é um perigo! O espiritismo leva as pessoas à loucura!

— Engana-se, mamãe. Dona Dora, mãe da Dalva, é espírita há muitos anos e é muito equilibrada. A senhora a conhece!

— Ela nunca me falou sobre o assunto.

— Porque é delicada e sabe que você não pensa como ela. Respeita sua forma de ser.

— Seja como for, não a quero metida com essa gente, indo a esses lugares.

— Você está muito enganada. É um lugar tranquilo, de orações, aberto aos que sofrem e estão desesperados.

— Você está sugestionada.

— Você sabe muito bem que não sou pessoa sugestionável. Ao contrário, só aceito uma coisa depois de entendê-la bem.

Aurora sabia que era verdade, mas a palavra espiritismo assustava-a.

— Seja como for, não quero que vá mais a esses lugares.

— Mamãe, não seja preconceituosa! Se queremos descobrir a verdade, não podemos condicionar as coisas. É preciso abrir nossa cabeça para analisar todas as hipóteses. Não se preocupe. Sei o que estou fazendo!

— Você é uma criança. Pode ser iludida.

— Se não quer ouvir, paramos por aqui. É pena. Tenho outras coisas para lhe contar, mas começo a pensar que você talvez não esteja preparada para saber. Jesus disse: "Quem tem ouvidos, ouça". Você certamente não está nesse grupo.

Aurora admirou-se. Nunca a ouvira citar Jesus. Além disso, Magali parecia-lhe diferente. Apesar do medo, estava curiosa. Desejava saber.

— Já que você estava lá, o que aconteceu? Falaram sobre Alberto?

Magali respondeu com voz firme:

— Se você quer mesmo saber, contarei tudo. Mas, antes, vai esforçar-se e prometer: independentemente do que eu disser, não vai recriminar-me.

— Já vi que você deve ter feito coisas que eu não aprovaria.

— É melhor não dizer nada. Um dia, talvez, possamos falar disso livremente.

Aurora segurou o braço da filha e disse:

— Não, Magali. Quero saber. Agora preciso saber. Pode falar. Não vou recriminá-la.

— Está bem, mamãe. Vou falar porque desejo que enxergue a verdade e possa conformar-se com os desígnios de Deus. Desejo que acalme seu coração e que a esperança possa voltar, fazendo-a acreditar em dias melhores.

Aurora suspirou. Apesar de sua descrença, as palavras de Magali faziam-lhe muito bem. Vendo que a mãe a ouvia atentamente, Magali continuou seu relato. Contou tudo minuciosamente.

Aurora surpreendeu-se. Não tinha a coragem da filha. Suas mãos estavam frias e trêmulas. Magali fora ao presídio! Que horror!

— Você abusou. Que temeridade! Se seu pai souber...

— Mãe, não há perigo. É um lugar triste, cheio de gente sofrida, revoltada, alguns arrependidos, outros cheios de ódio. As famílias vão visitá-los, há crianças, muita disciplina.

Magali prosseguiu contando tudo, e Aurora, à medida que ouvia, pensou pela primeira vez na hipótese de Jovino ser inocente. A filha falava com tanta certeza, dizendo que a alma de Alberto queria ajudar Jovino. Ela pensava: "E se todos estiverem mesmo enganados? E se Jovino fosse inocente?

Lembrou o rosto do rapaz, seus cuidados com Magali, com os meninos, a atenção com Homero, a diligência em atender o que ela pedia, e sentiu um aperto no coração. Teriam cometido com ele tal injustiça? Magali teria razão?

— Para mim, ele é inocente. Você verá. O verdadeiro culpado será encontrado.

— Você não tem provas.

— Materiais, não. Mas Júlio está investigando. Deus nos ajudará. Além disso, Alberto quer libertar Jovino. Pense bem, mãe. Ele sabe quem o vitimou.

— Esse segredo morreu com ele.

— Ele não morreu; continua vivo em outra dimensão da vida. É um lugar para onde todos nós iremos ao deixar a Terra. Alberto ainda se comunicará conosco. Tenho certeza disso.

Os olhos de Aurora brilharam.

— Será mesmo? Poderei falar com ele, vê-lo ou sentir sua presença?

— Sim, contudo, esse fenômeno obedece a determinadas condições. É preciso que Deus permita, e sempre acontece espontaneamente, como hoje no presídio.

— O que foi?

— Ainda não contei o que aconteceu hoje.

Magali relatou as palavras de Mariazinha para Jovino, e Aurora assustou-se:

— É estranho!

— O quê?

— Como essa moça sabia que Alberto sempre dizia isso a Jovino? Eu mesma ouvi muitas vezes.

— Aí está, mamãe. Ela nunca conviveu conosco aqui em casa. Só podia mesmo ser o Alberto. Jovino ficou muito comovido. Até chorou. Disse que vai ler *O Evangelho Segundo o Espiritismo* que eu lhe levei.

— Jovino nunca foi religioso.

— Foi o que ele disse, mas acreditou que o espírito de Alberto estivesse ali de verdade.

Aurora baixou a cabeça pensativa e, depois de alguns segundos, disse:

— Tudo o que me contou é muito estranho. Tenho medo de estar entrando em uma ilusão. Alimentando esperanças vãs.

— Mãe, pense bem! Deus é pai bom e justo. Acha que faria o universo tão pequeno? E só existiria vida aqui na Terra? Já olhou o céu, as estrelas, a imensidão dos planetas? Mãe, abra seu pensamento ao infinito. No mundo, nada acaba; apenas se transforma. A morte é uma transformação. Deixamos o corpo material da Terra e, com o corpo espiritual, vamos viver em mundos cheios de beleza e luz. Deus é grandeza, bondade, amor e alegria.

Magali falava com voz serena, e Aurora sentiu descer sobre ela um novo sentimento de paz que nunca experimentara antes. Abraçou a filha e não reteve as lágrimas. Deixou-as correr livremente. Quando elas terminaram, deixou-se ficar abraçada à filha, sentindo-se calma. Toda a amargura que feria seu coração desaparecera.

Abraçado às duas, Alberto agradeceu a Deus com emoção e alegria, porque sua mãe, naquela tarde de domingo, começara a ouvir.

Capítulo 11

    Júlio e Mariazinha chegaram à casa da moça ao anoitecer, alegres e esperançosos quanto à solução do caso do Jovino. Ao mesmo tempo, à medida que as coisas aconteciam, eles sentiam-se mais unidos e apaixonados. Júlio desejava levá-la para conhecer sua família, e a moça sentia-se confiante e feliz.

    Conversaram com os pais de Mariazinha sobre os acontecimentos da tarde, fizeram um lanche e sentaram-se na varanda, abraçados em doce harmonia. Passava das dez, quando Júlio se despediu:

— Não sinto vontade de ir — reclamou. — Dia virá em que estaremos sempre juntos.

Ela sorriu com prazer.

— Desejo que seja logo — respondeu.

Júlio beijou-lhe os lábios com delicadeza e carinho várias vezes.

— Até amanhã — disse. — Se eu puder, irei buscá-la na fábrica.

— Durma bem e sonhe comigo.

Ele afastou-se e, após o adeus costumeiro, com o coração cantando de alegria, Mariazinha entrou em casa.

Júlio distanciou-se, sentindo ainda a emoção dos beijos que trocaram. Amava Mariazinha como nunca amara outra mulher. Desejava mais do que nunca estabilizar sua situação financeira e casar-se com ela.

"Casar-se!". Nunca pensara nisso antes.

Caminhava devagar para o ponto do bonde. Ao dobrar a esquina, três vultos caíram sobre ele, dominando-o. Traziam chapéu desabado sobre os olhos e lenço escuro sobre o nariz, o que não lhe permitia ver suas fisionomias.

Assustado pelo imprevisto, Júlio perguntou:

— O que foi? O que querem?

— Dar-lhe uma lição.

— Ele bem que precisa!

— É um assalto! — disse um.

Falavam e arrastavam-no para um terreno baldio não muito distante.

— Não tenho muito dinheiro, mas podemos conversar. Não precisam usar violência!

— Vejam o Romeu! — ironizou um deles. — Está com medo! — Riu sadicamente.

Júlio pressentiu que estava em perigo. Viu a arma na mão de um deles. Se gritasse, não tinha dúvida de que ele atiraria.

— Não vamos matá-lo! Somos benevolentes — disse outro. — Vamos lhe dar uma chance!

Um deles agarrou-o pelo colarinho, enquanto os outros dois o seguravam por trás.

Júlio podia sentir o ódio em seu rosto apesar do lenço que o cobria.

— Nunca mais queremos vê-lo por aqui. Nunca, entendeu?

Júlio pensou em Mariazinha. Teria entendido bem?

— Por quê? — arriscou.

— Porque nós queremos. Se tem amor à vida, afaste-se destes lados...

— E de Mariazinha — completou Júlio.

Sentiu que a mão que o segurava se crispara com força.

— Você ouviu — repetiu. — E, pelo que disse, sabe entender as coisas.

— E se eu não quiser?

Júlio sentiu-se levantado no ar pela mão que, como garra de ferro, o sustinha.

— Tenho vontade de acabar com você agora! Veja! Você está em minhas mãos. Atrevido!

Aproveitando-se de que os outros dois o seguravam, deu-lhe violentos socos. Júlio sentiu dor aguda e percebeu que estava prestes a perder os sentidos. Eles realmente podiam matá-lo. Seu pensamento aflito procurou Deus numa súplica muda e sincera, e, em seguida, ele perdeu os sentidos.

O homem continuou a bater em Júlio com uma fúria incontrolável.

— Ele desmaiou — disse um.

— Você vai matá-lo — disse outro.

— Ele merece. Tem que sair do meu caminho!

Um deles procurou impedi-lo de continuar.

— Chega. É o bastante. Quer despertar suspeitas? Esse nunca mais voltará aqui. Pode estar certo!

Ambos largaram o corpo de Júlio, que, sangrando pelo nariz, caiu ao chão pesadamente, e tentaram conter a fúria do companheiro.

— Ela é minha — dizia ele entredentes. — Ninguém vai tirá-la de mim. Eu o mato! Cachorro!

— Vamos, chega! Um crime agora não seria bom para nós. Você está louco? Acalme-se. Esse está liquidado. Foi uma boa lição.

Mais calmo, ele parou um pouco, e os outros dois o arrastaram para longe do local e logo sumiram na rua deserta.

Júlio acordou sentindo algo quente no rosto. Abriu os olhos e viu a cabeça de um cão que lhe lambia o rosto. O que acontecera?

Estava no chão, no meio do mato. Tentou erguer-se. Seu corpo doía terrivelmente, então, lembrou-se do que lhe acontecera.

Olhou ao redor. O dia já estava clareando.

"Calma", pensou. "Estou vivo. Agradeço a Deus!"

O cão, alegre, olhava-o abanando a cauda. A custo, Júlio levantou o braço e acariciou-lhe a cabeça.

— Obrigado, amigo! Sei que quer ajudar-me.

Aos poucos, Júlio foi se movimentando e, apesar das dores que sentia, procurou perceber se haviam quebrado seus membros. O rosto estavam inchado, e a língua, grossa. Seus lábios ardiam, mas ele precisava reagir e buscar socorro.

Conseguiu levantar-se a custo e chegar à calçada. A casa de Mariazinha, apenas a três quadras, parecia-lhe muito distante. A rua ainda estava deserta. Sua aparência deveria estar horrível, e ele não desejava assustar Mariazinha.

Um homem vinha vindo, provavelmente um trabalhador começando seu dia. Júlio chamou-o:

— Senhor, por favor.

O homem olhou-o assustado e receoso de aproximar-se.

— Não tema — disse ele. — Fui assaltado ontem à noite. Por pouco não me mataram.

O homem aproximou-se admirado.

— Você está mal — disse sério.

— Tenho amigos aqui perto. Por favor, poderia avisá-los para mim? Não estou podendo andar muito...

Vendo que Júlio mal se sustinha nas pernas, o homem respondeu prestativo:

— Conheço todo mundo aqui. Pode falar.

— Conhece Nair? Ela mora nessa primeira rua?

— A filha de dona Luísa?

139

— É alta, morena e tem um sorriso simpático.

— É ela. Mas é melhor chamar a mãe dela. A esta hora!

Júlio respirou fundo para ganhar forças:

— Sou o noivo de Mariazinha, filha do senhor José e de dona Isabel. Não desejo assustá-los, por isso, pensei em Nair. É muito amiga deles.

— Por que não disse logo? Agora estou reconhecendo-o. Que barbaridade! É caso de polícia.

— Veremos isso depois. O que eu preciso é de um médico.

— Pode andar, ainda que devagar?

— Não sei. Sinto-me mal.

— Segure-se em mim. Vamos, eu o apoiarei. Calma. Cuidaremos de tudo.

Condoído, o homem fê-lo apoiar-se em seu braço, e lentamente começaram a andar.

— Meu nome é João — disse ele.

— Eu sou Júlio.

Nunca um caminho lhe pareceu tão longo. Parados em frente à casa de Nair, João tocou a campainha com insistência. Pouco depois, as luzes acenderam-se, e uma voz de mulher perguntou:

— Quem é? — Notava-se a preocupação dela.

— Sou eu, dona Luísa. João. Abra, por favor!

— Já vai.

Um minuto depois, ela apareceu na soleira. Vendo Júlio, assustou-se:

— Meu Deus! O que aconteceu?

— Preciso de ajuda, dona Luísa. Por favor!

Suas forças estavam esgotadas, e Júlio teria caído pesadamente se João e Luísa não o tivessem segurado.

— Ele foi assaltado, dona Luísa. Ontem à noite. Ficou desmaiado no mato. Está mal. Precisa de um médico.

— Que horror! Pobre moço. Vamos colocá-lo no sofá. Venha.

— Vamos chamar o doutor Matoso — sugeriu João.

— Bem lembrado. Mas o senhor vai perder o dia de serviço. Se precisar ir, pode deixar que eu mando o Zequinha até lá.

— Obrigado. Se eu andar depressa, ainda pego o bonde das seis e vinte.

João saiu apressado, e Luísa chamou o filho, que só iria para o trabalho às oito.

— Zequinha, acorde. Vá chamar o doutor Matoso. Depressa!

O rapaz remexeu-se no leito preguiçosamente, mas, diante da insistência da mãe, não teve outro remédio senão levantar-se correndo. Inteirado do ocorrido, saiu rapidamente em busca do médico.

140

Nair acordara com o barulho e levantou-se para ver o que estava acontecendo. Deparou-se com Júlio no sofá e levou tremendo susto.

— Mãe, é o Júlio?! O que foi?

— Um assalto ontem à noite. Decerto aconteceu quando ele saiu da casa de Mariazinha.

Nair ouviu a mãe contar o que sabia.

— Quero ver o que ele vai dizer. Assalto aqui?!

Condoída, Luísa afrouxou a roupa do moço, esquentou água e, com um algodão molhado, começou a limpar-lhe delicadamente o rosto inchado.

O doutor Matoso chegou e, a par do acontecido, começou a examiná-lo.

— Parece que não houve fratura, porém, a pegada foi dura. Muita crueldade. Eu diria ódio.

Nair estremeceu. Tinha uma suspeita, mas nada disse.

— Acho melhor não removê-lo para o hospital. Preciso examiná-lo melhor. A senhora poderia colocá-lo em uma cama, em melhores condições?

— Por certo, doutor. No quarto de Zequinha temos duas camas. Vou prepará-la.

Saiu e voltou pouco depois.

— Trouxe um pijama. Era do meu marido. Está limpinho. Suas roupas estão sujas.

— Ótimo. Com licença dos jovens, nós vamos acomodá-lo.

O doutor tirou as roupas de Júlio e, ajudado por Luísa, limpou-lhe os ferimentos e vestiu-o com o pijama limpo.

Em seguida, o médico colocou-lhe um frasco sob as narinas, e Júlio moveu a cabeça, abrindo os olhos. Vendo Luísa debruçada sobre ele, disse baixinho:

— Obrigado. Desculpe o trabalho.

— Esse é o doutor Matoso. Veio atendê-lo.

— Estou mal, não é, doutor?

— Foi uma boa pegada, não resta dúvida. Mas não o suficiente para derrubá-lo. Dentro de alguns dias, tudo estará bem.

— Folgo em saber.

— Vamos, meu rapaz — disse o médico. — Pode levantar-se. Queremos levá-lo para o quarto.

Júlio olhou para Luísa.

— Quanto transtorno! Desculpe vir incomodá-la. Não quis assustar Mariazinha. Ela é muito sensível, a senhora sabe. Lembrei-me de Nair, tão amiga dela.

141

— Fez bem. Não se preocupe. Mariazinha não andou bem de saúde. Precisamos ter cuidado com ela. Poder ajudar é um bem do qual não abro mão. Agradeço sua confiança em nos procurar em uma hora tão difícil.

Júlio tentou levantar-se.

— Tudo dói — disse. — Tenho medo de fazer qualquer movimento.

O médico tirou da sua maleta um frasco e pediu um cálice de água. Colocou algumas gotas e deu-o a Júlio.

— Beba isso. Vai sentir-se melhor.

O moço obedeceu prontamente. Levantou-se com dificuldade e, amparado pelo médico e por Luísa, conseguiu ir até o quarto. Deitou-se na cama asseada e sentiu-se comovido.

— Deus lhe pague pela ajuda e pelo carinho — agradeceu.

— Vou preparar uma receita. Peço à senhora que mande aviar imediatamente. Se a farmácia estiver fechada, bata na casa do senhor Nicanor, é ao lado. Peça-lhe urgência. Com a medicação, ele se sentirá aliviado.

Nair entrou no quarto.

— Está melhor?

— Agora, estou. Pode fazer-me um favor?

— Claro.

— No bolso do meu paletó está minha carteira. Pode apanhá-la para mim?

— Certamente.

Nair saiu e voltou em seguida com a carteira. Júlio abriu-a, e lá estava intacto todo o seu dinheiro. Ele entregou-o para Luísa.

— Por favor, para as despesas. Se não der, mandarei buscar mais em casa.

— Você disse que foi um assalto, mas eles não levaram seu dinheiro! Foi briga?

— Não.

Em poucas palavras, Júlio contou como tudo acontecera.

— Parece vingança. — Considerou o médico. — Aconselho-o a dar parte à polícia. Para sua segurança e quem sabe até de outras pessoas. É preciso prender os responsáveis.

— Concordo — respondeu Júlio. — Mas não lhes vi o rosto. Como poderei identificá-los?

— Está claro que foi alguém que deseja afastá-lo de Mariazinha — interveio Nair. — Não é difícil saber quem.

— Não posso provar. Preciso pensar melhor. Garanto que não me pegará de novo.

— Quer que eu avise Mariazinha?

— Não. A esta hora, ela já foi trabalhar. Não quero preocupá-la. Logo mais, à tarde, quando ela chegar, você conversa com Mariazinha. Gostaria de avisar em casa. Mamãe deve estar preocupada. Não tenho o hábito de dormir fora...

— Por certo — disse Luísa. — Nair pode ir até lá. Zequinha precisa ir para o escritório.

— Não será preciso tanto. Temos telefone em casa. Se Zequinha puder fazer o favor, é só ligar e contar o que aconteceu, sem assustar. Diga que estou bem.

— Vou anotar o nome e o número. Fique tranquilo. Eu mesma ligarei da padaria — disse Nair. — Acha que é muito cedo?

— Não. Talvez ela esteja preocupada. Melhor ligar agora.

Ele deu as informações a Nair, que as anotou.

— Agora, tudo está em ordem — disse o médico. — Assim que o remédio chegar, tome uma porção e procure dormir. Vai lhe fazer bem.

— Pode deixar, doutor — observou Luísa. — Tomarei conta dele.

— Agora preciso ir. Passarei ao anoitecer para ver como está.

O médico despediu-se, e Luísa acompanhou-o até a porta. Vendo-se sozinho no quarto, Júlio fechou os olhos, tentando relaxar.

Estava claro que não fora um assalto. Mariazinha fora a causa do atentado. A ameaça não dava margem à dúvida. Pensou em Rino. Apesar de não reconhecer ninguém, sabia que ele deveria ser o responsável. Eles eram capazes de tudo. Teriam assassinado Alberto? Era muito provável, uma vez que o motivo do crime não fora roubo. Que outra razão poderia haver determinado aquele crime? O amor de Mariazinha. Alberto interessara-se por ela e não fizera caso da ameaça que recebera. O ciúme é força perigosa.

Começava a acreditar que Rino estava por trás de tudo, que era o culpado. Porém, como provaria? A justiça age baseada em fatos, provas, e ele nada tinha senão suspeitas.

O que fazer? Não pretendia desistir de Mariazinha. Amava-a e não queria perdê-la. Além disso, Jovino estava preso, inocente. Como deixá-lo lá sem fazer nada para ajudá-lo?

Sua cabeça doía, e Júlio agitou-se no leito. Nair entrou e deu-lhe notícias da mãe. Dona Ester, mãe de Júlio, estava nervosa, e Nair fez o possível para acalmá-la.

— Ela disse que viria para cá imediatamente. Ia tomar um táxi — finalizou Nair.

— Eu esperava por isso. Ela é muito preocupada. Logo estará aqui.

— Eu também ficaria, com uma notícia dessas — considerou Luísa. — Seu remédio ficará pronto daqui a uma hora. Nair pegará depois.

143

— Obrigado. Nunca esquecerei o que estão fazendo por mim.
— Procure descansar. Trarei o remédio quando chegar.
— Não consigo relaxar. Minha cabeça dói, e pensamentos agitados impedem-me de descansar.
— Depois do que passou, é natural. Ninguém me tira da cabeça que foi Rino — disse Nair.
— Não diga isso, filha. Pode estar sendo injusta. Afinal, Júlio não viu quem foi.
— Eles me ameaçaram. Mandaram-me sumir daqui, que nunca mais aparecesse por estes lados. Percebi que falavam de Mariazinha.
— O que vai fazer? — indagou Luísa.
— Ainda não sei. Amo Mariazinha e não perderei seu amor por causa disso.
— Vá à polícia. Eles podem voltar — sugeriu Luísa.
— Talvez eu vá.

Júlio fechou os olhos procurando acalmar seus pensamentos. Quando sua mãe chegou, ele estava mais calmo. Confortou-a, porém, ocultou o verdadeiro motivo da agressão. Para que lhe agravaria a preocupação?

Aos poucos, ela foi se acalmando e aceitou de bom grado o café que Luísa lhe ofereceu. Agradeceu muito os cuidados com o filho e, só na hora do almoço, concordou em ir embora. Precisava ir para a repartição trabalhar. Júlio não via razão para ela faltar ao emprego.

Era uma mulher elegante, beirando os cinquenta anos, simpática e bem-educada.

— Vá, mamãe. Estou melhor. O remédio fez-me bem. Preciso ficar porque o médico mandou. Amanhã, por certo, me mandará para casa.

— Espero que seja assim.

Depois de agradecer várias vezes a Luísa e a Nair, abraçou-as com muito carinho e despediu-se. Luísa acompanhou-a até a porta.

— Agora, Júlio, procure dormir — aconselhou Nair. — Fique calmo. Quando Mariazinha chegar, falarei com ela.

Ele obedeceu, cerrou os olhos e finalmente conseguiu adormecer.

Quando Mariazinha soube de tudo, ficou assustadíssima. Correu à casa de Nair e, vendo o rosto intumescido de Júlio, empalideceu ainda mais.

— Meu bem, o que lhe fizeram?

Luísa deu-lhe água com açúcar, e Júlio procurou atenuar o choque.

— Não se preocupe. Estou inteiro. Logo estarei bom.

— Por que não me procurou? Meu Deus! Fui trabalhar sem saber de nada, e você aqui...

— Fui muito bem tratado. Depois, não queria que você me visse tão feio!

— Bobo! — disse ela, tentando reter as lágrimas.

— Você podia me dar o fora!

Mariazinha segurou a mão de Júlio e apertou-a carinhosamente.

— Agora não tem mais remédio — disse. — Terei de aguentá-lo assim mesmo.

Trocaram ideias sobre o atentado, e Mariazinha também suspeitava de Rino. Era muita audácia! Que crueldade!

— Não terei mais sossego de agora em diante. Melhor você não vir me ver durante um tempo. Podemos nos encontrar na cidade...

— É cedo para preocupar-se — disse ele. — Uma coisa é certa: continuaremos a nos ver.

Quando o médico passou para vê-lo, apesar do seu otimismo, não permitiu que Júlio fosse para casa. O rapaz teve de ficar, e Mariazinha fez-lhe companhia, só se recolhendo quando os pais foram ver Júlio e a levaram para casa.

No dia seguinte, Mariazinha não quis ir trabalhar. Preferiu ir à casa de Nair e ficar com Júlio. Não dormira bem naquela noite. Sonhara com Alberto ferido, pedindo justiça, e, de repente, o rosto dele transformou-se no de Júlio. Vendo-o desfalecer, ela gritou apavorada: "Júlio, você não vai morrer!".

Acordara suando, aflita, e não conseguira mais dormir o resto da noite. Seria Rino o assassino de Alberto? Poderia também matar Júlio? A paixão de Rino a atemorizava e sufocava.

"Por que ele não me esquece?", pensava temerosa.

— Você precisa ir à polícia — disse a Júlio horas mais tarde. — Quem sabe eles não prendem Rino?

— Não tenho provas para acusá-lo.

— Precisa de garantia de vida, de proteção — tornou Nair.

— Eu sei, mas a polícia não pode fazer nada agora. Só podem registrar os fatos, que não esclarecem nada. Vou chamar o Vanderlei.

— Quem? — indagou Mariazinha.

— Meu amigo que foi detetive. Aliás, ele já está investigando Rino.

— Vamos avisá-lo — sugeriu Mariazinha.

— Certo. Você telefona e pede para ele vir até aqui.

— Eu farei isso — decidiu Nair. — Avisarei a Magali também. Ela precisa saber.

— Concordo.

Nair pegou o número e foi telefonar. Vanderlei chegou à tarde e, ao entrar no quarto de Júlio, ele conversava com Magali, Nair e Mariazinha. Moço de estatura média, olhos e cabelos escuros, moreno, vestia-se com elegância e apuro. Cumprimentou as moças e apertou a mão do amigo.

— Tentaram apagá-lo? — perguntou sorrindo, mostrando dentes alvos e bem alinhados.

— Tentaram, mas sou duro. Vaso ruim não quebra.

— Estou vendo. Como foi?

Júlio contou tudo e ao final disse:

— Suspeito daquele sujeito. Aquele cuja ficha eu pedi para você levantar.

Vanderlei sacudiu a cabeça afirmativamente:

— Eu sei. Como sou prevenido, trouxe já alguma coisa. Ele não é flor que se cheire.

— Isso eu já sabia. O que descobriu?

Vanderlei tirou do bolso do paletó um papel cuidadosamente dobrado.

— É arruaceiro, desordeiro. Foi expulso de dois colégios na adolescência. Formou um grupinho, o qual lidera, e todos o obedecem. Todos o temem. Os outros grupos de jovens do bairro fogem sempre de um confronto com eles. Meteram-se em muitas brigas e quebra-quebras, mas nunca ficou nada provado contra eles. A ficha policial de Rino é limpa. Não estuda nem trabalha. Perdeu muito dinheiro no jogo, e o pai pagou.

— Não é muito — comentou Júlio.

— O bastante para saber que se trata de um elemento perigoso e esperto.

— Tenho razões para pensar que foram ele e seu bando que me agrediram.

— Também acho provável. Se ao menos você pudesse reconhecê-los na delegacia!

— Isso não seria possível. Não lhes vi o rosto.

— Além do mais, há sua suspeita sobre aquele crime. Eu também acho que é válida. Principalmente agora, depois do que lhe fizeram.

— Era meu irmão — disse Magali séria. — Queremos descobrir a verdade. Um inocente está preso, e o assassino, impune. Sem falar que ele pode tirar a vida de outra pessoa.

— Eu temo por Júlio — ajuntou Mariazinha.

— Calma — pediu Vanderlei. — Precisamos pensar. Eu já estava interessado no caso, mas agora, depois do que aconteceu, descobrirei a verdade de qualquer jeito. Vamos trabalhar com inteligência. Todas as suspeitas recaem sobre Rino. Só ele teria interesse no desaparecimento de Alberto e de Júlio. Amor não correspondido justifica sua atitude. Acostumado a ser obedecido, ele não aceita a recusa de Mariazinha. O orgulho de Rino está ferido. Na cabeça de um tipo como ele, isso assume grandes proporções.

— Seria prudente Júlio afastar-se daqui por algum tempo — tornou Mariazinha preocupada.

— Não farei isso — retrucou Júlio.

— Não precisa — garantiu Vanderlei. — Será até melhor que ele se sinta desafiado. Poderemos pegá-lo.

— Não há perigo? — perguntou Magali.

— O perigo existe enquanto esse moço estiver em liberdade. A experiência tem me ensinado que é melhor preparar-se e enfrentar o perigo, mas, é claro, de maneira inteligente. Colocarei dois homens para segui-lo por toda parte, sem que ele desconfie. Estarão sempre alerta a qualquer suspeita.

— Boa ideia, Vanderlei — concordou Júlio. — Eu sabia que você encontraria solução.

— Vocês todos deverão fazer o que eu disser. Quero detalhes do crime. Verei o processo e falarei com Jovino.

— Irei ao centro pedir ajuda — propôs Magali.

Vanderlei olhou-a pensativo e depois disse:

— Faça isso.

— O espírito de meu irmão está interessado em nos fazer encontrar a verdade. Por certo, nos ajudará.

Vanderlei sorriu:

— Ele sabe quem foi e como foi. Se pudesse nos contar, tornaria as coisas mais fáceis.

— Você brinca, mas sabe que é verdade. Ele já nos tem ajudado, e, quando for o momento, tudo se esclarecerá.

Continuaram conversando animadamente, saborearam o gostoso café com bolo de Luísa, e depois Magali se despediu:

— Preciso ir — disse. — Meu pai não sabe que estou aqui.

— Eu também vou — tornou Vanderlei. — Posso levá-la. Para que lado vai?

— Aclimação.

— Vou para Vila Mariana. Deixo-a em casa.

— Aceito, obrigada.

Saíram e acomodaram-se no carro. A conversa durante o trajeto foi espontânea e agradável.

— Para a família é sempre difícil enfrentar um crime. É chocante.

— Nós ainda não nos recuperamos. Meu pai, acabrunhado, enterrou-se no trabalho, e minha mãe está descontrolada e chora a qualquer pretexto. Meu irmão, que já era um tanto arredio e inconformado, ficou insuportável.

— E você?

— Eu? Depois que descobri que a morte não é o fim de tudo, que tudo quanto Deus faz é justo e que Jovino é inocente, estou melhor.

— Vocês gostavam de Jovino?

— Muito. Era como um irmão. Amigo e dedicado. Pensar que ele nos tivesse enganado nos machucou muito.

— Certamente. E o que a fez acreditar em sua inocência? Afinal, ele foi condenado pela justiça.

— A princípio, acreditei em culpa, mas depois tantas coisas aconteceram!

Aos poucos, Magali foi contando como tudo havia acontecido. Falava de maneira clara, e Vanderlei conseguiu compreender melhor os fatos. Ao final, considerou pensativo:

— Não possuímos provas que justifiquem um pedido de reabertura do processo. Se Rino estiver envolvido, conforme suspeitamos, como provaremos? Ninguém presenciou o crime, a arma era de Jovino, e, por certo, não foram encontradas impressões digitais.

— O que pretende fazer?

— Ver o processo. Trabalho com meu tio, que é advogado criminal, e posso conseguir isso. Depois, falarei com Jovino e pensarei em como encontrar uma pista, uma saída para descobrir a verdade.

— Não é um caso simples. Mas, confio que, com a ajuda de Deus, haveremos de conseguir.

Vanderlei concordou.

— Por quê não? Onde nós não penetramos e não sabemos o que se passa, Deus vê. Seu irmão, morto tão jovem, por certo não está satisfeito com a impunidade do criminoso e muito menos com a prisão de um inocente.

— Logo ele, sempre tão nobre nos sentimentos, tão a favor da justiça e tão amigo do Jovino.

— Esperamos que ele nos ajude. Em nossa profissão, muitas vezes somos favorecidos com o que alguns chamam de "sorte" ou de "acaso". Eu, pessoalmente, acredito em uma intervenção espiritual. Há casos difíceis, quase insolúveis, sem pistas, em que, de repente, aparece um fato novo, inesperado, que muda os fatores e soluciona toda a questão.

Magali animou-se.

— Quem estaria por trás disso? Amigos espirituais comuns, interessados em ajudar, ou seriam os espíritos das vítimas, como no caso de Alberto, tentando fazer justiça?

— Quem pode saber? É por isso que tanto meus amigos policiais quanto os próprios marginais são muito supersticiosos.

— Eu prefiro aceitar que, quando uma coisa chega na hora de ser esclarecida, ninguém conseguirá mantê-la oculta.

— E o que determina essa hora?

Magali deu de ombros:

— Não saberia dizer. Talvez a necessidade emocional e espiritual dos envolvidos, seu amadurecimento, sua visão da vida e dos seus mecanismos.

— Acredita que essas sejam as determinantes?

— Sim. Sei que Deus é justo e sempre faz o bem. Por isso, tudo quanto aconteceu obedeceu a uma necessidade nossa de sensibilização e amadurecimento. A maneira como os fatos se deram também tem a ver com essa situação e será mantida enquanto nós precisarmos dela. Enquanto nossos espíritos não assimilarem os resultados dessa experiência. Quando conseguirmos isso, ela terminará, e tudo se modificará para novos rumos do conhecimento e da nossa evolução.

Vanderlei ficou calado por alguns momentos. Muitas vezes, conversara com Júlio a respeito desses assuntos, lera alguns livros e até frequentara algumas sessões espíritas, porém, nunca analisara as coisas daquela forma.

— Do jeito que você coloca, não podemos fazer nada senão esperar.

Magali sacudiu energicamente a cabeça.

— Absolutamente. O que eu sinto é que, mesmo procurando de todas as formas solucionar nossos assuntos, eles só irão resolver-se quando a vida julgar oportuno e adequado. Como não sabemos o momento que isso ocorrerá, se o caso for difícil, não devemos perder a esperança e continuar trabalhando. Afinal, sempre poderemos ajudar um pouquinho, tentando entender por que estamos passando por determinadas coisas e o que elas estão querendo nos ensinar.

Vanderlei sorriu:

— Não resta dúvida de que você é otimista. Isso é muito bom. A propósito, estou morrendo de fome. Aceitaria jantar comigo?

Magali consultou o relógio.

— Não posso demorar-me. É um pouco cedo para jantar, mas um pouco tarde para chegar em casa. Além disso, comemos bolo, tomamos café. Estou sem fome.

— Para ser sincero, eu também. O que quero é conversar mais. Nosso assunto está muito interessante. Se não quiser jantar, poderíamos tomar um sorvete ou qualquer coisa e prolongarmos nossa conversa. Afinal, você ganhou tempo vindo de carro.

Magali sorriu alegre. Vanderlei possuía um jeito cativante de falar e um sorriso muito agradável.

— Você pensa em tudo — disse. — Está bem. Vire a próxima rua à direita. Há um ótimo lugar para o nosso sorvete.

O moço obedeceu prontamente. Havia nos olhos de Magali uma chama que ele ainda não vira em ninguém e que começava a interessá-lo.

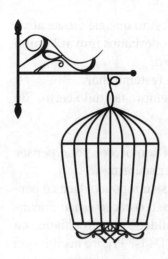

Capítulo 12

Uma manhã, depois que doutor Homero saiu e Rui ainda dormia, Aurora aproximou-se de Magali, que tomava seu café na copa.

— Magali — disse —, estive pensando. Se é verdade que a morte não é o fim de tudo e que Alberto está vivo no outro mundo, eu quero vê-lo. Preciso encontrá-lo, falar com ele. Quero ir a uma sessão espírita.

Magali olhou-a séria:

— Podemos ir ao centro aonde vai dona Dora.

— Seu pai não precisa saber. Por certo, não aprovaria.

— Como quiser, mamãe. Poderíamos ir amanhã à tarde. É o dia em que costumo ir.

Aurora suspirou pensativa e depois perguntou:

— Será que ele irá?

— Não sei. Pelo que tenho estudado sobre o assunto, não é fácil para o espírito comunicar-se conosco.

— Por quê? Se há os médiuns e a vontade de conversarmos. Você afirmou que Alberto deseja falar conosco e esclarecer o mistério de sua morte. Sendo assim, não há melhor ocasião.

Magali fixou o rosto ansioso da mãe e esclareceu:

— Quem deixa a Terra passa a viver em uma dimensão diferente de vida, onde há leis e regras que eles precisam obedecer. Para que se expressem em nosso meio, além do médium com o qual precisarão entrar em sintonizar, é preciso uma permissão dos chefes espirituais. Eles só permitem em casos que eles consideram necessário.

— Trata-se de fazer justiça. Acha pouco prender uma pessoa por um crime que não cometeu? Você disse que Jovino talvez seja inocente. Só Alberto pode esclarecer a verdade.

— As coisas não são tão simples assim. Mesmo que ele viesse através de um médium e contasse a verdade, como poderíamos provar? Como conseguiríamos elementos para reabrir o processo?

— Nós saberíamos tudo e iríamos à polícia testemunhar.

— As coisas não acontecem assim. Deus sempre faz tudo certo. Ele não erra.

Aurora revoltou-se:

— Isso é que não consigo aceitar! Não sei como você pode pensar assim. Como acha certo um assassino cruel matar seu irmão?!

— Mãe, estou tentando compreender! Pense um pouco. Deus é perfeito. Ele não erra nunca. Quando a dor nos fere o coração e não encontramos justificativa, preferimos pensar na fatalidade, na crueldade, na injustiça. Como conciliar isso com a bondade de Deus? Prefiro aceitar que nós ainda não temos a verdade total, que ainda não conseguimos penetrar nas profundezas da nossa alma para perceber por que somos submetidos a experiências tão rudes. Dentro desse pensamento, posso entender que essas experiências modificam nossas vidas, amadurecem nossos espíritos e nos fazem crescer, evoluir.

— Para quê? Nossa evolução à custa da vida de Alberto, truncada tão cedo?

— Um dia, compreenderemos as verdadeiras causas de tudo isso. O que quero dizer é que, se Deus, sendo bom e justo, permitiu que tudo isso acontecesse, foi porque nós tínhamos de passar por essa experiência, necessária tanto para nós quanto para ele.

Aurora balançou a cabeça:

— Não posso aceitar isso. A infelicidade mora em nossa casa desde aquele dia.

— A felicidade é conquista nossa. Podemos escolher entre a alegria e a tristeza. Você escolheu ser infeliz.

— Como pode dizer isso? Como posso estar alegre depois do que aconteceu?

Magali levantou-se, colocou as mãos nos ombros da mãe e disse:

— Mamãe, não estou desrespeitando sua dor. Sei como dói. Mas não adianta cultivá-la. As coisas não vão melhorar por isso, ao contrário. Precisamos aceitar a vontade de Deus, que tem nas mãos o poder da vida e da morte. Além disso, pelo que sei, nossa tristeza preocupa Alberto e faz-lhe mal. Não devemos prejudicá-lo.

— Acha isso?

— Certamente. Ele fica inquieto, angustiado, vendo sua revolta sem poder fazer nada. Pense um pouco se você estivesse no lugar dele, se tivesse morrido. Pense em Alberto nos vendo chorar angustiados, sem poder falar conosco ou aparecer para nós. Como ficaria?

— Desesperada.

— Ele, por certo, está assim por sua causa. Faça um esforço. Pense que ele viajou, está bem e merece ser feliz.

— Gostaria muito que fosse assim!

— Então, pense nisso.

— Ele irá à sessão?

— Não sei. Talvez. Mas tenha calma. As coisas só acontecem na hora adequada. Vamos pedir com fé e esperar. Também gostaria que ele viesse e nos esclarecesse tudo. Só não quero que espere demais e se decepcione caso não aconteça.

— Se tudo isso é verdade, ele dará um jeito de me avisar de alguma forma. É o que eu procuraria fazer se estivesse lá.

Magali concordou com a cabeça.

Meia hora antes do início da sessão, as duas já estavam na sala. Dora abraçou-as carinhosamente, mostrando-se feliz em vê-las.

Aurora sentia-se pouco à vontade. Embora o ambiente fosse alegre e as pessoas fossem agradáveis, estava constrangida. Nunca pusera os pés em um centro espírita. "Que loucuras fazemos por amor aos filhos", pensava ela.

Cumprimentou Dora, respondendo com voz baixa às suas palavras.

— Fez bem em vir — disse Dora com naturalidade. — Deus acalmará seu espírito e balsamizará suas feridas. Você verá.

— Assim espero — respondeu ela, acanhada.

Dora acomodou-se. A sessão iria começar.

— Pense em Deus, mamãe — recomendou Magali. — Reze.

Aurora fechou os olhos e rezou. Uma prece ansiosa e dolorida. Sentia-se angustiada, aturdida. Seus pensamentos estavam confusos, tumultuados. Mesmo assim, implorou a Deus que a ajudasse, que a fizesse conhecer a verdade.

A sessão estava no meio, quando, quebrando o silêncio da sala, uma médium agitou-se e disse com voz triste:

— Toda mãe que sofre é digna de respeito. Por que acha que sofre mais que as outras? Por que se coloca como vítima e não percebe o quanto tem sido cruel?

Aurora abriu os olhos e segurou o braço de Magali, presa de viva comoção. A médium prosseguiu:

— Você só pensa na sua dor! Nem sequer percebe quantas pessoas sofrem ao seu redor.

Dora levantou-se, aproximou-se da médium e disse com voz calma:

— Acalme-se. Todos temos dificuldades a enfrentar. Não é acusando que conseguiremos viver melhor.

— Vim para dizer a verdade. Ela que saber, mas se esconde no egoísmo. Julga-se vítima, mas tem sido muito cruel. Vim para dizer-lhe que, se ela quer justiça, eu também quero. Também sou mãe! Tive que partir, e meu filho ficou com ela. Fiquei desesperada. Não esperava o acidente nem a morte!

— Precisa conformar-se com a vontade de Deus — disse Dora.

— Eu me conformei. Meu filho estava bem, e eu fiquei grata. Mas agora não posso me calar. Por que ela não o defendeu? Por que deixou que o atirassem à prisão sem esperanças, como um assassino cruel? Não sabe que ele é inocente? Por que permitiu isso? — Sua voz tornou-se grave. — Ela só pensa em sua dor. E eu? Não sou mãe também? Tenho assistido à dor do meu amado filho sem poder fazer nada. Você quer a verdade? Aí a tem. Espero que me ajude. Que cuide do meu filho, conforme prometeu. Se fizer isso, vou ajudá-la como puder.

Aurora soluçava sem poder conter-se. Magali abraçava-a emocionada.

— Preciso ir — continuou a médium. — Meu tempo acabou. Obrigada por me atenderem. Sou Odete.

Dora pediu a todos uma prece em favor daquela mãe aflita. Quando a sessão acabou, Aurora ainda chorava nos braços da filha. Dora abraçou-a com carinho, levando-lhe um pouco de água, que Aurora bebeu tentando conter a emoção.

Estava estupefata. Ninguém ali conhecia o nome da mãe de Jovino. Não possuía nenhuma dúvida de que o espírito de Odete estivera ali para falar de seu sofrimento. Ela acusara-a. Pedira-lhe contas. Chamara-a de egoísta. Pela primeira vez, pensou na dor que sentiria se seu filho estivesse preso. Ela aceitara a culpa de Jovino. A polícia chegara a essa conclusão, condenara-o. Ela sentia-se a maior vítima. Perdera o filho barbaramente. Odete estava sendo injusta.

— Acalme-se — aconselhou Dora com suavidade. — Tudo vai passar.

Aos poucos, Aurora conseguiu dominar-se, envergonhada de não haver conseguido conter o pranto.

— Vamos embora — disse para Magali. — Sinto ter dado esse vexame. Ainda estou descontrolada. Não deveria ter saído.

— Não se preocupe, Aurora. Esta é uma casa onde se fala com o coração, e as emoções afluem naturalmente. Acontece com frequência. Comigo também já aconteceu.

— Ela veio pensando em Alberto. Guardávamos a esperança de que ele pudesse comunicar-se — esclareceu Magali.

— Quem veio foi Odete. Jamais pensei que ela estivesse vigiando nossos atos. Sempre ouvi dizer que quem morre nunca mais volta.

— Já deve ter percebido seu engano, o que, em seu caso, representa muito conforto.

Aurora suspirou. Ficou pensativa por alguns instantes e disse:

— Não esperava Odete nem suas duras palavras, que considero injustas. Mas se ela continua viva e sabe de tudo quanto aconteceu, Alberto também o estará e um dia poderá vir e falar conosco.

— Deus não atendeu a seu pedido sobre Alberto, mas permitiu um fato que despertou sua fé — considerou Magali, confortada.

— Estou admirada. Queria acreditar, temia iludir-me, mas agora tenho de reconhecer: foi Odete! Ela falou comigo quase vinte anos depois de sua morte. O que ela disse pode ser injusto para mim; contudo, os fatos a que se referiu são verdadeiros. Ninguém, à exceção de você, me conhecia aqui. Nem Magali se recordava da mãe de Jovino. Foi um milagre. Um verdadeiro milagre.

— Não se trata de milagre — interveio Dora, atenciosa. — Fatos como esses vêm ocorrendo aqui com certa frequência. As pessoas que morreram continuam vivas em outro plano da vida e, quando podem, se comunicam com os que ficaram. É natural e simples.

— Para mim, foi um milagre. Meu filho vive, e agora tenho esperanças de encontrá-lo de novo. Virei aqui todas as semanas. Quero notícias.

Dora sorriu compreensiva:

— É justo que deseje uma comunicação com ele. Ficamos radiantes quando recebemos notícias dos que se foram, porém, sei que o ama muito e que a felicidade dele está em primeiro lugar em seu coração.

— É verdade — concordou ela.

— Sendo assim, deve pensar um pouco nele. Em suas necessidades e em seus problemas.

— Como assim?

— Ele foi arrancado da Terra de forma inesperada em plena juventude. Sente-se preso à família que amava, aos amigos, aos hábitos, contudo, terá de distanciar-se de tudo isso para viver uma vida nova, diferente, em outro lugar. Sente-se inseguro. Assiste à dor e ao inconformismo das pessoas que ama e que o julgam morto para sempre. Vê Jovino preso, mesmo sendo inocente. Como poderá deixar tudo e ter serenidade para seguir um novo caminho? Deseja ficar, contar a verdade, dizer que está bem, mas, ao mesmo tempo, sofre diante da própria impotência em realizar o que pretende e da necessidade de seguir seu novo destino.

— Pobre filho. Estaria nessa triste situação?

— Acredito que sim. Está tentando comunicar-se, porém, as dificuldades físicas que separam os dois planos nem sempre podem ser vencidas.

Aurora ficou alguns instantes pensativa e depois disse:

— Não quero que ele sofra. Fico horrorizada só em pensar como ele morreu. Se ficou ferido, atirado ao mato, sem que ninguém o socorresse.

— Se quer ajudar seu filho, essa é uma cena que deve esquecer — disse Dora com firmeza. — De nada adiantará remexer o passado e sofrer por ele. Nada mudará por causa disso. É preciso pensar no presente.

— O que posso fazer agora?

— Pensar nele sem tristeza. Imaginá-lo em seus melhores dias, bem-disposto, alegre, saudável, feliz. Não guardar ressentimentos nem mágoas do passado. Ter paciência com a separação. Virá à sessão todas as semanas, guardará a esperança de receber uma mensagem dele, mas não insistirá nisso chamando-o a todo instante.

— Por que não posso fazer isso?

— Porque aumentará sua angústia, caso ele não possa vir. Vai mantê-lo prisioneiro a seu lado, ansioso e triste.

— Deus me livre. Não quero perturbá-lo.

— Entendo seu coração amoroso de mãe. Ajudaria muito se pensasse nele como sendo livre e dono dos seus atos. Mande-lhe pensamentos de amor, fé, esperança e alegria. Anime-o a seguir seu caminho, mostre-lhe que seu amor é forte e verdadeiro. Que sua fé a fez esperar com serenidade a hora em que ele puder comunicar-se de alguma forma. Mande-lhe pensamentos de paz.

O rosto de Aurora distendeu-se em brando sorriso:

— Vou tentar — disse. — Obrigada por me contar essas coisas.

As duas despediram-se e saíram. Aurora não falou durante a volta. Estava pensativa.

Uma vez em casa, Magali perguntou:

— Como se sente?

— Melhor. Preciso pensar no que aconteceu. Na injustiça de Odete me acusando.

— Pense, mamãe. Talvez possa compreendê-la.

— Nada posso fazer por Jovino. Não tenho culpa de nada. Não o acusei.

— Mas, como todos nós, aceitou a culpa de Jovino sem tentar descobrir se ele falava a verdade. Jovino sempre pretextou inocência. Não acreditamos nele.

— Tudo estava contra ele.

— Nós o conhecíamos desde criança. Sempre foi bom, dedicado, obediente, sério. Jamais deu motivos para a menor desconfiança. Nós éramos sua família. Na hora em que precisou, o abandonamos.

— Por que diz isso? E seu irmão morto cruelmente? Além do mais, até agora tenho dúvidas. Pode ter sido ele mesmo. Não houve roubo. A polícia tem as provas. Não estará sendo muito ingênua?

— Não, mamãe. Tenho certeza de que ele é inocente. Posso compreender a dor de Odete vendo o sofrimento do filho. Sente-se impotente para ajudá-lo. Espera que nós o façamos.

— De que forma? Se não foi ele, quem foi e por quê?

— Temos nossas desconfianças. Há o Vanderlei, que foi policial e está investigando.

— Se a polícia toda não descobriu ninguém mais, acredita que ele possa conseguir?

— Acredito. Sei que, quando for oportuno, a verdade aparecerá. O verdadeiro culpado responderá pelo crime, e Jovino ficará livre.

— Isso é muito vago. Você é muito otimista.

— Tenho fé, mamãe. Os espíritos bons, Alberto e Odete estão nos ajudando. Tudo se esclarecerá.

— Vamos ver.

— Você verá mesmo.

Magali afirmava convicta. Aurora olhou-a com admiração. Gostaria de ser como ela. De ter sua fé e confiança. Apesar dos conhecimentos novos, conservava muitas dúvidas no coração.

Se fosse mesmo verdade? Se Alberto estivesse vivo e bem em outro mundo, ela sofreria menos. Se ao menos pudesse vê-lo, um instante que fosse, para certificar-se, acalmar seu coração, tudo ficaria bem. Ela, porém, não conseguia.

E a presença de Odete? Como explicá-la? Naquele lugar estranho onde ninguém a conhecia? Quando se lembrava dela, apesar de sentir-se injustiçada, suas dúvidas desapareciam. Se ela estava viva e viera falar-lhe, Alberto também o estaria e poderia vir.

— Você precisa pensar com calma — aconselhou Magali, vendo-a calada. — Ore e peça a Deus para mostrar-lhe a verdade. Ele tem meios para isso.

Aurora olhou a filha e disse com carinho:

— Farei isso. Obrigada, filha. Na hora da necessidade é que conhecemos as pessoas. Estou começando a perceber como você vale ouro. Eu não sabia.

Magali sorriu alegre:

— Não acredite nisso! Poderá mudar de ideia logo mais.

Aurora beijou-lhe a testa com afeto.

— Você fala coisas que às vezes não gosto de ouvir, mas, em alguns casos, pode até ter razão.

— Mãe, precisamos melhorar o ambiente aqui em casa. Somos mulheres, a tarefa é nossa. Papai e Rui merecem nossa atenção e nosso afeto.

— Sinto, mas não tenho ânimo para pensar em coisas tão corriqueiras. Tenho um problema doloroso na alma. Não sinto vontade de fazer nada. Se pudesse, não sairia da cama.

— Precisa reagir à depressão. Pense na tristeza de Alberto vendo-a nesse estado. Pense no papai, que passou pela mesma dor e agora ainda precisa viver em um lugar triste, sem que ninguém o conforte. Já reparou em como ele está abatido, cansado?

— Já. Eu sempre disse que ele trabalha demais, tem exagerado.

— Sente-se melhor afundando-se no trabalho do que ficando aqui, vendo-a chorosa, abatida e relembrando a tragédia a todo o instante.

— Não posso ser diferente.

— Pode e deve. Agora já sabe que Alberto continua vivo e está bem. Que ele precisa de alegria, conforto e serenidade. Nossa tristeza o perturba e incomoda. Precisa transformar nosso lar em um lugar sereno, onde ele possa vir buscar forças e renovação. Onde ele possa permanecer sem sofrer, sentindo nosso amor por ele, mas também nossa alegria de viver, nossa fé em Deus e em sua justiça. Tenho certeza de que superar nossa angústia e viver melhor o ajudaria e a nós também. Aurora suspirou pensativa e não respondeu. Magali continuou:

— Pense na dor de papai. Alberto era para ele o filho preferido.

Aurora fez um gesto negativo.

— Não adianta negar, mamãe. Todos sabemos o quanto papai se orgulhava dele, da sua inteligência brilhante, do seu porte bonito, do seu caráter. Pense em como ele deve se sentir. Papai não crê na sobrevivência da alma após a morte. Nunca o vi expressar esse pensamento. A ideia do "nunca mais" deve estar amargurando seu coração. Não tem o consolo que nós agora temos nem a esperança do reencontro.

— Não podemos contar-lhe. Ele não acreditaria nem permitiria que eu voltasse ao centro espírita.

— Mãe, a verdade é como o sol. Ninguém consegue impedi-lo de nascer todas as manhãs. Um dia, o sol também brilhará para ele.

— Não sei, não. Seu pai sempre combateu esses casos de espiritismo. Diz que levam as pessoas à loucura.

— Não diremos nada por ora, mesmo porque, quando ele estiver pronto para entender, maduro para saber, a vida terá métodos próprios para mostrar-lhe. Não é com isso que precisamos nos preocupar. Devemos confortá-lo, envolvê-lo com nosso afeto e melhorar nossas atenções.

Apesar das restrições e das negativas, a partir daquele dia, Aurora foi pouco a pouco saindo do estado de depressão doentia em que mergulhara. Voltou a interessar-se pela casa, pelas plantas e até cuidava um pouco melhor da aparência. Era com ansiedade que esperava o dia de ir à sessão e, embora a comunicação de Alberto não acontecesse, ela sentia-se mais calma e dormia melhor.

Interessara-se vivamente pelos livros espiritualistas e os lia com atenção, trocando ideias com a filha.

Fizera no centro muitas amizades. Pessoas sofridas que naquela casa haviam encontrado amparo e conforto. Muitas conseguiram solucionar problemas angustiantes e algumas, como ela, tinham perdido um ente querido e lá obtiveram notícias.

Aurora foi se sentindo mais animada. Homero observava-a admirado. Ela parecia-lhe modificada. Não voltara a ser como antes da tragédia — ele sabia que isso nunca aconteceria —, contudo, ela mostrava-se mais ponderada, mais serena e até mais interessada nos problemas humanos, coisa que nunca fizera.

Uma noite, Aurora sentia-se particularmente saudosa do filho. Estivera arrumando algumas gavetas onde havia fotografias e, vendo-as, não pudera conter as lembranças.

Deitou-se pensativa. Fazia dois meses que ia às sessões espíritas, sem obter notícia de Alberto. Nem Odete voltara a comunicar-se. Por quê? Quanto mais pensava e tomava conhecimento dos livros, dos estudiosos e até dos cientistas comprovando a sobrevivência do espírito após a morte e a possibilidade de sua comunicação com os vivos, mais sentia desvanecer suas dúvidas. Agora, era-lhe natural aceitar que Alberto continuava vivo em outro mundo. Ah! Se ela pudesse vê-lo! Era só o que pedia a Deus.

Aurora fez sua oração e adormeceu. De repente, viu-se em um jardim muito bonito e cheio de flores, verdes gramados. Havia uma claridade diferente. O sol brilhava, mas o ar era leve e a brisa, agradável.

Aurora sentiu uma alegria nova e percebeu que alguém a abraçava e conduzia. Era uma mulher. Vendo-a, Aurora sorriu. Ela disse:

— Prepare-se para o encontro.

Aurora olhou em frente e viu Alberto aproximando-se. Ele estava belo e sorria feliz.

— Alberto!

— Mãe!

Abraçaram-se com força, misturando lágrimas de alegria.

— É você, meu filho! Mal posso crer. Está mesmo vivo!

— Estou, mãe. Vivo e feliz. Venha. Vamos conversar, aproveitar este momento. Sente-se aqui, ao meu lado.

Segurando as mãos do filho, Aurora obedeceu. Em seu peito cantava a felicidade.

— Meu filho, que saudade! Quase enlouquecemos com o que aconteceu.

— Não falemos de coisas tristes. Conseguimos este encontro graças à bondade de Deus e de alguns amigos e também porque você modificou o teor dos seus pensamentos.

— Não está sendo fácil — queixou-se ela.

— Não diga isso. Será cada dia mais fácil. Continue se esforçando para aprender a verdade. Não tema. Deus nos ajudará. Você vai indo muito bem. Agradeça a Magali. Ela é um espírito lúcido. Confie nela.

— Ela tem me ajudado. Mas fale-me de você. Como está?

— Melhor agora que os vejo mais calmos. Estou conformado. Um dia, ainda saberemos por que nos aconteceu tudo isso.

— E Jovino?

— Lastimo-o. Pobre amigo.

— É inocente?

— Não foi ele quem me matou, se quer saber.

— Diga-me quem foi.

— Mãe, para quê lembrar fatos que nos fazem sofrer? Disseram-me que, se quisermos nos ver de novo, deveríamos só falar no bem em nosso encontro.

— Não me deixe — pediu ela. — Quero ficar com você.

— Não pode ainda. Sua missão na Terra não acabou. Você tem uma família para amar e ser feliz. Venha, mãe. Quero que conheça como é belo este lugar. Agradeçamos a Deus tanta bondade!

Os olhos de Alberto luziam de emoção, e Aurora, fascinada, segurando a mão do filho, acompanhou-o por entre as aleias floridas, as colinas verdejantes e perfumadas, sentindo uma imensa satisfação interior, uma alegria intraduzível.

— Lembre-se, mãe, eu estou muito bem. Confie em Deus e cultive a alegria. Tudo se resolverá a seu tempo. Não tema.

Aurora acordou em sua cama, sentindo ainda dentro do peito a emoção daqueles instantes.

— Meu Deus! — disse. — Que alegria!

Homero remexeu-se no leito:

— O que foi? — indagou.

— Homero, estive com Alberto! Ele está vivo e muito bem.

— Você sonhou, Aurora. Só isso.

— Eu o vi, abracei. Conversamos muito. Homero, ele estava lindo e feliz!

— Foi alucinação. Tanto pensou nele que até sonhou.

Aurora não se deixou convencer.

— Era ele! Sinto ainda o calor de sua mão na minha, seu abraço saudoso, em que misturamos nossas lágrimas. Ah! Eu nem queria voltar. É um lugar lindo, cheio de flores. Ele afirmou que Jovino é inocente. Homero, precisamos fazer algo por ele. Não podemos deixá-lo na prisão por um crime que não cometeu.

— Você não sabe o que diz. Vou buscar um calmante. Você vai tomar e dormir.

— Não preciso de calmantes. Homero, agora que tive a prova de que Alberto vive, que posso aceitar que a morte não é o fim de tudo, que finalmente sinto brotar no meu coração a alegria e a compreensão, você quer impedir-me?

— Você está exaltada. É natural. Entrou em fantasia. Não aceita a perda do seu filho.

Aurora sentou-se na cama, acendeu o abajur e olhou firme para o rosto do marido.

— Tenho pena de você, porque sua incredulidade só lhe oferece o vazio, a morte, a dor, o nunca mais. Eu prefiro a fé, a crença em Deus, que é tão grande e sábio, poderoso e justo, que está me mostrando que existe outro mundo para onde vão as almas que deixam a Terra e que um dia nos reuniremos de novo quando a morte nos chamar.

Homero olhava-a admirado. Ela continuou:

— Você fala da morte, eu sinto a vida! Alberto vive, e um dia você ainda perceberá isso! De hoje em diante, Homero, nunca mais me verá chorar por Alberto. Ele está muito mais feliz do que nós, em um belíssimo lugar. Quero agradecer a Deus por isso.

Ali mesmo, diante do olhar aparvalhado do marido, Aurora ajoelhou-se e proferiu comovida prece de gratidão.

Depois, deitou-se, apagou a luz e logo adormeceu. Homero, ouvindo-lhe a respiração calma e cadenciada, não conseguiu mais conciliar o sono e só fazia pensar, pensar, pensar.

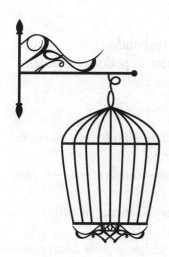

Capítulo 13

Rui chegou em casa muito irritado. Procurou Magali e, não a encontrando, foi falar com a mãe.

— Papai já chegou?
— Não.
— Precisamos conversar — disse ele parando diante da mãe, com cenho franzido.

Aurora suspendeu um pouco seus afazeres na cozinha e olhou-o sem muito interesse. Estava em uma fase em que procurava melhorar seus pensamentos, reencontrar a alegria de outros tempos, e sabia que Rui se agastava por coisas pequenas. Não queria perder o bom humor.

— Logo mais, ele estará em casa para jantar. Acha necessário levar-lhe problemas? Ele tem estado tão abatido ultimamente!
— Não falaria com ele se o caso não fosse extremamente grave.
— O que é? — perguntou Aurora mais interessada em poupar o marido do que em saber do que se tratava.
— É a Magali. Anda saindo em má companhia, frequentando lugares perigosos.
— Magali? Não acredito nisso. Ela tem mais juízo do que todos nós.

Rui irritou-se ainda mais.

— O que deu em você? Ultimamente, tomou-se de amores por Magali e aceita tudo quanto ela diz ou faz.
— Não fale assim de sua irmã. Ela não merece.
— Pois é com papai que vou me entender. Ele precisa tomar providências.

Rui voltou as costas e ia saindo, quando Aurora o segurou pelo braço.

— Afinal, o que vai contar a seu pai?

Havia um ar triunfante no rosto de Rui ao responder:

— Ela anda saindo com um reles investigador de polícia, e sabe aonde ele a levou? Ao presídio para visitar aquele assassino.

Aurora suspirou aborrecida.

— Como soube disso?

— Um amigo meu, que é advogado, os viu lá. Não é uma loucura? Magali é inconsequente. Não deve mais sair sozinha.

— Deixe sua irmã em paz — ordenou Aurora com firmeza. — E não vá perturbar seu pai com esse assunto.

— É isso o que a senhora diz? Quer protegê-la, apesar de tudo?

— Não se trata disso. Sua irmã nada fez de mal.

— Como não? Acha pouco? Ir escondido visitar aquele assassino? Papai ficará tão indignado quanto eu e tomará suas providências.

— Ela não foi escondido. Eu sabia que ela havia ido lá. Depois, pelo que sei, o Vanderlei é um moço decente que está investigando o caso. O Jovino é inocente. Não foi ele quem matou o Alberto.

Rui olhou-a boquiaberto.

— A coisa é pior do que supunha. Quer dizer que você sabia e nada fez para impedi-la? Desde quando tomou a defesa daquele marginal?

Aurora entristeceu-se. Doía-lhe ver Rui tão agressivo. Com voz grave, tornou:

— Filho, não seja tão intransigente! Um dia, ainda se arrependerá dessa atitude. Eu sei que Jovino é inocente.

Rui riu com sarcasmo:

— Você? Desde quando? Que eu saiba, a justiça condenou-o, e até agora nada prova o contrário. Ele continua cumprindo pena como merece.

— Não foi ele. Hoje eu sei.

— Como?

— Alberto me disse textualmente que não foi Jovino quem o matou.

Ele olhou-a admirado a princípio, depois desatou a rir. Aurora sentiu aumentar sua tristeza. Quando Rui parou de rir, assumiu um ar condescendente:

— Vamos, mãe. Você tem pensado muito nele e estado muito depressiva. Papai poderá dar-lhe um remédio que a ajudará.

Aurora sacudiu a cabeça:

— Não estou doente. Ao contrário. Comecei a viver novamente e estou muito bem.

— Essa sua exaltação, suas ideias, essas fantasias podem ter consequências mais graves. Papai sabe?

— Sabe. Já lhe contei meu encontro com Alberto. Ele está muito bem no outro mundo, tão lindo, num jardim cheio de flores. Não gostaria de vê-lo tão rancoroso como agora.

Rui olhava-a com ar de comiseração.

— Está bem, mãe — concordou. — Deixemos esse assunto para mais tarde.

Rui preferia falar com o pai. Para ele, Aurora não estava regulando bem. Foi para o quarto disposto a resolver a questão a seu modo. Ouviu quando o pai chegou e procurou-o imediatamente.

Homero colocou o chapéu no cabide e pretendia ir ao escritório guardar a valise, quando foi abordado por Rui:

— Pai, preciso falar-lhe com urgência. Trata-se de assunto sério.

Homero olhou-o um pouco aborrecido. Tivera um dia exaustivo. Um de seus pacientes passara mal, e ele não tinha certeza de que iria conseguir curá-lo.

— Venha ao escritório — disse.

Entraram. Rui fechou a porta, enquanto o pai colocava a valise sobre a mesinha e sentava-se diante da escrivaninha lavrada.

— O que há?

— Coisas graves estão acontecendo nesta casa — disse Rui. — E, diante do silêncio paterno, prosseguiu: — Magali tem saído em má companhia. Sabe aonde foram?

Homero sacudiu a cabeça negativamente, e Rui continuou:

— Ao presídio, para visitar aquele assassino.

Homero franziu o cenho:

— Tem certeza?

— Tenho. Juca é advogado e os viu lá falando com ele.

Homero passou a mão pelos cabelos, contrariado.

— Não é lugar para uma moça. — Considerou pensativo. — Com quem ela estava? Que má companhia era essa?

— Um detetive.

— Por que faria isso sem nos dizer?

— Não sei. Falei com mamãe e fiquei assustado. Ela sabia de tudo. Até o nome do investigador. Pai, você tem de fazer alguma coisa. Mamãe está dizendo coisas estranhas, tendo alucinações. Precisa de tratamento. Afirma ter visto Alberto, falado com ele. Isso é grave.

— Diz que Jovino é inocente e acredita firmemente nisso.

— Ah! Você sabia! Mamãe está desequilibrada. Você não fez nada?

Homero permaneceu em silêncio durante alguns instantes e depois disse:

165

— Não.

— Não vai me dizer que acredita no que ela disse — tornou Rui, com ironia.

— Não. Não acredito. Mas tenho notado que essa fantasia lhe faz bem. Está mais animada, voltando a interessar-se pela vida. Nunca mais teve aquelas crises de depressão.

Rui admirou-se:

— Não será perigoso deixá-la cultivar uma ilusão?

— Tenho pensado muito e resolvi não interferir enquanto ela estiver melhorando. Para ser franco, também gostaria de acreditar nisso. Diminuiria meu sofrimento.

Rui não soube o que responder. De repente, o pai pareceu-lhe envelhecido e cansado. Calou-se durante alguns instantes e depois perguntou:

— E Magali? Precisa impedi-la de frequentar esses lugares. É perigoso.

Homero fixou-o sério:

— Resolverei esse assunto. Prefiro que não interfira.

Rui concordou e saiu. Ao passar pela sala, viu Magali, que estava chegando. Antegozando a reprimenda que o pai deveria dar-lhe, disse:

— Magali, chegou bem na hora. Papai quer falar-lhe urgente no escritório.

Pelo ar do irmão, Magali desconfiou de que algo não estava bem. Aurora, que esperava a filha com ansiedade, apareceu na soleira e ouviu as palavras do filho. Aproximou-se de Magali:

— Seu pai sabe que você esteve com Vanderlei visitando Jovino.

— Quando vi o Juca lá, compreendi o que iria acontecer.

Rui olhava-a desafiador. Magali desviou os olhos e beijou a face da mãe carinhosamente.

— Não se preocupe, mãe. Não vai acontecer nada. Só vou lavar as mãos e em seguida vou ter com ele.

Magali fechou-se no lavabo. Homero era muito severo. Dali para frente, não poderia mais sair com a mesma facilidade. O que fazer? Sentiu vontade de rezar, pedir ajuda aos espíritos que a protegiam. Ali mesmo, fechou os olhos e pensou em Deus, pedindo inspiração para falar com o pai.

Sentiu-se mais calma. Nada fizera de mal, então, não precisava temer. Quando se sentiu segura de si, foi à procura dele. Bateu ligeiramente na porta e entrou.

Homero estava sentado diante da escrivaninha e segurava a cabeça entre as mãos. Seu olhar era triste e cansado. Vendo-o, Magali enterneceu-se. Aproximou-se, beijou-o na face, coisa que não fazia desde a infância. Pareceu-lhe vislumbrar uma lágrima em seus olhos.

166

Homero pigarreou e tentou endurecer a voz ao dizer:

— Magali, o que você fez é grave. O que foi fazer no presídio? Não é lugar para uma moça!

— Pai, gostaria que me ouvisse. Que me compreendesse.

— Compreender o quê? Você vai me explicar o que foi fazer lá.

— Nada de mais. Vanderlei é um policial amigo, que está investigando a morte de Alberto. Queria falar com Jovino, e fomos com ele. Estava com alguns amigos meus. Nada fizemos de mal.

Homero levantou-se, enquanto dizia:

— O que vocês querem fazer? A polícia já investigou tudo minuciosamente. Você e sua mãe estão criando uma fantasia. Esse detetive, por certo, as está explorando. Um caso resolvido! Vocês são sentimentais.

Magali sacudiu a cabeça negativamente e disse com firmeza:

— Engana-se, papai. Ele não está cobrando nada por isso.

— Isso é ainda pior. Que interesse tem nisso? Ninguém faz nada de graça a não ser...

— O quê?

— Que esteja interessado em você!

— Engana-se novamente. Vanderlei está fazendo isso por causa de um amigo dele. Nos conhecemos agora. Há duas semanas apenas.

— Sua história não está clara.

— Se o senhor se dispusesse a ouvir-me, compreenderia.

— Nada justificaria a ida de uma moça como você a um lugar daqueles.

— Pai, se em vez de Jovino, fosse Rui quem estivesse preso, mesmo sendo inocente, o senhor não iria socorrê-lo?

— Não é a mesma coisa. Rui não cometeria um crime desses.

— Jovino também não.

— Por que afirma isso? Baseada em quê? Não vá me dizer que a alma de Alberto apareceu e disse!

Magali olhou-o firme nos olhos e respondeu com suavidade:

— Pai, por que o senhor é tão incrédulo? Como um médico dedicado e bondoso como o senhor ainda não conseguiu enxergar a verdade? O senhor tem assistido a pessoas morrerem, observado esses processos, e, forçosamente, deve ter passado por experiências reveladoras da força do imponderável, que atua permitindo a morte ou restabelecendo a vida. Quando percebe que sua medicina é impotente para salvar um doente, nunca pensou em um poder superior ao seu, que restabelece o equilíbrio e transforma todas as coisas? Nunca pensou que, um dia, nós também cruzaremos o vale da morte e no que nos acontecerá depois? Nunca se perguntou de onde trazemos ideias inatas, aptidões especiais? Por que em certos momentos sentimos como se estivéssemos repetindo cenas já vividas? Nunca se perguntou o porquê da desigualdade física, social e emocional das pessoas?

Homero olhava-a admirado. Os olhos de Magali brilhavam iluminados, e havia certeza em suas palavras.

— O que tem isso a ver com nosso assunto?

— Tudo, pai. Hoje, não devemos mais aceitar os mistérios da vida. Precisamos encontrar a chave que solucionará nossos problemas. Deixar de passar pela Terra como mortos-vivos, sem vermos nada, sem sabermos nada, indiferentes. É preciso questionar, pensar, investigar. Procurar a verdade onde ela estiver e encontrar explicações satisfatórias para nossas dúvidas. Se acreditamos em Deus, Ele, que criou tudo e cuida do universo, só pode ser perfeito e capaz. Assim sendo, tudo que Ele fez só pode estar certo. O que nos parece errado no mundo vem da nossa visão parcial e obtusa. A vida é rica e tem todas as respostas. Precisamos encontrá-las.

— Por que está dizendo tudo isso? De onde tirou essas ideias?

— Porque é muito triste ver alguém sedento, rodeado de água límpida e pura, não conseguir saciar sua sede.

Homero admirou-se. Magali nunca lhe falara assim. Suas palavras pareciam responder às indagações que ele fizera naquele dia. Emocionou-se:

"Estou ficando velho", pensou.

Sentou-se novamente e colocou a cabeça entre as mãos. Magali guardou silêncio. Depois de alguns instantes, ele levantou a cabeça e fitou-a:

— Por que acha que é isso? Julga-me incapaz de perceber as coisas?

— Não, papai. Mas dá para sentir que o senhor está prestes a explodir. Que não aguenta mais a pressão de seus próprios conceitos. A morte de Alberto tocou fundo nossa alma. Todos nós mudamos depois daquele dia. Tem ficado difícil para o senhor pensar que não existe nada para quem morre. Que tudo acabou para sempre. Não aguenta mais ver o sofrimento humano, sem que nenhuma esperança possa balsamizar suas indagações. O senhor trabalha demais para não ficar em casa, onde a presença de Alberto ainda permanece no vazio triste e sem remédio. Mas, no trabalho, a morte, a dor, o sofrimento das pessoas, tudo parece convidá-lo a pensar, perguntar e tentar descobrir o que há além de tudo isso. Pai, o senhor está exausto e no limite de sua resistência. Agora, ou dá um passo à frente, ousadamente, e tenta penetrar o desconhecido, ou se petrifica na negação e na incredulidade... e aí não haverá mais esperança para o senhor.

Magali estava transfigurada. Seus olhos brilhantes e abertos fixavam-no penetrantes, e sua voz tinha modulações que ele nunca ouvira.

Homero lutava para conter as lágrimas, envergonhado de fraquejar diante da filha, mas elas desciam-lhe pelas faces qual catadupas longamente represadas, que ele não conseguia mais conter. Baixou a cabeça numa tentativa de esconder a emoção.

Magali aproximou-se e colocou a mão sobre o ombro do pai com carinho. Com voz carinhosa, continuou:

— O senhor pode chorar a morte do Alberto, sua decepção pelo que aconteceu, mas não negue seu direito de ser feliz e ter esperança. As coisas não são tão tristes como imagina. Um dia, perceberá isso. Acalme-se. Deus vai nos ajudar, e o senhor não está sozinho. Todos o amamos muito. Mamãe, eu, Rui. Vamos nos ajudar e reconstruir nossa paz.

As palavras de Magali eram como calmantes para Homero. Ele suspirou fundo. Depois de alguns minutos, sentiu-se melhor.

— Vamos orar juntos, papai. Vamos pedir a Deus que nos mostre tudo quanto precisamos enxergar e aprender. Alberto está vivo no outro mundo, aonde vão todos os que morrem e aonde iremos um dia. Ele mesmo o ajudará a compreender a verdade.

Homero não saberia explicar o que lhe estava acontecendo, mas sentia imensa saudade do filho. Como gostaria que isso fosse verdade! Estava cansado. Tanto sofrimento, tanta dor, para quê? De que lhe adiantava curar um doente para que ele vivesse alguns anos mais e morresse depois inapelavelmente?

Era uma luta desigual e injusta, na qual ele sempre perderia. Sentia vontade de abandonar tudo e sumir.

Magali passou o braço pelos ombros do pai e orou com comovente sinceridade. Pediu a Deus que lhes permitisse enxergar a verdade e agradeceu todas as bênçãos que possuíam.

Homero, cabeça baixa, foi aos poucos se acalmando. Comovia-se diante das palavras singelas de Magali e do seu interesse em confortá-lo. Sentia que ela o amava, e isso fazia bem ao seu coração sofrido. Quando ela se calou, Homero permaneceu pensativo durante algum tempo. Sentia vergonha de haver sido apanhado em um momento de crise. Logo ele, um médico, e diante da filha.

— Pai, posso compreender como se sente — disse Magali com suavidade. — Respeito seus sentimentos. Não se constranja por causa deles. Um homem também pode sentir, amar, sofrer. É natural.

Ele admirou-se de novo. Magali parecia ler seus pensamentos. Fez o possível para imprimir um ar de tranquilidade em seu semblante e disse com gravidade:

— Você disse bem. Desde a morte de Alberto, não somos os mesmos. Mas nada que possamos fazer nos devolverá sua vida. É preciso aceitar o que aconteceu.

— Sim, mas é preciso compreender. Aceitar não é conservar o ressentimento, a amargura e a mágoa no coração. É muito mais. É lutar para encontrar novamente na vida razões que nos permitam refazer nossas horas e aproveitar bem nosso tempo. Reencontrar a felicidade.

— Você é jovem. Tem um futuro pela frente. Pode ter esperanças.

— O senhor também. A felicidade não depende da idade. Podemos conquistá-la em qualquer tempo e lugar. Basta querer.

Homero olhou-a como se ela estivesse narrando um conto de fadas. Naquele momento de sua vida, o que ele menos acreditava era em felicidade. Parecia-lhe um sonho distante e impossível, contudo, a fé ingênua de Magali fazia-lhe bem. Não desejava destruir-lhe os sonhos.

— Gostaria de ser como você — disse. — E poder acreditar novamente.

— Poderá, papai. Você é inteligente. Não ficará muito tempo nessa descrença.

Homero sacudiu a cabeça:

— Mas eu não sou descrente. É a segunda vez que fala disso.

— O senhor crê socialmente. Aceita a religião e até frequenta a igreja de vez em quando. Não é disso que eu falo.

— Não?

— Não. Eu era como o senhor. A religião consistia em cumprir determinadas fórmulas, rituais e pronto. Era uma coisa à parte do meu dia a dia. Não me refiro a isso. Fé é muito mais. É perceber a força de Deus atuando em tudo e em todos, dentro e fora de nós. Uma força que responde a indagações, nos ajuda a desenvolver nossa própria capacidade e nos permite sentir, compreender, crescer.

— Onde aprendeu essa filosofia? Não sabia que gostava desses assuntos.

— Pai, meu interesse não é filosófico ou intelectual; é o de aprender a viver melhor. Isso é o que me tem levado a questionar os padrões estabelecidos pelos homens, pela sociedade e até pelas religiões.

— Você? Uma moça interessada em assuntos tão áridos?

— Como pode dizer isso? Em nossas universidades, aprendemos muitas coisas as quais jamais utilizaremos na vida prática. Não seria mais útil olhar para dentro de nós mesmos e procurar descobrir o porquê da vida, o que ela significa, para que vivemos no mundo e a célebre pergunta: para onde vamos?

— Você tem ideias originais. Quem poderia responder tudo isso?

— Há muita gente pesquisando esses assuntos, inclusive na medicina. E, nesses livros, podemos encontrar explicações e provas que desenvolvem nossa fé. São pessoas que estudam fenômenos naturais e podem nos mostrar outros aspectos da vida que respondem muitas das nossas indagações.

— Fala de cientistas?

— Sim. Observadores da natureza, sem preconceito, sem julgamento, que estudam fatos, aventando hipóteses bastante esclarecedoras.

— A que se refere?

— Aos estudantes do comportamento humano, dos fenômenos espíritas, que têm ocorrido desde tempos remotos e continuam acontecendo até hoje.

— Não pode acreditar nessas fantasias! Com certeza, anda lendo livros impróprios.

— Afirmo que não. Ouviu falar em Sir William Crookes?

— O grande cientista inglês?

— Sim. Há um livro de pesquisas que eu li em que ele relata suas experiências com uma médium. Ele obteve provas indiscutíveis da sobrevivência do espírito após a morte. Chegou a fotografar um espírito materializado.

Homero surpreendeu-se. Para ele, espiritismo era coisa de pessoas crédulas e ignorantes.

— Não pode ser — disse. — Um cientista jamais se prestaria a uma coisa dessas. Preciso ver que livros você anda lendo.

— Vou buscá-lo para o senhor.

Ela saiu, foi ao quarto e apanhou o livro *Fatos Espíritas*. Sem fazer caso de Rui, que a olhara na sala com curiosidade, e do ar preocupado de Aurora, entrou de novo no gabinete do pai, fechou a porta e entregou-lhe o livro.

Homero revirou-o entre as mãos admirado. Folheou-o, examinando as fotos e os dizeres. Não sabia o que pensar.

— Gostaria que o lesse. Depois trocaremos opiniões.

— Estou vendo, mas não posso acreditar! Um cientista tão famoso! Por que teria se metido nisso?

— Porque é um dos problemas mais angustiantes da humanidade. A morte tem sido uma realidade nossa ainda pouco investigada. Além disso, pai, não é tão impossível assim compreender que a vida continua depois da morte do nosso corpo físico. Para algum lugar terão de ir as pessoas depois que morrem. Este universo imenso, tão pouco conhecido, certamente guardará outros mundos, outras possibilidades de vida, fora deste pequeno planeta. Ademais, uma prova dessas mostra que nossos entes queridos que já morreram continuam vivendo em outro lugar e que, um dia, quando chegar a nossa vez, nos reuniremos com eles. A morte significa apenas uma viagem, uma separação temporária, provocada apenas pela pobreza dos nossos cinco sentidos, que nos impedem de lhes perceber a presença.

Homero respirou fundo:

— Que bom seria se fosse verdade!

— Eu creio sinceramente. Leia este livro. Reflita, observe na vida prática, procure comprovar se isso é verdade. Tenho certeza de que a própria vida lhe dará as provas de que necessita para enxergar. Se quiser, posso emprestar-lhe outros livros.

— De cientistas?

— De pesquisadores. O senhor ficará surpreso ao ver que há nomes consagrados e famosos entre eles.

— Você conseguiu distrair-me, mas não posso permitir que vá ao presídio. Uma moça não pode frequentar um lugar desses.

— Um dia compreenderá que Jovino não cometeu crime algum, pai. Enquanto ele está lá, preso injustamente, o verdadeiro assassino anda em liberdade. Isso pode até ser um perigo para outras pessoas.

— Por que diz isso? O que sabe? Que detetive é esse que a acompanhou até lá?

— Tive provas de que Jovino é inocente, contudo, elas ainda são insuficientes para libertá-lo. Vanderlei quer ajudar a descobrir a verdade.

— Seja como for, não quero vê-la envolvida nisso.

— Pai, Jovino viveu aqui em casa e foi sempre um menino bom, obediente, amoroso e dedicado. Mostrava-se mais ponderado do que Rui e até do que Alberto. Ninguém muda tão de repente. Além disso, ele não tinha motivos.

— O coração humano é insondável. A polícia descobriu tudo.

— Ele jamais confessou. Tem sofrido muito com a ideia de que aceitamos sua culpa.

Homero baixou a cabeça. Cada vez que recordava o assassinato do filho, sentia vontade de destruir seu assassino.

— Quando me lembro do crime, fico indignado. Não consigo pensar como você.

— E se ele for realmente inocente? Alguma vez já lhe ocorreu essa possibilidade?

— Nunca.

— Pense nisso. Muitos erros judiciários já foram cometidos no mundo. Jovino pode ser um desses casos.

— É uma possibilidade remota.

— Que, se for verdadeira, nos colocaria na posição de criminosos, coniventes com essa injustiça.

— Fala com muita certeza. Afinal, que provas são essas que possui?

— Posso falar sinceramente? Não colocará sua autoridade de pai diante de sua vontade de descobrir a verdade?

— O que você fez? Por certo, coisas que eu não aprovaria.

— Nada fiz de errado, papai. Mas, se pretende ser severo comigo, nada direi. Talvez seja melhor. Não sei se já está maduro para compreender.

Homero estava curioso. Sua filha parecia-lhe mudada, falava com segurança. Não lembrava a menina chorosa e irreverente de tempos atrás. Agora, impunha respeito pela maneira digna de colocar suas ideias. Depois de haver se mostrado tão deprimido, não estava disposto a impor severidade. Seu papel de pai severo estava começando a cansá-lo.

Magali sentou-se do outro lado da escrivaninha e olhou-o com seriedade.

— Pode falar, Magali. Não vou criticá-la. Farei o possível para entender.

Magali começou a contar-lhe tudo o que sabia desde o dia em que Mariazinha estivera em sua casa pela primeira vez. À medida que a filha falava, Homero interessava-se pelo assunto, e reflexões nas quais ele nunca se detivera acudiam-lhe à mente, como que inspiradas por alguém interessado em mostrar-lhe os fatos.

Na verdade, Alberto estava lá. Desde o momento em que Magali, fechada no lavabo, pediu ajuda, ele aproximou-se acompanhado de uma assistente a que fora permitido cooperar.

Alberto, desde a tarde em que Magali compareceu ao centro espírita pela primeira vez, compreendera sua verdadeira situação e concordara em abrigar-se em um local de recuperação e socorro. Pelo seu excelente comportamento e sua dedicação, estava em condições de continuar visitando a família no seu desejo legítimo de aliviar-lhes o sofrimento, mostrando-lhes a verdade. Ele abraçou o pai, procurando fazê-lo esquecer os preconceitos e aceitar melhor o que Magali dizia.

Ela não omitiu nada. Admirado, Homero procurava, atentamente, não perder nenhum detalhe. Quando ela acabou, ele estava alarmado:

— Você acha que esse moço, o Rino, pode ser o verdadeiro assassino de Alberto?

— Não sei, papai. Ele estava com medo e chegou a ameaçar Mariazinha para encobrir a briga. O que posso afirmar é que se trata de um elemento perigoso. A surra que deu em Júlio deixou-o de cama por alguns dias.

Homero passou a mão pelos cabelos, pensativo.

— Estou perplexo — disse. — Se as coisas se passaram como me contou, realmente, é preciso investigar. Tem certeza de que não esqueceu nada?

— Tenho, papai. Sinto-me aliviada. Sua compreensão nos será de grande valia.

— Sua mãe já sabe de tudo isso?

— Sabe. Quando ela resolveu ir ao centro espírita, já sabia.

— Hum! Agora entendo certas coisas que ela dizia. Sua mãe melhorou, devo reconhecer. Tem estado mais calma.

— Conforta o coração saber que Alberto vive e que Jovino é inocente.

— Quanto a isso, ainda veremos. Vou ler esse livro hoje mesmo. Estou muito interessado em verificar esse assunto. Mas me prometa que não irá mais ao presídio.

— Pai, por favor! Deixe-me confortar Jovino. Não me impeça de vê-lo. Não irei sozinha. Meus amigos são pessoas de caráter e qualidades de coração. O senhor pode ir comigo. Eu posso trazer esses amigos aqui para que os conheça. São pessoas de bem e têm me ajudado muito. Sou-lhes muito grata.

— Está bem, Magali. Pensarei no assunto, mas gostaria que não fosse lá sem eu saber.

— Está bem, papai. Não há mais motivo para ir escondido. Agora, vamos comer. Há horas estamos aqui. Deve estar com fome.

Homero sorriu. Seu mau humor havia passado. Abraçado à filha, saiu do gabinete, e, juntos, dirigiram-se à sala de estar.

Rui olhou-os ironicamente. Ia falar alguma coisa, mas Homero não lhe deu tempo.

— Aurora, estamos com fome. Podemos jantar?

Olhando a fisionomia distendida do marido e o brilho nos olhos de Magali, sentiu-se alegre e calma.

— Claro. Está tudo pronto. Vou mandar servir. Você vai sair?

— Não. Esta noite eu pretendo ficar em casa. Se ninguém me chamar, é claro.

Rui olhava-os sem entender. Todos pareciam muito bem, e ele sentiu-se insatisfeito e enraivecido. Alberto sempre fora o preferido dos pais. Agora que ele se fora, eles apegavam-se a Magali, e, como sempre, Rui ficava em último lugar. Teve vontade de criticar o pai por não haver dado à irmã o castigo que ela merecia.

— Vejo que foi mole com ela — disse ferino. — Nesta casa, ela faz e desfaz agora. É a queridinha.

— Não é verdade, meu filho — respondeu Homero, calmo. — Estou cansado e desejo paz. Espero que compreenda isso e respeite.

174

— Mas ela está proibida de ir ao presídio, não é?

— Como já disse, é melhor não se envolver nisso. Posso cuidar desse assunto.

Vendo a mãe e Magali, que voltavam da cozinha, levantou-se e disse irritado:

— Se é assim, façam bom proveito. Não quero jantar.

Saiu rápido batendo a porta. Alberto, que o abraçara tentando inspirar-lhe bons pensamentos, quis segui-lo, mas sua companheira não permitiu:

— Deixe-o — disse. — Não poderá fazer nada agora. Somos mais úteis aqui para manter a calma no ambiente.

Olhando as duas, que se preocupavam com a atitude de Rui, Homero disse com voz firme:

— Ele se acalmará. Não posso permitir que Rui interfira em minhas decisões. Vamos jantar. Quero agora ouvir a versão de Aurora. Vai me contar suas impressões.

Jantaram tranquilos e acomodaram-se confortavelmente na sala de estar, onde Homero quis ouvir Aurora. Eles, então, conversaram durante muito tempo.

Alberto retirou-se satisfeito. Pela primeira vez depois que ele partira, a serenidade, a harmonia, a compreensão voltaram àquele lar.

Capítulo 14

Já passava muito da meia-noite, e o presídio estava às escuras. Deitado em sua cama na cela, Jovino não conseguia conciliar o sono. Pensava em sua vida, tentando encontrar as causas que justificassem o que lhe acontecera.

Não sentia revolta. Essa fase passara. Agora, pensava de forma diferente. Desde o dia em que Magali o visitou, tudo se transformou. Os livros que lera e continuava lendo fizeram-no olhar os fatos por uma óptica mais ampla, espiritual.

Era incrível como os problemas, observados a partir do conceito de eternidade, da reencarnação, da continuidade da vida após a morte modificavam-se.

O que ele teria feito em outras vidas para estar ali? Por que nascera órfão de pai e perdera a mãe tão cedo? Por que fora criado de favor por uma família estranha? Que ligações teria tido com eles em vidas passadas?

Era inegável que os estimava. Durante sua permanência com eles, muitas vezes desejara haver nascido ali como verdadeiro filho.

Aprendera a enxergar Deus como sendo perfeito e bom. Assim sendo, tudo quanto acontece tem uma causa justa e reflete essa bondade.

Era preciso partir desse pensamento claro e objetivo para tentar entender os fatos da forma como aconteceram. Ah! Se ele pudesse saber o porquê! Se pudesse voltar a viver na casa de doutor Homero, ser respeitado por eles, estar ali! Como fora bom o tempo em que estivera lá! Como gostaria de deitar no seu pequeno quarto, olhar aquelas paredes amigas e acertar o despertador para o trabalho do dia seguinte.

Lágrimas de saudade brotaram-lhe dos olhos, e ele limpou-as com as costas da mão. A ferida ainda estava aberta. Sentia-se muito só. Voltaria algum dia ao antigo quarto? Ele era inocente daquele crime, mas o que teria feito em vidas passadas?

Ansioso, remexeu-se no leito. E se descobrissem o verdadeiro assassino? Ele ganharia de novo a liberdade. Para onde iria? Dona Aurora o receberia de volta? Rui e doutor Homero o aceitariam?

Jovino sentiu profunda emoção. Apesar da angústia que sentia, pensou com firmeza:

— Deus é bom e justo. Da mesma forma que ninguém fica sem responder pelo que fez, Ele conduz todas as coisas da forma mais certa. Se algum dia, em outra vida, cometi algum crime, não me lembro dele agora. Só sei que não matei Alberto, e Deus por certo mostrará isso. A verdade aparecerá. Eu confio nisso. Entrego em Suas mãos meu problema. Aceito o que a vida decidir. Se eu tiver de cumprir minha pena até o fim é porque é melhor assim. Deus me dará a resposta. Se eu puder sair, tudo acontecerá para isso.

Jovino sentou-se no leito e sentiu vibrar dentro do seu coração sincera emoção.

— Deus — pediu —, mostre-me o caminho da minha libertação, mesmo que ele seja o destas grades que me oprimem. Eu aceito, porque reconheço haver aprendido muito nesta situação. No entanto, aguardo confiante meu momento, quando todas as coisas serão esclarecidas. Diante da Sua justiça, eu sei que será assim. Obrigado, meu Deus, por restabelecer a verdade. Ensine-me a enxergá-la e a esperar.

Mais calmo, Jovino sentiu que sua angústia desaparecera e, deitando-se novamente, logo adormeceu.

Alberto comovera-se. Ficara ao lado de Jovino, observara-lhe os pensamentos corajosos. Com carinho, alisou-lhe a cabeça adormecida.

— Pobre amigo — disse. — Tem sofrido muito.

Mercedes aproximou-se.

— Não se deixe envolver pela emoção. Reconheça como ele tem amadurecido. Isso é muito bom.

Mercedes acompanhava Alberto em suas visitas e fora designada para prestar auxílio em seu caso.

— É verdade. Como eu gostaria de intervir, revelar a verdade, libertá-lo!

— Calma. Tudo acontecerá na hora certa, quando Deus determinar. Jovino confia, e nós também. A ajuda, para ser efetiva, não pode pensar apenas em uma parte. Deverá resolver todos os ângulos da questão, desenvolvendo, beneficiando a todos.

— Isso já me foi explicado. Agora, Jovino dorme, mas seu espírito não se afastou desta cela. Ele não está nos vendo. Eu gostaria de um encontro direto entre nós, como tive com Magali ou com mamãe.

Mercedes abanou a cabeça.

— Hoje não será possível. Quem sabe outro dia. Precisamos voltar. Está na hora.

Uma onda de tristeza passou pelo rosto de Alberto.

— Sinto deixá-lo aqui desta forma.

— É preciso — tornou ela com energia. — Sua tristeza poderá envolvê-lo e piorar as coisas, você já sabe disso. Jovino está num processo de amadurecimento interior. Qualquer interferência agora só o prejudicaria. O que ele precisa receber de nós são energias positivas e harmoniosas.

Alberto baixou os olhos envergonhado.

— Tem razão, Mercedes. Desculpe-me. Prometo controlar as emoções. Jovino precisa de amor, e eu quero-lhe muito bem.

Mercedes sorriu satisfeita.

— É melhor assim. Vamos embora.

— Sinto-me angustiado quando venho a este lugar.

— É natural. A densidade de pensamentos negativos aqui é sufocante. É prudente isolar-se deles tanto quanto possível.

Uma vez na rua, respiraram profundamente procurando receber novas energias.

— Vamos passar para ver Odete. Prometi levar-lhe notícias.

Alberto concordou, e em meia hora alcançaram um posto de socorro perto da Terra. Mercedes identificou-se, e os pesados portões abriram-se para dar-lhes passagem.

Entraram em um pátio rodeado de pavimentos e cercado por extensos jardins. Mercedes procurou um dos alojamentos e entrou sendo seguida por Alberto. Sem hesitação, seguiram pelo corredor até o quarto de Odete. Mercedes bateu delicadamente. Foi Odete quem abriu a porta. Vendo-os, disse com emoção:

— Ainda bem que vieram. Sinto-me preocupada, ansiosa. Entrem.

O quarto era simples, mas confortável.

— Sentem-se, por favor — continuou Odete, designando o sofá e as poltronas a um lado do aposento.

Vendo-os acomodados, sentou-se e indagou:

— E então? Como está ele?

— Muito bem — respondeu Mercedes. — Sem revolta e procurando melhorar seus padrões mentais.

179

— Não me conformo com o que lhe fizeram — disse ela com certa amargura. — Foi uma grande injustiça.

— Acalme-se — respondeu Mercedes. — Jovino está progredindo muito, amadurecendo. Se ele continuar reagindo, temos esperanças de poder libertá-lo.

— Um menino bom como aquele, puro, eu diria até ingênuo, ser acusado por um crime que não cometeu! Você sabe que não foi ele! Tem obrigação moral de ajudá-lo.

— Tenho feito tudo para isso — respondeu Alberto com ar preocupado. — Infelizmente, não sei como fazer isso. Meus orientadores aconselharam-me a ser paciente e a confiar em Deus, que, quando for oportuno, agirá de forma adequada.

Odete levantou-se inquieta:

— A mim dizem a mesma coisa. Mas até quando teremos de esperar? Até quando deixarão meu menino no meio daqueles assassinos e ladrões, sofrendo maus-tratos e privações, humilhações e angústia? Ele não é um deles. Não cometeu nenhum crime.

— Não julgue ninguém — retrucou Mercedes com firmeza. — Lembre-se de que os outros que estão naquele presídio têm família, que os ama e sofre duplamente por vê-los reclusos ali e por saberem que são culpados. Você não carrega esse peso. Jovino não cometeu nenhum crime. Nada tem a lamentar quanto a isso. Está lá, cumprindo uma experiência necessária ao seu amadurecimento. Devia sentir-se feliz porque ele tem aprendido a enxergar as coisas do espírito. Colocado na prova dura, está sabendo levá-la a bom termo, sem revolta ou ressentimentos.

Odete baixou a cabeça pensativa e disse:

— Quisera compreender. Foi duro deixar o mundo em plena mocidade, abandonar meu filho na casa de estranhos. Lutei muito para conformar-me. Ele era bem tratado, vivia bem e eu acabei por aceitar. Contudo, quando o acusaram, fiquei revoltada. Esperava que Aurora e doutor Homero o defendessem. Mas não. Eles não só o abandonaram, como passaram a odiá-lo.

Odete chorava desconsolada.

— É justo isso? — perguntou com amargura.

Mercedes levantou-se e parou diante dela, olhando-a com firmeza:

— Odete, se continuar a lamentar-se, iremos embora. Pensei em alegrá-la com as boas notícias que trouxemos, mas, se prefere fixar-se no negativismo e na queixa, não voltaremos mais.

— Não, por favor! Não me deixem! — Gemeu ela assustada.

— Todos nós sabemos como Deus é justo e bondoso e que nada acontece sem motivo. Que ninguém é vítima e sofre sem necessidade. Se tudo tem acontecido dessa forma é porque, no momento, era o melhor para todos. Você fala como se ainda vivesse na Terra, na faixa estreita da carne. Onde está sua fé? Onde está sua compreensão?

Odete não encontrou palavras para responder, e Mercedes indagou:

— Você ama seu filho e quer ajudá-lo, não é mesmo?

— É o que mais quero na vida.

— Nesse caso, expulse da mente esses pensamentos negativos. Não alimente a mágoa, a depressão, a revolta. Quer passar para ele esses sentimentos?

— Não.

— Ele precisa receber afeto, pensamentos harmoniosos de paz, alegria, esperança e fé. Isso é que pode enviar-lhe.

— Não me permitem vê-lo.

— Seu descontrole com certeza o prejudicaria. Alberto passou por uma prova difícil, porém, já tem permissão para fazer algumas visitas, desde que contenha suas emoções.

— Estou tentando, Odete, e tenho conseguido. Tenho visto minha mãe, meu pai, a família. Hoje, estive com Jovino, abracei-o e procurei transmitir-lhe forças. Não é fácil, porque as emoções brotam espontâneas dentro de nós. Mas a vontade de não perturbar e de ajudar nos permite um domínio maior. Tente mudar seus pensamentos e por certo conseguirá permissão para vê-lo.

— Ah! Como seria bom!

— Tente, Odete. Comece agora. Sinta a alegria da libertação dele. Pense no restabelecimento da verdade, agradeça a Deus por tudo isso, todos os dias e um dia, e isso acontecerá realmente.

— Tentarei — respondeu ela, humilde. — Se ao menos eu soubesse por que tudo nos aconteceu! Sei que há um bom motivo. Você disse isso, e é verdade, mas não consigo ainda me lembrar de minhas vidas passadas. É lá com certeza que está a chave para nossos problemas.

Mercedes passou a mão acariciando os cabelos de Odete.

— Tem razão. Os motivos existem, mas, se ainda não consegue recordá-los, é necessário esperar.

— Você poderia ajudar-me. Sei que existem recursos para nos ativar a memória. Se eu pudesse lembrar!

— Acha que seria bom?

— Sim. Compreender me ajudaria a suportar.

— Verei o que posso fazer. Consultarei meus superiores. Agora, precisamos ir. Se quer melhorar sua vida e ajudar seu filho, não permita que nenhum pensamento negativo a domine. Cada vez que ele vier, não lhe dê atenção. Procure pensar só no bem, na alegria e na harmonia. Verá que as coisas mudarão para melhor à sua volta. Comece agora. Sorria com coragem e confiança.

Odete esforçou-se para atender. Se era bom para Jovino, ela o faria.

— Está melhor assim. Confie em Deus. Voltarei assim que puder para trazer-lhe novas notícias.

— Obrigada. Deus os abençoe. Sinto-me melhor.

Alberto abraçou-a carinhosamente.

— Isso, Odete. Haveremos de vencer. Deus nos ajudará.

— Obrigada, meu filho.

Saíram e puseram-se a caminho do local onde viviam. Alberto seguia calado, imerso nos próprios pensamentos. Chegaram ao prédio onde Alberto residia, e à porta, antes da despedida, ele considerou:

— Eu também não me recordo das encarnações anteriores. Por quê?

— A energia do mundo terreno é muito forte. Seu magnetismo, em alguns casos, demora para sair, retendo o espírito sob o esquecimento, principalmente quando ele não desejava deixar o corpo e ainda possui interesses na Terra.

— No meu caso, seria isso?

— Você deixou o corpo a contragosto, em pleno vigor físico. Esperava desfrutar da experiência terrena, mas não conseguiu. Sente-se responsável pelo sofrimento dos seus e deseja restabelecer a verdade. Está preocupado com os que ficaram. Isso o prende ao magnetismo terreno e retarda sua reintegração ao passado.

— Muitas vezes tenho me perguntado o porquê de tudo isso. Se eu soubesse, talvez compreendesse melhor os fatos. O que Odete disse é verdade? Há alguma forma de apressar essa conscientização?

— Há. E, em alguns casos, essa ajuda é até recomendada.

— Como é feito isso? Hipnose?

— Não. Projeção astral. Rememoração através dos registros akáshicos. Ouviu falar deles?

Alberto sacudiu a cabeça negativamente:

— Não.

— Tudo quanto acontece no universo fica gravado no éter. Nossos especialistas conseguem transferir esses registros para um visor, e você pode assistir ao que desejar como no cinema.

— É extraordinário! Não pensei que existisse essa possibilidade.

— Contudo, esse processo só é utilizado com permissão dos nossos orientadores e apenas daquilo que será útil ao nosso aproveitamento. Não é permitida a curiosidade sem utilidade.

— Quer dizer que eu poderia rever minhas vidas passadas?

— Não só as anteriores como a última.

— Pode arranjar isso para mim?

— Não sei. Há de convir que nem sempre estamos preparados para a verdade.

— Seja o que for, é melhor saber.

— Se isso fosse verdade, ninguém esqueceria o passado ao reencarnar. O esquecimento é uma pausa, um alívio, uma bênção.

— Pode ser, mas eu desejo muito recordar o passado. Pode ajudar-me?

— Falarei com meu superior. Verei o que será possível fazer.

Alberto estendeu-lhe a mão com entusiasmo.

— Obrigado, Mercedes. Você tem me ajudado muito.

Ela sorriu alegre.

— Pode contar comigo. Farei o que puder.

Mercedes despediu-se com um sorriso, e Alberto entrou no prédio. Olhando o quarto simples, porém aconchegante e agradável, pensou: "Se os meus pudessem me ver agora, que bom seria!".

Por outro lado, lembrar-se das outras vidas, poder conhecer o passado, compreender as causas dos problemas dolorosos, conseguir a chave daquele quebra-cabeça que tantas vezes o atormentava, excitando sua imaginação, seria bom!

Pela primeira vez desde que deixara a Terra, começou a perceber o quanto estivera distanciado da realidade, procurando, inutilmente, reatar o fio de sua vida física, quando havia tanto a conhecer e objetivos maiores e mais belos a atingir.

"A vida não se restringe à superfície do pequeno mundo onde estive durante minha curta existência. Guarda segredos e possibilidades inesperadas", pensou ele.

Ele, que sempre estivera com o pensamento ligado à Terra, começou naquele instante a sentir vontade de conhecer o novo mundo para o qual fora arremessado e onde passara a viver. Que maravilhas guardaria? De que conhecimentos poderia usufruir? Existiriam outras cidades, outros mundos que ele pudesse visitar? Teria em alguma parte amigos de outras vidas?

De repente, uma onda de alegria envolveu-o. Alguma coisa muito familiar que não saberia explicar. Era como se estivesse voltando para casa depois de longa ausência.

Embora fosse apenas uma sensação, sentiu-se reconfortado e em paz. Teve vontade de orar. Pensou em Deus com emoção e, ajoelhando-se ao lado da cama, conversou com Ele sobre o que lhe ia na alma, expressando sua gratidão. Depois, estendeu-se no leito e adormeceu.

Quando Alberto acordou, já era dia claro. Levantou-se apressado e parou em frente a um espelho. Admirado, notou que estava um pouco diferente. Seus cabelos haviam escurecido, e seu rosto estava um pouco modificado.

Sentia-se diferente também. Mais amadurecido, mais experiente. O que teria ocasionado essa transformação?

Abriu a janela, e seus olhos percorreram o pedaço do imenso jardim que circundava o edifício. Tudo lhe era extremamente familiar. Estivera ali antes; podia lembrar-se.

Pensativo, passou a mão pela testa. Sim, ele começava a lembrar-se. Sentou-se em confortável poltrona ao lado da janela e fechou os olhos. Seu pensamento voltou no tempo.

À casa solarenga e bela onde vivera com os pais e seus dois irmãos mais velhos. Via-se jovem, belo, cavalgando pelos bosques, sentindo-se o dono do mundo. O pai, político influente, coronel, como era chamado, comandava a cidade com mãos de ferro, colocando e tirando homens dos cargos públicos a seu bel-prazer.

A mãe ocupava-se com saraus e coisas da moda, sempre às voltas com revistas europeias e obras de arte. Tinha dois irmãos. O mais velho, Antônio, era calado e estudioso. Vivia às voltas com livros, poesia e literatura. João, o do meio, não. Era seu amigo e companheiro preferido. Apesar de ser mais jovem do que os irmãos, João o seguia por toda a parte. Divertia-se com suas diabruras de rapaz rico, vibrava com suas conquistas, defendia-o sempre.

Perdido em suas lembranças, Alberto continuava recordando. Tempo bom aquele. A vida sorria-lhe e ele era feliz.

Um dia, Antônio apaixonou-se. Fez versos, serenatas. Andava mais circunspecto do que o costume. Alberto recordou-se do quanto o ridicularizara. Antero — esse era seu nome naquele tempo — tudo fez para conhecer a musa do irmão, o que finalmente aconteceu quando ele ficou noivo.

Maria era moça simples, de família pobre, sem cultura nem tradição. Muito bonita, graciosa e delicada, possuía bom gosto e finura inatos.

A princípio, seus pais não queriam o casamento com uma moça pobre e sem projeção, mas Antônio foi tão dramático e decidido que, por fim, eles aceitaram. O coronel Teotônio considerou, afinal, que a moça era bonita, distinta e de família honesta.

Casaram-se com todas as pompas e de acordo com os costumes da época e foram residir junto com os pais dele, na casa da família. Apaixonado, Antônio, contudo, perdia-se de ciúmes da jovem esposa e a seguia por toda parte, não lhe oferecendo nenhum momento de liberdade.

João, por sua vez, apaixonou-se pela filha de um político e casou-se, indo morar na casa paterna, como era costume na época.

Se Maria era discreta e fina, Amélia era extrovertida, gostava de chamar a atenção para si, de ir a festas e manter intensa vida social. João não era ciumento. Sentia-se orgulhoso em ver a esposa brilhando e sendo requestada.

Entretanto, ao chegar em casa uma noite, Antero viu um vulto no jardim. Pé ante pé, seguiu-o e viu quando uma janela se abriu e uma figura de mulher apareceu. Abraçaram-se, beijaram-se e, antes que ele pudesse sair da surpresa, o homem saltou para dentro e a janela fechou-se rapidamente.

Antero ficou intrigado. Estava escuro, e ele não pôde reconhecer ninguém. A janela dava para o corredor dos quartos, que tanto poderia ir para a ala do João como a do Antônio. Seria uma criada? Não teria tanta ousadia. O pior é que tanto João como Antônio não estavam, pois haviam viajado com o pai. Qual das duas cunhadas teria um amante?

Sentiu revolta e repulsa. Teve vontade de dar alarme, vasculhar a casa, surpreender os tratantes.

Entrou decidido e bateu na porta do quarto de João. Logo em seguida, bateu na porta de Antônio. Maria apareceu assustada, e Antero entrou pelo quarto vasculhando tudo, sem encontrar nada. Procurou no quarto de Amélia e também nada viu.

No entanto, ele jurava ter visto o homem entrar. Acordou a mãe, os criados, vasculhou tudo, mas nada encontrou. Antero não se deu por satisfeito. Haveria de descobrir a verdade.

Quando os irmãos voltaram, contou-lhes tudo. Para Antônio, foi como se ele já tivesse a verdade. Tornou a vida de Maria um verdadeiro inferno. Sua imaginação doentia atormentava-o.

Antero, contudo, observava as duas cunhadas e chegara à conclusão de que Maria jamais teria coragem de cometer adultério. Pela sua formação, sua maneira de pensar, o estoicismo com que suportava as desconfianças do marido, vivendo enclausurada, ele não a acreditava capaz de traição. Já Amélia, sim. Flertava abertamente, e João nem percebia. Era fogosa e ardente, e ele pensava que talvez João, pouco afeito às conquistas e aos jogos do amor, não fosse bastante para satisfazê-la.

Disfarçadamente, passou a vigiá-la. Astuta, ela percebeu e um dia o interpelou:

— Você tem se ocupado muito comigo — disse. — Se não fosse meu cunhado, poderia até pensar que se interessa por mim.

Antero riu divertido. Ela era esperta, e ele abriu o jogo:

— Ainda hei de provar quem estava com o homem naquela noite. Tenho certeza de que Maria nunca seria capaz disso.

— Quer dizer que desconfia de mim?

— Que eu saiba, eram as únicas moças daquela ala. Além disso, os maridos estavam fora.

— Não pensei que fosse tão antiquado. Só porque sou expansiva, gosto de ser admirada, você concluiu que tenho um amante? Se fosse verdade, acha que eu seria tão ingênua a ponto de trazê-lo a esta casa? Quando uma mulher quer trair, sempre consegue um lugar seguro.

Antero olhou-a admirado. Sabia que ela tinha razão. Ele deduzira sem ter nenhuma prova.

— Você saberia como fazer isso, tenho certeza.

— Não me agrada que desconfie de mim. Seu pai olha-me com desconfiança. Sua mãe e até os criados também. João pensa, mas não se atreve a dizer. Essa situação é insustentável. Vou esclarecer tudo. Descobrirei a verdade. Provarei que sou inocente.

Antero curvou-se e disse:

— Se puder, será ótimo. Não pretendo deixar um irmão ser enganado. Nenhuma adúltera usará o nome de nossa família. Com provas, agirei rigorosamente e garanto-lhe que quem prevaricou cedo se arrependerá de tê-lo feito.

Os olhos dela faíscaram rancorosos.

— Você verá — disse.

Alberto passou a mão pela testa pensativo. Agora, parecia-lhe natural recordar-se. Fechou os olhos novamente, procurando lembra-se do que aconteceu depois.

Na semana seguinte, colocando a mão no bolso, encontrou um envelope. Curioso, abriu-o e retirou um bilhete que dizia:

Se quer saber a verdade, vá quinta-feira, às sete horas da noite, à tapera do engenho. Não conte a ninguém e terá boa surpresa.

Não estava assinado, e a letra de fôrma não deixava perceber quem o escrevera.

Antero ficou revoltado. A pouca vergonha já estava na boca do povo. Com certeza, algum dos peões resolvera preveni-lo. Haveria de punir os adúlteros.

Chamou os dois irmãos e mostrou-lhes o bilhete revelador. Antônio empalideceu, e João apertou os dentes com força. A raiva descontrolava-os. Antero propôs:

— Calma. Vamos todos verificar. Se for verdade, surpreenderemos os culpados. Iremos armados. Lavaremos nossa honra.

Faltavam dois dias para quinta-feira, e eles dissimularam com naturalidade. As duas nada notaram.

No dia aprazado, os três saíram às cinco horas, dizendo que pretendiam ir à cidade a negócios e voltariam muito tarde.

Tomaram o caminho da vila e, às seis horas, voltaram pela picada e esconderam-se perto da tapera. Esperaram durante certo tempo, silenciosos. Viram um vulto de homem aproximar-se, envolto em uma capa, com o chapéu enterrado na cabeça. Vinha a pé e com cuidado, olhando para os lados, e entrou na cabana.

Os três, tensos, seguravam o cabo da arma com força. A noite estava escura, mas eles viram perfeitamente um vulto de mulher andando cautelosa e entrando na cabana.

— Viu quem era? — indagou baixinho Antônio.

— Não — respondeu Antero. — Vamos dar alguns minutos e surpreendê-los.

Pelas frestas da tapera, puderam perceber que eles haviam acendido uma vela.

— Quando eu der o sinal, correremos para lá e abriremos a porta — disse Antero. — Um, dois, três, já.

Saíram correndo e entraram na tapera. Dentro, assustados, estavam o administrador da fazenda e Maria, um diante do outro.

Antônio sentiu-se desfalecer de raiva.

— Bandidos, traidores! — vociferou. — Vou acabar com vocês! Eu sabia que você me traía!

Maria olhava-os apavorada. Antero disse com raiva:

— Ele é seu, Antônio. Acabe com esse bandido. É um direito que você tem.

— Esperem — dizia o homem apavorado. — Estão enganados...

Antônio apontou a arma. Sua mão tremia, e ele não conseguiu puxar o gatilho. Antero, então, apontou e atirou duas vezes no administrador, prostrando-o. João disse com rancor:

— Ela também deve pagar pelo erro! A honra de nossa casa deve ser vingada!

Maria queria gritar, mas não conseguiu emitir nenhum som. João apertou o gatilho, e ela tombou ali mesmo numa poça de sangue. Desesperado, Antônio torcia as mãos e perdeu os sentidos...

Alberto levantou-se angustiado. Aquela tragédia não terminara ali. Os crimes foram abafados pelo coronel, mas Antônio nunca se recuperou. Vivia chorando pelos cantos, deu para beber e um dia foi encontrado morto em seu quarto. Enforcara-se.

João viveu muitos anos com a esposa. Antero casou-se, teve filhos e substituiu o pai na chefia da família quando ele morreu. Não sentia remorso pelo crime que praticara. Seu irmão era um fraco, por isso acabara com a vida. Não lhe cabia culpa pela traição de Maria. Haviam feito o que qualquer pessoa de honra faria num caso desses.

Quando morreu, Antero custou a compreender que deixara a Terra. Aparecia-lhe a figura de Antunes, o administrador assassinado, querendo conversar com ele.

Crendo-se vítima de alucinações, Antero fugia espavorido. Um dia, finalmente, foi auxiliado e conduzido a uma colônia no mundo espiritual, onde recebeu esclarecimentos. Melhorou, equilibrou-se mais, contudo, a figura do Antunes não o deixava em paz.

Preocupado, conversou com seu assistente, que disse:

— Você perguntou-lhe o que deseja? Por que o procura com tanta insistência?

— Não. Ele queria pedir-me contas. Eu atirei nele. A causa era justa. Nossa honra precisava ser vingada.

O assistente olhou-o sério e sugeriu:

— O melhor seria conversar com ele, saber o que deseja. Sem isso, ele não o deixará em paz.

Antero, contudo, não quis fazer isso.

— Ele vai culpar-me — repetia. — Vai desejar punir-me. Com certeza, quer vingar-se.

Interessado em melhorar, Antero atendia às orientações que lhe eram dadas, mas recusava-se a tocar no assunto de Antunes.

Quando João morreu, Antero pôde esperá-lo e assisti-lo nos primeiros tempos. João chegara triste, pois não queria deixar a Terra. Amélia não estava bem. Fora atacada por estranha doença. Perdera o juízo. Falava obscenidades diante das pessoas, levantava a roupa querendo desnudar-se, colocava as coisas em lugares impróprios. As duas filhas envergonhavam-se dela e não sabiam o que fazer para contê-la.

João era paciente e cuidava dela com dedicação. Deixá-la na Terra fora-lhe um penoso esforço. Ele queria de qualquer forma ficar ao seu lado. A custo, Antero convenceu-o de que o melhor seria confiar em Deus. Ele cuidaria dela melhor do que eles. Enquanto isso, João deveria tratar-se, ficar bem para poder voltar e ajudá-la. Finalmente, ele aceitou e dedicou esforço para equilibrar-se.

Depois de certo tempo, finalmente conseguiram permissão para vê-la. Foram acompanhados por um assistente espiritual e encontraram-na em lastimável estado. Sem poder contê-la, as filhas trancaram-na em um quarto, que ela transformara em reduto imundo.

Estirada no leito, dementada e enferma, Amélia vivia toda a pungência do seu drama. Sombras cercavam-na, emanando energias eróticas de pesado teor.

— Não se deixem envolver por essas energias — disse o assistente com firmeza. — São formas-pensamento dela. Se os pegar, ficarão enredados. Precisamos de equilíbrio e paz. Nada de pieguismo, senão, não poderemos prosseguir.

Os dois esforçaram-se para atender a essa observação. Sabiam que Cláudio entendia do assunto.

— Vamos mentalizar luz. — Continuou ele. — E orar para arejar o ambiente.

Com o coração confiante, os dois obedeceram. Nesse momento, viram Antunes chegar. Ambos fizeram um gesto de surpresa:

— Continuemos orando — pediu Cláudio. — Ele não pode nos ver.

Tentando vencer a emoção, continuaram em oração. Antunes aproximou-se de Amélia e chamou-a em altos brados.

— Amélia, estou esperando! Agora eu sei de tudo! Maldita traidora!

Amélia arregalou os olhos, e seu semblante modificou-se:

— Vá embora, maldito! Vou acabar com você de novo! Desta vez, será para sempre!

— Eu a amava como louco! Você me provocava! Divertia-se comigo! Acha que eu podia suportar? Até quando um homem pode aguentar?

— Eu não o quero! — disse ela com raiva. — Eu o odeio!

— Naquela noite, quando abriu a janela e eu fui ao seu quarto, você gostou. Vibrou nos meus braços. Você também me queria.

— É mentira — disse ela com raiva. — Só o aceitei porque você me seguiu, sabia de Américo e ameaçou contar tudo! Eu cedi só por isso.

Antero olhou assustado para João, que teria caído ali mesmo se Cláudio não o tivesse amparado. O que estavam dizendo? Amélia e Antunes? Como? E Maria? Também fora amante dele?

— Eu estava louco! Só a via em toda parte. Não dormia, não tinha paz. Eu a amava!

Amélia riu desdenhosa.

— Pretensioso! Como pensou que eu pudesse amá-lo? Não se enxerga?

— Você me tentava. Não podia suportar mais. Pensei que a paixão se acalmaria quando a possuísse, mas foi pior. Seu amor queimava como fogo. Eu não sabia que podia ser tão cruel. Posso compreender que me odiasse, mas não consigo aceitar o que fez com dona Maria. A pobre nada lhe fez. Você foi perversa. Ela encontrou-se comigo atendendo a um pedido seu, para pedir-me que a deixasse em paz. Era uma boa e honesta criatura. Como pôde ser tão cruel?

— Cale-se! Não lhe dou o direito de pedir-me contas. No mundo, quem não é esperto não sobrevive. Aquela sonsa não via um palmo diante do nariz. Além do mais, eu estava em perigo. Antero desconfiava de mim. Tinha que defender-me.

— Louca! Como pôde ser tão egoísta? Olhe para você! Veja a que está reduzida! A uma prisioneira da própria maldade. Nem precisei vingar-me. A vida já a está punindo. Pensou que tinha acabado comigo, mas eu estou aqui, vivo, para ver sua decadência, sua ruína, sua loucura, sua morte. Quero rir de você, do seu orgulho, da sua ilusão. Olhe-se. Veja como está feia. Nenhum homem a deseja mais.

Amélia levantou-se furiosa.

— Saia daqui, bandido! — gritava. — Vou acabar com você. Desta vez, não voltará a atormentar-me.

Com os olhos arregalados, começou a apanhar os objetos e a atirar no espírito de Antunes, que, rindo, deslizava pelo quarto sem que ela lograsse atingi-lo.

Amparados por Cláudio, João e Antero, arrasados, davam livre curso às lágrimas, soluçando em desespero.

— Acalmem-se — disse Cláudio com firmeza. — Todos nos enganamos, e é duro enfrentar a hora da verdade.

— Matei uma mulher inocente! — considerou João. Nem sequer a deixei explicar-se! Sou um assassino miserável! Jamais me perdoarei. Matei em defesa da própria honra, mas a pessoa errada! Meu Deus, que loucura!

— Matei um homem enlouquecido por uma mulher leviana e perversa. Não há honra a defender. Ela era mais culpada do que ele — disse Antero.

— Não podemos julgar ninguém — considerou Cláudio. — A verdade chega para ajudar-nos a compreender nossas próprias necessidades. O julgamento e a violência trazem sempre junto o arrependimento. Só a compreensão e o perdão podem aliviar nossas almas e nos dar serenidade. Temos diante de nós dois infelizes absorvidos pelas próprias ilusões. Vamos orar por eles, porquanto nós também nos enganamos muitas vezes em nossas escolhas, preferindo o mal em vez de cultivarmos o bem. Nesta hora, só Deus tem o poder de nos conceder a paz.

Enquanto Antero e João abaixavam a cabeça pensativos, Cláudio proferiu confortadora prece.

Antunes aquietou-se. Exasperar Amélia era sua ocupação predileta, contudo, naquele instante, súbita tristeza acometeu-o. Sentia-se cansado de sofrer e, se havia momentos em que se vingava de Amélia, outros havia em que pensava na família.

Embora abafado o escândalo, o caso chegara ao conhecimento de sua esposa. O coronel e os filhos não permitiram mais sua presença em seus domínios, e ela se viu em grandes dificuldades. Fora para a vila e trabalhara duro fazendo doces, que os filhos iam vender na porta da igreja e nas casas. Lavara roupas para fora. Conseguira criar os cinco filhos com dignidade em sua pobreza, mas não perdoara Antunes. Ensinara os filhos a desprezá-lo. Quando ela morreu, ele foi ao seu encontro. Todavia, ela não o aceitou mais. Perdoou-o finalmente, mas não lhe tinha amor.

Antunes sentia-se só e triste. Por causa daquela mulher, estragara sua vida. Essa certeza o levara a continuar atormentando-a. A cada acesso de Amélia, as filhas pensavam em interná-la em um manicômio. Não tinham nenhuma esperança de cura e estavam cansadas de cuidar dela.

Cláudio aproximou-se de Antunes, olhando-o com firmeza. Então, ele os viu.

— O que querem? — indagou assustado.

— Ajudá-lo — respondeu Cláudio.

— Eles me odeiam! — Volveu ele, apontando os dois irmãos que o olhavam calados.

— Não estamos aqui para julgar ninguém — disse Cláudio. — Hoje, eles souberam de toda a verdade.

— Eles mataram uma inocente. Devem estar arrependidos. Mas eu... sou culpado. Não devia ter me apaixonado.

— Você está cansado, triste, precisando de ajuda. Estamos dispostos a levá-lo conosco. Em nossa cidade, poderá tratar-se, recompor sua vida, equilibrar-se.

— Sou um perdido. Não tenho perdão — disse em desespero.

— Não seja tão severo. O passado já acabou. Você enganou-se ao escolher seus caminhos. Contudo, hoje, Deus lhe concede a oportunidade de mudar, de procurar viver melhor e mais adequadamente. De nada vale chorar e lamentar os erros passados, que não podem ser remediados. Bom e útil é realizar agora sua renovação íntima, procurando entender a vida, cultivando só o bem, compreendendo que Deus está em tudo, em todos e vive em nós.

Antunes soluçava comovido. Calados, Antero e João não sabiam o que dizer. Ambos compreendiam que haviam sido precipitados e arrastado pessoas inocentes à tragédia.

Amélia acalmara-se e, estirada na cama, com os olhos muito abertos, continuava perdida em seus pensamentos íntimos. Não via a cena que se desenrolava ao seu lado.

— Eu quero ir. Farei o que quiserem. Desejo sair deste inferno.

A um sinal de Cláudio, os dois irmãos acompanharam-nos em silêncio.

Com emoção, Alberto continuava a recordar. Levado ao tratamento, Antunes foi aos poucos se recuperando. Após sua morte, Amélia passou a perambular pelas zonas inferiores, envolvida com espíritos desequilibrados, sem querer atender ninguém.

Passados os primeiros dias, Antero e João lembraram-se de Antônio. Sabiam que ele, após alguns anos de sofrimento, renascera na Terra em tristes condições de saúde, tendo vivido lá durante vinte anos. Desencarnara novamente. Tendo-o procurado, demoraram algum tempo para encontrá-lo. Ele já sabia a verdade. Contara seus sofrimentos após se suicidar. Percebera com horror a inutilidade de seu gesto extremado de rebeldia e desafio, ao não querer aceitar a vida.

Foi Maria quem o visitou e socorreu. Ele estava magoado, enciumado e não compreendeu por que ela estava tão cheia de luz. Maria contou-lhe a verdade, e ele finalmente percebeu o quanto estivera enganado. Choraram juntos.

Ele queria ficar com ela, contudo, não era possível. Tinham caminhos diferentes. A custo, Antônio aceitou a separação. Sua saúde estava abalada. Ele tinha crises de asfixia que o prostravam. Por isso decidiu reencarnar, para, através da matéria densa, transferir essas energias e libertar-se. Maria prometeu ajudá-lo e cumpriu a promessa. Durante os vinte anos em que esteve reencarnado, ela ajudou-o, visitando-o com frequência e acalmando-o, quando Antônio se rebelava com seu precário estado físico.

O tempo foi passando e com ele todos foram se transformando. João pediu perdão a Maria, ajoelhando-se a seus pés. Ela ouviu a tudo calada e depois disse com simplicidade:

— Nada tenho a perdoar. Se essas experiências não me fossem necessárias, Deus as teria evitado.

— Eu não me perdoo. Fui cego e precipitado.

— O que você quer dizer é que a intransigência e o orgulho só nos levam a atitudes desastrosas. A falsa noção de honra, os papéis a que nos impomos na família e queremos representar a todo custo nos impedem de enxergar a verdade e de compreender os outros. Pense nisso e não se atormente mais com o que já passou. O importante é agir corretamente agora.

— Você é muito nobre. Agora posso ver isso. Fomos enganados covardemente, e a culpada expia seu crime na loucura.

Maria olhou-o com olhos muito lúcidos e brilhantes ao dizer:

— Amélia escolheu o sofrimento, acreditando encontrar o prazer e o amor. Prefere não olhar esse fato, mergulhando mais na fantasia. Quando se cansar e desejar perceber a realidade, estará ainda no mesmo ponto e deplorará o tempo perdido.

— Você também a perdoou?

— Nunca a acusei de nada. Acreditar que ela tenha me ferido, seria outorgar-lhe um poder sobre mim que ela não possui.

— Não entendo — disse João, admirado.

— É simples. Só Deus tem força para atuar sobre nós. Se eu não necessitasse passar por aqueles fatos, Ele os teria evitado facilmente. Se não o fez, foi porque o melhor para mim era viver aquela experiência. Gostaria que entendessem a verdade. Podemos estar rodeados de pessoas desequilibradas, que agem cruelmente, sem que nada nos aconteça, se essa for a vontade de Deus, porque Ele é o único poder determinante de todas as coisas.

— Isso não anula a traição de Amélia. Ela merece punição.

Maria sacudiu a cabeça negativamente:

— Ela nem sequer percebeu o alcance de seus desacertos. Eu diria que foi a forma que encontrou para defender-se. Não desejava ser descoberta.

— Quisera ser tão nobre quanto você. Quando penso que fui enganado, traído, sinto vontade de castigá-la. Nunca desconfiei dela! Por causa dela, tornei-me um assassino.

— Diga antes que seu orgulho o instigou a matar.

— Chega a culpa que carrego! Apesar de que, tentando lavar a honra de Antônio, era a minha que eu lavava.

— Seja como for, todos compreendemos que nos enganamos. Tenho meditado, trabalhado, estudado e recebido orientações de planos mais altos. Assim sendo, cheguei à conclusão de que não adianta remoer o passado, cultivar a culpa, o remorso, o ressentimento. Agora que estamos aqui, que conhecemos mais sobre a vida e reconhecemos nossa necessidade de progresso, nosso desejo de felicidade, de amor, de paz e de alegria, o melhor é não perdermos tempo com ilusões ou desentendimentos desnecessários. Uma coisa é certa: para alcançarmos todas essas coisas boas, precisaremos proceder de maneira adequada. Nossa maneira de agir e de pensar provocaram acontecimentos desagradáveis e muito sofrimento. Está na hora de mudar. De não julgar, de tentar compreender, de sermos bons e sinceros. Qual de nós pode atirar a primeira pedra? Se somos benevolentes com nossos enganos, por que somos rigorosos com os outros? Estamos longe de saber o que se passa dentro de suas almas.

Os três irmãos não conseguiram responder, então, permaneceram pensativos e calados. Maria concitou-os a orar por Amélia. Sob o império daquele exemplo de bondade, eles acabaram concordando. Oraram por ela e, vendo-a dementada e sofredora, acabaram por penalizarem-se do seu estado.

Só Antônio resistia, enquanto Maria, pacientemente, tentava mostrar-lhe a verdade e concitá-lo ao perdão.

Foi preciso largo espaço de tempo para que Amélia se reequilibrasse um pouco. Após sofrimentos e lutas, ela finalmente começou a recuperar--se. Porém, quanto mais se tornava consciente e a bondade de Maria a envolvia, mais deprimida Amélia ficava. O remorso amargurou sua alma.

Ninguém a acusava, e, não precisando defender-se, sua culpa agigantava-se. Então, ela acusava-se e caía em crise.

A mãe dos três irmãos, ligada a eles por laços de amor, desejava ardentemente ajudá-los. Sofrera duramente a tragédia que enlutara a família, juntara-se a Maria, a quem aprendera a amar e a respeitar, e nutria o desejo intenso e sincero de trabalhar em favor da recuperação dos seus filhos amados.

Sofreu, lutou, esforçou-se para vencer sua animosidade a Amélia e, por fim, entendeu que ela ainda não possuía conhecimento para proceder de forma diferente do que procedera.

Finalmente, chegou à conclusão que seu grupo familiar estava ligado emocionalmente e que, para ajudar um, seria necessário ajudar os outros.

Sob a proteção e o carinho de orientadores capacitados, reuniram-se para tentar resolver seus problemas.

Emocionaram-se, choraram, desabafaram, trocaram justificativas e reconheceram seus enganos, todavia, Antero estava desiludido, abatido, triste, arrependido. Não conseguia esquecer a noite fatídica, e os olhos apavorados e súplices de Maria acompanhavam-no por toda parte.

Antônio entregava-se à tristeza, querendo que Maria ficasse ao seu lado. Amélia era constantemente envolvida por entidades viciadas e tinha crises de erotismo e obsessão sexual. Nos momentos de prece e de lucidez, todos queriam esquecer.

Por fim, a solução surgiu: o melhor seria reencarnar. O corpo novo na Terra representa um oásis de paz interior, uma oportunidade de esquecer, uma trégua para a recuperação, uma mudança que lhes permitiria recomeçar, fazer novos relacionamentos, novas escolhas, e ter novas chances.

Aceitaram aliviados. Homero e Aurora uniram-se a eles, reencarnando primeiro, devendo novamente receber Antero e Antônio como filhos. Maria também renasceria como irmã deles para sustentá-los nas lutas. João estabelecera laços muito fortes com Amélia. Ela fora participante ativa daquela tragédia, recebera dele amor, dedicação e sentia-se arrasada vendo-o sofrido e ralado de remorsos.

Ela gostava dele, não desejava prejudicá-lo. Fora para poupá-lo que planejara tudo. Ele não merecia ter sido enganado, contudo, ela sentia o fogo das paixões e entregava-se descontroladamente. Não o traía para causar-lhe sofrimento. Dava vazão às suas emoções descontroladas. Vê-lo sofrer era-lhe penoso, por isso concordou em renascer e recebê-lo como filho.

Sabiam que a vida os reuniria na Terra e que seus problemas emocionais escondidos no subconsciente atrairiam lutas e situações na tentativa de mostrar-lhes os valores reais que precisavam aprender.

Alberto levantou-se e passou a mão pelos cabelos, perdido ainda em suas recordações. Agora lembrava-se: Magali era Maria. Odete era Amélia, que, em plena juventude, não controlando suas paixões, se tornara mãe solteira de Jovino. Jovino era seu irmão João! Por isso consultava-o antes de tomar qualquer atitude e cuidava do seu bem-estar e de Rui, que fora Antônio!

Tudo ficou claro em sua cabeça. Alberto ceifara a vida de Antunes, acreditara na violência como solução dos problemas humanos, e a violência o alcançara ceifando-lhe a vida em plena juventude. Meu Deus!

Quando entenderia que a violência apenas agrava qualquer situação, desequilibrando a alma, anulando sua defesa natural, atraindo para si a ira alheia?

Pensou em Jovino, preso inocente. Ninguém quisera ouvi-lo no julgamento. Ele não acreditava na palavra dos outros. Não deixara Maria falar, explicar-se, e matara uma inocente. Certamente, na prisão, estava tendo condições de meditar como nosso julgamento é falho e passível de erro.

Experimentara na carne a dor de ver-se punido injustamente. Agora, por certo, estaria abrindo seu coração para uma compreensão maior dos sentimentos humanos.

Alberto não se conteve. Chorou sentidamente. Finalmente, ele entendia o que lhe acontecera! Havia uma boa razão para tudo.

Quando se acalmou, sentiu brotar no coração profundo sentimento de gratidão e paz. Uma força nova, mais vigorosa, animou-o, e ele sentiu que dali para frente tudo em sua vida iria mudar.

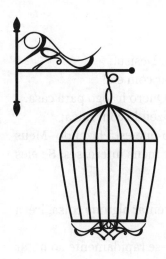

Capítulo 15

Mariazinha estugou o passo. Queria chegar em casa cedo. Júlio iria falar com seu pai naquela noite e pedir-lhe permissão para oficializar o noivado. Dirigia-se ao ponto do bonde, quando sentiu que a agarravam pelo braço.

— Aonde vai com tanta pressa?

A moça puxou o braço, olhando-o contrariada. Depois do que acontecera com Júlio, Rino desaparecera de sua vida.

— Deixe-me em paz — respondeu, continuando a andar.

De um salto, ele agarrou o braço de Mariazinha novamente, obrigando-a a parar.

— Preciso falar com você — disse ele sério.

— Não temos nada para conversar. Tenho pressa. Preciso chegar cedo em casa. Largue meu braço.

— Largarei se me escutar. Não suporto seu ar de desprezo. Ainda há de me valorizar.

— Rino, eu realmente não tenho nada a lhe dizer. Por favor, deixe-me em paz.

— Você me deixa louco. Continua saindo com aquele palhaço.

Mariazinha irritou-se:

— Aquele palhaço é meu namorado. É o homem que eu amo. Vamos nos casar. Desista de uma vez por todas.

Ele apertou o braço que segurava, fazendo-a soltar um pequeno grito de dor.

— Não permitirei. Você não se casará com ele nem com ninguém. Eu juro! Se ele não sair do meu caminho, se arrependerá. Não estou brincando!

— Largue meu braço. Você enlouqueceu!

— Você será minha ou de ninguém mais.

— Eu não gosto de você. Nunca o aceitarei. Desista.

— Está com pressa, porque vai se encontrar com ele!

— Estou cansada. Trabalhei o dia inteiro. Quero ir logo para casa.

A moça estava pálida. Ele largou o braço dizendo com raiva:

— Diga àquele palhaço que pense bem no que está fazendo. Meus amigos, vendo-me nervoso, pretendem defender meus interesses. Se eles o encontrarem por lá, não me responsabilizarei.

Mariazinha estremeceu.

— Não se atreva! — disse com raiva. — Se tentar alguma coisa, irei à polícia e, desta vez, contarei tudo.

Antes que ele respondesse, a moça afastou-se rapidamente ao notar que o bonde se aproximava. Subiu no coletivo, mas ainda teve tempo de ver o olhar rancoroso de Rino fixo nela. Seu coração batia descompassado e seu corpo tremia.

O bonde estava cheio. Em pé, Mariazinha procurou segurar firme tentando acalmar-se. Pensamentos agitados a envolviam. Por que Rino a perseguia? Não acreditava que a amasse. Quem ama não procede como ele. Era capricho, orgulho de menino mimado. Teimava só porque ela o recusara.

Seria só isso? Ele ameaçara Júlio. E se ele o agredisse de novo? Lembrou-se de Alberto, e seu coração bateu mais forte. Talvez Nair tivesse razão. Teria sido Rino? Jovino era inocente. E se tivesse mesmo sido Rino? E se ele matasse Júlio?

Sentiu sua ansiedade aumentar. Talvez fosse melhor dar um tempo, acabar com o namoro, esperar que Rino a esquecesse.

Quando Mariazinha entrou em casa, Isabel assustou-se:

— Você está pálida! Sente-se mal? O que aconteceu?

A moça tremia e sentia dificuldade em falar. Isabel deu-lhe um copo com água.

— Fale, filha.

— Foi o Rino, mãe.

— De novo?

Mariazinha contou-lhe tudo.

— Sinto medo, mãe. Júlio vem aqui hoje conversar com papai sobre nosso noivado. Não sei o que fazer. Talvez seja melhor acabar com tudo até que ele esqueça.

— Calma, filha. De nada adianta ficar desse jeito. Conversaremos com Júlio e encontraremos uma boa solução. Vanderlei nos ajudará. Não fique assim. Logo hoje, que você precisa ficar bem bonita! Afinal, vamos tratar do seu futuro.

— Tenho tanto medo, mãe!

— Deus nos ajudará. Por que não vamos ao centro espírita com Magali?

— Mãe! Você também!

— Claro. Ela tem alcançado tantas graças! Nós podemos pedir proteção. Você tem direito à felicidade. Sua amiga Nair tem ido sempre lá e certamente nos acompanhará.

— Não sei o que dizer. E papai?

— Tudo que for para seu bem, ele fará de boa vontade.

— Acha que podem nos ajudar?

— Por quê não? Quem sabe eles influenciam Rino para que desista. Não custa tentar. Agora, vá preparar-se. Tenho fé de que nada acontecerá a Júlio.

— Você acha?

— Tenho certeza. Agora vá. Precisa ficar muito bonita esta noite.

Mariazinha sentiu-se melhor e procurou dominar o receio. Se sentiria mais segura se Júlio trouxesse Vanderlei consigo. Esforçou-se para esquecer o incidente.

Apesar disso, quando chegou, Júlio logo notou sua preocupação. Ela não pôde ocultar a verdade e finalizou:

— Sinto medo! Não seria melhor nos afastarmos por algum tempo?

Júlio tomou a mão de Mariazinha e apertou-a carinhosamente.

— Eu não tenho medo. Agora, estou prevenido.

— Não me agrada vê-lo armado. Pode acabar mal. Chega o que houve com Alberto. Não quero que nada lhe aconteça.

— Temos de enfrentá-lo. Quando ele perceber que não consegue nada, desistirá. Se nos afastarmos, fortaleceremos seus intentos. Além disso, não suportaria ficar sem vê-la e é por isso, por desejar estar sempre ao seu lado, que pretendo conversar com seu pai. Anseio pelo dia em que ficaremos juntos para sempre.

Mariazinha olhou-o comovida, e o casal abraçou-se e beijou-se com amor.

Naquela noite mesmo, Júlio conversou com os pais de Mariazinha e pediu-lhes permissão para ficarem noivos. Com simplicidade, tirou do bolso uma caixinha com as alianças. Um colocou a joia na mão do outro. Estavam noivos.

José, feliz, abriu uma garrafa de champanhe, e Isabel trouxe o bolo que preparara para a ocasião.

— Gostaria de convidar sua família para um almoço no próximo domingo — disse.

— Obrigado, dona Isabel — respondeu Júlio. — Não vai lhe dar muito trabalho?

Isabel sacudiu a cabeça.

— Será um prazer. Precisamos comemorar.

— Está bem. Falarei com mamãe.

Já passava das doze, quando Júlio saiu da casa da noiva. Mariazinha abraçou-o na varanda e disse:

— Tome cuidado. Vá pelo meio da rua.

— Não se preocupe. Estou atento.

Ela ficou parada na varanda até vê-lo dobrar a esquina. Entrou em casa inquieta, pensativa. Contemplou com enlevo a aliança que reluzia no anular de sua mão direita. Amava Júlio profundamente. Ninguém haveria de interpor-se entre eles.

No quarto, estendida no leito, recordou-se de Rino e sentiu um aperto no coração. Por que ele a perseguia? O que deveria fazer para libertar-se daquela obsessão?

Tentou conciliar o sono, mas não conseguiu. Inutilmente, lutava para apagar os acontecimentos da tarde, pois, quanto mais se recordava deles, mais sentia que Rino poderia estar envolvido na morte de Alberto.

A suspeita de Nair poderia estar certa, e, nesse caso, a vida de Júlio estaria em sério perigo. Apavorada, Mariazinha levantou-se e ajoelhou-se ao lado da cama. Rezou de todo o coração pedindo a Deus que protegesse Júlio e evitasse nova tragédia.

Deitou-se novamente, mas o sono não vinha. Na manhã seguinte, levantou-se abatida e nervosa. Notando-lhe a indisposição, Isabel, preocupada, não a deixou ir para o trabalho. Mariazinha protestou:

— Não é nada. Isso passa. Dormi mal.

— Não gosto nada dessas olheiras. Não quero que adoeça novamente. Fique em casa hoje. Conversaremos com Nair e iremos àquele centro espírita.

— Não é preciso.

— É sim. Olhe-se no espelho. Além disso, tenho pensado muito. Essa perseguição de Rino e tudo quanto nos tem acontecido não têm uma explicação lógica. Nair sente-se bem indo a esse centro, e dona Luísa me disse que ela melhorou muito. Não se queixa de mais nada, vive alegre e até resolveu aprender corte e costura. Falaremos com ela e iremos até lá.

— Faria isso por mim?

— Claro. Eles entendem de espíritos. Alberto pode se comunicar, nos orientar.

— Júlio acredita nisso. Para ele, Alberto já se comunicou através de mim.

— Já?! Por que não me disse nada? O que foi que ele falou?

— Não comentei porque não tenho certeza de nada. Júlio, Jovino, Nair e até Magali afirmaram que isso aconteceu, mas não me lembro de nada. Por mais que eles mereçam crédito, não consigo aceitar. Eles podem estar enganados.

Isabel olhou a filha procurando esconder a preocupação.

— Está decidido. Você não irá trabalhar. Precisa refazer-se. Descansar. Hoje é um dia de alegria. Você está noiva de um moço bom e o ama. Iremos ao centro espírita o quanto antes.

Mariazinha concordou. Sentia-se cansada, oprimida. Colocada a par da situação, Nair telefonou a Magali e combinaram de ir ao centro naquela mesma noite. Mariazinha telefonou a Júlio, que prometeu acompanhá-las.

Magali preparou-se para sair, e Rui inquiriu-a sério:
— Vai sair agora?
— Vou.
— Com quem?
— Com algumas amigas. Por que pergunta?
— Porque não é adequado uma moça sair à noite desacompanhada. Aonde vai?

Magali, embora contrariada, tentou ser delicada:
— Não se preocupe comigo. Sei preservar-me.
— Isso não é resposta. Aonde vai?
— Por que deveria dizer-lhe?
— Porque sou seu irmão e papai está viajando.
— Você não manda em mim.
— Veremos isso.

Aurora aproximou-se:
— O que está havendo?
— Magali está me desafiando como sempre. Quer sair sozinha a uma hora dessas e nem sequer diz aonde vai.
— Ele não é meu pai para mandar em mim.
— Calem-se os dois. Ainda estou aqui e posso decidir quem deve fazer o quê dentro desta casa. Pode deixar, Rui, que eu resolvo com Magali.

— Vai protegê-la como sempre. É a filhinha predileta.

— Vamos, Magali. Venha comigo e explique-me o que pretende fazer.

As duas foram para o quarto, procurando ignorar a carranca ofendida de Rui.

— Deve evitar discussões com Rui. Sabe como ele é — advertiu Aurora logo que fechou a porta.

— Ele está sempre me vigiando, querendo controlar minha vida. Quando Alberto estava aqui, não era tanto, mas agora não me larga. Implica com tudo.

— Tenho notado. Sente ciúmes. Ficou apegado depois do que aconteceu. Tem medo de perdê-la depois que os dois não estão mais aqui.

— Seja como for, ele me oprime. Quando papai está, ele não fala, mas me persegue assim mesmo. Implica com Vanderlei.

— É porque ele não conhece bem o moço. A profissão dele também é assustadora.

— Não é isso, não. Vanderlei é um moço excelente, bem empregado, é estudante de Direito e trabalha no escritório de advocacia do tio. Como já trabalhou na polícia, tem lá muitos amigos e procura ajudar Júlio. Rui sempre implicou com todos os meus amigos. É um bicho do mato. Não gosta de ninguém. Não quer que eu namore.

Aurora suspirou:

— Sei que ele tem gênio e é difícil, mas você, que tem mais compreensão, é quem precisa contornar as coisas. Afinal, por que tiveram essa discussão?

— Irei com dona Dora ao centro espírita esta noite. Mariazinha estará lá. Senti vontade de ir. Alberto é muito ligado a ela. É possível que tenhamos notícias dele. Não queria que Rui soubesse.

— Fez bem. Ele não compreenderia. Nesse caso, irei junto. Ele não dirá nada. Também desejo estar lá e ver o que acontecerá.

Quinze minutos antes do início da reunião, as duas chegaram com Dora. Mariazinha, Júlio e Isabel já estavam na sala. Magali aproximou-se e, depois dos cumprimentos, apresentou a mãe aos outros.

Mariazinha apertou a mão de Aurora, mas não teve tempo para conversar, porque as luzes foram parcialmente apagadas, indicando que a sessão iria começar.

Dora foi chamada para tomar assento ao redor da mesa e conduziu Mariazinha, Isabel e Júlio para a primeira fila de cadeiras. Magali e a mãe acomodaram-se mais atrás.

Mariazinha sentia-se angustiada, aflita, e sua respiração estava difícil. Teve ímpetos de sair dali, fugir. Seu corpo tremia como se estivesse com frio, e ela segurou a mão de Júlio apertando-a com força.

— Júlio, vamos embora. Não quero ficar aqui.

— Acalme-se. Não tenha medo. Não vai lhe acontecer nada. Relaxe. Respire fundo.

Mariazinha suspirou e tentou obedecer. A mão de Júlio na sua e seu braço sobre seus ombros deram-lhe uma sensação de proteção. Alguém proferiu uma prece, mas ela nem conseguiu entender as palavras.

Sentia enorme opressão e controlava-se com dificuldade. De repente, empurrou Júlio violentamente e levantou-se de um salto, dizendo com voz diferenciada:

— Finalmente! Finalmente posso falar! Posso cantar, dançar, viver como antes. Estou viva! Estou aqui.

A um sinal da dirigente, Dora levantou-se e, pegando Mariazinha pela mão, fê-la sentar-se em seu lugar, ao redor da mesa.

— Venha. Vamos conversar — disse.

— Quem é você? O que quer?

— Uma pessoa amiga. Já que veio nos visitar, podemos nos conhecer.

— Não quero falar. Quero música para dançar. Tenho saudades! Bons tempos aqueles!

— Pode ser, mas já passou. Hoje tudo é diferente. Deve olhar para o presente.

— Não quero! Chega de tristezas. Eu quero alegria. Só alegria!

— Tudo é alegria. Tudo está muito bem. Só que você precisa afastar-se desta moça, deixá-la em paz.

— Não posso. Eu preciso dela. E agora que consegui dominá-la, o resto será fácil.

— Seu domínio é passageiro. Aproveite estes instantes para perceber a verdade e se ajudar.

— Estou cuidando da minha felicidade. Ela me separou dele, ela deve nos unir!

— Não se pode forçar uma situação. Não dará certo. Pense bem. Deixe-a em paz!

— Não. Quando ela nos separou, não pensou em meu sofrimento. Agora decidi. Vou separá-la do seu amor, você verá!

— O que lucrará com isso?

— Ela nasceu, eu não. Colei-me a ela. Quando ele a olha é a mim que vê. É minha energia que ele sente. Ele se arrependeu do passado, mas de que me adianta agora? Tenho o direito de ser feliz. Chega de sofrer!

203

Por isso, ficarei com ele através dela. Não tenho corpo de carne, então, usarei o dela!

— Isso não é possível! Deus não permitirá. Desista dessa ideia.

— Não posso! Deve preveni-los. Ai de quem se interpuser em meu caminho. Destruirei!

— Não conseguirá. Deus é grande.

— Duvida? Um já foi e o outro logo mais será afastado. Ela não o quer, mas acabará cedendo. Fará o que eu quiser! Só assim pagará o que me deve.

— Pense bem. Está procurando mais sofrimento.

— Não adianta. Ninguém me demoverá. Irei até o fim. Vim avisar: saiam do meu caminho. Ela que me atenda se quiser evitar problemas. Acabará reconhecendo que ele é o único homem que ela pode aceitar. Agora, já vou. Falei demais.

— Espere. Gostaria que nos contasse mais sobre você. Não sabemos a quem se refere.

— Ela sabe. Pergunte-lhe. Ela ainda o odeia por causa do passado, mas isso passará. Eu prometo.

— Agindo assim, você aumentará sua infelicidade! Deixe a cada um a liberdade de escolher o próprio caminho.

— Não adianta. Jamais mudarei. Adeus.

Antes que Dora respondesse, Mariazinha estremeceu, e sua cabeça pendeu sobre a mesa. Isabel chorava assustada, e Júlio tentava acalmá-la dizendo-lhe ao ouvido que confiasse em Deus.

Dora pediu aos presentes orações para esse espírito, e todos silenciosamente obedeceram. Mariazinha continuava com a cabeça e os braços sobre a mesa. Outros espíritos manifestaram-se através dos médiuns, e o último deu belíssima mensagem, cheia de espiritualidade, exortando a necessidade de cultivar pensamentos positivos e confiar em Deus.

Quando as luzes se acenderam, Mariazinha estava bem. Quando ela se aproximou, Isabel não se conteve:

— Você está bem?

— Muito bem. Achei linda essa mensagem final. Conseguiu me acalmar.

Isabel, apesar de preocupada, não comentou nada. Dora aproximou-se ao mesmo tempo que Magali chegava com a mãe.

— Você está bem agora? — indagou dirigindo-se a Mariazinha.

— Estou.

— Precisamos conversar — continuou Dora. — Aqui há muito ruído. Venham comigo. Podem vir todos.

Conduziu-os à pequena sala onde os convidou a sentar. Assim que se acomodou, pediu a Mariazinha:

— Conte-me o que sentiu desde que chegou aqui.

— Eu não cheguei bem. Dormi mal essa noite e senti-me inquieta, nervosa, o dia inteiro. Quando cheguei aqui, o desconforto aumentou. Suei frio, passei mal e sentia a respiração curta e uma vontade enorme de sair, fugir. Se Júlio não me segurasse, eu teria ido embora.

— E depois?

— Depois, chegou um momento em que não suportei mais. Cheguei a sufocar e acho que gritei. Fiquei tonta, não sei bem. Não vi nada. Acordei e estava com a cabeça na mesa. Não me lembro de ter ido até lá.

— E agora?

— Sinto-me calma. Aquela mensagem deu-me muita paz.

— Como se sentiu logo ao acordar? Qual foi a primeira emoção?

— Não me lembrava de onde estava, mas senti-me aliviada, leve. Logo a memória voltou e vi que estava melhor.

Dora tomou a mão de Mariazinha e segurou-a com carinho:

— Você possui muita sensibilidade. É médium. Sabe disso, não é?

— Sei. Júlio tem me explicado. Mas não quero ser. Sinto medo. Vim aqui pensando em me libertar de meus problemas. Minha vida está muito complicada.

— Júlio já deve ter-lhe dito que a mediunidade é natural no ser humano. Quando ela aparece, ninguém pode anulá-la. Faz parte do progresso do ser, e é uma janela a mais para enxergar a vida e as coisas. O mais adequado é estudar como ela funciona em você e aprender as leis naturais que a regem. Agindo assim, perceberá que ela é um bem e pode desenvolver muito seu espírito.

— Senti-me muito mal. Não quero sofrer essas coisas.

— Você estava mal antes de vir para cá. Como se sente agora?

— Muito bem. Voltei ao normal.

— Justamente. Você estava sendo assediada por um espírito que estava com medo de vir até aqui, porque sentia que seria pressionado a deixá-la em paz.

— E agora? Ele se foi?

— Sim. Afastou-se. Ainda não deseja esclarecer-se.

— E se ele voltar?

— Ele não só poderá voltar, como você poderá atrair outros. Por isso, desejo recomendar-lhe que venha ao centro, frequente-o, não só para que esse espírito se esclareça como para que você aprenda a defender-se desses assédios.

— Acha que conseguirei?

— Se perseverar, tenho certeza de que conseguirá. Você é dona do seu corpo e da sua vontade. Ninguém a usará se você não permitir.

— Mas eu nunca quis ou permiti que eles me usassem.

— Não falo do consentimento verbal. Falo da utilização da força do seu espírito no uso das energias que nos rodeiam.

— Se ela frequentar as sessões, ficará boa? — indagou Isabel não ocultando a preocupação.

— Ela não é uma pessoa doente. Simplesmente ainda não aprendeu a disciplinar sua sensibilidade. É só questão de tempo.

— Quase me arrependi de ter vindo até aqui. Pensei que ela houvesse piorado. Sempre ouvi dizer que espiritismo pode deixar a pessoa variada. Entretanto, percebo que agora ela está melhor. As olheiras sumiram e as cores voltaram a seu rosto.

— Quem não conhece o assunto pode dizer o que quiser. As pessoas se envolvem com problemas emocionais, escolhem mal seu caminho, abrem campo para a intervenção de espíritos em desequilíbrio, recusam o auxílio da espiritualidade superior, teimam em cultivar suas ilusões, perseveram nos enganos, põem fé em pensamentos negativos, alardeiam sua dor e acreditam-se vítimas da fatalidade. Vêm ao centro espírita como vão à outra religião qualquer em busca de um alívio, um milagre, que lhes permita continuar com as mesmas ideias, sem as consequências de seus desacertos. Ignoram que Deus ajuda a quem se ajuda, age dentro e através do próprio indivíduo e nunca se omite. Quando não conseguem o que pretendiam ou descobrem que terão de mudar, esforçar-se para obter, afastam-se decepcionados qual crianças caprichosas, continuando em seus enganos. A mediunidade não equilibrada, aberta aos pensamentos descontrolados e às emoções exacerbadas, pode levar à loucura. O centro espírita existe exatamente para evitar esse mal. É remédio; não causa. É escola para os que desejam realmente aprender, crescer, não para servir aos interesses subalternos do ser humano.

Dora calou-se, e o silêncio se fez por alguns instantes. Foi Mariazinha quem falou:

— Nunca pensei que fosse uma coisa tão séria. Suas palavras fizeram-me compreender que, vindo aqui, estarei protegida. Tudo quanto me aconteceu, desde a morte de Alberto, deixou-me muito insegura. Estou aliviada. Quero vir aqui. Seja o que Deus quiser.

— É uma decisão sábia — concordou Júlio, emocionado.

— Muito bem — concluiu Dora com suavidade. — Às quintas-feiras à noite, você poderá vir. Eu estarei aqui para encaminhá-la.

206

— A senhora acha que ela ficará boa? — indagou Isabel novamente. Dora sorriu.

— Sua filha não está doente. Ela aprenderá a usar a sensibilidade que tem e a harmonizar-se interiormente.

Todos se despediram, e, no caminho de volta, Mariazinha estava pensativa. Conversaram pouco. Foi na hora de despedir-se do noivo, quando estavam a sós na varanda de sua casa, que Mariazinha mencionou o assunto.

— Júlio, sinto-me insegura como das outras vezes. Compreenda. Não consigo lembrar-me de nada. Por favor, conte-me exatamente o que aconteceu, o que eu disse.

Júlio tentou desviar o assunto:

— Bobagem. Era um espírito em desequilíbrio. É melhor não falar sobre isso.

— Por quê?

— Por nada. Que utilidade teria?

— Poderia esclarecer-me sobre certos problemas de minha vida. Sinto que o que aconteceu tem muito a ver comigo.

— De que forma?

— Não sei. Há momentos em que sinto uma espécie de raiva de mim mesma. É difícil explicar. É como se eu quisesse me punir por alguma coisa. Uma dualidade de sentimentos que me confunde.

Júlio segurou a mão de Mariazinha com carinho:

— É natural. Você está captando a energia de outra pessoa.

— Não posso tirar o rosto de Rino da minha frente. O que ele tem com isso? Sinto medo.

Júlio abraçou-a e beijou seus cabelos com carinho. Suspirou e decidiu:

— Está bem. É melhor que saiba. Não tenho certeza de nada, mas, pelo que houve essa noite, vocês foram ligados em vidas passadas.

Júlio contou tudo quanto ouvira e finalizou:

— Ela quer usá-la para se aproximar dele, a quem pretende envolver.

— Por que ela não o procura diretamente?

— Porque não pode. Ele por certo não sente sua influência, por isso ela quer servir-se de você.

— Que horror!

— Isso talvez explique a obstinação de Rino. Ele sente a presença dela com você. Claro que não está consciente disso, mas de certa forma, sem saber, ele quer fazer o mesmo.

— Júlio, sinto medo!

— Faz mal. As coisas não são do jeito que eles pensam. Só conseguirão se você permitir.

— Isso nunca!

— É preciso estar consciente dos fatos e não se deixar envolver. Não se esqueça de que ela ama o Rino e pode confundir seus sentimentos. Isso é comum na captação de energia.

— Estarei alerta. Jamais verei Rino de outra forma.

— O que é preciso é ir ao centro para receber ajuda.

— Irei. Você me acompanha?

— Claro.

Os dois conversaram um pouco mais, e, quando se despediram, Mariazinha sentia-se mais calma e confiante.

Capítulo 16

Na manhã do dia seguinte, Rino levantou-se mais cedo do que o costume, sentindo-se indisposto. Tivera uma noite maldormida, cheia de pesadelos, em que a figura de Mariazinha aparecia dizendo que o amava e o beijava com paixão para depois repudiá-lo friamente. Ele sentira seu desejo acender com redobrada violência.

Amava aquela mulher e haveria de tê-la. Atribuía sua indisposição ao amor não correspondido. Quando a tivesse entre os braços, ela acabaria por render-se ao seu amor. As mulheres resistem até serem vencidas. Sentia que era atraente. Inúmeras moças disputavam sua preferência, e bastaria um ligeiro aceno seu para que viessem correndo para seus braços.

Mariazinha, contudo, era seu desespero. O clímax do pesadelo foi quando ele a beijou no auge da emoção, ela o empurrou e saiu levada por outro homem. Ele esforçou-se para segui-la, mas o outro se colocou entre os dois e o impediu de chegar a ela. Por mais força que fizesse, não conseguiu aproximar-se. Rugindo de ódio, via os dois afastarem-se abraçados.

Nervoso, andando de um lado a outro do quarto, Rino pensava: "Vou perdê-la para sempre. Esse sonho é um aviso. Com certeza, ela vai se casar com aquele idiota. Preciso fazer alguma coisa. Não posso ficar de braços cruzados enquanto ele a rouba de mim!".

Fora ingênuo acreditando que a surra o afastaria de Mariazinha para sempre. Arrependia-se de não haver acabado com ele de uma vez. Fora prudente demais. Afinal, saíra-se bem da outra vez. Por que temer?

Talvez, se idealizasse um bom plano, poderia fazer o serviço agora. Era verdade que ele andara assustado. Teria Júlio dado queixa à polícia? Precisava idealizar um plano perfeito que o pusesse a salvo de quaisquer suspeitas.

Várias ideias sinistras passavam por sua mente sem que ele percebesse que um vulto de mulher o abraçava, dizendo ao seu ouvido com paixão:

— Eu te amo! Se você não o tirar do caminho, jamais ficaremos juntos novamente. Venha para mim, meu amor!

Rino não registrou aquela presença, mas sentiu uma onda apaixonada envolvê-lo, e, em sua mente, o rosto de Mariazinha aparecia como causa dessa paixão.

"Preciso controlar-me", pensou ele lutando contra a emoção. "Não posso cometer uma loucura. Tenho de usar a cabeça. Alguma coisa me diz que disponho de pouco tempo. Vou tomar um calmante, dormir um pouco e depois, mais calmo, resolverei o que fazer."

Nervosamente, apanhou o vidro de comprimidos que tomava para dormir e ingeriu seis deles de uma vez. Sabia que, se não aumentasse a dosagem, não faria efeito. Deitou-se novamente, pensando decidido: "Quando acordar, terei a ideia certa".

Suspirou fundo, remexeu-se um pouco no leito, mas em pouco tempo mergulhou em sono profundo.

Quando Magali sentou-se à mesa para o café da manhã, Aurora foi logo dizendo:

— Filha, até agora não entendi bem o que aconteceu ontem. Esperava notícias de Alberto, e, em vez disso, aconteceu aquilo. Por que será?

Magali balançou a cabeça:

— Não sei, mãe. Tenho aprendido que esses fenômenos não são como a gente imagina. Isto é, não ocorrem como desejamos.

— Fiquei um pouco decepcionada.

— Não deve. Mariazinha resolveu frequentar o centro. Veremos o que acontecerá. Dona Dora sempre diz que Deus age de maneira diferente da que esperamos, mas sempre para o melhor.

Aurora suspirou:

— Tenho tanta saudade! Gostaria de saber como ele está, se já aceitou a morte tão trágica e, quem sabe, que nos dissesse quem o matou. Quero crer na inocência de Jovino, mas as provas... às vezes chego a duvidar. É uma tortura. O receio de estar cometendo uma injustiça com nosso menino... Por outro lado, se houver sido ele?

Magali encarou a mãe com energia:

— Nós já falamos sobre isso e não tenho nenhuma dúvida. Você não deve abrigar esses pensamentos no coração, mãe. Ele é inocente. Tenho certeza disso. Um dia teremos provas disso.

— Ah! Se isso fosse verdade!

— Claro que é. O que todos deveríamos fazer é tentar tirar Jovino da prisão. Enquanto ficamos titubeantes, ele está lá, preso, pagando por um crime que não cometeu.

Aurora não conteve as lágrimas:

— Meu Deus! Se isso for verdade, que crueldade! Mas o que poderemos fazer? Ele já foi julgado e condenado. Para reabrir o processo, é preciso uma prova aceita pela justiça. Uma prova que o inocente.

— Eu sei, mamãe. E é por isso que até agora ele continua lá. Mas Vanderlei tem trabalhado no caso e investigado possíveis suspeitos.

Aurora suspirou:

— Mesmo assim. Acho difícil conseguir alguma prova agora. O tempo passou, tudo mudou.

— Eu tenho esperança. Deus sabe que ele não cometeu esse crime e sabe também quem foi. Quando julgar conveniente, as provas aparecerão.

— Nesse caso, por que Deus permite que uma injustiça dessas aconteça?

— Deus jamais permite injustiças. Tenho aprendido que todos os acontecimentos da vida têm uma causa justa.

— Não consigo concordar.

— Pense bem, mãe. Deus é só bondade. Se passamos por determinadas situações, elas têm sempre a finalidade de nos mostrar algo, de nos ensinar. No fundo, nós é que, com nosso pensamento, atraímos isso ou aquilo para nossas vidas.

— Alberto era bom, e Jovino, pelo menos, parecia bom. Por que a tragédia?

— Já falamos sobre isso, mamãe. Claro que eram bons, mas, em suas atitudes, por certo havia a crença de que a violência pode resolver os problemas.

— Seu irmão não era violento.

— Não parecia ser. Mas quem pode saber o que lhe ia no coração? Uma coisa é certa: tanto ele quanto Jovino receberam o que necessitavam. Deus jamais seria injusto.

— Nesse caso, não há esperanças.

— Não é assim. Eles amadureceram, e todos nós mudamos muito com o que aconteceu. Isso mexeu com todos nós. Fomos forçados a olhar a dor, a morte, a separação, a vida.

— Tem sido duro.

— É, tem sido. O que me consola é que a vida não acaba com a morte, por isso todas essas coisas, no momento tão dolorosas, passarão, e nós, um dia, reunidos com Alberto, faremos a avaliação do que aprendemos agora.

— Você é muito otimista. E se nada disso for verdade? E se nunca mais estivermos com ele?

— Nesse caso, a vida não passaria de um momento infeliz sem justificativa nem objetivo. Mãe, jogue fora seu materialismo. Isso é justamente o que a vida quer nos ensinar. Mostrar a espiritualidade. Aprenda a lição para não nos acontecer coisa pior.

Aurora fez um gesto de horror:

— Acha que poderia acontecer algo mais?

Magali balançou a cabeça.

— Não sei. Só sei que, se uma não foi suficiente para nos despertar, outras virão.

— Deus nos livre!!

— É a nossa necessidade que atrai. A vida só responde ao que precisamos, dando sempre o melhor para nosso progresso.

Aurora baixou a cabeça pensativa, e Magali saiu apressada. Vanderlei esperava-a. Ele telefonara-lhe para marcar o encontro.

— Alguma novidade? — Quis saber Magali assim que se encontraram.

— Nada muito especial.

— É desanimador.

— Nem tanto. Tenho um plano e quero saber sua opinião.

Vanderlei abriu a porta do carro e pediu a Magali que se acomodasse. Sentou-se ao seu lado e continuou:

— Tenho pensado muito. Amigos meus da polícia destacaram um investigador para seguir o Rino. Temos, inclusive, uma foto do grupo dele, e Júlio reconheceu um, apesar de estarem com o rosto encoberto naquela noite. Pelo corpo, o tipo etc. Por isso, não temos dúvidas. Foram eles que o agrediram.

— Não há como provar.

— Por causa disso, vamos criar uma armadilha. Anunciar o casamento de Mariazinha. Isso o fará revelar-se.

— É perigoso.

— Estaremos vigilantes.

— Mariazinha não aceitará. Teme pelo Júlio.

— É um risco que precisamos correr se quisermos resolver o caso. Vigiaremos Júlio vinte e quatro horas por dia e, assim, faremos o flagrante. Daí, teremos provas, argumentos para reabrir o processo. O que acha?

— Sinto um frio no estômago! Por outro lado, penso que tem razão.

Vanderlei tomou a mão dela e olhou-a nos olhos ao dizer:

— Seu apoio é muito importante para mim. Não farei nada sem sua aprovação. Confio na sua intuição.

Magali sorriu e sentiu que as batidas de seu coração aceleravam.

— Obrigada — disse. — Você tem nos ajudado muito. Jamais esquerei.

— Não se preocupe. Júlio é meu melhor amigo. Além do mais, sempre tive uma queda por colocar patifes fora de circulação. E então?

— Está certo. Se acha que poderá controlar a situação, resta saber se os outros concordarão.

— Hoje mesmo, falaremos com eles. Quando eu sair do escritório, virei buscá-la, e iremos juntos à casa de Mariazinha. Júlio estará lá e Nair também. Verá que, dentro de pouco tempo, resolveremos o caso.

— Assim espero.

À noite, na varanda da casa de Mariazinha, Vanderlei expôs sua ideia. Nair daria um jeito de aproximar-se de Rino e contar-lhe que o casamento da amiga seria dentro de um mês.

Mariazinha relutava em concordar, porém, Júlio convenceu-a.

— É preciso acabar com essa situação. Não podemos continuar vivendo sob ameaça.

— Tenho medo.

— Estaremos atentos — interveio Vanderlei. — Não descuidaremos um minuto.

— Está certo — disse Mariazinha por fim. — Se você tem certeza...

— Uma vigilância dessas ficará muito cara. Onde arranjaremos dinheiro? — considerou Júlio.

— Darei um jeito — ajuntou Vanderlei. — Usarei meu tempo livre para ajudar e tenho amigos que me devem alguns favores. Por certo, farão o trabalho por preço acessível.

— O dinheiro não será problema. Eu tenho algum, e mamãe por certo desejará ajudar — tornou Magali.

— Nesse caso, tenho algumas economias que darei de bom grado para resolver essa história — concluiu Júlio.

— Garanto que não precisaremos de muito. Verão. Agora, vamos aos detalhes.

A ideia era simples. Esperavam que, ao saber do casamento próximo de Mariazinha, Rino tentasse impedi-lo de forma violenta, então, seria apanhado. Tanto Rino quanto Júlio seriam seguidos o tempo todo.

Quando se separaram, havia ansiedade e esperança em cada um.

No dia seguinte, Nair, como que por acaso, passou pelos locais onde Rino costumava ficar com um ou outro amigo. Parou e ficou olhando a vitrine de uma sapataria, bem próxima de onde ele estava.

Rino aproximou-se imediatamente. Havia dois dias que se sentia angustiado e preocupado.

— Nair, como vai? Preciso falar com você.
— Olá. Eu vou bem. O que quer?
— Saber de Mariazinha. Como ela está?
— Muito bem, obrigada.

Ele hesitou um pouco e depois continuou:
— Ela sumiu. Não a tenho visto.
— Continua trabalhando no mesmo lugar.
— Tenho circulado à noite, mas nunca mais a vi.
— Agora, ela quase não sai à noite.
— Por quê? Aquele palhaço ainda anda por lá?
— Não fale assim do Júlio. É um moço muito bom. Eles vão se casar logo.

Rino empalideceu:
— Casar? Com aquele pateta?
— Ela gosta dele. Acho bom você não se meter nisso. Aceite a ideia. Será melhor para você.
— Mariazinha é minha e nunca se casará com ele!

Nair sentiu um arrepio pelo corpo, percebendo o ódio com que ele dissera essas palavras.

— Melhor se conformar. Dentro de um mês, estarão casados.

Rino apertou os lábios com raiva, fazendo evidente esforço para controlar-se. Seu sonho fora um aviso. Precisava agir o quanto antes! Não deveria demonstrar sua revolta. Precisava evitar suspeitas, por isso disse com voz que procurou tornar firme:

— Se ela de fato fizer isso, nunca mais quero vê-la. Vou odiá-la para sempre.

Nair não sabia se sentia mais receio quando ele demonstrava ser violento ou quando tentava controlar-se. Movida por sincero impulso, disse-lhe com suavidade:

— Rino, esqueça Mariazinha! Ela não o ama. Por que insistir se isso o torna infeliz? Por que não tenta encontrar outra pessoa que possa amá-lo verdadeiramente? Forçar uma situação nunca dá certo. Deixe disso enquanto é tempo!

— Ela ainda não se casou! As coisas podem mudar...
— Será difícil. Eles se amam, e tudo já está preparado.
— Veremos!
— O que vai fazer?
— Eu?! Nada. Tenho esperanças, só isso.

Mais tarde, quando relatou o encontro ao resto do grupo, Nair aduziu:
— Apesar de nervoso, ele fez tudo para controlar-se. Mas eu senti que ficou muito abalado.
— Será que engoliu a isca? — perguntou Júlio.
— Por certo — aduziu Vanderlei. — Agora vocês devem agir como se fossem mesmo se casar logo. Sabe como são essas coisas. Compras, igreja etc. Nós faremos o resto.

Nos dias que se seguiram, nada aconteceu. Uma semana antes da data que eles marcaram para o falso casamento, tudo seguia como sempre. Mariazinha e Nair começaram a desanimar. Estariam mesmo na pista certa? E se Rino fosse inocente?

Quatro dias antes do prazo, Vanderlei procurou o grupo.
— Tenho novidades! Começo a achar que ele desistiu.
— Por quê? — quis saber Júlio.
— Comprou passagem para o exterior e embarca para Nova York.
— Terá desistido? — inquiriu Nair.
— Parece. Em todo caso, Mendes não o perde de vista. Vamos ver se embarca mesmo — informou Vanderlei.
— Nesse caso, o que faremos? — Quis saber Magali.
— Continuaremos vigilantes. Ele pode ter deixado com outra pessoa a incumbência.
— Talvez estejamos todos enganados — tornou Mariazinha.
— Pode ser. Mas não convém facilitar.
— Se não houver sido ele, voltamos à estaca zero — comentou Magali. — Jovino está tão esperançoso!
— O que não podemos é desanimar. Seja como for, continuaremos investigando.
— E se houver sido um ladrão comum? E se a turma do Rino não tiver a ver com o crime? — perguntou Mariazinha.
— Aí veremos. Eu, porém, não creio nisso. Alguma coisa me diz que eles mataram Alberto. Seja como for, não descansarei enquanto não descobrir a verdade — disse Júlio.

— Concordo — ajuntou Vanderlei.

Entretanto, nada aconteceu nos dias subsequentes. Rino embarcou na noite marcada, e eles foram forçados a admitir que o plano não surtira efeito. Chegaram a desanimar. Não havia nenhuma outra pista que eles pudessem seguir. Como descobririam a verdade?

Magali pensava em Alberto. Ele poderia ajudá-los. Se ao menos ele aparecesse para dar uma pista! Todas as noites, ao se deitar, pensava no irmão e pedia-lhe auxílio.

Nesses momentos, muitas vezes o espírito de Alberto fora atraído ao local. Quando isso ocorria, tentava confortar Magali, abraçando-a, sugerindo-lhe paciência e calma.

Ele também pensava em Jovino preso, porém, mais lúcido e amadurecido, compreendia que libertá-lo não estava em suas possibilidades. Havendo recordado o passado, conhecendo as necessidades de cada um, percebia que, apesar de tudo, Jovino estava aprendendo valiosa lição que muito o auxiliaria no desenvolvimento de sua maturidade.

Apesar disso, desejava muito poder libertá-lo. Consultara especialistas do comportamento e o líder espiritual da sua cidade. Todos foram unânimes em afirmar que não seria possível ajudar um elemento em separado. Era preciso beneficiar todos os envolvidos.

A princípio, ele discordara. Não seria justo. Jovino estava indo bem. Por que teria de esperar que os outros também melhorassem?

Cláudio, seu assistente espiritual, explicou com simplicidade:

— Ele melhorou, progrediu, mas não o bastante. É preciso entender que nós não comandamos a vida.

— Tenho aprendido aqui que nós criamos nosso destino. Somos donos dos nossos pensamentos. Se os modificarmos, toda nossa vida também mudará. Por que não funciona com ele?

— A lei é universal. Ninguém está fora dela.

— O que está errado? Por que ele não consegue sua liberdade, se já mudou sua forma de pensar? Se já aprendeu a não julgar sem provas?

— Nada está errado. Você pode controlar sua mente, escolher pensamentos melhores e mais verdadeiros, acreditar e perceber novos e elevados valores, contudo, é preciso mais para mover as coisas. Para influenciar e reorganizar os fatos, é preciso emitir o teor de energia adequada. O que move os acontecimentos, modificando-os para melhor, é a qualidade da energia. Ela é a força que transforma, que cria.

— Não conseguimos fazer isso pelo pensamento?

— O pensamento é o caminho. Quando você põe fé nele, acredita, gera sentimentos que, admitidos e cultivados, produzem emoções e energias.

— Estamos sempre produzindo energias. Somos emocionais.

— É verdade. Estamos sempre movendo os fatos com ela. A experiência demonstra que espécie de energia emitimos e assimilamos. Para harmonizar nossa vida, ser feliz, alcançar paz e equilíbrio, alegria e entusiasmo, só há um meio: sentir o amor! Essa é a energia-chave. O amor gera energia capaz de mover fatos, pessoas e modificar os acontecimentos para melhor.

Alberto baixou a cabeça pensativo. Apesar de mais maduro, Jovino ainda não chegara a esse ponto. Inquietou-se:

— Não é fácil. No caso de Jovino, por exemplo...

— Não se inquiete. Ele está indo muito bem. Não guarda mágoa, embora esteja triste.

— Mas daí a sentir amor...

— Ele está mais próximo do que imagina. E você? O que sente?

— Eu?!

— Sim. Em relação ao crime do qual foi vítima.

— Conformei-me. Sei que errei muito no passado.

— Se quer ajudar Jovino, é preciso mais.

— Estou me esforçando, porém, as barreiras são enormes. Não sei o que fazer.

— As barreiras parecem grandes quando nos sentimos pequenos. Quando nos posicionamos adequadamente, todas as portas se abrem.

— De que forma?

— Lembre-se de que a energia do amor incondicional é o elemento mais poderoso do universo.

— Como chegar a ele?

— Percebendo que as outras pessoas são uma extensão sua, compreendendo-as nas fases de experiências onde se encontram, sabendo que, assim como você, elas também aprenderão. Não há quem valha mais nem menos. Apenas os que já sabem e os que ignoram. Poderá amá-los se sentir neles a criança espiritual.

Alberto ficou pensativo por alguns instantes e disse:

— E Rino? Devo olhá-lo dessa forma?

— Se puder!

— Ele me tirou a vida! É perigoso. Preciso defender os meus. Ele é mau. Pouco se importa se um inocente está preso em seu lugar. Ao contrário, forjou provas contra Jovino, colocando em minha mão aquele cachecol que ele havia deixado cair no dia da briga para incriminá-lo. Ainda agora, pensa em matar o Júlio!

217

— Ele acha que está se defendendo! Sente-se preterido. Você já o olhou sem esse sentimento de rancor?

— Está enganado. Eu não o odeio. Ao contrário. Já o perdoei. Mas não posso permitir que ele prejudique pessoas inocentes.

— Todos somos iguais. O mal é só ilusão! A realidade só nos aparece quando percebemos isso. Você se defende tanto quanto ele. Tem a pretensão de poder impedir fatos que não estão em sua mão modificar.

— Essa impotência me desespera!

— Por que não tenta outro caminho? Não percebeu que esse é enganoso, ineficiente?

— Como chegarei à verdade?

— Percebendo que o mal é ilusão. Olhando para Rino como um ser carente de sua ajuda, tentando ampará-lo.

— Eu?!

— Que melhor chance para provar que não guarda rancor? Não acha que ele está iludido o bastante quando pensa que, ferindo seu corpo, o matou para sempre? Sobre quantas outras coisas terá uma visão distorcida? Se quer ajudar Jovino, é esse o esforço que deve fazer. Tente compreender Rino e inspirá-lo a perceber a verdade. Esse é o ponto importante do caso.

— Como farei isso?

— Vá e prometo ajudá-lo.

Alberto retirou-se pensativo. Precisaria de muito esforço para pelo menos pensar na possibilidade de ajudar Rino. Só ao pensar nele, já sentia forte rejeição. Não pensava em vingar-se. Isso não. Sabia que a vingança só lhe traria sofrimentos. Entretanto, para ser bem sincero, esperava que a vida fizesse justiça, castigando-o pelo crime cometido.

"Afinal, era um direito", pensava. Quem mata agride o sagrado direito à vida, logo, precisava ser corrigido. Não estava ele mesmo pagando alto preço pelo crime que cometera? Assim como ele fora justiçado, esperava que seu assassino também o fosse. Por que deveria auxiliá-lo? Antunes nunca o ajudara. Era verdade que ele era mais necessitado do que ele próprio. Por certo, não teria meios para isso.

Mil indagações acudiam-lhe à mente, e Alberto tentava respondê-las sem êxito. Ajudar o Rino! Se a liberdade de Jovino dependesse disso, por certo seria difícil libertá-lo.

Não se conformando com a situação, circulou em volta de Magali e de seus amigos, aproximou-se de Rino, tentando descobrir o que ele pensava dos planos de Mariazinha e Júlio.

Rino ocupava-se em preparar uma mala para viajar. Vendo-o, Alberto sentiu-se ligeiramente tonto, enquanto uma dor no peito o fez recordar-se do ferimento mortal. Reagiu.

— É só impressão — disse. — Tudo já passou. Eu estou muito bem agora.

Aos poucos, sentiu-se melhor. Lembrou-se da tarde em que Rino tentara abraçar Mariazinha, e ele a defendera interpondo-se entre ambos. Rino sentira sua presença. Pôde perceber isso.

"Preciso ter calma", pensou. "Não posso me descontrolar. Se fizer isso, Cláudio não me ajudará. Eu preciso muito da sua ajuda."

Gastou alguns minutos para acalmar-se, procurando pensar nos amigos que o ajudaram em seu atual estado. Estava se sentindo melhor, quando viu que uma mulher de aparência jovem, mas inquieta, aproximou-se de Rino, abraçando-o apaixonadamente e dizendo-lhe ao ouvido:

— Meu amor! Sou eu. Estou aqui. Você não pode me ver, mas eu voltei. Veja, sou a mesma de outros tempos. Em breve, estaremos juntos e nada há de nos separar. Ela nos separou; ela nos unirá de novo.

Rino não podia vê-la, porém, sentiu uma onda de paixão. Em sua mente desenhou-se a figura de Mariazinha, e ele pensou: "Eles pensam que me enganam! Estão cegos. Não sabem com quem estão lidando. Tentam me enganar. Não há nada marcado na igreja, e os proclamas nem sequer correram. Era mentira da Nair".

O espírito de mulher não percebera a presença do Alberto e, abraçando-o ainda mais, segredou-lhe:

— Não é bem assim! Eles vão se casar mesmo. Vai facilitar? Eu os vi aos beijos! Aqueles traidores.

"Eles estão juntos!", pensou Rino, enraivecido. "Com certeza, beijam-se!"

Tinha de separá-los. Precisava tirar Júlio do caminho. Seu plano era bom e o colocaria em prática. Viajaria para o exterior, com alarde e grandes preparativos. Planejava voltar, sem ninguém que soubesse, liquidar Júlio e voltar. Tinha tudo preparado. Possuía até um passaporte falso, onde colocara foto sua com a peruca e o bigode postiço que pretendia usar como disfarce. Faria o serviço, e ninguém poderia culpá-lo. Desta vez, não haveria testemunhas como da outra. Ninguém saberia de nada.

— Isso mesmo — segredou ela. — Deve reagir. Cuidado! Eles preparam uma cilada. Não facilite!

"Todo cuidado é pouco", pensou ele.

Elaborara tudo, não poderia falhar. Ninguém desconfiaria de nada.

Deitou-se, porém não conseguiu dormir. A lembrança de Mariazinha perseguia-o. O espírito de mulher permanecia ao seu lado, abraçando-o apaixonadamente.

Alberto notou que ela pensava em Mariazinha, visualizando seu rosto enquanto dizia ao ouvido de Rino:

— É ela! Ela me deve ajuda. É com ela, meu amor, que realizaremos nossos sonhos. Você precisa casar-se com ela. Depois, é só deixar comigo. Sei como dominá-la.

Rino remexia-se no leito, perturbado por pensamentos eróticos. Alberto surpreendeu-se. Não esperava por isso. Como não percebera antes? Rino estava sendo pressionado por ela.

Observando a energia escura e viscosa com que ela o envolvia, descobriu que ela mantinha grande ascendência sobre Rino. Teria ela inspirado o crime que o vitimara? Rino seria também uma vítima?

Sentiu-se atordoado. Mil ideias misturavam-se em sua mente, e ele desejava saber a verdade. Recordando o passado, encontrara causas inesperadas para o que lhe acontecera, mas e o Rino? Não o conhecera antes, então, por que lhe tirara a vida? Sabia que todo efeito possui uma causa. Por que exatamente ele? Por que, em meio a tantas moças bonitas que conhecera na Terra, fora interessar-se por Mariazinha? Não se lembrava de havê-la conhecido em vidas anteriores.

Sentou-se pensativo a um canto do aposento. Apesar de a mulher não o notar, ele podia sentir a energia envolvente que ela emanava. Sabia que seria perigoso abordá-la. Aprendera que certas emanações mentais são tão fortes e destrutivas que seria melhor evitá-las, uma vez que ele ainda não estava imune a elas. Por isso, ficou ali observando sem interferir.

Notou que Rino estava totalmente dominado por ela. Agitado, insone, por fim, ele apoderou-se de um vidro de pílulas tranquilizantes e ingeriu algumas.

— Durma, meu bem. Eu vigiarei seu sono.

Rino acomodou-se e logo adormeceu. Seu duplo, porém, ficou ali, sobre o próprio corpo, sem consciência, enquanto ela, abraçada a ele, prazerosamente acomodou-se feliz.

Alberto sentia-se inseguro. Reconhecia que Rino não estava em condições de agir por si e compreendeu por que Cláudio lhe dissera que precisavam ajudá-lo. Apesar do que vira, ainda não se dispunha a fazê-lo, porém, ter raiva de alguém tão infeliz, obscurecido e sem lucidez para discernir, era desigual. Se pudesse, teria ficado frente a frente com Rino e lhe pedido contas pelo crime. Todavia, agora, como o faria? Como responsabilizaria um alienado? E ela? Até que ponto estaria envolvida?

Angustiado, resolveu voltar e procurar Cláudio. Precisava de esclarecimentos. Não se sentia com forças para decidir nada.

Quando Magali encontrou Vanderlei, notou logo sua contrariedade.

— O que aconteceu? — perguntou curiosa.

— Nosso pássaro bateu asas.

— Como assim?

— Foi embora. Viajou para o exterior em grande estilo, como se nada fosse. Com a despedida dos amigos etc.

— Não diga! Quer dizer que...

— Nosso plano não deu certo. Das duas uma: ou ele não acreditou ou não ligou.

— Será?

— Não sei. Agora voltamos ao ponto de partida. Nosso suspeito não mordeu a isca.

— E o que faremos agora?

— Não sei. Não vou afrouxar a vigilância. Ele pode ter viajado para não despertar suspeitas e haver encarregado alguém de executar o serviço.

— Você acha?

— Acho. Tudo parecia tão claro! Nair disse que ele empalideceu com a notícia do casamento.

— Estará querendo despistar?

— Pode ser. Em todo caso, há a hipótese de ele haver descoberto a verdade. Que o casamento não estava realmente marcado. Devíamos ter agido de outra forma. Júlio disse-me que pretende casar-se dentro de alguns meses. Seria bom que adiantasse essa data.

— Por quê?

— Para não haver margem de dúvida. Quem nos garante que ele tenha investigado?

— Será?

— Em todo caso, não afrouxarei a vigilância. Quando menos se espera, eles podem tentar alguma coisa.

Foram até a casa de Mariazinha. Sabiam que Júlio estaria lá. Vanderlei foi logo contando a novidade.

— Nos enganamos — comentou Mariazinha com certo alívio.

— Não diria isso. — Tornou Júlio pensativo. — Ele pode estar despistando.

— É o que eu penso. Entretanto, a notícia do casamento era falsa. Teria ele descoberto?

— O que faremos agora? — indagou Júlio.

— Ainda não sei. Manteremos a vigilância. Não confio nem um pouco naquele sujeito. Pode haver preparado algo e ter viajado para despistar. Seria muito bom fazermos uma coisa.

— O quê? — perguntou Júlio.

— Apressar o casamento. Gostaria de saber o que ele faria.

— Por mim, poderia ser amanhã. Mariazinha é quem deseja esperar um pouco mais, terminar o enxoval.

— De fato. Sabe como é... Não dá para comprar tudo de uma vez. Faço questão de levar tudo direitinho.

— Posso entender isso — comentou Vanderlei. — Mas, diante das circunstâncias, esse fato poderia resolver nossos problemas.

— Começo a pensar que sim — interveio Magali. — Se você não se ofender, gostaria de fazer-lhe uma proposta...

— Qual é? — indagou Mariazinha.

— Ajudá-la a comprar o que falta do enxoval. Por favor, não se ofenda. Seria um empréstimo. Você me pagaria quando pudesse. Não vejo a hora de libertar Jovino. Isso não tem preço.

Júlio segurou a mão de Mariazinha e apertou-a com carinho. Depois, abraçou-a dizendo:

— Por favor! Aceite. Sei que é de coração.

A moça, corada, não sabia o que dizer.

— Aceite, Mariazinha. Deixe-me cooperar com a solução desse caso.

— Não sei... Quem nos garante que dará certo?

— Bem... não podemos garantir, contudo, tentar é um direito nosso — opinou Vanderlei.

— Não sei se minha mãe vai concordar.

— Com dona Isabel falo eu. Sei como convencê-la.

Mariazinha sorriu. Sabia que sua mãe gostava muito de Júlio. Ele não lhe deu tempo para responder e continuou:

— Marcaremos o casamento para daqui a uma semana.

— Isso não será possível. Há o prazo mínimo para correr os proclamas etc. Digamos que para daqui a um mês. Costuma levar mais tempo, mas tenho um amigo que poderá ajudar. — Concluiu Vanderlei.

— Está resolvido. Casaremos dentro de um mês. Amanhã mesmo, tomaremos todas as providências — resolveu Júlio. — Agora, vamos falar com seus pais.

Júlio e Mariazinha entraram para tratar do assunto, enquanto Magali e Vanderlei permaneceram na varanda conversando animadamente, planejando tudo para o casamento. Meia hora depois, os dois voltaram:
— Eles ficaram assustados. Custaram a concordar — disse Júlio.
— Posso compreender. É-lhes penoso separar-se da filha. Desejam retê-la por mais tempo, contudo, acabaram aceitando. Afinal, desejam muito nossa felicidade.
— Vai dar tudo certo — considerou Magali. — Como faremos? Se quiser, posso ir com você ajudá-la nas compras. Adoro fazer isso!
— Obrigada. Aceito com prazer. Você tem muito bom gosto. Será ótimo!
— Posso ir junto? — indagou Júlio.
— De forma alguma! Algumas coisas que vamos comprar o noivo só verá no dia do casamento! — disse Magali com alegria.
— É bom ir treinando — ajuntou Vanderlei. — Quando for sua vez, saberá como proceder.
Magali corou e sorriu. Gostava de Vanderlei, do seu riso franco, de seus olhos castanhos e brilhantes e do sentimento terno que algumas vezes surpreendera neles. Não sabia se estava apaixonada por ele. Sentia alegria em estar ao seu lado, em conversar com o rapaz, e, quando ele a tocava, um arrepio de prazer percorria-lhe a espinha. Seria amor ou estaria apenas sendo grata pelo que ele estava fazendo?
Não tinha pressa. Ele nunca lhe dissera nada a respeito. Não gostava de forçar nada. Se alguma coisa verdadeira começasse a existir entre os dois, se definiriam na hora certa. Não desejava precipitar-se.
Conversaram animadamente, combinando os detalhes e a maneira ostensiva pela qual divulgariam o casamento.
Os amigos de Rino precisavam saber. Se nada acontecesse, paciência. Vanderlei acreditava seriamente que as coisas podiam ser diferentes. Avisaram Nair, que logo se prontificou a ajudar. Conhecia algumas comadres que poderiam ajudá-los muito. Era contar-lhes as novidades e logo o bairro inteiro saberia.

Dois dias depois, Rino, no exterior, recebeu um telefonema de um amigo. Colocado a par do casamento próximo de Mariazinha, sentiu um aperto no coração. Contudo, não queria que ninguém — nem seus amigos mais íntimos — desconfiasse dele. Fingiu estar conformado:

— Não adianta mais nada. Ela não me quer mesmo. Resolvi desistir. Que se casem e nunca mais cruzem meu caminho!

— Não faremos nada? Deixaremos aquele safado vencer essa?

— Quem disse que ele vai vencer? Em qualquer tempo, poderemos dar-lhe uma lição. Só que, agora, não quero fazer nada. As coisas aqui vão melhor do que eu esperava.

— Tem mulher no pedaço?

— Claro! Agora eu estou interessado em outra. E ela está caidinha.

O outro riu divertido.

— Estava na hora de esquecer a provinciana da Mariazinha. É isso mesmo. Só não me conformo de aquele intrometido sair ganhando.

— Não se aborreça, Lineu. Ele não perde por esperar — garantiu Rino. — Veremos quando eu voltar.

— Quando será isso?

— Daqui a uns dois meses ou mais. Enquanto as coisas estiverem boas aqui, vou ficando.

— Feliz de você que tem pai rico. Se eu fosse você, morava aí mesmo, nos *States*.

Quando desligou o telefone, Rino trincou os dentes com raiva.

— Ele vai ver o que vou aprontar — resmungou.

O plano estava todo em sua cabeça. Compraria passagem de ida e volta para São Paulo, com nome falso, conforme os documentos falsificados. Usaria disfarce, viajaria, se hospedaria em um hotel. Conhecia os hábitos de Júlio, seus horários etc. Seria fácil. Daria cabo dele e, em seguida, antes mesmo de que o corpo fosse descoberto, regressaria aos Estados Unidos. Ninguém saberia de nada. Nem seus amigos mais íntimos. Não haveria nenhuma suspeita contra ele. Estaria a salvo. Quando voltasse, teria tempo de convencer Mariazinha a aceitá-lo. Desta vez, ia dar certo!

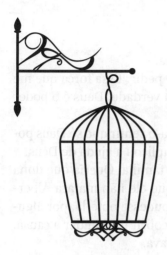

Capítulo 17

Estendido no leito exíguo, Jovino, olhos presos no teto da cela, pensava. Apesar do apoio de Magali e seus amigos, sua situação não se modificara. Continuava preso por um crime que não cometera.

Muitas vezes tentara entender o porquê do que lhe acontecera, sem conseguir. Chegara a pensar que sua indigência, sem família, dinheiro, nome importante, houvesse sido a causa principal.

— Rico não vai pra cadeia!

Essa frase era comum no presídio. Contudo, estava ali fazia mais de três anos e sentia que havia algo mais. Depois de haver se interessado pelas ideias espiritualistas, de descobrir que os mortos estão vivos no outro mundo, muitas coisas mudaram em sua cabeça.

Lera livros, compreendera que havia um poder superior comandando os acontecimentos. Mas, ao mesmo tempo, já que esse poder existia, atuante, por que o mantinha preso? Deus sabia que ele era inocente! Por que o castigava, mantendo aquela situação tão dolorosa?

Dona Aurora nunca fora visitá-lo. Magali lhe dissera que ela acreditava em sua inocência. Seria verdade? Por que não fora confortá-lo?

Por outro lado, as investigações de Vanderlei não avançavam na descoberta da verdade. Estavam como no começo. Suspeitas, só suspeitas.

Havia uma barreira impedindo sua libertação. Por quê? Qual o mistério que havia por trás do seu destino? Teria mesmo vivido outras vidas? Estaria nelas, a resposta?

Levantou-se angustiado.

"Se ao menos eu pudesse fazer alguma coisa...", pensou "é horrível ficar aqui, de mãos atadas."

Sentou-se no leito. As luzes se apagaram.

"Hora de dormir", pensou.

Estendeu-se no leito, mas o sono não vinha.

— Não posso mudar as coisas, mas posso pedir. Essa força que me colocou aqui, que é mais forte do que eu, sabe a verdade. Deus é o poder maior. Ele pode tudo!

Naquela hora, sua própria impotência fazia-o sentir que só Deus poderia ajudá-lo. Sentindo forte emoção, Jovino suplicou a ajuda de Deus.

Ele queria ser livre! Queria trabalhar, ter família. Queria que dona Aurora, o doutor Homero e o Rui soubessem que ele não matara Alberto. Suplicava pela liberdade. Porém, se ele não pudesse obtê-la, por alguma razão superior, que pelo menos pudesse descobrir e entender a causa. A ideia da injustiça de que fora vítima o machucava.

Depois disso, sentiu-se mais calmo. Aos poucos, a angústia foi diminuindo até que finalmente adormeceu.

Saindo do quarto de Rino, Alberto, perturbado e inseguro, procurara Cláudio em busca de ajuda. Não se sentia ainda em condições de perdoar seu assassino, no entanto, reconhecia que ele estava em má companhia, envolvido e manipulado por ela.

Expôs seus sentimentos, e Cláudio disse com simplicidade:

— Rino é um doente. É bom que perceba isso.

— Isso não justifica um crime.

— Claro. Não se trata de justificativa, mas de perceber a causa do comportamento dele.

— Está influenciado por aquela mulher, mas se afina com ela.

— É verdade. Ambos são doentes e fora da realidade.

— Como evitar isso? São perigosos. Estão pensando em fazer mais uma vítima! O que podemos fazer para impedir?

— Nós? Nada.

— Eles pensam em matar Júlio. Precisamos detê-los!

Cláudio olhou Alberto nos olhos e respondeu com voz firme:

— Há certos acontecimentos que não podemos modificar.

— Vai deixá-los fazer o que planejam?

— Você acha que os poderia impedir?

— Eu?! Não sei. Talvez ficando ali, transmitindo-lhe pensamentos bons, alguém conseguisse alguma coisa.

— Foi o que eu disse. Que ele precisava de ajuda. Deseja tentar?

— Eu?! Não seria a pessoa mais indicada.

— Por quê não?

— Quando o vejo, não tenho bons pensamentos. Ele me tirou a vida. Não consigo esquecer isso. Aquele momento ainda não se apagou da minha mente.

— Se conseguisse perdoar, seria muito bom para você. Não desista. Continue tentando.

— E não fará nada? Deixará que matem um inocente?

Cláudio respondeu com voz suave, porém firme:

— Quem lhe disse que detemos esse poder? Não dependerá de nós eles cometerem esse crime. Se pudéssemos, por certo os impediríamos. Esqueceu-se de que esses acontecimentos obedecem a outros fatores? Se Júlio não for pessoa assassinável, ninguém nunca conseguirá matá-lo!

Alberto surpreendeu-se:

— Pessoa assassinável? Existe isso?

— Você não percebeu ainda? Cada um tem o poder de criar seu próprio destino. Quando escolho crenças, atitudes, atos, crio as experiências em minha vida.

— Existe esse fatalismo?

— Até certo ponto, sim.

— Quer dizer que eu era assassinável?

— Claro. Pelas razões que sabe, você carregava essa possibilidade. Se não fosse Rino, teria sido outro. Qualquer pessoa com impulsos de matar, seja pelo motivo que for, seria atraída por você e acabaria por matá-lo.

Alberto admirou-se ainda mais:

— Quer me convencer de que sou culpado de ele haver me matado?

— Não gosto de falar em culpa. Não estamos aqui querendo justificar ou criticar ninguém. Estamos tentando entender. É claro que, se você não acreditasse em violência como solução dos seus problemas, as coisas teriam sido diferentes.

— Quando descobri que eu também havia matado Antunes, já entendi que o que me aconteceu foi um castigo.

— Preferia que não pensasse dessa forma. Deus não castiga ou pune ninguém. Apenas ensina, tornando-nos mais conscientes da realidade. Você não pagou pelo crime. Você acreditava na violência, na vingança como solução. Sua experiência era para ensiná-lo que a violência não soluciona nada; só agrava. Ainda agora, você pretende impedir Rino de ser violento. Gostaria que usássemos até a força para tentar detê-lo, não é isso?

— Por certo. Uma doença, um acidente, algo que o detivesse sem condições de fazer o que pensa.

227

— Esse pensamento demonstra que ainda não aprendeu sua lição de agora. Gostaria que pensasse nisso. Não é a força que impede o mal. Quanto mais nos preocupamos com ele, mais energia lhe damos. O que nos imuniza é fazer o bem. É vibrar em frequência superior. É sair da faixa negativa. Para defender-se, basta não acreditar mais na violência como solução. Quando fizer isso, estará imunizado. Ninguém o atingirá.

— Não será perigoso?

— Perigosa é sua crença de que o mal é forte. Cuidado! Se você, apesar do que já passou, não aprender a inutilidade da violência, pode acontecer-lhe coisa pior.

— Acha isso? Depois do que passei, não estou quite com a lei de Deus?

— A Lei não está lhe cobrando nada. Não se iluda. Se ainda achar que a violência é indicada, estará atraindo mais violência para sua vida.

— Meu Deus! O que ainda pode me acontecer?

— Não sei. Como o espírito é eterno, você tem muito tempo pela frente. É só esperar.

— O que posso fazer para sair disso?

— Primeiro, olhar para dentro de si e perceber seus verdadeiros sentimentos. Analisar suas crenças e tentar descobrir as causas reais dos acontecimentos que modificaram sua vida. Faça isso. Depois falaremos.

— Farei. E quanto a Rino?

— Pense no que eu lhe disse. Na forma como poderá ajudá-lo. Em todo caso, confie no bem. Júlio pode não ser assassinável...

— Se isso for verdade, o que acontecerá?

— Bem, nesse caso, o feitiço pode virar contra o feiticeiro!

— Como saber?

— Se quer tentar descobrir, se deseja mesmo ajudar, pode ir vê-los. Dou-lhe autorização. Observe e, se precisar, venha ver-me.

— Obrigado, Cláudio. Farei isso.

Preocupado com Rino, Alberto foi vê-lo. Tinha esperanças de que ele houvesse desistido de seus intentos. Percebeu, contudo, que ele continuava determinado, preparando-se para a execução do seu plano.

Lembrando-se de Cláudio, aproximou-se para tentar convencê-lo de seu engano. Vencendo a repulsa que sentia, aproximou-se mais. Ele não registrara sua presença. Poderia tentar convencê-lo com energia boa.

Pacientemente, Alberto procurou esquecer o próprio problema e, quando se julgou mais calmo e sereno, disse ao ouvido de Rino:

— Desista enquanto é tempo! Não mergulhe ainda mais nos enganos que tem cometido. A violência só gera violência e sofrimento. Desista dessa ideia antes que lhe aconteça coisa pior.

Rino não registrou o que Alberto dizia, porém, ele não desistiu. Continuou falando as mesmas coisas, desejando que Rino o ouvisse. A certa altura, Rino sentiu-se apreensivo.

E se fosse descoberto? E se algo desse errado? Foi tomado de angústia.

"Estou tenso", pensou.

Mas a sensação persistia. Alberto alegrou-se. Podia dar certo! Contudo, o espírito da mulher, que descansava calmamente na cama de Rino, inquietou-se de repente. Não viu Alberto, mas, de um salto, abraçou Rino, beijando-o carinhosamente nos lábios. Depois, colada a ele, disse-lhe com firmeza:

— Acalme-se, meu amor. Estou aqui. Nada lhe acontecerá. Saberei defendê-lo. Não tema. É preciso casar-se com ela. Tenho controle sobre Mariazinha. Ficaremos juntos para sempre. Ninguém nunca mais nos separará!

Rino respirou aliviado. Alberto percebeu a inutilidade de tentar persuadi-lo. Estava inteiramente dominado.

Lembrou-se das palavras de Cláudio. Precisava ajudar todos os envolvidos. Não conhecia a mulher. Quem seria? Por que cruzara seu caminho? Teria ainda coisas do passado que ele ignorava?

Tentou envolvê-la com pensamentos de compreensão e amizade. Pareceu-lhe mais fácil fazê-lo. Não sentia nada contra ela. Todavia, ela nem de leve registrou seu esforço. Teve de reconhecer que a mulher era mais irredutível do que Rino. Vendo que ele se preparava para a viagem, sentiu-se mais apreensivo. Saiu dali e foi ver Jovino.

Encontrou o angustiado, em oração, querendo entender o porquê do que lhe acontecera. Abraçou-o comovido. Gostaria de libertá-lo. No entanto, recordava-se de que, naquela noite fatídica, quando surpreenderam Maria na cabana com Antunes, fora ele quem o incitara a matar! Como pudera ser tão cego? Sua ingenuidade custara-lhe anos de angústia. Como fora precipitado. Julgara sem provas. Concluíra sem tentar conhecer a verdade.

Ele era o dono da verdade! Ele, o senhor de tudo, o guardião da "honra" da família. Ele que fora traído e enxovalhado por uma mulher doente e desequilibrada e nunca percebera nada! Quanto orgulho, quanta ilusão! E agora? Se esses fatos se repetissem, como agiria? Teria paciência para tentar entender? Calma para agir? Se descobrisse a traição de sua mulher, conseguiria perdoar?

Sentiu uma onda de rancor brotar no coração. Como tolerar a traição? Como ser ridicularizado pelos outros e não reagir? Nesse caso, seria indigno. Seria conivente com o erro. O que faria? Claro, puniria os culpados.

Maria era inocente. O erro fora executá-los sem dar-lhes a chance de explicar. Todo adultério deve ser punido. Nesse caso, a morte seria justificada.

Lembrou-se das palavras de Cláudio: "Acreditar na violência pode atrair para você coisa pior".

Como resolver sem aplicar corretivo?

Jovino deitou-se. A prece o acalmara. De repente, pensou em Alberto e sentiu-se angustiado novamente. O que teria feito no passado? Que mistério os envolvia para que aquele pesadelo continuasse? Sentiu sua angústia aumentar.

Alberto percebeu que fora sua inquietação que o perturbara.

"Não tenho o direito de agravar-lhe os problemas", pensou.

Procurou controlar-se. Relaxou. Orou. Vendo o amigo mais sereno, saiu dali. Foi ver Magali, tentar sentir se podia conversar com ela de alguma forma. Não conseguiu. Recorreu a Mariazinha. Encontrou-a na varanda de sua casa com Júlio.

Aproximou-se dela e disse-lhe ao ouvido:

— É preciso ter cuidado. Redobrar a vigilância. Rino vai atacar.

— Júlio — disse a moça preocupada. — De repente, senti medo!

Júlio abraçou-a, tentando acalmá-la.

— Bobagem. Medo de quê?

— Não sei. Do Rino. Tive a impressão de que ele vai aparecer para tentar impedir nosso casamento.

— Que apareça. Não tenho medo. Não é isso que desejamos? Esclarecer de uma vez por todas a morte de Alberto, libertar Jovino e viver em paz?

— Estou preocupada. Tenho um pressentimento ruim.

— Pois eu não acredito na força do mal. Tenho pensado muito. Desde o dia em que fui agredido.

— Você sabe que eles são cruéis.

— Sei, mas descobri algo muito mais forte.

— O quê?

— O motivo que me tornou indefeso à maldade deles.

— Não entendo.

— É fácil. Tenho aprendido com os espíritos que a melhor forma de nos defendermos é nos ligarmos ao bem, à luz. Se nossa energia for superior, se nossas atitudes forem elevadas, o mal não terá ação contra nós.

— Mas Alberto era bom e foi vitimado. Você é correto, leal, mas sofreu aquela agressão.

— Quanto ao Alberto não sei, não posso conhecer suas crenças. Eu, contudo, desde que conheci você e o Jovino, fiquei com raiva do Rino. Desejei para ele toda sorte de punições. Esqueci que a violência e a punição não esclarecem nem elevam ninguém. Não conheço nenhum criminoso que tenha se regenerado por haver sido punido.

— Mas se foi Rino o culpado do crime, ele precisa ser preso para livrar um inocente e acabar com a injustiça.

— Eu podia desejar esclarecer a verdade. É justo libertar Jovino, prender o verdadeiro culpado para que ele não cometa outro crime, mas não foi isso o que eu fiz. Eu desejei puni-lo com raiva. Não compreendi seu desequilíbrio. Eu julguei, condenei e acreditei que a punição resolveria tudo. Fazendo isso, baixei meu padrão energético e fiquei sem defesa. Tornei-me igual a eles. Entende o que eu digo?

— Eles o teriam agredido de qualquer forma.

— Não creio. Só o bem tem poder. Quando eu creio no mal, ele se manifesta em minha vida.

— Não sei, não. Sinto medo. Rino pode tentar coisa pior.

Júlio abanou a cabeça.

— Eu sentia raiva deles, e isso os atraiu. Se eu estivesse ligado ao bem, teria acontecido alguma coisa que os desviaria do meu caminho. Hoje, eu compreendo isso. Não desejo mal ao Rino, pois sei que ele é um doente. Não posso curá-lo. Entrego isso nas mãos de Deus. Se foi ele o assassino de Alberto, Deus moverá os acontecimentos no momento oportuno, do melhor modo.

— Nesse caso, devemos esquecer o assunto e deixarmos nas mãos Dele.

— O que não podemos fazer. Continuaremos procurando fazer nossa parte. Apoiando Jovino, já que o sabemos inocente, tentando descobrir a verdade. Não para punir, mas para ajudar Jovino e proteger a sociedade. Sem ódio nem desejo de vingança ou castigo.

Mariazinha levantou-se na ponta dos pés e beijou o rosto de Júlio com delicadeza:

— Amo você! Sua bondade me alegra.

— Não é bondade; é defesa. Entende por que não tenho medo? Como não acredito mais em punição nem em violência, sei que estou protegido.

Alberto ouvia Júlio surpreendido. Começava a entender o que Cláudio dissera. Talvez ele estivesse sendo precipitado. Júlio não seria assassinável porque acreditava na força do bem? Teria uma crença, um poder assim tão grande? Acreditar mudaria o andamento dos fatos?

Alberto sentiu-se mais calmo. A serenidade de Júlio e as palavras de Cláudio começavam a fazê-lo sentir-se melhor. Pensou em sua vida.

Teriam suas crenças e sua forma de enxergar as coisas determinado os acontecimentos? Cláudio estaria certo ao afirmar que o crime do qual fora vítima não o deixava quite com a Lei de Deus?

Sentia necessidade de pensar, ir a fundo no assunto, rever suas ideias, seus conceitos, e descobrir a causa real do que lhe acontecera. Ficara claro que o crime que eles cometeram no passado provocara os últimos acontecimentos. Não havia dúvidas quanto a isso, contudo, parecia-lhe agora que as coisas não eram tão simples assim.

Haveria outras causas além dessa? Precisava descobrir. Estava cansado de sofrer. Haviam-lhe dito que Deus era bom e justo. Por que teria criado o mal com tanto poder?

Cometera erros, porém, estava disposto a rever seus atos, a ajudar as pessoas as quais prejudicara. Pretendia fazer o bem, contudo, começava a sentir que só isso não seria o bastante.

Como ajudaria pessoas que se agarravam às ilusões e não queriam ouvir? Sentia-se inseguro. Como ajudaria? Percebia a tragédia iminente, o que fazer?

Decidiu voltar. Foi procurar Cláudio. Ele, mais adiantado em seus estudos e conhecimentos, poderia ajudá-lo.

Só o encontrou no dia imediato. Cláudio abraçou-o com alegria.

— Precisamos conversar — disse Alberto. — Estou confuso.

— Sente-se e fale. O que aconteceu?

— Por enquanto, nada. Mas vai acontecer hoje ou amanhã. Não sei o que fazer... Preciso impedir Rino de cometer esse crime.

— Já falamos sobre isso.

— Sim. Fui vê-lo, tentei influenciá-lo, mas nada. Garanto-lhe que me esforcei. Fiz o que pude, ignorei o ressentimento e acho até que consegui, porque ele começou a registrar minha energia boa. Porém, há aquela mulher. Ela o domina. Para ela, foi mais fácil enviar boa energia, contudo, ela é uma rocha. Nem consegui tocá-la. Fui, então, atrás de Jovino, Magali e de Mariazinha.

— Acompanhei tudo. Sei o que aconteceu.

Alberto suspirou.

— Isso facilita. Então sabe como Júlio pensa. Não acredita que o mal possa vitimá-lo.

— Eu sei.

— Então? Isso será suficiente para defendê-lo?

— Não sei. O que acha?

— Isso é uma infantilidade. Uma crença não tem esse poder. Eu mesmo, na Terra, nunca pensei que seria assassinado. Não acreditava nisso, no entanto, eu fui.

Cláudio sorriu:

— Você sabe as causas que determinaram sua morte.

— Sei. Sei que fui um assassino em outra vida, mas sei também que o fiz pensando ser o melhor. Em defender a honra da família. A educação severa que recebi colocava o adultério como crime passível de morte. E as pessoas que nós matamos eram inocentes daquele caso. Pelo menos, Maria era. Que crime ela estaria resgatando? Teria matado alguém em outras vidas? Por quê ela?

— Fez-me muitas perguntas. Vamos por partes. Claro que, naquele tempo, você agiu pensando em fazer o melhor. Quem age pensando em fazer o pior? Por certo, havia "vantagens" que você colocou em primeiro lugar na escolha das atitudes daquela hora. O problema é que seus valores de adultério, honra etc. eram fruto de conceitos humanos, sociais, enganosos e distorcidos. Quanto a Maria, o fato de ela haver sido vitimada pode advir de várias causas. Poderia até haver cometido algum crime no passado, porém, sei que ela não o fez.

— Então por quê?

— Apesar de bondosa e honesta, era medrosa e passiva. Nunca deu valor a si mesma. Deixava-se dominar com facilidade. Sentia-se menor do que os outros. Acreditava que os outros eram mais inteligentes, mais fortes e bondosos do que ela.

— Então, não acreditava no mal nem na violência.

— Acreditava no perigo, na força bruta dos outros. Detestava brigas. Temia a violência. Mas eu quero crer que a causa mais provável de ela haver sido envolvida naquele caso foi que ela, acreditando-se inferior, menos capaz, desejava ser a heroína. Diante de si mesma e dos outros, queria ser considerada bondosa. Jamais negava um favor a ninguém, nunca dizia não.

— É verdade. Maria era amada por todos. Eu não entendo. Seria isso um mal?

— Veja bem. Ela não o fazia por amor. Por um sentimento natural. Ela o fazia para compensar, diante do seu próprio julgamento, os lados que considerava ruins de sua personalidade. Por isso, não assumia sua força interior. Ao contrário. À medida que se desvalorizava, declinava dela. E aí, meu caro, atraiu o domínio dos outros. Amélia a dominava com facilidade.

— É verdade. Amélia possuía um magnetismo impressionante. Eu mesmo fiquei fascinado.

— Ela acreditava na própria força. Ninguém a dominava.

233

— Eu sei.

— Se Maria fosse menos dependente, por certo não se prestaria a ir à noite àquele encontro suspeito. Não teria sido envolvida.

— Quer dizer que a ingenuidade de Maria, sua inocência, não tinham defesa?

— Claro. A ingenuidade é sempre preservada. Se Maria foi vitimada foi porque ela não era mais ingênua. A vida, meu caro Alberto, trabalha pelo melhor de cada um. Em várias oportunidades, Maria pôde perceber o próprio valor, como mulher, como pessoa, e chegara a posicionar-se adequadamente com o sogro, aliás, homem teimoso, e com a própria Amélia. Você deve lembrar-se de que houve ocasião em que ela fez prevalecer sua opinião, porque estava segura do que afirmava.

— Eu sei. Até meu pai voltou atrás, coisa muito rara nele. Ela estava certa.

— Foi isso. Quando você já sabe, a vida não o protege. Espera que você use sua força. Foi o que ocorreu. Ela voltou a agir como dependente passiva depois de haver demonstrado que possuía condições de agir melhor. Nessa hora, a vida não a protegeu. Foi isso. Ela vitimou-se.

— É incrível! Custa-me crer.

— Teste. Tem todo o tempo do mundo para isso.

— Nesse caso, quantas coisas poderiam ser causa dos nossos sofrimentos!

— É por isso que o melhor conselho já foi dado por Sócrates há muito tempo: "Conhece-te a ti mesmo".

— Nesse caso, é difícil prever o que acontecerá com Júlio. Como saber o que vai dentro dele? O que pensa, o que sente?

— Por isso eu disse que não sei.

— O que posso fazer?

— Vibrar amor, visualizar o bem e esperar.

— Estou inquieto. Não poderei fazer mais nada?

— Se fizer o que lhe disse, estará fazendo tudo. Acalme-se. Inquieto, não fará nem o que poderia. Pense que você não tem o poder de mudar as pessoas. Saiba que o mal não existe. Os fatos, se resultarem em dor e sofrimento para os envolvidos, serão sempre o melhor que poderia haver lhes acontecido. A vida trabalha sempre pelo melhor. Não olhe os fatos com olhos dramáticos. Todos eles são efeitos passageiros, trabalhando em função de uma causa maior: a conquista da sabedoria e da felicidade. Deixe nas mãos de Deus, porque Ele sabe o que faz e faz tudo certo.

Alberto sentiu-se mais calmo. A certeza da própria impotência incomodava-o, porquanto uma voz dentro de si cobrava-lhe uma atitude.

Descobrir que não possuía poder para mudar os outros e que não precisava fazer isso deu-lhe grande alívio.

— Vá — disse Cláudio. — Faça o que puder, mas guarde serenidade. Ela o fará agir melhor e mais eficientemente no momento preciso. A fé no poder de Deus acalma e fortalece. Pense nisso.

— Se dispuser de tempo, gostaria de conversar mais. Checar algumas dúvidas.

Cláudio sorriu:

— Está bem. Volte quando quiser.

Alberto saiu. Sentia-se renovado. Um dia, ainda entenderia melhor os mecanismos da vida. Sua sabedoria encantava-o. Resolveu ir ver Odete e depois voltaria à Terra.

Encontrou Odete aflita e chorosa. Queria ver Jovino, mas não obtivera permissão.

— Qualquer dias destes, irei embora e farei o que desejar. Aqui, vivo tolhida, dependente. Não posso fazer o que quero.

Alberto tentou acalmá-la.

— Não seja ingrata. Você tem recebido muita ajuda aqui. É só olhar para si agora e ver como melhorou.

— Sei disso. É por isso que aguento. Mas, às vezes, penso que eles são muito devagar. Dizem que precisamos esperar, mas não aguento mais ficar aqui, sem fazer nada, enquanto Jovino sofre na prisão.

Alberto olhou-a sério e disse com voz firme:

— Você conhece o passado. Sabe que contribuiu mais do que eu para a tragédia.

— Não precisa me fazer recordar de minha parcela de culpa. Sei que fui errada e que envolvi Maria nessa confusão, contudo, João não merecia sofrer. Sempre foi bom e amigo. Nunca me abandonou, apesar da minha loucura. Isso me dói. Desejo ajudá-lo. A culpa maior foi minha!

— Tenho pensado muito, Odete, e tentado entender como nos envolvemos nessa situação. Culpar qualquer um de nós não ajudará em nada. Assim como nossa ansiedade e angústia não libertarão Jovino. O importante para mim agora está sendo compreender que não disponho de poder para mudar as pessoas e os acontecimentos fora de mim. Descobri que meu único e grande poder só atua dentro de mim mesmo. Posso olhar meu coração e tentar enxergar meus sentimentos, compreender que minhas crenças, ou seja, os pensamentos e valores nos quais acredito, geram atitudes, que atraem para mim todos os fatos de minha vida.

— Como pode pensar em você numa hora destas? Você é um egoísta!

— Engana-se. Quando eu equilibro e controlo meus pensamentos e minhas emoções, quando melhoro o nível dos meus sentimentos, passo a ter condições de ajudar os outros. Ontem, fui ver Jovino. Encontrei--o bem, sereno. Eu, contudo, estava tão ansioso, angustiado, aflito, que, quando o abracei, em vez de ajudá-lo como pretendia, acabei por transmitir-lhe minha angústia e meu descontrole. Precisei fazer muita força e orar para devolver-lhe o equilíbrio. Entendeu?

Odete baixou a cabeça com tristeza.

— Sim. Já percebi que nossas energias refletem o que nos vai na alma.

— Eis porque você não tem permissão para visitá-lo. Quer somar sua revolta, seu descontrole, aos sentimentos dele?

— Claro que não. Desejo vê-lo para dizer-lhe que estou do seu lado. Dar-lhe forças, ampará-lo.

— Quando nos aproximamos das pessoas, nossas energias se misturam. Não é o que você gostaria que ele sentisse com sua presença, mas o que você realmente sente no coração. Não se deu conta de que sua visita poderia angustiá-lo ainda mais?

— Eu o amo! Posso dar-lhe amor. Ele está só, abandonado naquele antro.

— Ninguém está só. Você sabe o quanto ele tem sido amparado.

— Não aguento esperar.

— É preciso. Tenho aprendido que a vida é sábia. Ele só será libertado quando perceber coisas que a experiência deve lhe mostrar. Aí, tudo será facilitado. Você verá.

— Você vai vê-lo?

— Consegui permissão para estar com eles. Você sabe... ninguém mais do que eu deseja libertá-lo.

— Ao regressar, traga-me notícias.

— Certamente. Agora preciso ir. Fique calma. Nossos orientadores sabem o que fazer. Aprenda a dominar seus impulsos e lembre-se de que foi por causa disso que se envolveu nesse drama. Faça alguma coisa a favor de si mesma. Faça um curso, trabalhe, ajude os outros, aprenda coisas, principalmente a desenvolver sua lucidez, tornar-se consciente. A maturidade equilibra e traz felicidade. É o que todos nós precisamos.

— Vou esforçar-me. Obrigada, Antero.

— Melhor me chamar de Alberto.

— Como queira.

Alberto resolveu ver Cláudio antes de partir.

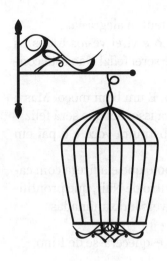

Capítulo 18

Mariazinha levantou-se feliz e agitada. Faltavam cinco dias para o casamento e havia muitas coisas a fazer. Pedira demissão do emprego. Júlio preferia vê-la cuidando da pequena casa que haviam alugado, não muito distante dos pais dela. Ele possuía algumas economias, e haviam decorado a residência com gosto. A firma onde trabalhava havia alguns anos dera-lhe promoção, e ele sabia que poderia progredir ainda mais. Era estimado e gostava do que fazia.

Tudo decorria maravilhosamente bem. Seu José também possuía economias, assim, Mariazinha conseguira comprara seu enxoval sem precisar do empréstimo de Magali.

A moça apressou-se. Precisava ir à modista fazer a última prova do vestido de noiva. Sua mãe encomendara o bolo de uma amiga e iria comprar os ingredientes para deixar na casa dela.

Isabel já a esperava com a mesa posta para o café. Andava chorosa tentando encobrir a emoção.

— Estou sem fome. Tenho muita coisa para fazer hoje.

— Você precisa alimentar-se. Mal toca na comida. Emagreceu. Pode adoecer.

— Estou muito bem.

— Não pode sair sem comer.

Mariazinha olhou a mãe e sorriu:

— Estou muito bem. Vou tomar café com leite, mas não quero ver sua cara triste. Afinal, não vou morrer. Vou só casar!

— Credo. Vire essa boca pra lá. Vai se casar e vai sair de casa! Você nunca se separou de nós. Isto aqui ficará muito triste sem você.

Isabel tentava conter as lágrimas. A moça tentou alegrá-la.

— O que é isso? Vou morar aqui pertinho e virei vê-los todos os dias. Amo Júlio. Terei minha casa, meus filhos, e serei feliz! Não está contente com minha felicidade?

— Claro, filha! Estou feliz. Gosto do Júlio. É um bom moço. Mas é uma emoção que não posso evitar. Não ligue para isso. Sei que será feliz.

— Obrigada, mãe! Sabe que ninguém substituirá você e o pai em meu coração.

Para alegrar a mãe, Mariazinha comeu o bolo que ela fizera com carinho, tomou o café com leite e saiu. Foi ao encontro de Nair, que prontificara-se a ir junto com ela. As duas seguiram conversando animadas.

— Ontem eu estive com Lineu.

Mariazinha estremeceu. Nos últimos dias, esquecera-se de Rino.

— E aí? Falou com ele?

— Falei. Sabe como é. Eu queria saber do Rino.

— E então?

— Bem, não sei se foi verdade, mas ele me contou a conversa que teve com Rino por telefone na semana passada.

— Ele continua nos Estados Unidos?

— Continua. Lineu disse que conversou com ele e "casualmente" lhe contou sobre seu casamento. Aparentemente, ele nem ligou. Parece até que arranjou outra por lá e ficará mais tempo. Disse que ele está apaixonado.

Mariazinha suspirou aliviada.

— Ainda bem. Graças a Deus. Podemos acabar com esse pesadelo.

— É. Eu também senti alívio. Por outro lado, e Jovino?

— É verdade. Como o ajudaremos? E se estivermos enganados? E se não houver sido o Rino?

— Não sei. Nesse caso, tudo volta à estaca zero.

— Seja como for, estou aliviada pelo Júlio. Só em pensar que algo poderia acontecer-lhe, sinto um aperto no coração.

— Em todo caso, está nas mãos de Deus. Não é o que dona Dora sempre nos ensina?

— É verdade. Desde que comecei a ir ao centro, venho me sentindo muito melhor. Nunca mais tive pesadelo. Parece que Alberto sossegou.

— Ele bem que podia ajudar Jovino. Ele conhece a verdade, sabe quem é o culpado.

— É mesmo. Penso que ele deseja ajudar. Sei que está tentando. Sinto que há uma barreira impedindo isso.

— Tudo vem na hora certa. Vamos continuar nossas orações.

Mariazinha sorriu.

— Você agora pensa mais em Deus, tem mais fé.

— É mesmo. Depois do que aconteceu, sei que o mundo não é só o que podemos ver e tocar. Há muito mais além disso. Além do mais, sinto-me bem indo ao centro. Parece que fiquei mais alegre. Meu irmão melhorou no emprego e está mais feliz, e minha mãe está com a saúde equilibrada. Posso sentir como as coisas mudaram depois que passei a acreditar mais na espiritualidade, rezar mais e colocar Deus em minha vida. Devo tudo isso a você.

— Sinto-me muito feliz. Gostaria que o mundo todo fosse feliz como eu.

— Vocês merecem. Júlio será muito bom marido. Talvez para você fosse melhor esquecer o passado.

— Se não fosse Jovino, eu colocaria uma pedra no assunto. É triste pensar que ele está preso lá por um crime que não cometeu.

— É mesmo. Vanderlei tem procurado, mas até agora não encontrou nada.

— É desanimador. Chego a pensar que nunca encontraremos nada.

— Deus é grande. Nele devem estar nossas esperanças.

À noite, Mariazinha conversou com Júlio.

— Rino não nos dará trabalho. Está longe e perdeu o interesse.

— Apesar do Jovino, sinto-me mais calmo por sabê-lo longe de você. Não virá mais importuná-la.

No dia seguinte, telefonou ao Vanderlei para dar-lhe a notícia:

— Nosso homem desistiu — disse.

— Tem certeza?

— Tudo indica que sim. É melhor parar com a vigilância. É pura perda de tempo.

— Não penso assim. Quem nos garante que esse tal Lineu procurou despistar? Faltam poucos dias para o casamento. Não devemos facilitar.

— Exagero seu. Esse não nos dará mais trabalho. Sinto pelo Jovino, mas o que podemos fazer?

— Mesmo assim, não vamos parar.

— Você deixou a ativa, mas continua policial.

— Sempre tive faro. Você sabe disso.

— Vou estar muito ocupado nestes dias. Será difícil pensar em outra coisa. Tenho muito o que fazer. Será muito trabalhoso vigiar-me.

— Não se preocupe. Faça o que precisar e deixe comigo.

— Você é teimoso mesmo. Esse casamento será um sucesso!
— Isso eu garanto.

Apesar da atitude de Júlio, Vanderlei não desanimou. Conversou com os policiais amigos que estavam protegendo Júlio e pediu-lhes que continuassem atentos. Um deles aceitou a sugestão de ir diariamente ao aeroporto verificar a lista dos passageiros. E ele o fez exatamente na véspera do casamento, sem, contudo, encontrar o que buscava.

Rino, no entanto, estava lá. Desembarcara pela manhã, tomara um táxi e dirigira-se a um hotel, onde se hospedou com documentos falsos. Vendo-o, ninguém o reconheceria. A barba e bigode castanho-claro, em que havia alguns fios brancos, o envelheceram. O traje discreto e à moda europeia faziam-no parecer bem mais velho.

Fechado em seu quarto no hotel, ele esperava a noite chegar para agir. À noite — pensava ele —, seria mais fácil realizar seus planos.

Quando Júlio deixou feliz o trabalho naquela tarde, alguns colegas o acompanharam. Planejavam comemorar. Queriam fazer a despedida de solteiro. Júlio tentara esquivar-se sem conseguir.

Parados na calçada, eles insistiam:

— Não vamos deixar passar. De forma alguma.

— Agradeço a boa intenção, mas tenho coisas a fazer. Estou atrasado. Hoje pretendo recolher-me cedo para estar bem-disposto amanhã.

— Vamos agora. Não precisamos ficar até tarde.

— É — disse outro. — Vamos ao bar do Mingo. Você não vai recusar. Que diabo! Afinal, o fato merece ser comemorado! Se não for, ficaremos ofendidos.

— Está bem, vamos. Agradeço a prova de amizade. — Olhou o relógio de relance e concluiu: — Até as nove eu posso. Nem um minuto a mais.

— O que estamos esperando?

— Vamos indo.

Entre risos e brincadeiras, eles foram a um bar próximo e sentaram-se em um espaço reservado.

Rino, fingindo olhar uma vitrine, observava-os disfarçadamente. Dirigiu-se ao ponto de bondes. De lá podia ver a porta do bar. As coisas estavam melhores do que esperava. Uma despedida de solteiro viera a calhar. Nessas ocasiões, há bebidas, brincadeiras, e seria fácil executar seu intento.

Apertou o cano da arma que guardava na cinta, escondida pelo grosso e largo paletó. Júlio não perdia por esperar. Ao desembarcar no aeroporto, marcara a passagem para o dia imediato. Ninguém desconfiaria. Seria o crime perfeito.

Sorriu satisfeito. Mariazinha seria dele e de mais ninguém.

Embora Júlio desejasse dormir cedo, passava das duas quando eles saíram do bar. Haviam bebido e estavam alegres. Entre eles, havia alguns companheiros da adolescência, que, envolvidos pelas lembranças jocosas daqueles tempos, se esqueceram das horas.

Rino, escondido em uma esquina, observava-os. Não queria testemunhas. Ninguém deveria vê-lo.

— Vamos esperar mais — sugeriu um deles. — Não há bonde mesmo.

— Há um ônibus na linha. Vamos tomar esse — disse Júlio decidido.

— Vai demorar quase uma hora.

— Talvez não.

Rindo e brincando, dirigiram-se ao ponto de ônibus. Levantando a gola do casaco, Rino dirigiu-se também para o ponto, mantendo-se a discreta distância. Sentia-se seguro com o disfarce. Ninguém o reconheceria.

Quando o ônibus chegou, esperou que todos subissem e subiu, sentando-se no último banco. Fingiu estar sonolento, mas observava-os dissimuladamente. Sabia onde Júlio morava. Fizera até um mapa do local. Por isso, saltou do ônibus um ponto antes dele.

Tomando uma travessa, correu para esconder-se atrás de um muro. Júlio seguramente passaria por ali. Sacou a arma e verificou se estava em ordem. Com o silenciador, ninguém ouviria o tiro. Seu coração batia forte no silêncio escuro da madrugada.

Júlio desceu do ônibus em meio às brincadeiras dos companheiros. Consultando o relógio, dirigiu-se à casa em passos rápidos. Rino apontou a arma, fez a mira e sentiu uma violenta dor no braço, enquanto sua arma era jogada a distância.

Antes que se recuperasse da surpresa, ouviu uma voz dizer-lhe firme:

— Você está preso!

Sentiu o cano de um revólver em suas costelas. Apesar do susto, Rino reagiu, deu um salto e vibrou um soco violento, alcançando o estômago do adversário, que soltou um grito de dor. Aproveitando-se daquele breve instante, Rino saiu correndo.

— Pare, senão eu atiro — berrou o outro.

Ele não o atendeu, e o policial atirou várias vezes. Rino sentiu uma ardência na perna, enquanto o sangue escorria.

"O desgraçado me acertou", pensou apavorado.

Ainda assim, saltou um muro e conseguiu esconder-se atrás de algumas pilhas de lenha que havia lá.

Silêncio. Ruído de passos na rua, pessoas abrindo as janelas, perguntando o que estava acontecendo. Júlio, pálido, conversava com o policial.

— Não há dúvida de que ele pretendia atirar em você — disse o policial. — Vanderlei me pediu para ficar aqui, e eu vi quando o sujeito escondeu-se e sacou esta arma. Veja, último tipo, com silenciador e tudo. Mas eu acertei ele. Está ferido. Olhe o sangue. Vá para casa e chame o Vanderlei. Hoje pegamos o homem. Ligue para a delegacia e peça ajuda. Fale com o Bento. Você sabe.

Apavorado, Rino rasgou um pedaço da camisa e amarrou bem forte no local do ferimento. Não lhe parecia grave. O que o apavorava era ser descoberto. Havia um reboliço, e ele precisava encontrar um jeito de sair dali. O rastro de sangue os levaria até onde estava.

Apesar da queimação que sentia no ferimento, conseguiu estancar o sangue. Olhou ao redor. Estava em um terreno grande, murado, onde havia muita madeira. Era um enorme galpão.

"Uma serraria", pensou ele. Tinha de agir depressa.

Procurando não fazer ruído, caminhou pelo local. Sob um coberto estava uma pequena caminhonete. Ele exultou. Havia um cadeado no portão de saída, mas ninguém estava lá. Procurou uma ferramenta, o que foi fácil, porque lá havia uma pequena oficina. Com ela, arrebentou o cadeado. Ele sabia fazer ligação direta do motor. Fazia-o nas arruaças com os amigos. Ligou o veículo e saiu com a caminhonete pela rua detrás de onde ocorrera tudo. Pisou no acelerador o máximo que pôde. Infelizmente, o carro era velho e não corria o quanto ele desejava, mas, ainda assim, conseguiu seu intento.

Apesar dos ruídos da rua, a polícia ainda não chegara. E quando o policial, seguindo o rastro de sangue, pulou o muro da serraria, Rino já saíra.

Suando em bicas, Rino só queria escapar dos perseguidores. Quando se viu a salvo, pensou numa forma de voltar ao hotel. Teria de abandonar a caminhonete. Não podia tomar nenhuma condução, mesmo que aparecesse alguma.

Largou a caminhonete a um quilômetro do hotel, em um terreno baldio, meio escondida. Assim, eles não a encontrariam com facilidade. Caminhou com alguma dificuldade, sentindo a dor aumentar. Chegou ao hotel e viu que o encarregado cochilava na recepção. Fingindo-se embriagado, Rino entrou apanhando a chave do quarto. O encarregado abriu os olhos e, vendo-o, tentou dissimular o sono, mas, assim que Rino se dirigiu ao elevador, ajeitou-se novamente na poltrona.

No quarto, Rino sentiu-se mais seguro. A perna doía. Não podia ir ao médico nem chamar os amigos. Decidira não colocar mais ninguém naquela jogada. Tinha de agir depressa. Não se conformava em haver perdido a arma e a oportunidade. De onde saíra aquele infeliz? Não havia ninguém na rua. Seria um guarda de alguma casa?

Felizmente, usara luvas o tempo todo. Suas impressões não estavam na arma. Foi ao chuveiro e tomou um banho. Precisava aclarar as ideias. Acalmar-se. Não pensava em desistir, só em adiar. Desmarcaria a passagem. Esperaria alguns dias. Precisava cuidar do ferimento, mas como?

Conhecia um médico que atendia a esses casos cobrando um bom dinheiro. Isso não era problema. Estava prevenido. O pior era ter de procurá-lo. Não lhe restava outro recurso. Cuidaria primeiro do ferimento e depois de Júlio.

Trincou os dentes com raiva. Eles se casariam naquele dia, e ele nada poderia fazer. Sua impotência sufocava-o. Não aceitava perder.

Amarrou o ferimento com pano limpo, vestiu outra roupa, colocou a barba e, assim que o dia clareou, chamou um carro de aluguel. Parou na esquina do médico e bateu à porta. Uma mulher de meia-idade abriu-a sonolenta.

— Vim ver o doutor Mílton. Estou passando mal.

— Entre. Sente-se na sala. Ele já vem.

Suando, Rino sentou-se na sala indicada e esperou. Um homem magro, moreno, de cabelos grisalhos apareceu na soleira.

— Doutor Mílton?

— Sim.

— Preciso dos seus cuidados. Estou mal.

— Passe para o consultório. Vamos ver isso. Sente-se.

— Estou ferido, doutor. Conheço sua discrição nesses casos. Você atendeu o Getulinho há uns dois anos.

— Hum! Não quero me meter em encrenca. Como foi?

— Uma briga. Fui traído. Não esperava.

— E a polícia?

— Nada de polícia. Só briga entre minha turma e a deles.

— Deite-se ali. Vamos ver isso. Está ruim. A bala saiu do outro lado. Por pouco, não atingiu o fêmur. Sorte sua. Mas já está muito inflamado.

— Está queimando muito.

— Vai passar.

O médico preparou uma seringa e deu um injeção no local. Foi quando do Rino, sentindo ruir toda a sua resistência, perdeu os sentidos.

Ao acordar, estava deitado em uma cama limpa. Sobressaltado, lembrou-se do que acontecera. Tentou mexer a perna, mas sentiu dor. Olhou ao redor e, assustado, viu sua barba postiça e o bigode dispostos sobre a mesa de cabeceira. Fora descoberto.

Assustado, examinou o pequeno quarto cheirando a éter. Sentia-se um pouco tonto. Tentou levantar-se, mas a cabeça rodou e ele deitou-se novamente.

Precisava sair dali, mas não conseguia. Seus olhos estavam pesados e o corpo mole.

Algum tempo depois, a porta abriu-se e a mulher que o atendera entrou.

— Onde estou? — perguntou ele com voz pastosa.

— Na casa do doutor Mílton. Você desmaiou. Ele tratou de você. Como acordou agitado, ele deu-lhe um sedativo. Disse que precisava descansar. Agora durma. Ao acordar, estará bem melhor.

Rino queria ir embora, mas percebeu que não tinha outra opção senão ficar.

Vanderlei chegara ao local vinte minutos depois, quase ao mesmo tempo que o carro da polícia. Vasculharam a área, descobriram o local onde Rino se escondera e o furto da caminhonete. Enquanto a polícia revistava tudo em busca de uma pista, Vanderlei não se conformava.

— Se ao menos eu tivesse colocado dois homens aqui!

— Quem iria adivinhar? — disse Júlio. — Até agora, não parece verdade. Vai ver que nem era comigo. Pode tratar-se de um ladrão vulgar.

— Não creio — respondeu Mendes, o policial que o defendera. — Eu estava vigiando, esperando sua chegada, quando vi o homem correndo e se escondendo, olhando para o ponto de ônibus. Aproximei-me cuidadosamente, sem ser notado. Vi quando ele mirou em sua direção. Ele estava à sua espera para atirar.

— Se não fosse o Mendes, meu caro, você podia estar ferido ou algo pior.

— Custa-me crer! Devo-lhe a vida! — agradeceu Júlio com emoção.

— O bandido reagiu. Eu não esperava. Ele me acertou, e garanto que o murro dele não foi brincadeira. Fiquei tonto de dor. Cheguei a suar. Meus olhos ficaram turvos. Se não fosse isso, eu o teria derrubado. Tenho boa pontaria. Em todo caso, ele tem sete fôlegos. Apesar de ferido, escapou. Agora é ponto de honra. Vou achar esse sujeito ainda que seja no inferno!

— Calma — pediu Vanderlei. — Como era ele?

— Alto, forte, tinha barba. Vestia-se diferente. Não parecia brasileiro. A arma é importada.

— Não era o Rino — opinou Júlio. — Ele não se parece com isso.

— Pode estar disfarçado. Quando eu era da ativa, fiz isso muitas vezes.

— Ele está fora do país. Pelo que sabemos, não regressou ainda.

— Se ele não veio, mandou alguém. O que não é difícil.

— Vamos até minha casa. Mamãe está fazendo café.

— Não me conformo de ele haver escapado.

— E agora?

— Agora ele está ferido. Não tanto a ponto de impedi-lo de agir. Mas, depois do que houve, ele vai esperar. Pode se casar em paz. Em todo caso, colocarei duas pessoas na cerimônia e estarei por perto. Vamos ao café.

Eles entraram na casa trocando ideias, e Júlio, embora desejasse descansar, sentiu que não conseguiria. Sentia-se nervoso, inquieto. Se deitasse, não iria conseguir dormir.

— Você fez mal em não acreditar — disse a mãe de Júlio com ar preocupado.

— Ainda assim, continuo pensando que não era comigo.

— Você é teimoso — afirmou Ester. E, dirigindo-se a Vanderlei, disse: — Acha que ele pode voltar?

Vanderlei abanou a cabeça.

— Por ora, não. Ele foi ferido. Não vai querer arriscar. Pode ficar tranquila. Júlio será bem vigiado. Nada acontecerá.

Ela comoveu-se:

— Graças a você e ao investigador Mendes. Não sei como agradecer.

— Vamos ao café! — respondeu ele em tom de brincadeira. — Se for com bolo, melhor.

Depois do café, Vanderlei despediu-se.

— Procure descansar um pouco — aconselhou. — Precisa estar em forma hoje à tarde. Eu irei com Mendes ver como as coisas estão.

Júlio apertou a mão do amigo com força.

— Obrigado — disse.

Vanderlei sorriu. Uma vez na rua, foi ter com os policiais que procuravam interrogar as pessoas da vizinhança. Infelizmente, ninguém vira nada. Foram procurar o dono da serraria onde Rino se escondera e obter informações sobre a caminhonete. De posse desses dados, espalharam a informação para todas as viaturas.

Mas, até a hora do casamento, não haviam recebido nenhuma notícia. O autor do atentado desaparecera misteriosamente.

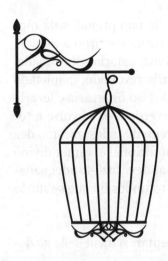

Capítulo 19

Quando Alberto entrou no pequeno quarto onde Rino, ainda sob o efeito dos sedativos, dormia, percebeu que o espírito da mulher que o influenciava não arredara pé.

Na véspera, ele acompanhara o desenrolar dos fatos e vira que, quando Rino foi ferido, ela abraçou-o, dando-lhe forças e inspirando-o a pular o muro e fugir. Sabia que ele conseguira por causa disso.

Alberto, que desejava vê-lo capturado para libertar Jovino, decepcionou-se. Não entendia por que isso acontecera. Ele, que desejava ajudar um inocente e ver um criminoso responsabilizado, não conseguira impedi-la de ajudá-lo.

Por que o mal fora mais forte? Não haviam lhe dito que o bem sempre vencia? Decepcionado, ele procurou Cláudio para tentar encontrar uma resposta.

Cláudio recebeu-o com um abraço sincero. Alberto colocou-o a par dos últimos acontecimentos e finalizou:

— Pensei que finalmente a verdade apareceria, contudo, aquela triste figura surgiu e o salvou da polícia. Não consigo entender. Tentei ajudar. Afinal, ele é um assassino e por pouco não cometeu outro crime. Por que ela foi mais forte do que eu?

— Porque tem mais afinidade com ele do que você.

— Nesse caso, o bem saiu perdendo.

— Eu não diria isso.

— Como explicar o que aconteceu?

— Através da nossa visão relativa, nem sempre é fácil. A verdade para nós é fracionada.

— Se ele fosse preso, tudo se resolveria. Ele não prejudicaria ninguém e Jovino seria libertado. Afinal, não foi ele quem me tirou a vida.

— Na sua opinião, a questão, aparentemente, estaria solucionada. Porém, Rino não teria percebido nada, continuaria revoltado, manietado por aquela criatura, e não podemos avaliar aonde isso os levaria e levaria todos os envolvidos. Já lhe disse que a solução verdadeira envolve a todos. O bem não é patrimônio de alguns, mas direito de todos, mesmo dos que estão incapacitados de vê-lo. Esse amor incondicional é o amor divino atuando sempre. Quem deseja efetivamente ajudar deve fazê-lo adequadamente. Os laços que unem as pessoas são mais profundos do que se supõe à primeira vista.

— Fico desanimado.

— Por quê? Você tem a eternidade para tentar. A ansiedade só deturpa a realidade.

— O que posso fazer?

— Olhar os envolvidos com compaixão. Tentar saber quais são suas necessidades. Contribuir para seu amadurecimento.

— Não será fácil. Antes desta vida, eu não os conhecia. Nem sequer sei por que ela aprisiona o Rino daquela forma. É loucamente apaixonada por ele.

— Talvez seja interessante você descobrir essa história. Investigue. Sem julgamento nem crítica. Lembre-se de que seu objetivo sempre será o de ajudar.

— É o que me aconselha?

— Sim.

— Isso vai demorar...

— É a melhor forma.

— Tentarei.

Alberto olhou-a pensativo. Ela sentara-se ao lado do leito e observava a cena. Rino dormia pesado, e seu corpo astral estava estendido sobre o corpo físico, ligeiramente acima.

Certo de que ela não percebia sua presença, Alberto aproximou-se tentando penetrar em seus pensamentos. Encontrou-a carinhosa e atenta.

"Durma, meu bem. Eu estou aqui. Fique tranquilo. Ninguém o encontrará. Em breve, estará curado", pensava. Uma onda de tristeza a invadiu. "Ela está se casando. O que será de nós agora? Como realizarei o sonho tão acariciado?"

Não desejava esperar mais. Não aguentava ficar separada dele. O corpo era uma barreira difícil. Pensara em solucionar o caso de outra forma. Se ela não podia tê-lo através de Mariazinha, ficariam em condições de igualdade se Rino morresse. Entretanto, temia o imprevisto dessa situação. Antes de ele nascer, ela o procurara durante muito tempo. O astral guardava segredos que ela não conseguia desvendar.

No mundo, preso ao corpo carnal, ele não tinha como fugir do seu controle. Sem o corpo, temia que ele desaparecesse e ela não conseguisse encontrá-lo. Por isso, apesar da barreira que isso representava, desejava mantê-lo vivo na carne.

Alberto continuava atento, tentando registrar os pensamentos dela.

"Sem você, eu não quero viver", pensava ela, acariciando amorosamente o corpo astral de Rino. "Hei de encontrar um jeito! Aquela sonsa. Por que ela pode ser feliz e eu não? Onde está a justiça? Ela que foi a causadora de tudo. A malvada! Hei de infernizar a vida dela. O casamento não dará certo. Veremos! Ela precisa sofrer também."

Alberto sentiu-se curioso. Que tragédia envolvia aquelas pessoas?

"Se quer ajudar, precisa ajudar a todos", dissera Cláudio.

Ela dizia-se vítima. Teria razão? A verdade atenuaria sua atitude? Ficou abalado. A repulsa que ela lhe inspirava seria injusta? Como saber?

Recolheu-se a um canto do pequeno aposento e pediu ajuda a Deus. Ele não queria ser injusto. Não desejava julgar ninguém. Por causa disso, cometera um crime no passado. Precisava compreender. Aqueles dois também seriam vítimas? Estaria enganado?

Orou com sinceridade. Colocou-se à disposição da sabedoria divina para ajudar no que fosse mais adequado, uma vez que ele não sabia o que fazer.

Quando abriu os olhos, uma bela mulher estava diante dele. Aparentava ter trinta e cinco anos, tinha cabelos castanhos e anelados, presos no alto da cabeça em um birote elegante, rosto suave e olhos brilhantes.

— Sou Norma — disse com delicado sorriso. — Vamos conversar um pouco. Também me interesso por esses dois. Venha comigo.

Alberto seguiu-a fascinado pelo seu magnetismo doce e seus olhos lúcidos. Em poucos instantes, estavam acomodados em um belo recanto de um parque, sob árvores frondosas.

— Que lindo lugar!

— Gosto daqui. A Terra é adorável! Aqui se pode ouvir os pássaros e sentir o aroma das flores. Ouvi seu apelo. Senti que deseja cooperar.

— É o que mais quero.

— Talvez seja útil conhecer a história de Cristina e Flávio.

Ele percebeu que ela falava de Rino e da sua apaixonada.

— Gostaria.

— Há muito tempo, quando vivia na Terra, tive uma filha a quem muito amava. Cristina nasceu depois de anos de um casamento de amor e nós a amamos desde o primeiro instante. Ela, contudo, revelou-se ter temperamento difícil e, desde a mais tenra idade, se recusava a acatar a orientação familiar. Meu marido, abastado e de classe social elevada, desejava oferecer-lhe luxo, cultura, vida confortável. Ela, porém, fascinada por ideias extravagantes, a cada dia tinha novo capricho. Tentamos ensinar-lhe valores e responsabilidade inutilmente. Aos quatorze anos, fugiu de casa em companhia de um aventureiro oportunista, envolvido com jogo e vida boêmia.

"Choramos sua ausência e a procuramos por toda parte sem encontrá-la. Quando finalmente a localizamos, estava em péssimo estado, doente e sozinha. Nós a levamos de volta para casa. Estava com vinte e poucos anos, mostrava-se arrependida e disposta a mudar.

"Amorosamente, Oswaldo e eu tentamos ajudá-la. Tudo ia bem até ela conhecer Flávio e apaixonar-se perdidamente por ele. De personalidade exuberante, forte e bela aparência, Flávio dominava-a completamente. Para segui-lo, ela deixou tudo: posição, família, amigos, tudo. De temperamento ardente, dominador e ousado, ele não se detinha diante de nada quando pretendia alguma coisa. Aventureiro e apaixonado, deixou Cristina completamente fascinada. Juntos, levaram uma vida nômade, cheia de altos e baixos, emocionalmente desequilibrada. Foi quando o pai de Flávio, homem rico e conceituado, resolveu casá-lo com outra. Reprovando a conduta do filho, desejava integrá-lo à sociedade. Homem formal e de educação rígida, via o desregramento de Flávio como coisa natural, loucura passageira da juventude. Casando-o, por certo estaria salvo e se livraria das aventuras malucas.

"Calmamente, procurou uma noiva e escolheu Clarinha, jovem ingênua e delicada, com quinze anos, modesta, filha de um grande amigo seu. Entendeu-se com ele, e, felizes, acertaram o casamento de seus filhos.

"Chamado à ordem pelo pai, Flávio, a princípio, se recusou ao casamento. Gostava da vida livre e sem compromissos. Além do mais, havia Cristina, que exercia forte atração sobre ele. Quando estava ao seu lado, a paixão o incendiava, e ele a desejava mais e mais. E, embora a esquecesse assim que se afastava, o fogo da paixão reacendia quando em sua presença."

Norma calou-se, e Alberto esperou em silêncio que ela prosseguisse:

— Ele recusou-se a casar-se até o dia em que viu Clarinha. Ela era menina ainda, de uma beleza pura, viçosa, delicada. Seu pai, intencionalmente, os convidara a um almoço em sua casa, e Flávio, movido pela curiosidade, aproximou-se dela. A menina pareceu-lhe assustada, arisca. A atitude dela espicaçou ainda mais sua curiosidade. Perplexo, descobriu que, ao contrário do que supunha, ela demonstrava não desejá-lo para marido.

"No jardim, Flávio aproximou-se desejando testá-la. Ele era adorado pelas mulheres, e suas conquistas eram numerosas. Foi dizendo à queima-roupa:

"— Você deve saber o porquê deste almoço.

"Ela corou ao responder:

"— Sei. Só vim para obedecer ao meu pai.

"— Sabe que eles desejam nos casar?

"— Meu pai falou comigo, contudo, tenho esperança de que você não aceite.

"— Por quê eu?

"— Porque não tenho como desobedecer meu pai. Sou uma boa filha.

"— Pelo visto, não deseja casar-se comigo. Tem algo contra mim?

"— Não, claro que não. Não é isso. É que eu não me sinto preparada para o casamento. Não saberia como agir. Sinto medo.

"Vendo os lábios dela tremerem e sua voz insegura, Flávio sorriu. Bobinha como era, seria fácil conquistá-la. Tomou-a nos braços procurando seus lábios com avidez. Assustada, Clarinha desvencilhou-se dele, empurrando-o com força, com o rosto corado pela indignação.

"O inesperado espicaçou-o ainda mais. Segurou-a com força e, dominando-a, beijou-a repetidamente nos lábios. Clarinha fora do corado ao pálido tal era sua indignação.

"— Isto é para aprender desde já que eu sempre faço o que quero. Se eu quiser me casar com você, me casarei e você fará tudo o que eu quiser, entende?

"A menina começou a chorar, e Flávio soltou-a.

"— Fique sabendo que não tolero lágrimas. Farei de você uma mulher, não uma boba como você é.

"— Não quero me casar com você. Eu o odeio! Nunca farei o que você quer.

"— Veremos! — desafiou ele com raiva.

"A partir desse dia, Flávio decidiu fazer a corte a Clarinha. Sob o olhar complacente e aprovador das duas famílias, ia visitá-la como noivo, e o que a princípio fora capricho começou a tornar-se quase uma obsessão. Quando estava com Cristina, dava vazão à sua paixão por ela, mas, quando via Clarinha, esquecia-se de tudo. O repúdio da menina excitava-o ainda mais. Decidiu casar-se com ela. Em vão, Cristina tentou impedir o casamento. Chorou, pediu, exigiu, brigou em vão. Flávio casou-se com Clarinha.

"Cheia de ciúmes, esquecida e só, Cristina afundou na bebida e no sexo desenfreado. Dentro de poucos anos, em péssima situação emocional e espiritual, deixou a Terra. Só muitos anos mais tarde, Oswaldo e eu, já no astral, conseguimos encontrá-la. Estava na Terra, colada a Clarinha em uma triste simbiose. A vida do casal tornara-se um inferno. Sem forças para reagir, Clarinha sujeitava-se passivamente ao marido. Fizera de tudo para escapar do casamento, ameaçara suicidar-se, mas tudo fora em vão. Seus pais estavam convencidos de que Flávio era excelente partido e que ela não encontraria nada melhor. Diziam que, casando-a com ele, estavam cumprindo seu dever de pais. Eles sabiam o que era melhor para ela. Tanto enfatizaram isso que ela acreditou. Afinal, Flávio era jovem, belo, rico e saudável. Muitas mulheres gostariam de estar em seu lugar. Não estaria sendo muito exigente? Sua mãe dizia que ele era demais para ela. Teria razão? Os pais sabem o que é melhor para os filhos. Têm mais experiência de vida.

"No dia do casamento, sua mãe a chamara em seu quarto e lhe dissera:

"— Filha, lembre-se de que você deve obedecer ao seu marido. Ele é o chefe do lar e da família. Vocês serão uma só carne e terão filhos. Seja uma boa esposa e boa mãe.

"— Mãe, tenho medo de ficar a sós com ele.

"Ela sorriu com superioridade:

"— Bobagem. Você é criança! Quando fechar a porta do quarto com ele, será uma mulher.

"— Mas eu não sinto amor!

"— Nem precisa. O amor virá depois. Flávio é um belo homem. Deixe de fantasias. Muitas queriam estar em seu lugar. Além do mais, você vai morar naquela casa linda, cheia de criados. Serão felizes! Melhor casamento, impossível. Trate de controlar o mau gênio, obedeça ao seu marido como obedeceu a seu pai e verá que tudo irá bem.

"Assim, Clarinha tentou adaptar-se à nova vida. Ela, contudo, odiava a intimidade com Flávio e esquivava-se sempre. Isso o atraía cada vez mais. Vendo o marido zangado devido à sua indiferença, intimamente, sentia-se culpada. Ele era seu marido. Tinha direitos sobre ela. Por que não conseguia aceitar o relacionamento sexual Flávio? Apesar de se esforçar, odiava aqueles momentos e nem sempre conseguia dissimular.

"Com o tempo, acabou percebendo que quanto mais deixava transparecer sua repulsa, mais ele a assediava torturando-a. Decidiu, então, começar a fingir. Se fingisse, ele não insistiria tanto e, assim, conseguiu sofrer menos.

"Cristina, no astral, não conseguia esquecer Flávio. Assim que recuperou certa lucidez, procurou-o e, empolgada, abraçou-se a Clarinha na tentativa de aproximar-se dele. Fizera várias tentativas para que ele sentisse sua presença sem, contudo, obter resultado. Abraçando-se a ela, notou que podia sentir de novo os beijos e carinhos de Flávio. Iniciou-se, então, uma triste situação para eles. Clarinha odiava o marido, porém, sob o controle energético de Cristina, passou a sentir-se atraída por ele. Esse relacionamento a três durou o resto de suas vidas. Quando Cristina a envolvia, eles entregavam-se à avassaladora paixão para depois caírem em depressão e descontrole emocional.

"Foi difícil separá-los depois da morte do corpo. Durante anos aqui no astral, eles digladiaram-se. Cristina desejando afastar Clarinha do caminho, uma vez que agora podia estar com Flávio. Este, porém, tal qual na Terra, ficava entre as duas, indeciso e desorientado, ora desejando Cristina, ora perseguindo Clarinha. Esta, por sua vez, mais esclarecida do que os outros dois, fez o que pôde para libertar-se deles. Sentia medo, pois Cristina a ameaçava, e repulsa por Flávio, a quem nunca conseguira amar. Socorrida por amigos, conseguiu, por fim, ser conduzida a um local de recuperação, onde melhorou rapidamente.

"Assustada com a invasão de que fora vítima, dedicou-se a estudar os fenômenos da mediunidade. Sabia que precisaria renascer na Terra e desejava precaver-se. Aprendeu com sofrimento o que significava abdicar do próprio poder, sujeitar-se à orientação de terceiros, ainda que estejam nos papéis de parentes próximos.

"Essa passividade, junto com o desinteresse pela vida, criara condições a que Cristina a dominasse. Percebeu também que era dotada de sensibilidade especial para perceber energias e seres de outras dimensões. Aplicou-se em aprender como utilizar essa sensibilidade a seu favor. O resto você já sabe."

Alberto concordou com a cabeça.

— Sim — disse por fim. — Flávio é Rino, e Clarinha é Mariazinha.

— Sim. Como vê, estamos nos esforçando, eu e Oswaldo, para socorrer Cristina. No entanto, como já deve saber, para isso precisamos ajudar o Flávio, ou seja, o Rino.

— Eu sei. Estou no mesmo caso. Para socorrer Jovino e Mariazinha, devo fazer o mesmo. Às vezes, não acho justo. Afinal, ele não fez nada de bom para merecer ajuda.

Ela sorriu compreensiva.

— Não diga isso. Ele faz o melhor que pode. É sua maneira de ver. Ainda não tem maturidade ou lucidez para perceber a verdade. Seria como exigir de uma criança um comportamento que ela não pode ter.

— Admiro sua bondade.

— É a vida. Aprendi isso com Cristina. Acha que não desejei que ela fosse melhor? Toda mãe vê a filha como algo puro, grande, belo. Dói muito assistir à destruição dessas ilusões. O que sobra é a certeza de que não importa como ela seja, mas eu a amo! E esse amor fez-me entender que ela ainda não cresceu. Cristina é criança espiritual, cheia de sonhos e medos, lutando para ser feliz sem ainda saber como. Flávio também está no mesmo caso. Como exigir deles atitudes que ainda não conseguem sentir? Por isso, temos esperado amando sempre e ajudando quando necessário.

Os olhos de Alberto marejaram-se.

— Obrigado — disse. — Hoje, você me ensinou mais do que tenho aprendido durante toda a vida.

— Agora que sabe, podemos atuar juntos.

— Gostaria muito. Diga-me... como entrei nessa história? Terei uma ligação com eles de vidas passadas?

— Não. Nem todas as pessoas que cruzam nosso caminho têm conosco ligações de outras vidas. Há outros fatores que concorrem para isso. Somos nós que escolhemos e criamos nosso destino. Nossas crenças geram atitudes, que produzem energias e movimentam os fatos, atraindo determinados tipos de pessoas, materializando acontecimentos, criando situações em nossas vidas. Foram suas atitudes e os valores em que você acredita como verdadeiros que acionaram certas forças, adequadas ao seu momento, criando situações e confrontos que certamente lhe darão novas oportunidades de aprender, amadurecer e de viver melhor. Cristina e Flávio, Mariazinha e Júlio também precisavam. Viviam momentos semelhantes ao seu, energeticamente. A vida é sincrônica. Isto é, chega a ser mágica e obedece sempre às nossas necessidades verdadeiras de crescimento.

— Sinto-me comovido. Nunca percebi que houvesse tanta sabedoria no universo.

— De fato, Deus é sabedoria infinita. Confiar Nele é estar seguro. Crer na vida é ser sábio.

— Percebi que não atrapalhar já é um bom começo! Em minha ignorância, eu queria interferir na situação a meu modo. Apressar os fatos, julgar pessoas, manipular situações. Que loucura!

— Ainda bem que entendeu. Estar atento e disposto ao auxílio efetivo, conservar equilíbrio, lucidez, manter a paz são fundamentais, mas a impaciência, a pretensão de manipular os outros, o desejo de que eles se tornem como gostaríamos nos arrastam ao julgamento apressado, aos inconvenientes da interferência indevida, imatura, que sempre complica mais e não resolve nada. É preciso dar espaço para que as coisas amadureçam e andem em seu próprio passo. Quem conquista essa compreensão vive mais feliz e ajuda sempre com mais eficácia.

— No caso deles, o que poderemos fazer? Compreendo a história de Cristina, mas e Jovino? Até quando ficará preso inocente? Dói vê-lo sofrer, sendo desprezado pelos meus.

— Jovino também está amadurecendo. Se continuar assim, acredito que em breve conseguirá a liberdade.

— Sinto dizer, mas gostaria que sua inocência ficasse comprovada. E, para isso, Rino precisaria confessar. Temo que ele nunca faça isso.

— Uma das coisas mais importantes, como lhe disse, é confiar na vida. Ter paciência de esperar e permitir que os acontecimentos amadureçam. Sua ansiedade demonstra que entendeu, mas não compreendeu. O que determina a prisão do Jovino e a atitude de Rino são as coisas nas quais eles acreditam. Quando eles mudarem suas crenças, todos os acontecimentos de suas vidas também mudarão.

— Isso me parece muito vago.

— Nada é mais objetivo do que isso. Já experimentou? O fruto só cai da árvore quando maduro. Se o arrancar prematuramente, não estará pronto para ser ingerido.

— O que quer dizer?

— Que sua preocupação é inútil e prejudicial. Que, quando Jovino não necessitar mais dessa experiência e Rino se tornar mais consciente, tudo se esclarecerá com ou sem sua interferência. Diante da complexidade de nossas necessidades e dos limites dos nossos recursos, desejar interferir sempre complicará os fatos.

— Não tenho outro jeito senão esperar.

— Atento e alegre, cooperativo, pronto, porém, sem ansiedade ou angústia. Cultivando a serenidade. Afinal, é ela que reflete o tamanho da sua fé. Só quem confia pode estar sereno.

— Obrigado. Há algo mais que eu possa fazer?

— Sim. O que tem feito até agora será de grande valia. A energia positiva é luz e ajuda muito. Quanto aos resultados, não são da nossa responsabilidade. Damos nosso melhor, confiamos, e a vida fará o resto. Agora, se quiser, poderá ajudar-me. Tentarei falar com Cristina.

— Você pode? Ela consegue vê-la? Tenho tentado inutilmente.

— Vamos lá novamente.

Voltaram ao quarto modesto onde Rino, adormecido, se recuperava. Colada a ele, Cristina estava tranquila e satisfeita. Norma aproximou-se e chamou-a com suavidade:

— Cristina! Cristina!

Ela teve ligeiro sobressalto e, assustada, olhou para os lados procurando.

— Sou eu, Cristina. Vim vê-la. Saber como está.

O rosto da moça contraiu-se dolorosamente.

— Mãe! — disse baixinho.

— Sou eu, sim.

Alberto notou que Norma diminuíra sua luz e adensara sua figura, o mesmo acontecendo com ele. Cristina levantou-se assustada.

— Mãe, você veio! — Notando a presença de Alberto, recuou aterrorizada e disse: — Ele! O que está fazendo aqui? O que quer de mim?

— Nada. Ele não quer nada.

— É mentira! Eu sei o que ele quer. Quer vingar-se de Flávio e de mim. Eu não queria afastá-lo! Mas ele insistiu, cruzou meu caminho! Não tive outro recurso.

Alberto estremeceu. Sentiu de repente uma onda de repulsa por Cristina. Por causa da sua loucura, ele fora morto! Teve ímpetos de acusá-la e de lançar em seu rosto toda a sua revolta, contudo, lembrou-se de Maria, da cabana, do homem que matara sem dar-lhe chance de explicar-se. Teria condições de ser juiz? Teria moral para reivindicar alguma coisa? Baixou a cabeça confuso.

Norma pediu:

— Acalme-se, filha. Alberto não veio cobrar nada. Ao contrário, ele deseja ajudar.

— Não creio! Se ele pudesse, mandaria Flávio para a prisão. É isso o que ele quer. Mas eu não deixarei. Juro que não.

Alberto sentiu-se mais calmo. Percebia que a oportunidade de falar com Cristina só aparecera depois que ele se dispusera a perdoar e a compreender. A revolta e a raiva não o ajudaram em nada. Decidiu aproveitar o momento.

— Cristina, não tema. Eu mudei. Compreendi as coisas de outra forma. Hoje, desejo que todos nós encontremos a felicidade e a paz.

Ela olhou-o desconfiada, e Alberto continuou:

— A princípio, senti revolta. Não é fácil deixar o mundo em plena mocidade, ser agredido, assassinado! Sofri muito, desejei que Rino fosse preso, fosse morto, pagasse pelo seu crime. Quis libertar Jovino, que está preso mesmo sendo inocente. Mas minha revolta não me ajudou em nada; só aumentou meu sofrimento. Recordei o passado. Eu também sou um assassino e não tenho o direito de julgar ninguém. Quanto a isso, pode ter certeza. O que tem me ajudado verdadeiramente é aprender a fazer o bem e cuidar da minha felicidade sem atrapalhar a felicidade dos outros. Aprendi também que aceitar o que não tem remédio ajuda a não me

256

machucar mais. Parei de sofrer a minha trágica morte, e a dor foi embora. Cristina, hoje eu não quero mais lutar com nada, nem manipular os outros e a vida. Descobri que ela sempre sabe o que faz e por isso, leva a melhor. Que se, em vez de querer conduzi-la, eu aceitar o que ela me impõe, estarei mais seguro. Serei mais feliz e as coisas boas acontecerão comigo.

Cristina olhava-o admirada. A surpresa a emudecera:

— Você não está contra nós? — perguntou por fim.

— Não. Agora não. Eu desejo paz. Estou cansado de sofrer. Aprendi que, para conquistar a felicidade, preciso primeiro cultivá-la no coração e irradiá-la. Só então, eu a conquistarei.

— Como posso me sentir feliz nesta situação? Como posso estar em paz com este inferno no coração?

— Isso é uma coisa que só você poderá descobrir. Cada um tem seus próprios meios. O que sei é que aceitar o que a vida impõe, as coisas que não podemos mudar, sempre diminui nossa dor.

— O que quer dizer?

— Que você se atormenta desejando o que não pode ter agora. Você está aqui, e Rino está lá, no mundo. Por enquanto, é impossível viverem juntos. Ficando do lado dele, infeliz e apaixonada, você o pressiona e o empurra à prática de atos violentos, dos quais ele, fatalmente, se arrependerá um dia, e deixa de cuidar de si, de tornar-se mais bela, atraente, reduzindo-se a uma mendiga de péssimo aspecto. Já se olhou no espelho? Já percebeu como está se destruindo? Quando ele voltar para cá, vendo-a como está agora, não a abandonará?

Cristina passou a mão trêmula pelos cabelos, dirigiu-se ao espelho e olhou-se atemorizada. Alberto prosseguiu:

— O tempo passa depressa. Por que não deixa Flávio um pouco livre para cuidar de si mesmo e trata de fazer alguma coisa a seu favor? Você era bela e jovem, mas agora está muito diferente.

— Vá embora. Você veio me amedrontar!

— Não, filha. Alberto tem razão. Você pode ver por si mesma. Por que não cuida de si por uns tempos? Sei de um lugar onde, em pouco tempo, poderá renovar-se, tornar-se como era antes e preparar-se para esperar Flávio quando ele deixar a Terra!

— Não quero. Vai demorar muito.

— Se o ama como diz, precisa cuidar de si, preparar-se para ele — disse Alberto com voz firme. — Preparar um lugar para quando ele chegar. Tem muito trabalho pela frente, mas essa é a forma de trabalhar pela conquista de sua felicidade com ele.

— Custa-me crer!

— É verdade — confirmou Norma. — Acha que eu mentiria?

— Não. Você não. Sempre foi a luz que tem me sustentado. Eu não sei... não consigo ficar longe dele... Não posso ainda...

— Seja como quiser, filha. Agora, nós vamos embora. Se resolver, estarei por perto para buscá-la.

Norma abraçou-a demoradamente, transmitindo-lhe energias positivas. Alberto aproximou-se.

— Até outro dia — disse. — Quando decidir, conte comigo.

Cristina fixou seus olhos em Alberto, que sustentou o olhar, e depois caiu em pranto.

— Desculpe — disse. — É difícil entender que você não nos odeia. É difícil acreditar, contudo...

Comovido, Alberto abraçou-a.

— Desejo ser feliz — disse ele com simplicidade. — Faço votos de que você também seja.

— Felicidade é palavra que não conheço — respondeu ela com amargura.

Havia tanta dor em seu olhar que Alberto, sensibilizado, a apertou de encontro ao peito com enternecimento como se ela fosse uma criança insegura e só. Quantas coisas essenciais à alegria de viver ela ainda não conseguia perceber? Quanto tempo, esforço, quantas ilusões a arrancar até poder enxergar? Ele também não fora cego durante tantos anos? Quantas coisas verdadeiras e essenciais à sua própria felicidade ele ainda ignorava?

Aninhada em seus braços, Cristina deu livre curso às lágrimas. Em silêncio, Norma orava com serenidade e gratidão. Ficaram assim durante alguns minutos. Depois, Cristina afastou-se um pouco e, fixando Alberto entre as lágrimas que ainda molhavam seus olhos, disse:

— Estou confusa. Não esperava encontrar em você um amigo. Sinto que não me odeia. Não consigo compreender. Não me parece natural.

— A amizade, o amor, a bondade, a beleza são sentimentos que você não pode explicar. A cabeça e o raciocínio são pobres demais para isso. Quem consegue perceber é o coração. Esse, sim, sente, compreende, realiza — esclareceu Norma.

— É, mãe, eu sinto, mas não entendo.

— E, sentindo, isso não lhe faz bem?

— Sim, me acalma e alivia. Por outro lado, penso que isso não é possível.

— Você está cansada. Não tente explicar o inexplicável. Vai confundi-la ainda mais. Basta perceber que nós a amamos e desejamos apoiá-la para que aprenda a ser feliz. Você pode conquistar a felicidade, se quiser.

Cristina abanou a cabeça.

— Como?!

— Aceite a vida como ela é, repito. Acalme-se. Dê espaço para que as coisas se acomodem. Confie na sabedoria de Deus!

— Não penso como vocês. Mas, em todo caso, sei que têm boa intenção.

— Está bem, filha. Pense no assunto. Lembre-se de que estamos do seu lado, sempre torcendo por você. Agora, adeus.

Abraçaram-na novamente e saíram. Alberto nada disse, mas sentia uma ponta de decepção. Por que ela relutava? Tudo lhe parecia tão claro!

Uma vez fora, Norma considerou:

— Hoje, nós demos um grande passo à frente.

Alberto não se conteve.

— Não penso assim. Parece que não conseguimos convencê-la. Tudo permanece na mesma.

— Engano seu. Sua presença, sua atitude e, mais do que tudo, sua compreensão e seu carinho tocaram fundo o coração de Cristina. Sei o que afirmo. Foi um grande passo. Ela reluta ainda, mas sua resistência começou a ruir. Ela precisa de tempo para descobrir seus enganos. Sinto-me muito grata a você pelo que fez.

Alberto fez um gesto largo.

— Não precisa. O maior beneficiado fui eu. Sinto-me aliviado. Confesso que o ressentimento, a mágoa e até o sentimento de vingança que se oculta nessas duas emoções representam um pesado fardo. Libertar-me dele fez-me muito bem. Foi a contragosto que me dispus a ajudar Cristina e Rino. A princípio, foi difícil. A cena da minha morte, enfim, os fatos dolorosos vibravam fortemente dentro de mim sempre que eu os encontrava. Todavia, percebi que os caminhos que percorri através da angústia e do rancor não haviam me aliviado, ao contrário. Quando me fixava neles, sentia-me mil vezes pior. Compreendi que, para melhorar, seria necessário tentar outras opções, por isso aceitei a orientação dos meus amigos e professores. Eles sugeriram uma visão mais realista dos fatos, que eu só poderia obter se conseguisse suplantar a aversão. Entendi que, para conseguir o que queria, precisava ajudar todos os envolvidos. Fiz o possível. Lutei contra a aversão, procurei perceber outros lados da questão, tentei afastar o julgamento e, quando consegui, acabei descobrindo que eu fora o maior beneficiado. Que, arrancando o ressentimento do coração, senti minha bondade e notei como é gostoso sentir-se digno, amoroso, generoso. Sempre que me relembrava da culpa deles em meu assassinato, logo me recordava também de meu crime. Julgando-os, eu trazia à tona meu próprio julgamento. Permitindo-me compreender sem julgar, senti a compaixão, percebi as limitações deles e, abraçando Cristina, sentindo amor por ela, descobri que sou bom, que sou nobre, que sou digno.

Comovido, Alberto calou-se. Norma abraçou-o carinhosa.

— É isso, Alberto. Quando escolhemos, aceitamos nosso melhor e deixamos que ele apareça, permitimos que Deus se expresse através de nós. Nesse momento, estamos sendo verdadeiros e agindo em harmonia com nossa natureza. Nesse estado, alcançamos satisfação, paz e alegria de viver.

— Compreendo. Quantas coisas ainda preciso aprender!

— Não se impressione com isso. Tudo está certo como deve ser. Cada coisa a seu tempo e da forma mais adequada a cada um. O importante é estar aberto e não perder as oportunidades que nos são oferecidas.

— Já perdi algumas. Pena perceber seu valor só depois de havê--las perdido.

Norma sorriu.

— As oportunidades são convites para novas experiências. Elas aparecem como forma de alargar nossas perspectivas de vida e suprir nosso progresso. Forçam-nos a selecionar e sedimentar novos conceitos e enriquecem as chances de viver melhor.

— Tem razão. Hoje, mudei alguns conceitos que considerava reais até momentos atrás. Contudo, agora, me admira não tê-los notado antes.

— Fico feliz ouvindo-o. Devo ir agora. Agradeço-lhe de coração.

Alberto abraçou-a com carinho e prazer.

— Obrigado. Conhecê-la foi um privilégio. Sua amizade me enternece e transmite paz.

— Deus o abençoe — despediu-se ela com doçura.

E, antes que Alberto pudesse dizer algo mais, ela afastou-se. Ele foi para casa sentindo uma energia gostosa e branda aquecendo-lhe o coração.

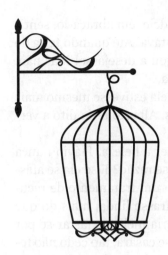

Capítulo 20

Rino acordou preocupado e indisposto. Perdera o avião para retornar ao exterior e agora desejava recuperar-se para decidir o que fazer. Sentia-se triste e desanimado. Planejara tudo tão bem! Não se conformava por haver fracassado. Fora derrotado. Seu orgulho estava ferido! Mariazinha casara-se. Pertencia a outro homem, àquele idiota!

Mas se eles pensavam que o haviam vencido, enganavam-se. Era apenas uma trégua. Não perdiam por esperar.

Tentou levantar-se, mas sentiu a perna doer. Sentou-se no leito e, a custo, conseguiu manter-se de pé.

A porta abriu-se, e a mulher que o atendera apareceu na soleira.

— O doutor disse que não era para se levantar. Deite-se de novo. Precisa de repouso. A perfuração foi funda. Parece que chegou no osso. Teve sorte.

— Preciso ir embora.

— Não pode ainda. Deite-se. Doutor Mílton voltará logo. Virá vê-lo. Vamos, deite-se. Se der hemorragia, pode piorar. Não deve forçar o músculo.

— Está bem. Assim que o doutor chegar, preciso falar com ele.

— Certamente, virá vê-lo.

Ela saiu, e Rino, deitado, sentiu aumentar sua ansiedade. Tantas coisas a fazer, e ele estava ali, preso, impotente.

Sentada ao lado do leito, Cristina observava-o desanimada. Reconhecia que ele estava infeliz. Ela mesma sentia-se triste também. Depois de tanto esforço, o que conseguira? Nada. É verdade que estava ao lado dele, mas de que lhe servia isso se ele nem sequer a notava?

No começo, contentara-se em estar junto dele, em abraçá-lo, sentir seus pensamentos, mas agora isso já não lhe bastava. Até quando teria de esperar? Se ao menos Flávio se lembrasse dela ou a desejasse! Mas não. Ele só pensava em Clarinha, só desejava Clarinha.

Passou a mão pelo rosto preocupada. E se ela estivesse mesmo mais feia? Percebia que não possuía a beleza de antes. Alberto teria dito a verdade? Flávio poderia desprezá-la ao voltar?

Levantou-se angustiada. Não queria perder a beleza. Flávio nunca a amaria se ela estivesse feia. E se sua mãe tivesse razão? E se ela se afastasse por algum tempo, apenas o suficiente para um tratamento de recuperação? E, quando Flávio chegasse e a encontrasse linda, mais do que nos tempos de juventude, não resistiria. Não seria melhor afastar-se por uns tempos para se cuidar? Agora que Clarinha se casara, tão cedo não teria condições de interferir. Ferido, Flávio corria perigo e não poderia agir. Seria melhor que ele ficasse fora do país por algum tempo, enquanto ela estaria ausente. Depois, ao voltar, decidiriam o que fazer.

Ao simples pensamento de afastar-se dele, Cristina sentiu-se ainda mais triste. Aproximou-se de Rino e abraçou-o com paixão.

— Meu amor — disse angustiada. — Sinto-me impotente para resolver este caso. Ficarei com você até que seu ferimento melhore. Depois, você deve voltar para os Estados Unidos e ficar lá. Dar um tempo para que eles o esqueçam. Vou cuidar de mim. Quando eu regressar, decidiremos o que fazer.

Rino não registrava sua presença, mas, naquele instante, sentiu aumentar sua tristeza. Por que perdera Mariazinha? Por quê? Nunca amara outra mulher. Por que a única que lhe interessava de verdade o recusara? Não tinha o direito de ser feliz? Se ela houvesse correspondido ao seu amor, tudo teria sido diferente. Teriam se casado e formado uma família.

Ela jamais encontraria um homem que a amasse mais do que ele, que chegara ao crime por seu amor! Mesmo agora, não temia lutar por Mariazinha. Por que não era compreendido? Quantas mulheres se sentiriam no paraíso se ele lhes desse um pouco de amor?

Irritado, Rino sentou-se no leito. Aquela situação de dependência aumentava sua ansiedade. Precisava ir embora, voltar ao exterior, contudo, temia que a polícia o descobrisse. Uma vez lá, ficaria durante algum tempo fora do país. O suficiente para que o incidente fosse esquecido e se recuperasse.

A porta foi aberta, e doutor Mílton entrou:

— Não deve levantar-se. Deite-se. Está forçando a perna. Ela precisa ficar esticada.

— Tenho de ir embora.
— Não pode. Pelo menos por dois ou três dias.
— Tudo isso?
— Se tudo correr bem. Apesar de você haver estancado a hemorragia, o ferimento foi profundo e não devidamente desinfetado. Houve inflamação, o que dificulta a cicatrização. Vamos, deite-se. Você está aqui em minha casa, sob minha responsabilidade. Seu ferimento foi à bala de calibre utilizado pela polícia. Deve ter se metido em apuros. Até agora, não lhes comuniquei o caso. Se me obedecer, não o farei, mas, se abusar, se tentar levantar-se ou sair, pondo em risco meu nome, juro que o entregarei. Posso ajudá-lo, como já fiz a outros, mas não posso arriscar-me. Se não cooperar, não tenho por que ajudá-lo.

Rino percebeu que ele falava sério e deitou-se.
— Está bem — disse. — Farei como mandar.
— Assim é melhor. Agora, deixe-me ver isso.

Depois de examinar, trocou o curativo e considerou:
— Ainda está bem inflamado.
— Estou preocupado com o hotel. Se eu não voltar, podem estranhar.
— Você não mora aqui?
— Não. Moro no Rio de Janeiro. Minhas coisas estão no hotel. Poderia telefonar?
— Está bem. Não se levante. Trarei o telefone até aqui.

Rino ligou para o hotel, prevenindo-os de que estava na casa de amigos e voltaria em dois ou três dias. Sentiu-se mais calmo. Depositara dinheiro no cofre do hotel. Não havia razão para eles não aceitarem.

Seria doloroso ficar ali, sem poder fazer nada, mas não lhe restava outro recurso senão obedecer e esperar. Esforçou-se para relaxar e aceitar a situação.

No dia seguinte ao casamento de Mariazinha era domingo. Magali e Vanderlei foram visitar Jovino e contaram-lhe a cerimônia de casamento com detalhes. Jovino, olhos brilhantes e emocionados, acompanhava a narrativa. Quando Magali terminou, ele disse convicto:
— Quando você se casar, hei de estar livre para levá-la à igreja.
— Estará livre antes disso! — respondeu ela com emoção.
— Esse é um sonho que talvez eu nunca realize. Posso sair daqui, mas doutor Homero nunca mais me deixará voltar para casa, cuidar do carro.

Foi a vez de Vanderlei considerar:

— Por quê não? Espero provar sua inocência. Então, tudo voltará a ser como antes. Sabe que quase pusemos a mão no assassino?

— É?

— Sim. Na véspera do casamento, tentaram apagar o Júlio.

Quando Vanderlei terminou, Jovino indagou ansioso:

— E agora? A polícia tem alguma pista?

— Ainda não. Encontramos a caminhonete que ele usou na fuga, mas nenhum indício.

— Ele parecia estrangeiro?

— Parecia pelo traje, mas não me convenceu. Qualquer um pode se disfarçar.

— E o Rino? Vocês não suspeitam dele?

— Claro. Mas é aí que o elo se perde. Ele está fora do país. Temos investigado a lista de passageiros e nada.

— Nunca descobriremos a verdade! — disse Jovino preocupado.

— O fato de ele estar lá não impede que seja o mandante.

— Como provar?

— Encontraremos um meio. Um descuido dele, um deslize, e pronto.

— Isso é muito vago. Chega a ser desanimador.

— Calma, Jovino. Tenho fé de que Deus nos ajudará — lembrou Magali. — E, quando o momento chegar, toda a minha família o receberá de braços abertos.

— Sabe, Magali, aqui, eu tenho pensado muito em minha vida. Fiquei longe de todos, da sua casa, onde tinha apoio e amizade. Por que isso aconteceu comigo? A maioria tem uma família, mas eu nasci sem pai, fiquei sem mãe e não tenho ninguém mais no mundo. Até vocês, que me ampararam, criaram e a quem devo tanto, me deixaram. Não os culpo de nada. Têm seus motivos. Não é isso o que eu penso. Dá para entender que os seus não queiram me ver. Mas a vida me deixou só no mundo, no meio de pessoas doentes, cruéis, desequilibradas e miseráveis de corpo e alma. Tenho lido muitos livros. Descobri coisas. Aprendi que Deus existe e há uma boa razão para tudo o que acontece. Ele é bom e perfeito, e, se eu estou nessa situação, ela certamente está sendo boa para mim de alguma forma. Não me revolto mais; apenas questiono. O que devo aprender aqui? Qual é a lição a que faço jus para que tudo isso acontecesse comigo?

— Não se atormente dessa forma — disse Magali.

— Você não entendeu. Não me atormento. Sinto que, enquanto não resolver esse quebra-cabeça, não serei libertado.

— O que o faz pensar assim? — perguntou Vanderlei.

— Os fatos, a vida, como as coisas acontecem. Não só no meu caso, mas no de outros que estão aqui. Pude perceber que, de certa forma, a vida é um pouco mágica. Não sei explicar, mas sinto que quando eu aprender o que preciso aqui, minha inocência será provada.

— Sei o que quer dizer — disse Magali. — Dona Dora falou sobre isso.

— Falou?

— Sim. Ela disse que, quando você estivesse maduro, tudo iria acontecer.

— É isso. Agora eu entreguei tudo nas mãos de Deus. E penso que, se eu estou aqui, nesse meio pervertido, foi para deixar de ser ingênuo. Perceber os problemas do ser humano, sem me envolver. Tornar-me forte e independente. Saber pensar por mim mesmo, sem ir pelos pensamentos dos outros. Aqui, isso fica bem claro. Contando apenas comigo e com Deus, sem família nem nada, tenho de pensar em mim, em meu futuro. Sou jovem. Um dia, sairei daqui, ainda que por cumprimento da pena. Então, o que farei de minha vida lá fora?

— É verdade. Não é fácil recomeçar depois de sair daqui — concordou Vanderlei.

— Decidi aproveitar o tempo para estudar.

— Ótimo. Farei tudo que puder para ajudá-lo — disse Magali com entusiasmo.

— Vou precisar mesmo.

— O que pretende estudar? — perguntou Vanderlei.

— Leis. Aqui tenho aprendido a respeito. Há dois ou três companheiros que conhecem muito sobre isso.

— Eu posso ajudá-lo — propôs Vanderlei. — Estou no último ano da faculdade. E, depois que deixei a polícia, comecei a trabalhar no escritório de advocacia do meu tio. Quando eu me formar, trabalharei com ele.

— Se me ajudar, não se arrependerá. Sabe... há muita coisa por fazer nesse campo, e eu gostaria de dedicar minha vida a isso.

Vanderlei sorriu.

— Todos nós sonhamos em contribuir para uma melhor distribuição de justiça neste país.

— Sei o que diz, mas não tenho ilusões. Conheço o crime por dentro. Tenho visto tanta desfaçatez, tanta hipocrisia, tanta injustiça que seria um milagre esperar melhor desempenho das nossas leis. O que quero mesmo é estimular as pessoas a reagirem. A desenvolverem força para atravessar esse mar de trevas sem se destruírem.

— Não são leis do direito civil que você quer aprender — esclareceu Vanderlei. — O que você deseja é estudar o comportamento humano, é lidar com as emoções, com os problemas. É vencer seus medos e ir para frente.

265

— Isso. Acho mais forte. Quero dizer... acredito que, quando descubro o que é bom para mim, quando me esforço para alcançar isso, acabo vencendo.

— Vamos fazer uma coisa — propôs Magali. — Trarei alguns livros de psicologia para que você leia. Vamos ver por qual assunto você se interessa mais.

— Eu trarei uns da filosofia do Direito. Se quiser, poderei dar-lhe aulas.

— Obrigado. Mal posso esperar. A vida me colocou aqui dentro mesmo sem eu ter cometido nenhum crime. A vida é sábia, e Deus não erra. Por isso, tudo o que nos acontece de ruim tem por objetivo o nosso bem. Pensei, pensei e notei, entre outras coisas, o que eu já tenho de bom agora. Em que essa situação pode me beneficiar. E o bem maior de que disponho aqui é o tempo. Se eu estivesse lá fora, teria obrigações que me impediriam de estudar. O tempo é um bem precioso que eu desejo usar a meu favor. Deus me deu todo o tempo do mundo, e esse é o meu tesouro. Sou rico de tempo, então, vou aproveitar.

Magali saiu do presídio entusiasmada. A postura digna do Jovino a impressionava.

— Nunca vi o Jovino tão determinado! — disse. — Parecia outra pessoa.

— Ainda bem. Conseguir isso lá dentro é uma vitória. Ele tem razão. Acho positiva essa vontade de estudar. Nossa vitória pode estar mais próxima do que imaginamos.

— Deus o ouça!

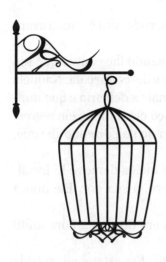

Capítulo 21

Sentado diante da janela do luxuoso quarto de hotel, Rino sentia-se triste e desanimado. Nova York, que fora seu enlevo em outros tempos, agora parecia-lhe ruidosa e sem interesse. Seu olhar percorria indiferente o belo quarto onde estava hospedado, e a bela vista noturna da cidade que se descortinava através da janela não o motivava mais.

Passou a mão pelos cabelos num gesto impaciente. Queria voltar ao Brasil. Fazia apenas dois meses que regressara com nome falso e já não suportava mais estar ali.

Mariazinha era culpada. Destruíra-lhe o prazer de viver. As aventuras que antes o seduziam agora haviam perdido o colorido. A perna sarara, mas, quando a temperatura mudava, ainda lhe doía, como a recordar-lhe o casamento dela com outro.

Levantou-se nervoso. Por certo, eles teriam regressado da viagem. Júlio era um joão-ninguém, precisava voltar ao trabalho. E Mariazinha? Continuara na fábrica?

Apanhou o telefone e ligou para uma agência de viagens. Conseguiu passagem para dali a dois dias. Teria tempo para comprar alguns presentes para os amigos e a família. Sentiu-se mais calmo depois disso, porém, não conseguiu descansar.

Os pensamentos agitados o impediam. Haveria de dar um jeito, pensava. Ninguém nunca conseguira derrotá-lo. Ele era o homem certo para Mariazinha. Poderia dar-lhe luxo, conforto e muito amor. Por que ela não percebia isso?

O espírito de Cristina, a um canto do quarto, olhava-o triste. Ele só pensava na outra. E ela, que tudo lhe dera, estava esquecida e só.

Lembrou-se de quando Flávio, em outros tempos, vivia com ela uma aventura de amor e paixão.

Lembrou-se também da sua indignação, quando lhe contou que seu pai pretendia casá-lo com uma menina ignorante e desconhecida. Naquela noite, jurara-lhe amor eterno, afirmando que jamais a deixaria e que nunca se casaria com a outra. Contudo, após o almoço em família, ele regressara diferente. Já não se recusava mais a obedecer ao pai, dizendo-lhe que, mesmo casado, nunca a deixaria.

Ela chorara, brigara, tentara por todos os meios demovê-lo inutilmente. Ele casou-se, indiferente ao seu desespero, à sua dor. Ele nunca a amara realmente.

Mesmo agora, depois de tudo, só pensava em Clarinha. Fora inútil esperar que ele a quisesse.

Lágrimas corriam-lhe pelo rosto contraído. Ela estava ali, sofrida e sozinha, cada dia mais triste e feia. Sentia-se cansada. Começava a desconfiar de que ele nunca a amaria.

Sentiu-se mal ao pensar nisso. Se isso fosse verdade, de que lhe adiantava viver? Contudo, desejar morrer de nada lhe valia. A vida era eterna. Teria de sofrer eternamente?

Aproximou-se de Rino, que, angustiado, inseguro e triste, apanhou uma mala e começou a colocar seus pertences. Era cedo para isso, mas ele precisava ocupar-se. Naquele instante, só queria voltar ao Brasil.

Aproximou-se da janela e olhou para baixo. Se ele se atirasse lá de cima, tudo acabaria. Não teria mais de suportar o fardo da vida. Lembrou-se de sua mãe. Ela sentiria, mas com o tempo esqueceria.

Encostou a testa no vidro e ficou olhando as luzes brilhando lá em baixo.

"Eu não consigo dar-lhe felicidade", pensou Cristina, observando-o. "E eu também estou infeliz. O que fazer? Minha mãe teria razão? Minha presença o está perturbando?"

Percebera que, quando se sentia triste, ele também ficava. Não fora isso que sonhara alcançar. Sua cabeça confundia-se, e Cristina, exausta, começou a chorar.

Rino sentiu que as lágrimas lhe desciam pelas faces e tentou reagir.

"Não sou um fraco", pensou. "Nenhuma mulher vai me derrotar. Voltarei ao Brasil e conseguirei o que pretendo. Desta vez, não vou falhar."

Cristina, a um canto do quarto, com a cabeça entre as mãos, dava livre curso ao pranto, sentindo-se rejeitada e sem rumo. O que fazer de sua vida agora? Não se sentia forte o bastante para deixá-lo. Estaria condenada ao triste espetáculo do sofrimento dele por amor à outra?

No auge do desespero, pediu:

— Mãe! Me ajude a entender!

Tão veemente foi seu chamado que Norma entrou no aposento. Aproximou-se dela e abraçou-a carinhosamente sem dizer nada. Aconchegada nos braços carinhosos da mãe, Cristina chorou ainda mais. Lembrava-se das desilusões do passado, da mocidade perdida, dos enganos e das frustrações vivenciados.

Quando conseguiu falar, disse num sopro:

— Mãe, estou tão cansada! Não sei o que fazer. Sinto-me confusa.

— Descanse sua cabeça em meu peito. Acalme-se. A tempestade passará. Eu a amo muito.

— Sou uma rejeitada. A vida não me deu nada!

— Não diga isso. Você tem tudo, mas ainda não consegue ver. Venha comigo. Vamos descansar em um lugar tranquilo, onde os pássaros cantam pela manhã e as flores dançam ao sabor da brisa suave, espalhando perfume pelo ar. Você vai descansar e refazer-se.

— Mãe, eu não mereço. Tenho sido má e me rebelado. Sei que serei castigada.

Norma acariciou a cabeça da filha de leve e respondeu:

— Aonde nós vamos não há nenhuma espécie de julgamento. É um lugar de paz. Portanto, não se condene. Não seja cruel. Você já tem se punido demais. É hora de ser feliz.

— Mãe, sinto-me presa ao Flávio. Como vou deixá-lo sem dilacerar meu coração?

— Se quer ser feliz e deixá-lo buscar o próprio caminho, há que cortar as amarras. Apego não é amor. O amor liberta. A dependência sufoca, atormenta.

— Não entendo mais nada. Sinto-me confusa. Dói muito separar-me dele.

— É preciso por ora. Depois, quando estiver melhor, mais refeita, poderá avaliar e escolher o que deseja fazer.

— Poderei voltar a vê-lo? Não será um adeus?

— Claro. Você precisa cuidar de si, aprender coisas, desenvolver sua lucidez, então, poderá agir como achar melhor.

— Não vão impedir-me de vê-lo?

Norma afastou-a um pouco da filha e olhou-a bem nos olhos:

— Se for comigo, ficará afastada por algum tempo. Para recuperar-se, deverá submeter-se às condições do tratamento. E nesses casos eles são rigorosos. Porém, você logo perceberá que, quando for possível e seu estado permitir sem prejuízo para ambos, eles não a impedirão de vê-lo.

Cristina suspirou agoniada. Sentia que precisava ir, mas era-lhe difícil separar-se de Flávio.

— Pelo menos, terei notícias dele?

— Prometo cuidar pessoalmente de Flávio e contar tudo a você durante seu afastamento.

— Nesse caso, eu irei. Tenho cuidado dele ultimamente. Farei o que puder para ajudá-lo no que for melhor para ele.

Cristina aproximou-se de Rino, que, ainda absorto, em pé diante da janela, olhava sem ver as luzes da cidade, e abraçou-o com tristeza. Ele sentiu-se ainda mais melancólico e angustiado.

— Adeus — disse ela. — Vou cuidar de mim e voltarei. Não se esqueça de mim.

Beijou-o na face, nos lábios, abraçou-o com amor e depois se dirigiu a Norma:

— Vamos embora antes que eu me arrependa.

Norma abraçou-a, e logo desapareceram do quarto.

Rino sentiu-se fraco e teria caído se não houvesse se apoiado na janela. Parecia-lhe haver estado doente durante muito tempo. Sua testa cobriu-se de suor. Sentiu-se mal. Procurou afrouxar a roupa e, cambaleando, estendeu-se no leito.

"Não comi nada hoje", pensou assustado.

Respirou fundo e olhou para o relógio sobre a cabeceira. Eram quase vinte e duas horas. Tomara apenas um café frugal pela manhã.

Não podia adoecer agora. Precisava viajar. Esperou um pouco mais e, quando se sentiu mais forte, usou o telefone e pediu o jantar. Depois de comer com apetite, sentiu-se um pouco melhor.

Estava, contudo, inquieto, inseguro, como se estivesse acontecendo alguma coisa estranha. Precisava saber. Pegou o telefone e ligou para a mãe no Brasil, anunciando sua volta.

Não havia nenhuma novidade em casa, no entanto, aquela sensação de desconforto e insegurança continuava. Por quê? Seria um pressentimento? Nunca se sentira assim.

Tentou reagir. Não havia nada a temer. Apesar de o plano haver fracassado, conseguira escapar muito bem. Não deixara nenhuma pista. A essa altura, a polícia estaria completamente perdida.

Apesar do esforço que fez para reagir, Rino não conseguiu dormir. Passou a noite toda remexendo-se no leito, sentindo-se inseguro e sozinho, como nunca se lembrava de haver se sentido antes. O tempo que faltava para a viagem custou a passar. Ele não se sentia bem. Que fraqueza seria aquela? Não se recordava de havê-la sentido nem quando fora ferido.

Não via a hora de voltar ao Brasil. Quando estivesse em casa, no aconchego da família, tudo seria diferente.

Rino chegou à casa dos pais abatido e magro e preocupou a mãe, que, diligente, se apressou a chamar o médico da família. O clínico, contudo, não encontrou nenhuma doença.

Dona Eunice tranquilizou-se. Cuidaria dele pessoalmente. Estava segura de que o filho logo estaria bem.

No entanto, apesar do trato especial, Rino continuava desanimado e distante. Os amigos, instados a cooperar, incentivavam-no a sair e participar dos seus passeios. Rino ia, porém, já não era o mesmo. Chegaram a confidenciar a Eunice que o rapaz estava assim devido a uma paixão frustrada.

Inconformado, Lineu, seu amigo mais chegado, procurou conversar com ele.

— Que é isso, Rino?! Parta pra outra. Tantas garotas circulando, mais bonitas e mais cultas do que Mariazinha, e você não se anima! Saia dessa.

— Não sei o que se passa comigo — respondia ele picado. — Sinto-me desanimado, fraco, sem vontade.

— Não há mulher que valha sua alegria. Nem parece o Rino que eu conheço! Vai deixar que ela vença?

Rino protestava:

— Não é por causa dela que estou assim. Sinto-me mal. Não sei o que é. Começou de repente, lá em Nova York.

— Eu sei. Foi depois que Mariazinha se casou. Você está dando muito cartaz pra ela.

— Já disse que não me importo com ela.

— Não queira me enganar. Afinal, por causa dela nos metemos naquela enrascada!

— Esqueça isso! Nunca mais fale desse assunto.

— Acalme-se. É só entre nós.

— Nem entre nós. Para mim, é como se nunca houvesse acontecido. Eu esqueci, apaguei da memória.

— Não valeu a pena. Você limpou o caminho pra outro.

— Quer se calar?

— Pelo menos você saiu da indiferença. Já é alguma coisa.

— Já que falou dela, como vai indo o casamento?

— Não sei. Nunca mais os vi.

— Nair não disse nada?

— Sabe o que descobri? Que a irmã de Alberto tem aparecido muito por aqui. Ela tornou-se muito amiga de Nair e de Mariazinha. Sem falar de um tal de Vanderlei, muito ligado à polícia, amigo do Júlio, que anda cavocando o caso.

— Não vai achar nada.

— Claro que não.

— Então foi ele...

— Ele o quê?

— Nada. Eu ouvi contar que são amigos.

— Soube também que você estava fora do país. Antes do casamento, tentaram matar o Júlio.

— É? Quem poderia ser?

— Não sei. Vai ver que há mais pessoas querendo livrar-se dele. Sabe que a polícia andou o investigando, Rino?

— Verdade?

— Sim. Andaram circulando, fazendo perguntas e tal. Nelsinho contou. Ainda bem que teve juízo e ficou quietinho lá fora.

— Já disse que desisti dela. Já se casou mesmo. O que posso fazer?

— Antes assim. Fico aliviado. Afinal, com tantas garotas dando sopa, livres e dispostas, seria loucura meter-se em apuros por quem não merece.

— Quero apagar o passado.

— Não parece. Para isso, precisa animar-se. Olha, hoje mesmo podíamos sair com duas belezas como você nunca viu. Uma delas está me querendo, e, quanto à outra, tenho certeza de que faria feliz o homem mais exigente. Que tal?

— Não sei...

— Não venha com essa. Pelo menos tente. Parece enfeitiçado!

— Está bem. Iremos. Aceito.

— Assim é que se fala. Passarei em sua casa pouco antes das oito.

Depois que o amigo saiu, Rino suspirou aliviado. Não sentia vontade de ir com Lineu, todavia, não podia entregar-se ao desânimo. Ele tinha razão quanto a isso. Precisava reagir. Por outro lado, não queria que ninguém soubesse de seus planos. Planejara agir sozinho desta vez. Era perigoso demais ter cúmplices. A maior garantia de um segredo era não partilhá-lo.

Claro que teria de esperar algum tempo. A polícia suspeitava dele. Fora ingênuo demonstrando seus sentimentos por Mariazinha. Se aparentasse havê-la esquecido e soubesse fazer o que pretendia, ninguém poderia acusá-lo de nada.

Impaciente, levantou-se e caminhou pelo quarto de um lado a outro. Ah! Se pudesse agir! Esperar era-lhe um suplício, mas não havia outro jeito. Se desejava obter o que pretendia, teria de ser paciente e esperar.

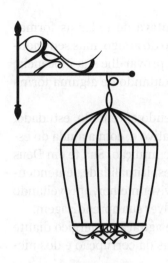

Capítulo 22

Nair estugou o passo consultando o relógio com certa impaciência. Estava atrasada. Sabia que Jovino a aguardava com ansiedade. Magali e Vanderlei não iriam ao presídio naquele domingo e haviam-na encarregado de levar alguns livros para o amigo.

Havia alguns meses que Jovino decidira instruir-se e dedicar-se inteiramente a esse propósito. Não só Magali, Vanderlei, Júlio ajudavam-no nesse mister, como no presídio algumas pessoas começaram a se interessar por ele. Voluntários, religiosos e até pessoas da administração, observando a seriedade com a qual Jovino estudava e, principalmente, seu aproveitamento, as mudanças decorrentes que o tornaram mais comunicativo e educado, evidenciando boa vontade, granjearam-lhe cooperação e simpatia.

Respeitado pelos outros detentos, muitos dos quais ele procurava auxiliar nas delicadas facetas da justiça, redigindo petições, encaminhando requerimentos, cartas aos familiares, tudo, enfim, que pudesse proporcionar aos companheiros de infortúnio um pouco de paz, ele o fazia.

Eram inúmeros os que viviam aflitos e angustiados, arrependidos por seus enganos, amargando a consciência da culpa, como a ignorância de como sua família estaria vivendo do lado de fora, sem que pudessem prover-lhes o necessário.

A ansiedade, o desespero, o medo e, às vezes, a agressividade — retratando a necessidade de defesa — estavam sempre presentes, assim como o pavor da própria consciência, que os acusava, ou a constatação das fraquezas e da incapacidade de gerir a própria vida satisfatoriamente.

O presídio é onde a consciência do próprio fracasso, da própria impotência torna-se mais aguda, aparecendo no desespero de uma manifestação de violência e de crueldade próprias do animal ferido e acuado.

Jovino percebia, sentia esse drama e tentava de todas as formas compreender, ajudar. Alberto, tocado pelo desejo do amigo, mas sentindo-se ainda impotente para libertá-lo do cárcere e provar-lhe sua inocência, visitava-o amiúde, cooperando nesse mister e tentando de alguma forma atenuar-lhes os sofrimentos.

Dessa forma, com o correr do tempo, havendo aprendido, estudado, praticado, Jovino foi se tornando cada vez mais ativo e, com a ajuda do espírito de Alberto, ampliou muito sua percepção e intuição. Sua fé em Deus consolidou-se, percebendo novos aspectos da espiritualidade, entendendo mais como a vida funcionava e aprendendo a viver melhor, aproveitando todas as oportunidades de fazer o bem e desenvolver sua aprendizagem.

Jovino sabia ser sereno nos momentos de agitação, enérgico diante do desespero de alguns e inabalável às investidas da corrupção e dos meandros do crime.

Ele realmente se tornara um elemento de paz e de ordem dentro da prisão. Sem sair da sua dignidade ao lado dos companheiros, sabia agir e acomodar tanto a administração quanto os presidiários, contribuindo para a diminuição das tensões e dos atritos. Tornara-se bem-visto tanto pelos presos quanto pelas autoridades.

Sensibilizada, Nair percebia o quanto Jovino se distanciava daquele menino calado e oprimido que conhecera, transformando-se em um moço de sorriso largo, olhos ágeis e lúcidos.

Conservava o hábito de falar pouco, porém, o que lhe faltava em palavras sobrava no gesto, na atitude e na ação.

Nair sentia-se comovida, recordando-se das cenas que presenciara no presídio, em que familiares de outros presos o procuravam para abraçá-lo e lhe agradecer um favor, uma carta, um conselho, um gesto amigo no momento difícil.

Tempos atrás, Dora dissera-lhe que a vida agia sempre pelo melhor e que era preciso paciência. Se Jovino demorava-se na prisão era porque era o melhor para ele. Agora, ela sentia que a amiga estava certa. Ele aprendera muito durante esse tempo. Submetido a todos os testes da delinquência, soubera reagir com dignidade, espalhando benefícios ao redor.

Encontrou Jovino à sua espera ansioso e abraçou-a carinhosamente. Devido ao bom comportamento, eles podiam conversar em um pátio, sentados em um banco.

Nair entregou-lhe os pacotes que trouxera.

— Magali, Vanderlei, Júlio e Mariazinha não puderam vir hoje, mas mandaram esses pacotes. Os dois livros que pediu, chocolate e um bolo que minha mãe fez. Está uma delícia.

— Obrigado.

Jovino apanhou os livros e folheou-os rapidamente.

— Era isso?

— Sim. Ultimamente, tenho lido sobre o poder do pensamento. Tenho descoberto coisas fantásticas.

— É?

— Sim. Nosso pensamento é a base de tudo quanto nos acontece.

— Como assim?

— Estou fascinado. Descobri que a vida age de acordo com o que acreditamos.

— Por que diz isso?

— Tenho observado. E li num dos livros que Vanderlei me deu que você atrai as coisas do jeito que as imagina. Ou melhor, o que você acredita e as ideias em que põe fé determinam suas atitudes. Elas irradiam-se em suas energias, que atraem para você experiências afins.

— Explique melhor.

— Você sabe que nós emitimos e recebemos energias.

— Sei.

— Nós emitimos energias das coisas em que acreditamos e, consequentemente, atraímos isso para nós.

— Dê um exemplo.

— Tenho testado isso aqui. Quem acredita em agressividade como solução de seus problemas, quer resolver tudo na agressão, é sempre agredido pelas pessoas, pelas coisas, pela vida. Quem crê em violência e reage violentamente, quem se revolta, odeia, cultiva o ressentimento, a vingança, irradia essas energias e acaba atraindo para si essas forças. Se você está infeliz, se as coisas vão mal, se você não está satisfeito com sua vida, é preciso analisar e tentar perceber qual crença sua deu causa a essa infelicidade. Que pensamentos e atitudes atraíram esses resultados. Bom é saber que são apenas pensamentos, crenças nas quais você acreditou um dia e que podem até ter sido úteis de alguma forma em outros tempos, mas que agora você não precisa mais e pode modificá-los quando quiser. E, quando isso acontece, toda a sua vida se modifica, e as coisas começam a acontecer para melhor.

— É incrível! Como sabe que isso funciona e é real?

— Experimentando. Por que não tenta?

— Eu não saberia.

— É fácil. Precisa meditar, sozinha, em silêncio, e tentar descobrir como você atraiu coisas, pessoas, fatos, acontecimentos em sua vida. Qual crença determinou este ou aquele acontecimento.

— E você consegue saber?

— Sim. Tenho me perguntado como atraí para mim a responsabilidade de um crime que não cometi. Como, apesar da ajuda dos amigos que creem em mim, ainda estou aqui.

— E então?

— Tenho mergulhado fundo em mim e percebi o quanto era violento, agressivo.

— Magali nunca se referiu a você dessa forma. Diz sempre que você sempre foi cordato e obediente. Mais ajuizado do que os irmãos dela.

— Mas pedi ao doutor Homero uma arma para me defender.

— Isso é natural.

— Não. Não é. Eu acreditava que precisava defender o carro, os meninos, tudo, porque acreditava na violência como solução. Era orgulhoso, sentia-me forte com a arma no porta-luvas e, como você sabe, foi isso que serviu ao assassino. Ele tirou a vida de Alberto e transformou a arma em prova contra mim.

Nair abriu a boca e tornou a fechá-la sem saber o que dizer. Ele prosseguiu:

— Eu costumava dizer: "Quem se meter com alguém da família terá de haver-se comigo!". Eu ameaçava e pensava que o revólver era minha defesa! Que ilusão. Foi ele quem me perdeu!

— Você está sendo cruel, acusando-se. Você é inocente! É uma vítima da fatalidade!

Jovino olhou-a sério e respondeu devagar, sentindo cada palavra.

— Você se engana. Não existe vítima. Não percebe que provoquei toda a tragédia de minha vida? Não vê que, se eu não houvesse assumido a responsabilidade pelos acontecimentos, pela vida dos outros, se não pensasse que, com a violência, resolveria todos os perigos, eu não estaria aqui?

— Você exagera. Como poderia prever o que aconteceu?

— Se eu soubesse o que sei hoje, não teria aquela atitude.

— Defender a família que era sua não pode ser errado.

— O erro não está em defender, mas em acreditar que, através da violência, eu evitaria todas as desgraças. Começo a entender que sou o único responsável pelo que me aconteceu. Não percebe? Enquanto não mudar essa crença, não serei libertado.

— Você me surpreende. Pensa coisas estranhas. Eu nunca imaginaria isso.

— É verdade. Acredite. Foi essa atitude, essa crença o que me trouxe aqui. Se eu não a tivesse, ninguém pensaria em mim como um assassino.

— Não sei o que dizer. É cruel assumir essa culpa não sendo o assasino.

— Eu nunca mataria Alberto, porém, teria matado qualquer pessoa que tentasse machucá-los. Não compreende onde falhei?

Nair sentiu um nó na garganta. Parecia-lhe muito nobre essa atitude. Não sabia ainda se era verdade o que Jovino afirmava, porém, seus olhos encheram-se de lágrimas. Sem dizer palavra, segurou a mão dele com força.

Jovino delicadamente passou o dedo sobre as lágrimas que ela não conseguiu reter.

— Não chore — disse. — Não me lamente. Acredite. Essa compreensão não é cruel. Não me acuso por isso. Apenas olho para o que fiz e percebo como estou aqui. Alegre-se, porque agora não vejo mais a violência como solução para meus problemas nem como defesa dos meus interesses. Estou interessado em soluções de paz. Para isso, tenho me dedicado, tentado mostrar às pessoas aqui como a vida age, e os resultados têm sido muito bons.

— Soube do caso daquele preso que queria esfaquear o outro. Você foi muito corajoso intervindo. Não teve medo?

— Não, pois irradiei paz. Tentei mostrar-lhes que a violência atrai mais violência, e eles atenderam.

— Contaram-me que ficaram como hipnotizados por você.

— Nem tanto. Irradiei paz, calma, e eles sentiram e perderam a vontade de brigar. Houve uma trégua. Sei que voltarão a envolver-se, mas até lá espero mostrar-lhes algumas coisas.

— Tome cuidado. Não se exponha. Podem atingi-lo.

— Sei como agir. Nada me acontecerá.

— Não desejo que nada lhe aconteça...

Jovino olhou-a com emoção.

— Você tem sido muito dedicada. Tenho a esperado ansiosamente.

— Tenho pensado em você durante a semana. Fico imaginando o que estará pensando, fazendo. Às vezes me angustio.

Jovino segurou a mão dela.

— Não faça isso. A angústia atormenta inutilmente. Pense em mim livre. Meu dia chegará! Então, talvez eu possa falar com você de outra forma.

— O que quer dizer?

— Agora, sinto-me fora da sociedade. Não posso pretender nada. Estou impedido. Não seria justo nem honesto, contudo, devo confessar-lhe que tenho pensado em você com carinho e saudade.

— Você?

— Sim. Não me leve a mal. Sei que na situação em que me encontro, não posso planejar nada. Mas, um dia, quando o pesadelo acabar, terei condições de ser feliz, de pensar no futuro.

— Jovino, você partilharia esse futuro comigo? É isso que quer dizer?

— Ah! Se eu pudesse!...

— Fale.

— Tenho sonhado com a liberdade e com você.

— Jovino!

— Sim. Eu gosto de você. Desde o primeiro dia, quando você veio aqui, senti atração.

— Não parecia. Você mal conversou comigo.

— Eu estava muito revoltado. Mas, mesmo assim, sua beleza, seus olhos sinceros, seu jeito especial mexeram comigo.

— Por que nunca me disse?

— Não me sentia digno. Aqui, preso, condenado, não achei justo com você. Ainda agora, me escapou. Pretendia guardar esse segredo. Não desejo turvar nossa amizade. Espero que esqueça o que eu disse.

Nair sentia-se muito emocionada. Gostava muito de Jovino. Tinha por ele uma afeição sincera e profunda que nunca questionara, mas que agora, ouvindo-o, fazia seu coração bater mais forte. Uma sensação de euforia e prazer a dominava. Seria amor? Estaria amando Jovino?

— E se eu não quiser esquecer? — perguntou. — E se eu disser que me sinto feliz em saber que gosta de mim?

Jovino, sem conseguir conter-se, beijou-a nos lábios, apertando-a de encontro ao peito. Emocionados, entregaram-se ao sentimento que os envolvia. Por fim, ele disse olhando-a nos olhos:

— Devo acreditar que sente o mesmo por mim? Várias vezes, me debati na incerteza de que o carinho que lia em seus olhos ia além da simples amizade. Temia iludir-me. Temia ainda mais que você se iludisse.

— Eu?

— Sim. Talvez você esteja confundindo seus sentimentos. Talvez deseje confortar-me, sinta pena de mim, da minha tragédia. Isso me atormenta e deprime.

Ela alisou o rosto de Jovino com carinho.

— Isso não é verdade. Eu gosto de você pelo que é. Admiro-o como pessoa. Sei que é mais digno do que muitos homens que vivem do lado de fora. Essa situação é temporária. Logo estará livre.

— Sei que serei libertado. Agora que compreendi a verdade, confio que serei livre. No entanto, terei de buscar meu lugar na sociedade, reconstruir minha vida.

— Sua inocência será provada, e você voltará para casa de Magali, que sempre foi sua casa.

— Não. Não desejo voltar. Por mais que goste deles como minha família, é hora de cuidar de mim. Não quero ser um peso para ninguém. Tenho certeza de que poderei organizar minha vida.

— Não será orgulho? Não está magoado com eles?

— Não. Compreendo a atitude deles. Houve um tempo em que voltar para lá era o que eu mais queria, porém, desejo viver minha própria vida. Tenho pensado muito. Descobri que sou capaz de fazer muitas coisas. Engraçado. Estudando, tentando ajudar os outros, pretendendo aprender a não violência, percebi que tenho muitas habilidades. Sinto-me feliz em notar que posso fazer coisas por mim mesmo, que sou capaz. É uma satisfação grande. Dá para entender?

— Sim. Sei como é. Minha mãe não queria que eu trabalhasse, mas achei que precisava. Afinal, somos pobres, e eu não queria ser um peso à família. Fui sozinha e arranjei meu emprego naquele escritório. Fiz o teste e passei. Minha mãe surpreendeu-se. Consegui ganhar mais do que meu irmão. Fiquei muito feliz.

— É isso. Claro que desejo que doutor Homero, Rui e dona Aurora descubram que sou inocente. A amizade deles é importante para mim. Mas desejo construir minha vida do meu jeito. Tenho visto o mundo de outra forma. É preciso ser forte, tomar conta do seu pedaço, senão os outros o tomam. Não desejo prejudicar ninguém nem nada que seja dos outros, mas sei que posso ter meu espaço e pretendo tomar conta dele.

— Essa força não seria agressividade?

— De forma alguma. Não usarei a força para atacar ou defender nada. Usarei minha força para construir meu lugar no mundo. Um lugar cheio de sol, alegria, paz e amor. Vou me dar força para estudar, aprender, fazer coisas, desenvolver minhas habilidades. Esses anos aqui me mostraram claramente o que tem valor real, e o que eu desejo é ser feliz.

Nair ouvia-o com enternecimento e admiração.

— Sinto-me bem ouvindo-o.

— Gostaria de saber se um dia, quando eu sair daqui e houver conquistado tudo isso, você concordará em dividir sua vida comigo.

— Sim, eu quero. Quero aprender com você como conquistar essa felicidade tão grande.

Ele beijou-a com carinho.

— Vou pensar em você todos os instantes. Olha, Nair, todas as noites, às dez horas, pensarei que estamos juntos em um jardim muito lindo e que a tenho em meus braços como agora! Gostaria que fizesse o mesmo.

Nós nos encontraremos todas as noites em pensamento, a essa mesma hora. Fará isso?

— Sim. Estaremos juntos todas as noites.

Ao despedir-se, Nair sentia-se muito emocionada. Parecia-lhe natural gostar dele, e a descoberta de que era querida enchia seu coração de contentamento.

No trajeto de volta, não deixou de recordar suas palavras, seu carinho, seus beijos. Sim. Ela amava-o. Sabia que a situação era difícil. Sua família não compreenderia se soubesse. Precisava esperar. Ser paciente. Confiava que ele logo seria libertado. Ele parecera-lhe tão confiante!

Não compreendera muito bem o que Jovino dissera. Só sabia que ele era um moço bom, cheio de planos para o futuro e que a amava. Estar ao seu lado seria sua felicidade.

Nair guardou segredo da família e confidenciou com os amigos. Procurou Mariazinha a quem confiou o que lhe acontecera. A amiga olhou-a com certa preocupação.

— Notei o jeito como ele olhava para você. Percebi que a admirava.

— Foi o que ele disse. Que gostou de mim desde o primeiro dia. Você ficou séria. Não aprova nosso namoro?

— Não se trata disso, Nair. Gosto do Jovino. É excelente rapaz. O que me entristece é a situação. Até agora não pudemos fazer nada para libertá-lo. Esse amor não será um sofrimento a mais para vocês dois?

Júlio, que ouvira calado, interveio:

— Talvez não. Depende de como eles encararem a situação. Em vez de sofrimento, pode vir a ser uma motivação para superar o presente e esperar pela liberdade. Pode confortá-lo e ajudá-lo a investir no futuro, estudando, preparando-se.

— Você acha? — perguntou Nair mais animada.

— Olhe meu caso. Nunca trabalhei com tanto gosto como agora. O amor compartilhado traz alegria, felicidade.

— Eu gosto dele. Estou disposta a esperar que ele seja libertado. Somos jovens, temos muito tempo para viver juntos.

— O que me aborrece é que Vanderlei não conseguiu nada até agora — disse Júlio.

— Ele tem se esforçado — aduziu Mariazinha. — Desde que se formou, tem trabalhado para reabrir o processo, alegando que Jovino foi condenado com provas insuficientes. Tem sido inútil.

— Como o encontrou? — indagou Júlio.

— Por incrível que pareça, muito animado. Tentou me explicar, mas não entendi bem. Diz que descobriu o motivo de sua prisão, que ele atraiu isso porque pensava que a violência resolvia tudo. Acho que a solidão e a prisão acabaram criando algumas ideias disparatadas na cabeça dele. Jovino acha que seria até capaz de matar para defender seus amigos, e isso o prejudicou. Ele disse: "Eu jamais mataria Alberto, mas mataria quem o quisesse atacar".

— A ideia não é tão disparatada assim. Tem até lógica — respondeu Júlio pensativo.

— Você acha?

— Claro. Eu mesmo já pensei muito nisso. Violência atrai violência. É a lei da afinidade.

— Foi isso que ele disse. Afirmou que agora mudou sua crença. Não crê mais que a violência resolva alguma coisa. Por isso, julga haver aprendido sua lição e espera que isso o liberte. Vendo-o tão confiante, não quis aborrecê-lo, mas não creio que só isso seja suficiente. Afinal, precisa encontrar o verdadeiro assassino e provar sua inocência na justiça.

— Dona Dora disse que, quando se aprende a lição, o curso acaba — lembrou Mariazinha. — Disse também que, quando chegar o momento certo, ele será libertado.

— Fico satisfeito em saber que ele está confiante. Mesmo que sua libertação esteja distante, é melhor que ele permaneça otimista.

— É desesperador como não podemos fazer nada — afirmou Nair.

— A paciência será sua força — respondeu Júlio. — Se o ama mesmo, o melhor é imaginar que tudo será resolvido.

— Isso mesmo, Nair. Afinal, como você disse, são jovens. Podem esperar.

Em sua casa, sentada na sala, tendo nas mãos um livro que não lia, Magali sentia-se irritada. Rui não podia ter agido daquela forma.

Estava no portão de casa conversando com Vanderlei, quando Rui chegou e foi muito grosseiro, exigindo que o moço se retirasse e ela entrasse em casa.

Vanderlei, pálido, recusara-se a ir embora, e Rui, então, tentara agredi-lo. O moço segurara o braço do oponente, impedindo-o de atingi-lo. Rui perdera o controle e gritara enraivecido.

Para não criar maiores problemas, uma vez que os vizinhos apareceram na janela, Vanderlei decidiu ir embora.

Vendo-o ir-se, Rui exigira que Magali entrasse em casa e trancou o portão impedindo-a de sair. Depois, subiu para o quarto trancando-se por sua vez.

Magali sabia que ele se aproveitara da ausência dos pais, que, naquele domingo, haviam saído. Seu pai consentira que Vanderlei a namorasse e fosse à sua casa. Rui, contudo, nunca aceitara a presença dele. Era indelicado e ostensivamente demonstrava seu desagrado.

Vanderlei procurava ignorar as grosserias do cunhado para não brigar, mas isso tinha o dom de irritar Rui ainda mais, aumentando sua agressividade.

Magali era tolerante com o irmão, porém sentia-se no limite de sua paciência, uma vez que ele não atendia a nenhuma de suas ponderações.

Vanderlei propusera-lhe casamento, e Magali aceitara. Contudo, ele, recém-formado, iniciara sua carreira como advogado, e, para realizar esse sonho, eles precisavam de certo tempo.

Magali gostaria de casar-se logo a fim de escapar das implicâncias do irmão, mas seus pais não concordariam sem as condições que eles desejavam. Pretendiam que Vanderlei pudesse oferecer a Magali o mesmo padrão de vida a que ela estava habituada.

Vanderlei concordara com eles quanto a isso. Pretendia montar uma boa casa, com gosto e conforto.

Por isso, ela precisava ser paciente e esperar. Mas, apesar disso, Magali conversaria com o pai. Dessa vez, Rui exagerara.

Já era tarde da noite quando eles voltaram. Magali ainda os esperava.

— Ainda acordada, filha? — indagou Aurora admirada.

— Sim. Preciso conversar com papai.

Doutor Homero, que fechara a porta e verificava se os ferrolhos das janelas estavam corridos, perguntou:

— O que foi?

Magali, indignada, contou o que acontecera. O pai ouviu-a em silêncio. Quando terminou, considerou:

— Rui se incomoda muito com você. Vive preocupado com o que você faz. Nunca aceitou vê-la namorando no portão. E, para ser sincero, eu também não gosto.

— Pai, nós estávamos só conversando. Ficamos lá fora porque vocês não estavam em casa. Não vejo motivo para Rui ser tão implicante. Vanderlei deseja casar-se comigo.

Homero olhou-a sem dizer nada. Foi Aurora quem respondeu:

— Ele é um bom moço e bem-intencionado. É inteligente também. Gosto de conversar com ele.

— Pelo jeito, você o aprova para genro.

— Aprovo com gosto. Magali gosta dele. Está começando a carreira, pode ir longe.

— Você não aprova, papai?

— Não disse isso. Ainda não o conheço o suficiente. O namoro é para isso. Vamos ver. Seria bom evitarmos desentendimentos em família.

— A culpa é do Rui. Ele maltratou Vanderlei, foi muito grosseiro e até tentou agredi-lo.

— Falarei com ele. Onde está?

— Fechado no quarto.

— Vamos dormir. Já é tarde. Amanhã falaremos disso.

Magali notou que o pai parecia cansado e não insistiu.

Uma vez no leito, Homero não conseguiu dormir. Pensamentos angustiados perturbavam-no. A vida fora caprichosa com ele. Por que levara o filho mais brilhante e inteligente e lhe deixara o belicoso e temperamental? Por que fora tão cruel com ele, castigando-o daquela forma? Sabia que sua alegria se fora com a morte do filho predileto. Desalentado, não se sentia capaz de esquecer. Por que a morte levara a melhor? Por que ele, apesar de todo esforço, nunca conseguia derrotá-la?

Magali falara-lhe sobre a continuidade da vida, contudo, era difícil aceitar. Os homens sonham com uma ilusão para amenizar sua dor. Isso era como uma aspirina; apenas um paliativo, um analgésico.

Lutar para manter a vida, curar pessoas, retardar-lhes a morte seriam um bem? De que lhe valera tanto estudo, tanta dedicação para uma causa perdida? Por causa dela, relegara muitas coisas ao segundo plano. De que lhe valera? Chegar à maturidade derrotado, amargurado e triste. Esse fora o resultado de tanto esforço.

Sentia-se muito cansado. Na verdade, jamais conseguira ser feliz. Cansara-se de ver tanta dor, gente sofrendo, tragédias e dramas sem que o sacrifício de toda a sua vida houvesse contribuído para mudar esse fato.

Se um dos pacientes recebia alta, logo em seguida outros mais apareciam, muitas vezes em piores condições. Isso não tinha fim. Homero estava cansado da dor, da queixa, dos lamentos.

Pensou em tirar férias, viajar durante algum tempo. Há quanto tempo não vivenciava um momento de paz?

Remexeu-se no leito inquieto. Aurora dormia tranquila. Ele levantou-se e foi à cozinha. Tomou um copo de água. Sua casa há muito deixara de ser alegre, e, na penumbra, parecia-lhe ver os filhos ao redor da mesa.

Que saudade! O rosto bonito e corado do Alberto veio-lhe à lembrança, e lágrimas desceram-lhe pelas faces. Como esquecer? A brutalidade do crime, a dor da perda. Pensou em Jovino, e o antigo rancor reapareceu forte como no primeiro dia.

283

Magali julgava-o inocente. Aurora inclinava-se a isso. Ele, contudo, duvidava. Como saber? Como não se arrepender de haver comprado a malfadada arma que matara Alberto?

Passou a mão pelos cabelos suspirando angustiado. Alberto era um moço bom, estimado por todos, não tinha inimigos. Quem teria interesse em matá-lo? Só podia ter sido Jovino. Fora a inveja. A polícia estava certa. Nesse caso, não deveria permitir que Magali fosse ver Jovino.

Mas e se ele fosse inocente? Se estivesse sendo vítima de um erro judiciário? Tanto tempo havia passado, e a dor ainda permanecia. Quando teria paz?

O espírito de Alberto estava ali, observando a tristeza do pai, sentindo-se emocionado. Por que seu pai não vencia a tristeza? Teve vontade de gritar, de dizer-lhe que a morte do corpo não o havia destruído, que ele continuava o mesmo de sempre, vivendo em outro lugar, mas guardando o mesmo amor no coração.

Alberto aproximou-se de Homero. Sabia que ele não o estava percebendo. E se tentasse um contato?

Sem vontade de deitar-se novamente, Homero sentou-se ao redor da mesa. Alberto abraçou-o carinhoso, e Homero lembrou-se dos momentos em que, naquela mesma mesa, os filhos tomavam o café da manhã antes das aulas. Alberto ali, sorrindo, brincando, parecia-lhe real. Seus pensamentos procuravam na memória cenas do passado, e Homero as revivia com emoção.

Alberto, abraçado a ele, esforçou-se para não se deixar dominar pela saudade. Agora, ele sentia-se mais forte e compreendia que cultivar emoções desequilibradas só os prejudicaria. Já não via o que lhe acontecera como uma tragédia horrível. Nem sequer pensava que houvesse sido um mal.

Agora que conhecia mais sobre o passado, compreendia e valorizava as lições que recebera. Por isso, apesar da emoção, procurou manter o equilíbrio, não dramatizando a situação como Homero. Procurando transmitir-lhe pensamentos de calma e amizade, disse-lhe ao ouvido:

— Não faça isso com você. A vida não é o que você pensa. Não se culpe de nada. Você sempre fez o melhor. Perdoe o que houve. Tente esquecer. Ajude Jovino. Ele é inocente! Vá vê-lo na prisão. Interesse-se em saber a verdade. Ah! Se eu pudesse contar-lhe! Se me ouvisse!

Homero pensou em Jovino e imaginou-o na prisão. Ele nunca tentara descobrir a verdade. Aceitara a tese da polícia, mas jamais fizera nada, nem um gesto, para descobrir se fora mesmo Jovino o assassino.

Poderia ter investigado, se interessado logo após o crime. Magali falara-lhe sobre a briga, e Jovino também alegara isso em seu depoimento.

Teriam razão? Haveria outros interessados em matar Alberto? E a namoradinha do filho? Por que não dissera nada à polícia? Agora, dizia haver sido ameaçada. Seria verdade mesmo? Havia chance de Jovino ser inocente?

— Pai — continuou Alberto —, ele é inocente. Você pode ajudar Magali e Vanderlei. Pode visitar Jovino, falar-lhe.

Homero pensou: "Preciso descobrir o que aconteceu naquela noite. Não posso viver nesta incerteza. Meu Deus, o que fazer?".

— Acalme-se. Descanse. Não se atormente.

Alberto, abraçado ao pai, procurava transmitir-lhe pensamentos de paz. Aos poucos, Homero foi se acalmando. Quando se sentiu melhor, voltou ao quarto e deitou-se. Alberto acompanhou-o e, vendo-o adormecer, agradeceu a Deus por ter podido ajudá-lo.

Quando acabou, foi surpreendido com a presença de Norma, que, abraçando-o, disse:

— Vim cooperar. Gostaria de um encontro com ele?

Alberto exultou.

— É o que eu mais quero. Ele está muito iludido. Exagera tudo. Poderá ver-me?

— Vamos ver. Você mostrou-se bem e não se deixou contagiar pela energia negativa de Homero. Por isso vamos tentar.

O corpo de Homero estava adormecido, e seu espírito se sobrepusera a ele, também adormecido.

— Ele está exausto — comentou Norma. — Vou dar-lhe forças.

Norma aproximou-se do espírito adormecido de Homero e segurou suas mãos. Das mãos dela saía uma energia laranja, que, penetrando nas mãos e nos braços do corpo astral de Homero, logo ativaram seus centros de força, revitalizando-os.

Em espírito, Homero abriu os olhos tentando perceber o que estava acontecendo. Vendo Norma, perguntou admirado:

— Onde estou? Quem é você?

— Uma amiga. Venha comigo. Vamos passear um pouco.

Ele levantou-se fascinado. Foi aí que Homero viu Alberto.

— Alberto! — disse estremecendo. — Meu Deus! Estou sonhando!

Alberto abraçou-o com carinho.

— Não é sonho. Sou eu mesmo. Estou vivo!

Homero, emocionado, não conseguia falar. Alberto prosseguiu:

— O que Magali disse é verdade. Acredite! Eu não morri. Sofro com sua tristeza. Gostaria que percebesse isso. A vida é preciosa! Não se lastime. Aprenda a ser feliz. O mundo é belo, e Deus cuida de tudo. Confie.

Homero olhava-o fascinado. Passou a mão trêmula sobre o rosto do filho.

"Isso não pode ser", pensou. "Você está morto, e os mortos não voltam!"

— Engano seu, papai. Eu estou vivo. Estou aqui. Venha. Vamos ver as belezas da vida! Quero que sinta como vale a pena.

Homero sentiu que toda a sua angústia desaparecia. Abraçado ao filho de um lado e a Norma do outro, deixou-se conduzir, sentindo uma alegria que não se lembrava de haver experimentado antes.

Os três saíram abraçados à luz tênue da madrugada, olhando as luzes da cidade lá embaixo, deslizando deliciosamente por vales, montanhas e parques. Homero sentia-se feliz, maravilhado com o brilho das estrelas que luziam no céu e com a magia do momento de prazer e de reencontro.

Na volta, reconhecendo sua casa, Homero pensou: "Já? Ah! Se eu pudesse ficar aqui para sempre! Este é o paraíso".

— Pai, não é possível ainda. Aceite as coisas como são. Aprenda com elas. Procure olhar o que aconteceu sem drama. Não se castigue mais nem perpetue aquele instante. Foi um minuto. Já passou. Hoje, estou feliz! Seja feliz, aproveite a vida! Vale a pena. Um dia, o senhor descobrirá a verdade. Jovino é inocente. Lembre-se disso: Jovino é inocente!

Homero acordou de repente, tendo essa frase ainda na lembrança:

— Jovino é inocente!

Suspirou ainda semiadormecido e remexeu-se no leito.

— O que foi? — indagou Aurora. — Sente-se bem?

— Como nunca me senti antes. Se a morte é isso, quero morrer!

Aurora assustou-se e acendeu a luz do abajur.

— Não diga isso, Homero. Acorde. Você está sonhando.

— E Alberto. Onde está? Já foi embora?

— Alberto?

— Sim. Estava aqui agora.

Ela olhou-o, tentando entender.

— Foi muito bom. Se foi sonho, quero sonhar de novo. Abracei Alberto, e ele me disse muitas coisas. Havia uma mulher com ele, bonita. Saímos passeando, e era como se estivéssemos voando sobre a cidade. Nunca aconteceu comigo isso!

— E Alberto? Como ele estava?

— Bem. Disse-me tantas coisas!

— Conte-me.

— Agora parece difícil lembrar as palavras. Disse que eu fosse feliz, que esquecesse. Pena que acordei. Ele dizia: "Jovino é inocente!". Disse isso várias vezes.

— Meu Deus! Magali tem razão. Ele é inocente mesmo. Como duvidar depois disso?

— Foi só um sonho.

— Um sonho diferente. Pode ter sido verdade. Você esteve com Alberto. Só pode ter sido isso.

— Será? Acha possível?

— Por quê não? Se ele está lá no outro mundo, é claro que gostaria de nos visitar. Ah! Como eu gostaria que fosse comigo! Vou perguntar à dona Dora. Ela pode nos explicar essas coisas.

— Ela entende disso?

— Claro. Por que não vai ao centro conosco esta quinta-feira?

Ele balançou a cabeça pensativo.

— Vamos ver — disse.

Continuaram conversando, mas Homero não podia esquecer o que sentira naquela noite. Essa sensação acompanhou-o durante vários dias. Sempre que pensava no filho, recordando a emoção que sentira, esforçava-se para lembrar-se do que haviam conversado. Era inútil. Só conseguia recordar-se com clareza de ele dizer que Jovino era inocente. Poderia confiar? Não seria apenas um sonho? Ele estivera pensando muito naquela noite. Como saber?

Sentiu vontade de ir ao centro espírita com Aurora. Ela melhorara tanto depois que começara a ir lá! A princípio, pensara em autossugestão. O sofrimento era tão grande que Aurora se confortara com aquelas ideias. Mas agora começava a duvidar. E se fosse realmente verdade? E se Alberto estivesse vivo no outro mundo, desejando falar-lhe, contar-lhe a verdade sobre o crime, como se sentiria diante da sua descrença? Por que era tão difícil para ele crer?

Homero estava cansado, triste, vazio. A desesperança atormentava-o. Gostaria de ser ingênuo, de ter a fé dos simples e ignorantes. Eles pelo menos vivem em paz. De que lhe adiantava tanta cultura, tanto estudo, tanta ciência, se isso apenas lhe servia para tornar-se descrente e infeliz?

Decidiu-se. Iria com Aurora. Queria ter fé. Acreditar na vida, em Deus, na bondade, no amor, no perdão. A crueldade do mundo e suas misérias pesavam-lhe. Desejava esquecer, recomeçar.

Magali surpreendeu-se com a decisão do pai. Aurora informou-lhe sobre o sonho que Homero tivera e ela não teve dúvida: ele realmente estivera com Alberto. Ela percebera o desencanto do pai, tentara ajudá-lo sem conseguir. Alberto, contudo, conseguira. Agradeceu a Deus pelo socorro e compreendeu que, aos poucos, todos iam melhorando. "Um dia", pensou comovida, "Todos nós estaremos felizes, e Jovino estará conosco".

Quando eles foram ao centro espírita na quinta-feira, Homero conversou com Dora, que o atendeu carinhosamente. Ele sentiu-se bem ali, junto com aquelas pessoas cheias de fé, que oravam em benefício dos doentes e demonstravam uma certeza na continuidade da vida após a morte que o emocionou.

Ah! Se ele pudesse crer! Como se sentiria aliviado! Após a reunião, sentiu-se muito melhor, mais calmo, mais sereno. Ao despedir-se, Dora acrescentou:

— Fiquei feliz com sua presença, doutor Homero. Tenho certeza de que Alberto também ficou. Há muito tempo ele desejava que viesse.

Homero surpreendeu-se:

— Como sabe? Ele tem vindo aqui?

— Tem sido visto por vários dos nossos médiuns. Uma noite, nos pediu para atendê-lo. Disse-nos que o senhor estava muito inconformado, desanimado, e que isso o entristecia muito. Desejava vê-lo, contar-lhe a verdade, mas não conseguia. Estava preocupado com sua tristeza.

Homero comoveu-se. Como aquela mulher podia saber de seus pensamentos íntimos? Nem a Aurora confidenciara seus sentimentos.

— Obrigado — disse. — Sinto-me melhor. Isto aqui é um bálsamo para a alma.

— Venha quando quiser. Será sempre bem-vindo.

Durante o trajeto de volta, Homero não disse palavra. Aurora percebeu que ele estava comovido e calou-se. Sentia que algo estava acontecendo com o marido. Não duvidava mais de que ele estivera mesmo com Alberto, e essa certeza inspirava-lhe confiança e alegria.

Uma vez em casa, Rui esperava-os na sala de estar. Desejara confirmar se o pai realmente fora ao centro espírita. Não acreditara no que a criada lhe dissera. Vendo-os entrar em silêncio, esperou que eles falassem.

Magali subiu para o quarto. A mãe foi para a cozinha fazer um chá para o marido. Rui aproveitou para satisfazer a curiosidade:

— A criada me contou, mas não acreditei.

— O quê? — perguntou Homero com calma.

— Que você foi ao centro espírita.

— Por quê não?

— Logo você! Tão inteligente, tão culto! Achei impossível.

— Melhor faria se também fosse até lá. Talvez conseguisse aprender a ser mais calmo, mais controlado, e a não arranjar briga com sua irmã nem com Vanderlei.

Rui irritou-se.

— Aquele sujeitinho irritante. Não sei como permite que venha até aqui e, o que é pior, que ande atrás de Magali.

— Preferia que não se envolvesse no que não lhe diz respeito.

— Magali é minha irmã. Não posso permitir que namore qualquer um.

— Esse assunto não lhe diz respeito. Ainda sou eu quem decide o que é melhor aqui em casa.

— Você é muito ocupado. Não percebe que esse sujeito é irritante. Eu também vivo aqui e gostaria que me ouvisse. Não gosto de ver Magali de braços com ele. Gostaria que levasse em consideração o que eu penso pelo menos uma vez.

— Se tivesse motivo justificável, eu o ouviria, mas não tem. Você simplesmente implica com ele. Sendo assim, não posso concordar. Magali gosta de Vanderlei e deseja namorá-lo. Pensam até em casar-se.

— Casar-se?! Nunca! Não permitirei. Magali nunca se casará com ele.

— Por que se irrita tanto? Sua irmã é livre para escolher quem quiser para marido. Sendo um moço honesto, trabalhador, instruído, não me oporei. Trate de aceitar e deixá-la em paz.

Rui empalideceu e trincou os dentes com raiva:

— Você nunca me ouviu. Prefere dar ouvidos a ela. Mas saiba que nunca aceitarei esse casamento. Se insistir em permitir que ele continue vindo aqui, irei embora desta casa e nunca mais porei os pés aqui. Eu prometo!

Homero olhou-o surpreendido. Não sabia que o filho dava tanta importância àquele assunto. Não podia concordar. Aquela chantagem era bem típica de Rui. Sabia que não podia transigir. Por isso, disse com calma:

— Você é quem sabe. Nesta casa, sempre lhe oferecemos o que temos de melhor. Nosso carinho, nosso conforto, nossa atenção. Mas não posso permitir que me dite ordens ou me ensine como gerir minha própria família. Se não está satisfeito com minhas decisões, faça o que quiser. Você é livre para escolher seu próprio caminho.

Rui não respondeu. Subiu para o quarto em silêncio. Homero sentou-se no sofá pensativo. Era estranha a atitude de Rui em relação a Magali. Estava claro que nada de palpável havia contra Vanderlei. Se o tivesse, com certeza teria apontado. Sua implicância era gratuita. Como compactuar com aquela atitude injusta?

Aurora apareceu com a bandeja onde arrumara algumas guloseimas e o bule de chá. Colocou-a sobre a mesa e serviu o marido carinhosamente. Amava-o muito. Desejava demonstrar-lhe seu afeto.

Homero, apesar da discussão desagradável que tivera com Rui, sentiu-se bem. A solicitude de Aurora o fortalecia. Sentada ao seu lado, ela tomava seu chá em silêncio.

— Às vezes, fico pensando — considerou Homero — por que Rui é tão belicoso. Agora deu para implicar com Vanderlei. Pôs na cabeça que devemos impedir o namoro de Magali com o rapaz, mas não apresentou nenhum motivo plausível.

— Ele sempre teve ciúmes de Magali. Desde criança, ela não podia brincar com nenhum amiguinho que ele logo atrapalhava. Pensei que com a idade isso desapareceria.

— Não passou. Às vezes, penso que ele sofre de alguma psicose, tem certas manias... Ele sempre foi nervoso.

— É verdade. Se ao menos Rui aceitasse ir ao centro... Tenho visto tantas coisas! Casos de doentes mentais que se curam. Nunca falei sobre isso porque achei que você não iria gostar.

— Hoje, senti-me muito melhor. Aquele ambiente é muito especial. Acolhedor, tranquilo. Fez-me tão bem que nem as implicâncias de Rui conseguiram me irritar.

— Ainda bem. Eu também me sinto bem lá. Encontrei paz e força espiritual.

— Reconheço que você está muito bem agora.

— Tem razão. Gostaria que você também conseguisse sentir-se melhor. Vive no meio de pessoas doentes, e seu trabalho é árduo. Precisa fortalecer-se espiritualmente.

— Sim. Irei na próxima semana. Quero aprender a ter fé.

Aurora passou a mão pelo braço do marido, acariciando-o levemente.

— A fé é nossa força. Move montanhas.

Homero sorriu. Começava a perceber que ela tinha razão.

— Vamos dormir — disse. — Estou com muito sono.

Homero esperou Aurora levar a bandeja para a cozinha, e os dois, abraçados, subiram para o quarto.

Capítulo 23

Rino chegou em casa desanimado. Sua vida estava ruim e sem graça. Não conseguia interessar-se por nada. O tédio tomara conta de tudo, e a insatisfação o fazia sentir-se infeliz e triste.

Fechou-se no quarto, disposto a dormir, esquecer, para fugir ao aborrecimento. Lineu foi encontrá-lo metido na cama, de mau humor. Entrou no quarto, acendeu a luz e foi logo dizendo:

— O que é isso, homem? Na cama a uma hora dessas? Só pode estar doente. Logo hoje que temos um programa especial! Duas pequenas do barulho! Elas toparam sair, e você vai levantar-se já e se arrumar depressa. Estamos atrasados.

Rino abriu os olhos irritado e gritou:

— Apague essa luz! Não quero sair! Deixe-me em paz!

O outro se fez de desentendido.

— Deixe disso. Não é ficando de mau humor e entregando os pontos que você vai melhorar. A noite está linda, e temos tudo a nosso favor. Vamos. Pelo menos tente me ajudar! Estou louco por ela. Se você não for, elas não irão.

— Qual o quê? Você vai e pronto. Não estou com vontade.

— Sair com as duas? Como vou conseguir o que pretendo? Vamos lá, você é meu amigo. Faz tempo que estou esperando essa chance. Você não vai fazer isso comigo agora.

— Na outra noite eu fui, e a pequena era um terror. Parecia uma boba.

— Não negue que ela era bonita. Se você não gostou, não tenho culpa. Bonita ela era. Sei de alguns amigos que dariam tudo para estar em seu lugar naquela noite. Você está difícil. Puxa! Desse jeito, não conseguirá nada.

— Estou cansado.

— Isso é desculpa. Não me convence. Será que ainda não esqueceu a Mariazinha?

Rino impacientou-se:

— Que ideia! Nem lembro que ela existe. Estou cansado, só isso.

— Está bem. Vamos hoje, e eu prometo que não insistirei mais. É muito importante para mim.

Rino suspirou resignado. Não lhe convinha que o amigo desconfiasse de suas intenções com Mariazinha.

— Está bem, eu vou.

— Rápido, por favor. Está quase na hora.

Enquanto Rino tentava dar um jeito na aparência, Lineu, entusiasmado, falava sem cessar do quanto desejava aquela pequena e não via a hora de tê-la nos braços.

Observando o entusiasmo do amigo, Rino perguntou:

— E a Neide? O que disse a ela?

Lineu deu de ombros.

— Estou farto dela. O ciúme de Neide já me cansou. Não aguento mais.

— Há alguns anos você jurava que ela era a mulher de sua vida.

— Foi há muito tempo. Aliás, nenhum caso meu durou tanto. Você sabe. Quero coisa nova.

— Ela não é do tipo que se conforma. Tome cuidado.

Lineu riu descuidado.

— Bobagem. Está para nascer a mulher que vai me segurar. Ela que não se faça de tola. Acabo com a raça dela.

— Em todo caso, um escândalo não lhe convém. Seu pai pode cortar a mesada novamente.

— Sei fazer as coisas. Deixe comigo. Míriam vale qualquer esforço.

— Mulher nenhuma vale tanto trabalho.

— Você diz isso agora. Houve tempo em que não pensava assim...

— Isso passou. Nunca mais farei nada por causa de mulher. Não vale a pena.

Os dois saíram ao encontro das duas moças. Apesar de aborrecido, Rino reconheceu que elas eram muito bonitas e tinham classe, coisa que Lineu não costumava considerar. Foram a um cinema e na saída, quando se dirigiam ao carro, foram abordados por uma mulher, que gritou enraivecida:

— Bandido, traidor! Eu sabia que você estava me traindo!

Atirou-se sobre Lineu que, rapidamente, a segurou pelo braço, impedindo-a de agredi-lo no rosto.

— Vamos para casa. Não o deixarei aí ao lado dessa magrela.

Lineu segurou-a com força fazendo-a gritar de dor. Disse com raiva:

— Vá embora imediatamente! Se disser mais alguma coisa, eu a matarei — falou baixo, mas havia tanto ódio nele que ela se assustou.

Lineu soltou-a rápido e, dirigindo-se à moça que se afastara envergonhada, disse-lhe:

— Desculpe essa mulher. Cismou comigo e anda me perseguindo aonde eu vou. Já nem sei mais o que fazer para impedi-la de me perturbar. Se diz apaixonada e anda atrás de mim fazendo cenas. É um caso de loucura.

— Não tem um caso com ela? Foi o que me pareceu.

— É isso justamente o que ela quer. Para que eu não possa sair com ninguém.

— O melhor é irmos embora. Não gosto de escândalos. Foi muito desagradável.

— Espere aí. Ela não nos incomodará mais. Venha, vamos para o carro. Podemos ir tomar alguma coisa. Esqueçamos esse desagradável incidente.

As duas moças, contudo, não aceitaram. Ali mesmo, despediram-se, e de nada valeram as rogativas dele para que ficassem. Quando elas se foram, Rino considerou:

— Estas você pode esquecer. Não conseguirá mais nada com elas. Depois disso!

Lineu bufava de raiva.

— Aquela rameira me paga. Isso não ficará assim. Ela verá.

— O que pode fazer?

— Dar-lhe o que merece. Mulher nenhuma faz isso comigo. Depois, acabarei com esse caso de vez. Estou farto. O que aconteceu hoje nunca mais se repetirá.

— Não será fácil livrar-se dela. Está louca de ciúmes.

— Quando eu tiver acabado, ela nunca mais desejará ouvir falar de mim — afirmou ele, trincando os dentes com raiva.

— Cuidado. Não chegue a extremos. Pode se complicar.

Lineu riu despreocupado.

— Sei o que faço. Nunca me enrolei com nada. Não será agora.

— Bem, já que foram embora, irei para casa. Bem que eu estava pressentindo. Antes tivesse ficado dormindo.

— Deixe de ser bobo. O cinema foi bom, apesar de tudo. Amanhã, tentarei vê-la e apagar a má impressão. Que diabo! Estou muito interessado nela. Vou insistir.

Rino despediu-se, e Lineu dirigiu-se ao bar. Precisava beber alguma coisa para acalmar-se. Que má sorte! Tomou algumas doses de conhaque, e, em vez de esquecer o que acontecera, sua raiva cresceu. Lembrou-se de Neide e foi até a casa dela.

Era lá que passava a maior parte das noites, recolhendo-se à casa paterna sempre quase de manhã, a fim de o pai não implicar. Sabia que podia chegar tarde, mas não depois do amanhecer. Seu pai tinha essa mania. Ele precisava da mesada, então, obedecia.

Colocou a chave na fechadura e entrou. Tudo estava escuro. Acendeu a luz da sala e foi para o quarto. Quando acendeu a luz, Neide deu um salto da cama, com os olhos vermelhos e o rosto marcado pelas lágrimas.

— Você veio! — disse.

Ele olhou-a com ódio.

— Sim, eu vim. E você vai ter o que merece. O que fez foi imperdoável. Não posso tolerar uma coisa dessas.

— Ah! — gritou ela enraivecida. — Você não vai tolerar? E o que fez comigo não conta? Como pensa que eu me sinto?

— Sente-se mal? Pois ficará pior. Vou mostrar-lhe que comigo não se brinca.

Lineu aproximou-se dela, que, atemorizada, recuou tentando escapar. Ele não lhe deu tempo. Cheio de raiva, golpeou-a com força, extravasando o rancor que sentia.

Entre a dor e a surpresa, Neide quis gritar, porém ele não lhe deu tempo. Enquanto batia na moça, dizia-lhe enraivecido.

— Eu a odeio! Você está feia, horrorosa! Nunca mais quero ver sua cara! Deixe-me em paz! Você é um traste que não serve para nada. É um estorvo em minha vida. Eu gosto de outra, e é com ela que quero ficar. Você nunca mais me verá, e, se aparecer onde eu estiver, acabarei com sua raça para sempre. Estou falando sério. Entendeu?

Vendo que Neide desfalecia e que seu rosto sangrava, deu-se por satisfeito. Deixou-a estirada no chão e procurou juntar todos os seus objetos e apagar as possíveis provas de sua estada ali. Depois, sentindo-se mais calmo, saiu fechando a porta.

"Essa nunca mais vai me incomodar", pensou ele com alívio. Acendeu um cigarro e, pensando em como iria procurar Míriam no dia seguinte e no que lhe diria, foi para casa.

Já havia amanhecido quando Neide acordou. O corpo lhe doía, e ela não podia mexer-se. Apavorada, lembrou-se do que lhe acontecera e estremeceu de terror e de ódio. A tremenda surra que levara fazia-a temer que tivesse quebrado algumas costelas. Sua respiração estava difícil, e seu tórax doía muito.

O que faria? A quem recorreria? Morava sozinha e longe da família. Ninguém se interessava por ela. Precisava fazer alguma coisa. Devagar, começou a apalpar o corpo, tentando descobrir onde doía mais. Sentia o rosto inchado, e o cheiro de sangue incomodava-a.

Procurou arrastar-se até o banheiro. Sentia náuseas, e a cabeça doía-lhe muito. Aos poucos, conseguiu chegar lá e, segurando-se em uma cadeira, conseguiu sentar-se. Ficou tonta. Com muito custo, segurando-se no lavatório, conseguiu levantar-se lentamente. Quando se olhou no espelho, assustou-se. Seu rosto inchado e coberto de sangue a fazia sentir-se mais tonta.

Neide abriu a torneira e com esforço procurou lavar-se. Precisava tirar aquele cheiro horrível. A água fria fez-lhe bem. Aos poucos, conseguiu lavar-se. Pensou em ir ao pronto-socorro, porém, de que forma? Mal podia suster-se.

"Preciso esperar um pouco e ganhar forças", pensou.

Lentamente e com dificuldade, foi até a cozinha, preparou uma salmoura e levou-a até a mesa da cabeceira. Com cuidado, estendeu-se no leito e aplicou algumas compressas nos lugares mais doloridos.

Apesar de muito machucada, Neide tinha certeza de que ficaria boa. Seu ódio garantia-lhe essa vitória. Se Lineu pensava que a intimidara e destruíra, enganara-se. Ele jamais seria feliz com a outra. Ela não deixaria. Ele não perdia por esperar.

Nos dias que se seguiram, Neide foi melhorando devagar. Mas se o corpo recuperava-se da surra e as dores haviam passado, sua alma sofria cada dia mais. A certeza da traição, o orgulho ferido por saber-se desprezada e a humilhação que sofrera machucavam-na profundamente. Imaginá-lo nos braços de outra era-lhe insuportável.

Fora enganada! Lineu jurara que sempre a amaria, que nunca a deixaria, e agora a trocava por outra sem a mínima consideração, humilhando-a sem piedade. Sabia que ele era violento quando contrariado. Tivera ocasião de presenciar muitas coisas. Contudo, jamais imaginara que Lineu fosse capaz de matá-la. Agora, sabia. Por pouco, ele não acabara com sua vida. Contava com isso para afastá-la do seu caminho, mas estava enganado.

Ela pretendia vingar-se. A cada dia, curtindo as dores no corpo macerado e a angústia na alma revoltada e sofrida, sentia aumentar seu ódio. Tinha, contudo, de ser paciente. Ele não podia desconfiar de nada. Haveria de encontrar um meio de fazê-lo pagar pelo mal que lhe fizera. Prepararia o golpe e depois iria para bem longe, onde ele nunca mais pudesse encontrá-la. Sabia que sua vida não valeria muito depois disso.

Durante a semana que permaneceu fechada em casa procurando restabelecer-se, Neide ficou pensando, pensando. Naqueles seis anos de vida em comum, presenciara muitas coisas. Embora Lineu nunca houvesse lhe contado nada, ouvira e vira o bastante. Precisava de tempo e conseguir algumas provas. Ele não ficaria com ela, mas também não ficaria com mais ninguém. Haveria de mostrar-lhe que ele não era tão forte como se fazia.

Deixaria passar algum tempo e enquanto isso decidiria de que forma iria destruí-lo. O que precisava era recuperar a saúde e tratar de sua vida. Tinha de arranjar dinheiro e sabia como.

Neide não se considerava uma prostituta. Tinha alguns relacionamentos habituais, que lhe rendiam o suficiente para viver dentro do padrão ao qual se habituara. Era discreta. Seus amigos eram pessoas conceituadas socialmente e que tinham interesse em manter-se incógnitos. Chegava a pensar que Lineu nunca descobrira nada. Nos bons tempos, principalmente nos primeiros anos, ele era até ciumento.

Várias vezes, pensara em largar tudo por causa dele, porém, Lineu não lhe dava dinheiro. Vivia da mesada paterna, que, embora generosa, era gasta com facilidade. Ela precisava manter-se. Gostava de enfeitar-se para ele, de ter roupas lindas e até, por que não, pagar algumas despesas dele de vez em quando. Por isso, continuava mantendo seus encontros discretos, sempre fora de sua casa.

Decidiu embelezar-se e procurar novos amantes. Pretendia juntar boa quantia para poder fugir depois de executar sua vingança. Para atingir seu objetivo, não se importava em esperar.

Quinze dias depois, já estava pronta para recomeçar. Arrumou-se com capricho e gostou de olhar-se no espelho. Estava linda. Nenhum sinal da surra. Ensaiou um sorriso e dirigiu-se ao clube no centro da cidade, onde costumava dançar nos velhos tempos.

Era sábado, e o baile estava animado. Logo encontrou uma amiga com quem conversou alegremente. Sobre sua ligação com Lineu, disse-lhe apenas que tudo terminara e que ela desejava esquecer-se dele, partir para outra. Recebida com entusiasmo pelos amigos, logo começou a dançar e a divertir-se.

Teve sua atenção voltada para um rapaz moreno e bonitão que a olhava com insistência. Seu tipo era até atraente, porém, não lhe pareceu rico, e ela não se interessou. Foi sua amiga Zezé quem lhe confidenciou:

— Mendes está interessado em você. Ele não é para se desprezar!

— Agora estou interessada em arranjar quem possa me dar do melhor. Chega de dureza.

— Dinheiro ele não tem, isso eu sei, mas é policial. Ter amizade com ele é ter carta branca. Ele é boa gente e dá proteção. Se fosse comigo, eu até gostaria. As coisas andam complicadas por aqui. A turma do Armandinho anda levando dinheiro das garotas.

Neide interessou-se de repente. A amizade de um policial poderia ser-lhe útil. Olhou para Mendes e sorriu.

Ele apanhou o copo de cerveja sobre o balcão e bebeu-o tranquilamente. Depois, foi ter com ela. Logo estavam dançando prazerosamente. Durante o resto da noite, ficaram juntos, dançando, conversando. Quando saíram, Mendes ofereceu-se para levá-la em casa. Uma vez no carro com ele, Neide disse:

— Só aceitei que me acompanhasse porque sei que posso confiar em você. Zezé me disse que é da polícia.

— As notícias correm — respondeu ele sorrindo.

— Não costumo sair com ninguém. Há muito tempo não ia ao clube.

— Talvez estivesse muito ocupada para isso ou alguém a impedisse. Levando-a, não estarei criando um problema?

— Claro que não.

— Em minhas folgas, costumo ir ao clube. Nunca a vi por lá.

— Bem, para dizer a verdade, eu tinha uma pessoa. Acabamos tudo há quase um mês.

— Também acabei recentemente um caso que tinha havia mais de cinco anos. Não é fácil. A traição enlouquece.

Neide estremeceu. Não conseguiu esconder o rancor ao dizer:

— Não existe nada pior. Aconteceu a você?

— Aconteceu. Durante anos, amei uma mulher, mas, inesperadamente, a apanhei nos braços de outro em uma tarde. A infeliz jurava amor eterno. Tive ímpetos de matá-la, no entanto, resolvi esquecer. Mas ainda agora, ao pensar nisso, sinto o sangue ferver.

— Eu também não me conformo.

— Imaginar os dois se beijando, trocando carinhos na intimidade... Tudo o que passamos juntos e agora ela com o outro... é demais!

Neide sentiu que lhe faltava o ar. Sufocava. Mendes parou o carro e perguntou:

— O que está acontecendo? Sente-se mal?

— Não suporto mais essa lembrança — respondeu ela. — Ele nos braços daquela lambisgoia. Sinto vontade de matá-lo! Infelizmente, ele é mais forte do que eu. Sei por experiência.

— Nem sempre a falta de força nos impede de conseguir o que desejamos. Há outros meios. Tenho pensado muito.

— Tem razão. Eu também.
— Somos duas vítimas. Ambos fomos enganados. Podemos somar nossos esforços e juntos planejarmos uma desforra.

Os olhos dela brilharam de satisfação.

— Você me ajudaria?
— Por certo.
— Vamos até minha casa. Lá conversaremos.

Na manhã seguinte, Vanderlei recebeu um telefonema. Era Mendes. Precisava falar-lhe. Passaria pelo escritório à tarde.

Passava das quinze horas quando Mendes chegou, e, pela sua fisionomia, Vanderlei logo viu que trazia boas notícias. Após se acomodarem, ele foi logo dizendo:

— Trago novidades. Agora, penso que estamos na pista certa.
— Não diga! Conte logo, homem! O que aconteceu?
— Você sabe que, desde aquele acidente na véspera do casamento do Júlio, eu não me conformo. O homem estava na mão, mas não conseguimos pegá-lo. Apesar do tempo decorrido, não desisti. Estudei o caso do Jovino, o de Júlio, e alguma coisa me dizia que o tal do Rino tinha a ver com o assunto. Então, pensei: ele estava fora do país, mas tinha amigos. Por isso, fiquei alerta e, sempre que tinha tempo, procurava investigar essa turma. Passei a seguir-lhe os passos, principalmente os de Lineu, que é o elemento mais chegado ao Rino, e descobri muitas coisas. O grupo é realmente perigoso. Comecei a me relacionar com uma moça que era vizinha da amante de Lineu, na esperança de descobrir alguma coisa. Soube que que eles haviam se separado. Ela o apanhara com outra, fizera escândalo, o que lhe valeu uma tremenda surra. Neide, a ex-amante de Lineu, ficou mais de uma semana sem pôr a cara na rua. Achei que nada melhor do que uma mulher ciumenta para dar com a língua nos dentes e comecei a segui-la. Eles não voltaram a ver-se. Lineu agora está empenhado em conquistar uma outra, que, por causa do escândalo, não quer mais nada com ele. Lineu está obcecado. Ontem, segui Neide até o clube que ela frequenta e tentei uma aproximação. Consegui. Depois, tentei envolvê-la para que falasse e fiquei sabendo de coisas importantes!

— Não diga! Que maravilha! Você merece uma medalha. Foi genial. Que faro! E aí? O que descobriu?

— Bem, primeiro tentei confortá-la. Dar-lhe carinho, ganhar-lhe a confiança. Depois, como eu lhe disse que estava no mesmo caso, fizemos um pacto de vingança. Ela não vê a hora da desforra.

— Você foi grande.

— O malandro que me fez aquela não fará outra. Você verá. Ela viveu com ele durante muitos anos e sabe sobre o caso do Alberto.

— Não diga! Então, foram eles mesmo? Ela disse isso?

— Ainda não afirmou, mas deixou entrever. Eu disse que a ajudaria a livrar-se do Lineu e a retirá-lo de circulação. Agora, penso que será questão de tempo. Neide deve saber muito mais. Ela confiará em mim. Deixe comigo.

— Precisamos não só descobrir a verdade como arranjar provas. Só assim poderei reabrir o processo. O que ela lhe disse de positivo?

— Bem, quando eu lhe perguntei como Neide pensava em vingar-se, ela disse:

"— Se eu abrir a boca, contar o que presenciei, ele passará um bom tempo na cadeia.

"— Veja bem, para isso é preciso provas. Não se prende uma pessoa por qualquer motivo. Há de ser por alguma coisa grave.

"— Um assassinato não é grave?

"— O suficiente para deixá-lo fora de circulação por anos. Tem certeza do que diz? Não se pode brincar com a polícia, muito menos com a justiça. Está segura do que afirma?

"— Sei o que estou dizendo. Conseguiram enganar muito bem, mas eu sei de tudo.

"— Nesse caso, é melhor me contar tudo. Eu procurarei ajudá-la a arranjar as provas. Como ele conseguiu escapar da polícia?

"— Armaram uma cilada para um pobre coitado que está preso até hoje por um crime que não cometeu."

— Jovino! — exclamou Vanderlei sem poder conter-se.

— Foi o que pensei. Aí eu disse: "Preciso de todas as informações. Você me contará tudo, e, juntos, armaremos um plano. Como policial, posso dar-lhe todo apoio de que precisar. Além de tudo, você prestará um serviço à polícia". Ela respondeu:

"— O que me interessa é salvar minha pele depois disso. Ele é vingativo e nunca me perdoará. Preciso fazer tudo muito bem-feito.

"— O que pensa em fazer depois que conseguir o que pretende?

"— Irei embora para bem longe. Um lugar onde ele nunca me possa encontrar quando sair. Nem ele nem os outros.

"— Posso ajudá-la em tudo. Vamos, conte como foi. Os nomes dos envolvidos, tudo.

"— Hoje, eu estou cansada. Preciso pensar melhor. Amanhã, veremos.

"— Está com pena dele? Vai se arrepender?

"— Não é isso. Preciso conhecê-lo melhor. Você sabe... depois do que passei."

— Eu a abracei e desconversei. Tenho certeza de que conseguiremos tudo. É só questão de tempo.

— Cuidado para ela não sumir. Pode se assustar, pensar melhor, sentir medo. Não podemos perder essa oportunidade.

— Não se preocupe. Deixei um amigo vigiando-a. Hoje mesmo, voltarei lá a pretexto de vê-la. Ela está muito por baixo, muito carente. Não será difícil conquistá-la. Sei como valorizar uma mulher, fazê-la sentir-se bem. Depois disso, tudo será fácil. Ela confiará em mim. Sabe que eu posso ajudá-la mais do que qualquer pessoa. Não perderá essa chance.

— Finalmente! Finalmente encontramos alguma coisa palpável. Mantenha-me informado. Sei que fez isso por nossa amizade, mas garanto que será recompensado.

— Sabe que nasci com senso de justiceiro. Não posso ver um inocente preso e um malandro solto. Esse é o meu mal. Além do mais, sabia que a Neide é muito bonita? Recompensa eu estou tendo desde já.

— Cuidado! Pode apaixonar-se.

— É uma bela mulher. Boa demais para um malandro como Lineu. Porém, estou vacinado. Tão cedo não entro em outra.

Vanderlei riu gostosamente. Quando ele saiu, telefonou imediatamente para Júlio, combinando de passar em sua casa naquela noite e contar-lhe as novidades. Foi logo convidado a jantar. Teria tempo de falar com Magali antes disso.

Era uma esperança, mas ele sentia que uma nova luz começava a brilhar no fim do túnel.

Capítulo 24

Eram quase sete horas da noite quando Rino decidiu sair um pouco. Em casa, sentia-se sufocar de tédio. Havia duas noites que ele não conseguia dormir, e as pílulas que costumava tomar já não o faziam dormir como antes. Sentia-se desanimado, perdera a alegria de viver.

"É por causa dela", pensou. "Devo reconhecer que não consigo esquecê-la. A vida sem ela perdeu todo o encanto."

A saudade doía. Desejava vê-la, saber se era feliz. Não acreditava que aquele joão-ninguém fosse capaz de dar-lhe o que ele poderia dar.

A noite estava escura, e um vento frio cortava-lhe o rosto enquanto caminhava pelas ruas. Precisava vê-la! Tinha de saber.

Não desejava, contudo, despertar suspeitas. Como despistar? Lembrou-se de Rosa. Era uma moça que morava perto da casa onde Mariazinha vivia com o marido. Ela sempre fora loucamente apaixonada por Rino. Se a namorasse, poderia vigiar a casa de Mariazinha sem despertar suspeitas.

Estugou o passo. Sabia como encontrá-la. Entrou em uma farmácia e pediu para telefonar. Rosa atendeu ao telefone trêmula de emoção e combinou o encontro. Ele passaria em sua casa dentro de alguns minutos. Gostaria de conversar com Rosa, que aceitou emocionada. Pediu dez minutos para preparar-se.

Quando Rino passou pelo portão da casa de Rosa, já a encontrou à sua espera. Enquanto conversavam, a moça não escondia a satisfação. Ele procurava observar a casa de Mariazinha do outro lado da rua, quase em frente. As luzes estavam acesas, e ele não pôde furtar-se de uma onda de ciúme. Era lá dentro que Mariazinha vivia com o outro, que podia beijá-la, amá-la à vontade, enquanto ele sofria sozinho e desesperado.

Seu coração batia descompassado e sua voz um tanto trêmula traía seu descontrole. Rosa imaginou que a emoção que Rino demonstrava fosse por causa dela.

— Não pensei que você ainda se lembrasse de mim. Nunca mais me procurou!

— Estou aqui, não estou? Isso não diz nada?

Rosa sorriu animada.

— Claro. Antes você nunca quis chegar aqui no meu portão, mas hoje você veio.

— Sim. Senti saudades. Nunca a esqueci.

— Eu também nunca pude me esquecer de você. Seus beijos ainda estão vivos em minha memória.

Rino aproximou-se mais e beijou-a nos lábios. Rosa entregou-se com emoção. Rino era tudo o que sonhara obter na vida. Amava-o com paixão. Em apenas duas semanas de namoro, envolvera-se profundamente. Nunca se conformara com o afastamento dele. Agora, como em um conto de fadas, seu sonho tornara-se realidade. Ele estava ali, apaixonado.

Fora fácil para Rino recomeçar o namoro. Ele começou a frequentar a casa de Rosa, e a família da moça, lisonjeada com a possibilidade de um casamento vantajoso, recebeu-o de braços abertos. Ele fingia-se apaixonado por Rosa e procurava estar sempre lá, de onde podia observar a casa de Mariazinha sem despertar suspeitas.

Rino descobriu que Mariazinha não trabalhava mais e só saía na companhia do marido. Foi Júlio quem encontrou Rino primeiro. Uma tarde, quando voltava do trabalho, viu-o na varanda de Rosa e sentiu um aperto no coração.

O que ele estaria fazendo perto de sua casa? Mariazinha, vendo-o entrar em casa, percebeu logo que havia algo.

— O que foi? Você parece aborrecido.

— Acabo de ver Rino aqui perto. Não gosto que ande rondando nossa casa.

— Onde?

— Na casa daquela mocinha loira, em frente.

— Da Rosa?

— Não sei o nome dela. Acho que é essa. Estavam abraçados na varanda.

Mariazinha riu aliviada.

— Não se preocupe. Não tem nada a ver conosco. Rosa foi namorada dele há muito tempo. É apaixonada por ele.

— Não gosto de vê-lo tão perto de você. Nunca se sabe o que pode estar tramando.

— Bobagem, Júlio. Ele sabe que estamos casados. Não pode fazer mais nada. Além disso, talvez já tenha até me esquecido.

— Em todo caso, fiquei preocupado. Hoje, Vanderlei virá aqui. Tem novidades e deseja nos falar. Convidei-o para jantar.

— Ótimo! Magali virá com ele?

— Não sei. Ele parecia ansioso para nos contar e até me esqueci de perguntar.

— Espero que ela venha. Vou para a cozinha melhorar o jantar.

— Vou tomar um banho e esfriar a cabeça enquanto isso.

Mariazinha concordou e foi para a cozinha. Sentia-se feliz e realizada. Júlio a cada dia se revelava mais companheiro e amoroso, e ela procurava corresponder a essa dedicação com alegria e amor. Sentia-se segura e tranquila. Não acreditava que Rino pudesse tentar alguma coisa. Ele parecia-lhe tão distante.

Quando Vanderlei chegou, vinha só. Infelizmente, Magali não pudera acompanhá-lo. Doutor Homero e dona Aurora não estavam em casa, e Rui conseguira impedi-la de sair.

Vanderlei aborrecia-se com a situação. Pretendia casar-se o mais breve possível, contudo, sua situação financeira não lhe permitia. Seu orgulho fazia-o desejar oferecer a Magali todo conforto, mas ele estava em começo de carreira. As coisas iam bem, e Vanderlei sabia que conseguiria tudo quanto desejava. Porém, precisava esperar. Amava Magali e desposá-la era seu maior desejo. Sonhava com o dia em que ficariam juntos para sempre.

Ficou na sala conversando com Mariazinha, e, quando Júlio chegou, foi direto ao assunto após os cumprimentos:

— Finalmente, temos uma pista.

Júlio deu um salto de alegria:

— Não diga! Puxa! Até que enfim.

— Graças ao Mendes. Ele foi genial.

Em poucas palavras, Vanderlei contou-lhe tudo quanto sabia.

— Quer dizer que foi Rino mesmo? — inquiriu Júlio.

— Tudo leva a crer que sim. Rino e sua turma. Pelo que Neide contou...

— Que horror! — disse Mariazinha. — Então foram eles que mataram Alberto!

— Estou inclinado a dizer que sim.

— Ele teria algo a ver com o atentado contra mim?

— Imagino que sim. O fato de ele estar fora do país não impede nada. Qualquer um do grupo, o próprio Lineu, poderia tê-lo feito.

— Conheço Lineu — disse Júlio pensativo. — Vi-o algumas vezes. Não se parece nada com o tipo que o Mendes descreveu.

— Podem haver contratado alguém ou usado um disfarce. No escuro da madrugada, tudo fica mais fácil.

— Hoje, fiquei nervoso. Vi o Rino aqui perto, em uma casa quase em frente à nossa.

Vanderlei franziu o cenho:

— O que estará fazendo por aqui?

Foi Mariazinha quem respondeu:

— Júlio está se preocupando sem razão. Ele estava na casa de Rosa. Ela foi namorada dele e é apaixonada por Rino. Os dois estavam abraçados na varanda.

— Não gosto nada disso. Ele nunca se interessou por ela. De repente, vem aqui. Não estará arranjando um pretexto para vê-la?

— Foi coincidência — disse Mariazinha com convicção. — Ele já deve ter esquecido aquela loucura.

— Júlio tem razão, Mariazinha. Rino não é confiável, e também não gosto de vê-lo circulando por aqui. Pode estar querendo descobrir seus hábitos para tentar alguma coisa. Não confio nele. Ainda mais agora que temos sérias suspeitas de ele ser um assassino.

— O que faremos então? — indagou Mariazinha.

— Seria bom que o Mendes conseguisse logo as provas de que precisamos. Penso que com ela nos livraremos dele.

Um brilho de emoção passou pelos olhos de Mariazinha.

— Se isso for verdade, poderemos libertar o Jovino! Nair vai chorar de alegria.

— Essa será a parte mais agradável — disse Vanderlei — É comovente como ele tem se comportado ultimamente.

— E o mais curioso — esclareceu Júlio — é que ele pressentiu que estava prestes a ser libertado. Seu espírito aproveitou a lição que a vida quis lhe dar. Foram palavras dele.

— Vou servir o jantar. Conversaremos enquanto comemos.

— O cheirinho está bom — disse Vanderlei com satisfação.

— Você ainda não viu nada! — Arrematou Júlio. — Mariazinha tem mãos de fada!

Magali entrou em casa pensativa. Gostaria de ter ido com Vanderlei jantar na casa de Mariazinha, porém Rui intrometera-se mais uma vez, proibindo-a de ir. Ela o atendera para não provocar um escândalo. Sabia que seu pai detestava cenas e não desejava desgostá-lo. Contava tê-lo como aliado para casar-se com Vanderlei.

Não compreendia a atitude de Rui. Por que era tão ciumento? Vigiava-a constantemente. Chegava ao cúmulo de não sair de casa para poder fazer isso. Desejava que ele saísse com os amigos e arranjasse uma namorada para deixá-la em paz, mas o irmão continuava sozinho e interessado em tudo quanto ela fazia.

Às vezes, pensava que Rui deveria procurar um psicólogo. Seu comportamento parecia-lhe doentio e neurótico, mas ele se recusava. Preocupada em essa situação, Magali conversara com Dora, pedindo-lhe ajuda espiritual.

Dora interessara-se pelo assunto, pedira-lhe alguns dias e depois lhe dissera que tivesse paciência e procurasse ajudá-lo.

— Ele me irrita o tempo todo. Às vezes, não consigo ser paciente. Implica comigo. Não me dá paz.

— É muito difícil para nós entendermos os outros, porque não sabemos o que vai em sua alma. Não sabemos das experiências vivenciadas, das feridas e das ilusões sepultadas e escondidas pelo esquecimento da vida atual. Embora apagadas da lembrança, elas permanecem no mundo interior de cada um e se expressam em atitudes e posicionamentos conflitantes e inabituais. Elas são responsáveis por atitudes intempestivas e apaixonadas nem sempre explicáveis pela nossa lógica.

— Como saber o que ele sente? Como descobrir a causa de tudo isso?

— Nem sempre nos será possível saber, contudo, sempre poderemos perceber como é difícil controlar as emoções desencontradas que fluem de nossa alma e nos causam sofrimento e infelicidade. Seu irmão é um ser atormentado. Sente-se inseguro, infeliz, solitário.

— Porque quer. Rui isola-se voluntariamente. Vanderlei já tentou aproximar-se em vão.

— Reconheço que ele atrai para si mesmo a própria infelicidade. Mas, por isso mesmo, não se torna mais vulnerável? Não lhe parece que sua fragilidade reside exatamente na falta de confiança na vida, em Deus e em si mesmo?

Magali ficou pensativa por alguns instantes e depois respondeu:

— Tem razão. Rui não confia em ninguém. Não crê em Deus nem tem um objetivo em sua vida. Não quis estudar, o que aborreceu muito a papai.

— Você pode imaginar como ele vive? Que pensamentos povoam sua mente? Quais são seus medos, suas angústias, suas dúvidas?

— Acho que estou sendo egoísta pensando só em mim.

— Eu não diria isso. Você tem o direito de defender-se e conquistar seu espaço. Fazer o que deseja de sua vida. Nesse ponto, você é dona do seu destino. Seus pais compreendem, o que facilita muito as coisas. Contudo, sem sair da sua posição, você pode compreender seu irmão.

— Gostaria que Rui fosse diferente. Que ele mudasse.

— Por mais que deseje isso, não conseguirá modificá-lo. O que poderá fazer é mudar a forma como você o vê. Não adianta querer o impossível. Deixe Rui ser o que é. Não se impressione com ele, apenas respeite-o e faça de sua vida o que acha adequado. Dê tempo ao tempo. Sinta que o ama, que ele é seu irmão e não revide. A revanche não é defesa. É nivelamento. Expresse seu afeto e não se preocupe.

— Vou tentar. Mas como não me preocupar se ele me sufoca, implicando com meu namoro e tentando atrapalhá-lo? Já lhe disse que amo Vanderlei e que pretendo me casar com ele. Rui não aceita isso.

— O ciúme é um sinal de carência. Ele deseja obter todo o seu carinho. Não aprendeu a dividir. Por isso, procure dar afeto ao seu irmão. Faça-o sentir que o fato de gostar do seu namorado não a impede de amá-lo também. Às vezes, quando nos abandonamos, duvidamos dos sentimentos dos outros. Seu irmão se abandonou há muito tempo, pois não se julga merecedor da felicidade. Ele carrega a culpa no coração, porque não se perdoou pelos erros de outras vidas. Assim, não acredita que seus pais o amam e que você o queira bem. Seu irmão afasta-se das pessoas, desconfia delas e não percebe que a causa está dentro dele mesmo. Quando uma pessoa se julga errada, não percebe suas boas qualidades; só enxerga os defeitos, acredita que não merece, julga-se sempre preterida, prejudicada, desvalorizada. Como confiar no amor das pessoas?

— Se ele pensa assim, é muito infeliz.

— Por acaso ele parece bem? Não disse que seu irmão anda sempre irritado, insatisfeito e sem prazer de viver? Esse estado de depressão revela o que lhe vai no coração.

— Como posso ajudá-lo se ele nem sequer me ouve? Mamãe, papai e até eu, todos nós tentamos fazê-lo entender inutilmente.

— As palavras pouco ajudam nesses casos, principalmente porque, nessa tentativa, quase sempre enfocamos o lado negativo. Isso jamais funciona; apenas reforça a resistência contrária. Ninguém conseguirá mudá-lo. Só ele mesmo tem esse poder. No entanto, vocês podem, além de visualizar o bem, aproveitar todas as chances positivas que houver.

Elogiá-lo sempre que ele fizer algo melhor, demonstrar-lhe afeto com natu-ralidade, principalmente com sinceridade. Não lhe será difícil, eu sei, porque você o quer muito bem. Não dê ênfase à infelicidade de seu irmão; ignore-a. Seja firme em suas decisões pessoais, mas demonstre-lhe o quanto o estima. É a melhor maneira de lidar com o assunto e a única que, além de evitar que você se enerve inutilmente, ainda a deixará satisfeita e serena. Lembre-se de que não temos condições de saber o que Rui guarda no coração. Não conhe-cemos suas razões. O respeito sempre será um santo remédio.

— Obrigada, dona Dora. Sinto-me mais calma. Na verdade, Rui é a infelicidade em pessoa. Tem razão. Vou me esforçar para entender.

Lembrando-se das palavras de Dora, tentou controlar-se. Era-lhe difícil, mas de nada lhe servia irritar-se. Decidiu procurá-lo. Ele fechara--se no quarto, como sempre. Magali bateu na porta.

— Abra, Rui. Quero falar com você.

Silêncio. Ela insistiu:

— Eu sei que está acordado. Abra a porta. É importante.

Esperou alguns momentos até que ele abriu uma fresta da porta e perguntou:

— O que foi? O que quer?

— Falar com você.

— Quero dormir. Amanhã você fala.

— Tem que ser agora. Deixe-me entrar.

Ele abriu a porta e correu para o leito, enfiando-se debaixo dos len-çois. Magali entrou, pegou uma cadeira e sentou-se ao lado da cama do irmão em silêncio. Depois de alguns minutos, Rui perguntou:

— Afinal, o que deseja? Por que me acordou?

— Você não estava dormindo. Não adianta mentir. Sei que estava acordado, no escuro, ruminando suas tristezas. Acontece que estou me sentindo sozinha. Preciso de companhia. Você não me deixou sair, agora pelo menos fique comigo.

— Você preferia a companhia daquele sujeito.

— É diferente. Ele é meu namorado. Claro que eu gosto de estar com ele, mas você é meu irmão e lhe quero muito bem. Principalmente quando você está alegre. Lembra-se do quanto brincávamos antigamente?

— Isso era no tempo em que éramos felizes. Alberto ainda estava vivo. Agora, quem pode estar feliz?

— Nós podemos. Ficar infeliz não muda os fatos. Ele morreu, e nada podemos fazer quanto a isso. Vamos ficar infelizes o resto da vida por uma coisa sem remédio?

— Você continua fria. Como pode dizer isso?

— Nós temos pontos de vista diferentes. Você não aceitou ainda a morte de Alberto, e isso é um direito seu. Quanto a mim, sei que ele continua vivo em outro mundo. Tive provas disso. Sei que Alberto sofre vendo nossa tristeza, que ele gostaria de poder nos dizer que a vida continua e que a morte não é o fim de tudo.

— São fantasias, nada mais.

— Para você. Para mim, é a pura verdade. Isso me conforta e me dá paz. Saber que tudo está certo, que a vida tem suas razões e elas são justas e sábias, que tudo é passageiro neste mundo e somos eternos tem me ajudado a entender muitas coisas.

— Você é muito ingênua.

— Essa "ingenuidade" me faz bem. Sou mais feliz do que você com sua "esperteza" ruminando tristeza e insatisfação. Quer passar toda sua vida cultivando essa infelicidade? Quer jogar fora sua mocidade, sem perceber o que a vida pode lhe dar de bom? Pois faça como quiser, a vida é sua. Quanto a mim, sei o que me faz feliz e desejo usufruir da felicidade. Desejo construir minha vida com alegria e entusiasmo. Quero ver o mundo com olhos amorosos, cultivando o belo e o agradável. É uma questão de escolha. Se quer ficar com a tristeza, tudo bem. Eu escolho a felicidade, o amor, a bondade, a alegria.

— Você fala como se isso dependesse só de nós! Não vê que é ilusão? Que a vida é perigosa e traiçoeira? Que, quando menos você espera, uma tragédia pode acontecer? Só uma menina como você poderia ser tão crente.

— A fé em Deus tem me ajudado muito. É bom confiar, saber que estamos amparados pela bondade divina. Não desejo viver assustada, ansiosa, esperando por dificuldades e tristezas que provavelmente jamais acontecerão. Essa é a sua crença. Já sei, contudo, que a verdade não é essa. Um dia, não sei quando, você também perceberá isso. Seja como for, se ainda não pode sentir como eu, é uma pena. Enquanto vivo melhor, você sofre.

— Eu sofro, porém não me iludo. Enquanto você...

— Será? Quem garante isso?

— Está claro. A vida não é o que você pensa.

— Mesmo que não seja, sinto-me melhor pensando assim. E o que eu quero é me sentir bem.

— Mesmo sendo enganada?

Magali sorriu:

— Você não sabe tudo que pensa que sabe, Rui. Entendeu?

— Eu sei de onde vem essas suas ideias. Você levou mamãe e agora até papai já anda naquele centro espírita. Eu é que não irei até lá. Você não conseguirá impressionar-me.

— Sabe que papai sonhou com Alberto? E que ele disse ao papai que Jovino é inocente?

— Não acredito!

— Pois foi. Alberto apareceu a papai em sonho e lhe contou isso.

— O sonho é sempre a realização de um desejo. Freud já disse isso. Papai não se conformou ainda de haver perdido Alberto, por isso criou essa fantasia no sonho. Vocês estão ficando loucos. Logo papai, um médico!

— Hoje, Vanderlei me contou que a polícia já tem uma pista do verdadeiro assassino de nosso irmão. Já pensou como você vai ficar no dia em que isso for definitivamente provado? A injustiça é dolorosa, e o remorso, triste. Pense nisso. Tenho certeza de que o Jovino é inocente e realmente acredito que estamos perto de conseguir provas irrefutáveis.

— Não acredito em você. Aquele sujeito é capaz de inventar isso só para impressioná-la.

Magali esforçou-se para controlar-se. Estava decidida a mudar de atitude com o irmão, por isso respondeu:

— Não quero discutir com você. O tempo vai mostrar quem estava com a razão.

Magali mudou de assunto, tentando interessá-lo em coisas mais amenas e ligadas a ele, que, envaidecido, respondeu de forma menos agressiva.

Quando se recolheu, Magali sentia-se satisfeita. Se Rui não se mostrara muito receptivo, ela pelo menos conseguira manter maior lucidez, chegando a notar com clareza as dificuldades do irmão.

Chegara à conclusão de que carregar o peso da descrença e da insegurança era de fato uma infelicidade. Dali para frente, acreditava que seria mais fácil conviver com Rui.

Capítulo 25

Mariazinha estugou o passo. Eram quase onze horas, e ela precisava chegar em casa com tempo de preparar o almoço. A sacola de compras estava pesada, mas, mesmo assim, ela caminhava apressadamente pensando no que faria logo ao chegar.

— Precisa de ajuda?

Ela levantou os olhos e deu com Rino parado à sua frente, tentando evitar que a moça continuasse. Mariazinha sentiu um baque no coração. Não esperava encontrá-lo e muito menos que ele a abordasse. Tentou prosseguir dizendo:

— Obrigada. Não preciso de nada.

— Não precisa esquivar-se. Afinal, somos amigos.

Mariazinha tentou seguir, e ele interceptou-lhe os passos.

— Não seja injusta. Não pretendo molestá-la. Afinal, você já se casou, e eu não pretendo mais nada. Não poderia ser mais delicada comigo? Agora estou namorando Rosa, mas gostaria que não sentisse raiva de mim. Você foi o amor de minha vida. Sempre desejei dar-lhe tudo. Se tivesse me escolhido, não estaria pelas ruas carregando esse peso. Mas você não quis, e eu me conformei. Só não desejo que tenha raiva de mim. Isso me fere e me deixa triste. Será que não pode esquecer o passado? Será que não podemos ser bons amigos?

Ela olhou-o séria e considerou:

— Não desejo sua amizade. Siga seu caminho e deixe-me em paz. Não guardo rancor; apenas pretendo viver minha vida do jeito que escolhi. Agora, saia do meu caminho. Estou atrasada e não desejo conversar com você. Por favor, esqueça que me conheceu.

Com um gesto decidido, Mariazinha empurrou-o e continuou caminhando apressadamente. Seu coração batia descompassado, e seu rosto ruborizado expressava sua indignação.

Apesar da atitude amistosa do Rino, Mariazinha não acreditou no que ele disse. O brilho de seus olhos desmentiam suas palavras. Ela estava assustada. Júlio teria razão? Rino estaria planejando algo? Como agir? Deveria contar ao marido o que acontecera? Temia que Júlio reagisse e as coisas piorassem.

Com o coração apertado, Mariazinha chegou trêmula e agitada em casa. Agora que as provas contra Rino se avolumavam, ela ficava aterrorizada só em pensar que ele pudesse ter matado Alberto. E se ele estivesse mesmo disposto a acabar com Júlio?

Seu desconforto aumentou. Decidiu falar com Vanderlei. Ele saberia contornar a situação e tomaria providências. Ele nunca acreditara na inocência de Rino.

Quando Júlio chegou para o almoço, logo percebeu que alguma coisa havia acontecido. Mariazinha, contudo, não lhe contou nada.

— Não vai me contar por que está tão angustiada?

— Quem disse que estou angustiada? — Disfarçou ela.

— Não precisa dizer nada, eu sinto. Você está nervosa, preocupada. Por quê?

— Não sei. Sinto-me um pouco nervosa, sem motivo. Não sei o que é.

— Tem certeza de que não aconteceu nada? Olhe para mim. Nós nunca tivemos segredos. É melhor me contar.

Mariazinha começou a chorar e abraçou-o.

— Tenho medo. Se Rino matou Alberto, pode querer matá-lo, Júlio! Se isso acontecer, não vou aguentar. Não saberia viver sem você!

Ele apertou-a com força e acariciou-lhe os cabelos.

— Isso nunca acontecerá. Tenha certeza disso. Acalme-se. Onde está sua fé em Deus? Venha aqui, sente-se ao meu lado. Não adianta querer encobrir. Sei que aconteceu alguma coisa. Foi o Rino. O que ele fez? Apareceu aqui?

— Vou lhe contar, mas me prometa que não irá procurá-lo.

— Não prometerei nada. Você me assusta. Ele veio aqui? Fez alguma coisa?

— Não. Ele me abordou quando eu voltava das compras.

Mariazinha contou tudo e finalizou:

— As palavras dele foram pacíficas, mas senti que Rino não estava sendo sincero. Seus olhos me deram medo. Júlio, ele ainda não me esqueceu. Eu senti!

— Isso eu já sabia! Depois do que houve, você não deverá sair sozinha. Até resolvermos esse caso, eu a levarei às compras e só sairemos juntos. E não abra a porta antes de saber quem está do lado de fora.

— Você não compreende. Não sinto medo por mim. Tenho certeza de que ele não tentará nada contra mim. Ele tentará contra você. Temo pela sua vida!

— Estou alerta. Nada me acontecerá. Não desejo que Rino se aproxime de você, seja a que pretexto for. Nunca se sabe do que ele será capaz.

— Pensei até em nos mudarmos daqui. Iremos para longe, a um lugar onde ele não possa nos encontrar.

— Nada disso. Estamos bem aqui, em nossa casa, perto de seus pais. Por que fugir se nada fizemos? Não. Ficaremos aqui e resolveremos esse caso com a ajuda de Deus. Não podemos perder a confiança. A ajuda espiritual nunca nos faltou. Temos recebido tanto!

— É verdade. Amanhã, quando formos ao centro, pediremos proteção. Tudo em nossa vida está tão bom! Não desejo ser ingrata.

— Assim é melhor.

— Seria bom falarmos com Vanderlei.

— Isso sim. Ele nos ajudará como sempre. O que não quero é vê-la nervosa.

— Você é muito importante para mim. Só em pensar que pode lhe acontecer algo, eu me desespero.

Júlio beijou-lhe a face com carinho.

— Nesse caso, cuide do meu bem-estar. Estou morrendo de fome.

Ela sorriu. Sentia-se mais calma. Júlio sabia compreendê-la. Mais refeita, tratou de servir o almoço.

Quando Mariazinha se afastou, Rino não conteve o rancor. O desprezo dela feria fundo seu orgulho. Ela nem sequer desejava vê-lo. Ele a abordara com educação, tentara uma reconciliação, então, por que ela o repudiara? Sentia tanta aversão assim por ele? Será que nunca o aceitaria?

Sentia-se inconformado. Quem ela pensava que era para tratá-lo daquela forma? Ele, a quem as mulheres disputavam, que deixara tudo e chegara até ao crime por amor a ela? Até quando ela tripudiaria sobre os seus sentimentos?

Com os pensamentos tumultuados e sentindo grande irritação, Rino foi para casa. Não podia mais esperar. Precisava fazer alguma coisa. Mas o quê? Como se livraria do odiado rival sem comprometer-se? Sentia vontade de acabar com ele de uma vez. Contudo, seu senso de defesa dizia-lhe que precisava fazer bem-feito e afastar qualquer suspeita. Aliás, deveria arranjar um álibi perfeito. Mariazinha jamais poderia descobrir que fora ele.

Poderia chamar Lineu, afinal, já lhe fizera inúmeros favores. Ele era seu amigo. Poderia também recorrer a algum profissional. Dinheiro não lhe faltava para isso. Talvez fosse melhor deixar Lineu fora disso. Por outro lado, sabia por experiência que partilhar um segredo desses com um marginal era ficar sujeito à chantagem, e isso ele não toleraria.

Passou o resto da tarde ruminando esses pensamentos sem chegar a nenhuma conclusão. Sentiu-se arrasado. O que estaria acontecendo? Antes, sentia-se encorajado, e as ideias acudiam-lhe com facilidade. Agora, sentia-se vacilante, sem saber o que fazer. Estaria doente? Sentia-se fraco e emagrecera apesar da constante vigilância de sua mãe, tentando fazê-lo alimentar-se melhor.

O fato é que Rino perdera a alegria de viver. Aquela mulher acabara com sua vida. Se Mariazinha o houvesse aceitado, tudo teria sido diferente. Ela era a única responsável pelos problemas que ele tinha. E se, apesar de tudo, Mariazinha não o aceitasse? E se, depois de tanto esforço, de haver matado por causa desse amor, ela continuasse a desprezá-lo? O que seria de sua vida? Estaria destinado a viver o resto dos seus dias angustiado e sem prazer? Esse seria seu destino?

Não. Ele não estava disposto a suportar o fardo de uma vida sozinho e sem amor. E se ele resolvesse de forma diferente? E se, em vez de acabar com Júlio, ele acabasse com ela? Não fora a moça a responsável por tudo o que estava passando?

Passou a mão pelos cabelos, sentindo aumentar sua revolta. Sim. Ela fora a causadora da sua infelicidade. Ele era um moço cheio de alegria, de prazer de viver e agora, por causa de Mariazinha, estava reduzido a uma sombra. Se acabasse com Júlio, ela poderia encontrar outro para substituí-lo. Não fizera isso com Alberto? De que lhe valera acabar com ele? Apenas limpara o caminho para outro. Não. O que Rino precisava era solucionar o problema para sempre. Acabar com Mariazinha. Mas como viveria depois disso? Como passaria a vida, tendo perdido o gosto de viver?

De repente, sentiu o que desejava fazer. A vida não era digna de ser vivida. Era uma experiência inútil e desagradável. Não sentia vontade de continuar vivendo. Ele acabaria com Mariazinha e depois daria cabo da própria vida. Não lhe restava outra opção. Qualquer outro caminho o deixaria solitário e infeliz. Acabar com tudo seria o descanso, a paz de que tanto precisava. Não pensar mais, não sofrer mais, não sentir mais.

Decidiu preparar o plano. Pensaria em uma forma. Teria de ser algo magistral. Digno dele, da sua inteligência. Todos saberiam que Rino vencera. Ele, o desprezado, o abandonado, vencera. Alcançara o que pretendia. Mariazinha estaria com ele para sempre. Ninguém mais os separaria. Não podendo viver juntos na vida, ficariam juntos na morte.

Com a cabeça tumultuada por esses pensamentos, fechou-se no quarto. Por que não pensara nisso antes? Reconheceu que não o fizera, porque ainda alimentava a esperança de conseguir o que pretendia. Como fazer?

Antes de acabar com tudo, ele a levaria a um lugar seguro, onde daria vazão ao seu desejo. Só em pensar nisso, sentiu seu corpo tremer de emoção. Como sonhara em tê-la nos braços! Longe de todos, a sós com ela, saberia dominá-la.

E se Mariazinha reagisse, se gritasse? Teria de ser um lugar deserto. Claro! A casa em Campos do Jordão. Era isolada e, durante a semana, fora de temporada, seria ideal. Um lugar perfeito para seus intentos.

Excitado e disposto a executar esse plano, deu largas à imaginação, visualizando como faria tudo. Com uma arma, obrigaria Mariazinha a entrar no carro e a levaria à casa. Uma vez lá, faria o que quisesse dela. Não haveria ninguém para interferir.

Gastou horas imaginando as cenas, dando asas às mais loucas fantasias. Depois, deixaria uma carta onde descreveria seu amor por ela, tudo quanto fizera por esse amor e, por fim, acabaria com a moça. Depois de dispor tudo como gostaria que as pessoas encontrassem, acabaria com a própria vida.

Precisava ser cauteloso. Agora, depois da decisão que tomara, não sentia mais medo de que descobrissem seu crime. Só não queria que impedissem seu plano. Isso agora era o mais importante. Precisava ter calma e usar de todo sangue frio. Ninguém deveria suspeitar de nada. Nem seus amigos.

Sabia que, quando Mariazinha desaparecesse, suspeitariam dele e tentariam encontrá-lo. Para realizar seu plano, precisaria de tempo. Apesar da impaciência e da vontade que sentia de fazer tudo o mais breve possível, sabia que teria de esperar. Decidiu continuar frequentando a casa de Rosa e a namorá-la. De lá estudaria melhor as possibilidades. Talvez fosse bom oficializar o namoro, marcar o casamento. Desse modo, afastaria qualquer suspeita.

Alberto, preocupado, observava-o. Viu quando Rino abordou Mariazinha e, notando-lhe os pensamentos agressivos, decidiu segui-lo na esperança de conseguir influenciá-lo a que desistisse do seu intento. Tudo, contudo, fora inútil.

315

Era verdade que ele, por mais esforço que fizesse, não conseguia ainda lhe enviar pensamentos elevados. Tinha essa intenção, contudo, ao aproximar-se dele, sentia viva repulsa, que lutava para vencer. Era-lhe difícil conseguir isso, embora já compreendesse que esse seria o melhor caminho para obter um resultado a favor do que desejava. Para defender Mariazinha, ele precisava vibrar amor para Rino. Sabia que a violência é anulada com serenidade, e a crueldade, com amor.

Triste, Alberto percebeu mais uma vez que entre o saber e o fazer há grande distância. Como fazer? A prece sempre ajuda nesses momentos, por isso pediu a ajuda de Deus. Sentiu-se mais calmo depois disso e percebeu que nada mais poderia fazer ali. Rino não o ouviria, uma vez que ele não conseguia envolvê-lo com a energia adequada.

Saiu e decidiu procurar Norma. Sabia como encontrá-la. Dirigiu-se ao jardim onde haviam conversado e pediu que ela fosse vê-lo. Não precisou esperar muito. Norma abraçou-o carinhosamente e indagou:

— Aconteceu alguma coisa?

— Ainda não, mas vai acontecer. Estou muito preocupado com Rino.

— Logo vi que ele não estava bem. Precisei acudir Cristina. Ela estava muito agitada e tive de usar de todos os recursos para acalmá-la. Diz que Rino vai cair no abismo e que nunca mais o verá. Chora muito e pede minha ajuda.

— Ela tem razão. Se ele fizer o que pretende, tão cedo ela não o verá. Rino está cada vez pior. Agora planeja matar Mariazinha e suicidar-se em seguida. Tentei intervir, mas não consegui. Não consigo ainda. Quando chego perto dele, tudo se modifica dentro de mim. Por isso a chamei. Talvez possa ajudar-me. Desejo impedi-lo, mas não sei como.

Norma suspirou pensativa e disse:

— Sei como se sente. É difícil reconhecer nossos limites e mais difícil ainda é compreender as decisões da vida. Elas vão muito além da nossa compreensão. Nessa hora, mais do que nunca, é necessário confiar. Não podemos perder a calma nem querer ir além das nossas possibilidades. Além disso, preso em suas ilusões, tendo uma visão distorcida, como fazê-lo entender?

— Temo por Mariazinha. Está tão feliz, levando sua vida! É uma boa moça. Não gostaria que algo lhe acontecesse.

Norma sorriu:

— Você gosta dela!

— Gosto. Gosto muito. Se eu tivesse continuado na Terra, teria, quem sabe, me casado com Mariazinha. Sou-lhe grato. Nos momentos difíceis pelos quais passei, ela me ajudou muito, pois pensou em mim com carinho e amor.

— Os laços de amizade e do amor andam juntos. Ninguém sabe onde acaba um e começa o outro. Preservando o lar de Mariazinha, você pode estar conquistando, quem sabe, um lugar para voltar ao mundo.

Alberto assustou-se:

— Não penso ainda em voltar. Isto é, não antes de resolver o caso de Jovino.

Norma olhou-o nos olhos e disse com voz firme:

— Tudo virá a seu tempo. É preciso manter a serenidade e a confiança.

— O que fazer enquanto esperamos? Como cooperar?

— Se não consegue influenciar o Rino, por que não tenta o mais fácil? Fique ao lado de Mariazinha, do Júlio, inspire-lhes bons pensamentos e tente elevar-lhes o padrão mental. Você sabe que essa é a melhor defesa. A sintonia é lei natural.

O rosto de Alberto distendeu-se:

— Tem razão. Por que não pensei nisso antes? Ficar junto deles é bom e proveitoso.

— Cuidado para não lhes transmitir suas preocupações. Pode influenciá-los a atrair justamente o que você deseja evitar.

— Achei que seria bom preveni-los.

— Foi o que pensei. Para que assustá-los? Isso não garantirá a defesa. Ao contrário. O medo não só impede a energia superior de entrar como baixa o padrão mental, abrindo o canal para o que se teme e deseja evitar. Por isso, se deseja ajudá-los, nada de pensamentos negativos. Só otimismo, luz, confiança e amor. Transmitindo-lhe essas energias, eles estarão mais distantes das intenções de Rino.

— Está certo. Tentarei fazer como pede. Ainda tento fazer as coisas ao modo da Terra, mas aqui tudo funciona de forma diferente.

— Nem tanto. Apenas somos mais sensíveis e maleáveis. Contudo, as leis, os princípios são os mesmos. Não se esqueça disso. Agora preciso ir. Cristina não está bem.

— Por quê?

— Continua obcecada pelo Rino. Às vezes, para contê-la, precisamos fazê-la dormir. Contudo, está fazendo um tratamento intensivo muito bom, e eu espero que venha a melhorar.

— Não melhorou nada?

— Eu não diria isso. Eu sabia que ela demoraria a reagir. Uma obsessão dessas ninguém sabe quando vai acabar, mas, pelos sintomas que ela tem apresentado ultimamente, percebo que melhorou. Já não tem crises de desespero como antes e começou a interessar-se por algumas coisas.

— Faço votos de que ela fique boa logo.

— Obrigada. Eu também espero que Rino não consiga o que deseja. Confiemos em Deus.

— Tem razão. Obrigado por tudo.

Norma abraçou-o carinhosamente e afastou-se. Alberto, então, dirigiu-se à casa de Mariazinha. Já era noite, e Vanderlei estava com eles na sala.

— Foi isso o que aconteceu — disse Mariazinha. — Ele não fez nada de mal, ao contrário. Foi até educado, coisa que ele não é, mas senti medo. Seus olhos me pareceram ameaçadores. Não sei explicar.

— Nem precisa — respondeu Vanderlei. — Tem toda razão. Talvez ele esteja tramando algo, porém, se estiver, não terá chance. Está na hora de mantermos vigilância de novo.

— Isso não será fácil. Sai caro, e você sabe que não podemos pagar muito.

— Não se preocupe com isso. Eu darei um jeito. Sei como conseguir. Seria ideal que colocássemos um homem aqui direto e outro atrás dele.

— Seria bom colocar alguém para proteger o Júlio. É contra ele que Rino está — sugeriu Mariazinha.

Vanderlei abanou a cabeça.

— Não penso assim. Rino me parece um psicopata. Analisando sua obstinação, suas atitudes anteriores, sua forma de viver, tudo leva a crer que o seja. E, nesse caso, ninguém pode prever o que ele fará.

— Concordo plenamente. Eu ficaria mais tranquilo se alguém ficasse de olho aqui em casa. Seria o suficiente — considerou Júlio.

— Verei o que posso fazer. Em todo caso, seria aconselhável Mariazinha tomar cuidado.

— Pedi a ela que não saísse sozinha.

— Será melhor. Pelo menos, durante algum tempo.

— Meu Deus! Será que esse pesadelo não vai acabar? Eu pensei que ele houvesse me esquecido! — disse Mariazinha.

— Tenha um pouco mais de paciência. Estamos no fim, pode ter certeza — respondeu Vanderlei.

— Teve alguma notícia da Neide? — perguntou Júlio.

— Nada ainda. Mas, pelo que sei, o Mendes não brinca em serviço. Quando se empenha, consegue o que quer. Ele não engoliu o baile que levou do sujeito que tentou atirar em você. E, pelo que conseguiu até agora, não duvido de que esteja na pista certa. É só questão de tempo.

— Tomara que consiga. Gostaria de viver em paz. Há também o Jovino. O que fizeram com ele foi muito triste.

— Também acho. Quero ter o prazer de ver como o lado descrente da família de Alberto reagirá quando a verdade for revelada.

— Você fala do Rui — tornou Júlio.

— Rui é intratável. Mas, até agora, só Magali foi realmente ajudar o Jovino. Dona Aurora e o doutor Homero ainda não se decidiram. Estão começando a pensar na inocência dele, mas nem sequer foram visitá-lo. Parece que ainda lutam contra o ressentimento e a dúvida.

— Ainda não venceram a dor da perda. Não é fácil para eles — disse Mariazinha.

— Por isso eu desejo provar a inocência de Jovino de forma que não paire sobre ele nenhuma dúvida. Depois do que esse rapaz sofreu, é o mínimo que podemos fazer. Certamente, depois disso a família toda lhe fará justiça.

— Ele merece. Tem se esforçado, estudado. Não se deixou abater e tem feito planos para o futuro. Quer se casar com Nair, eles se amam. Estou torcendo pela felicidade dos dois — disse Mariazinha com convicção.

— Todos nós estamos — concordou Vanderlei. — Eu já vou indo. Pensarei no que fazer e amanhã voltarei. Enquanto isso, cuidem-se bem. É melhor Mariazinha não sair sozinha, pelo menos por enquanto.

— Eu não corro nenhum perigo. Júlio, sim, corre. Em todo caso, não sairei. É desagradável encontrar o Rino. Não gostaria de repetir a experiência.

— É melhor assim. Cautela é bom e não prejudica. Até amanhã.

Os dois acompanharam Vanderlei até a porta e, depois de conversarem um pouco mais, foram dormir.

Alberto aproximou-se deles, permanecendo ao lado da cama e procurando enviar-lhes energias positivas. Sentiu-se bem. Era fácil desejar o bem a eles. Do seu coração saíam energias vivificantes de amor e paz, que envolviam o casal semiadormecido, fazendo-os se sentirem relaxados e alegres. Não tardaram a adormecer.

Mais calmo, Alberto deixou a casa. Precisava confiar. Todos os seus amigos mais esclarecidos aconselhavam-no a fazer isso, contudo, quando pensava em Rino, sentia um aperto no coração. Seria um pressentimento ruim ou apenas uma reminiscência? Esforçava-se para manter o pensamento positivo, contudo, a lembrança do passado reaparecia, fazendo-o reviver a angústia do crime do qual fora vítima.

As emoções que julgara vencidas e superadas reapareciam com força, fazendo-o perceber que ainda conservava impressões fortes e dolorosas. Até quando carregaria aquele peso? Conhecera as causas que deram origem às suas experiências, compreendera como a vida reage às nossas atitudes e acreditara-se livre. De repente, no entanto, parecia-lhe que todas as emoções reapareciam. De onde viriam? Como conseguiria serenidade?

No dia seguinte, procurou Cláudio. Sentia-se angustiado e não conseguia vencer a depressão.

— Preciso de ajuda — disse. — Não sei o que aconteceu. Parece que voltei ao começo. Estava tão bem e, de repente, a sensação desagradável voltou e sinto medo. Sei que preciso confiar em Deus, mas, ao mesmo tempo, a angústia me oprime. A lembrança da minha morte me persegue e, por mais que eu tente reagir, ela volta. Estou assustado. Acreditava já haver vencido esse processo. Quero sair, melhorar, o que devo fazer?

— Calma. Não se atormente inutilmente. Relaxe.

— Até a fraqueza daqueles dias voltou. Por quê? O que fiz de errado?

— Nada. Procure conservar a calma. É só uma crise, vai passar. Faz parte do processo de renovação.

— Logo agora que eu me sentia melhor! Pensei haver aprendido tanto.

— Por isso mesmo. Você está eliminando os bloqueios energéticos que ainda se ocultavam em seu interior. O pensamento positivo e o esforço de melhoria dissolvem os blocos energéticos negativos. Há que deixá-los ir. Não lhes dê mais importância do que o necessário. Identifique-os e liberte-se deles.

— De que forma?

— Não lhes dando importância. Na verdade, agora você não precisa mais deles, pois conhece coisa melhor. É por isso que reagiu com tanta veemência quando os identificou.

— Não quero mais voltar a ser como antes. Estava tão leve, alegre.

— Nada mudou. Você continua como antes. Ao identificar essas energias que emergiram das profundezas de sua alma, você percebeu claramente a diferença. Antes, quando voltou aqui, esse era seu estado habitual. Após experimentar outros estados mais elevados, você não aceita mais o passado. Reconhecendo que esses pensamentos não servem mais para você, que não os deseja nem se impressiona com eles, essas energias o deixarão. Para isso, não é preciso combatê-los. Basta pensar no que é melhor agora.

— Tive medo de voltar ao que era antes.

— Se alimentar esse medo, eles não irão embora. Não há dificuldade; é só afirmar o bem, acreditar nele.

— Assustei-me. Não pensei que ainda guardasse essas energias dentro de mim.

— A reciclagem leva tempo. O saber é a base, mas a ação e a experiência são as responsáveis por amadurecer, elevar e nos fortalecer. Você está se saindo muito bem.

— Sinto-me melhor agora.

— Quando sentir angústia, tristeza, depressão novamente, mantenha a calma, observe e decida que agora você não deseja mais isso. Em seguida, pense que está se libertando dessas energias. Depois, lembre-se de coisas agradáveis, lugares, momentos positivos. Dessa forma, vencerá suas dificuldades, e sua vida melhorará sensivelmente.

— Parece tão simples...

— É simples, funciona, mas é preciso tentar.

Alberto sorriu aliviado. Quantas coisas ainda precisava aprender? Ele não se deixaria mais dominar.

Capítulo 26

A partir do dia em que encontrou com Mariazinha e traçou seu plano, Rino não conseguiu pensar em outra coisa. Passava o tempo imaginando como seria, o que faria, as hipóteses que poderiam ocorrer e, quanto mais pensava, mais concluía que a solução estava nisso.

Afinal, a vida não valia nada mesmo, e pelo menos ele poderia realizar seu intento, ainda que por breves instantes, que certamente o levariam ao paraíso. Sentia enorme prazer em imaginar o momento em que teria Mariazinha nos braços, o que faria, o que sentiria, e criava fantasias cada vez mais ousadas, delírios, vendo-se como um romântico que dera tudo por um amor.

Esses momentos para ele valeriam por todos os outros que poderia viver o resto da vida, se desistisse do seu projeto. Enquanto imaginava e sonhava com o clímax do seu desejo, Rino representava melhor a comédia com Rosa, fingindo-se mais apaixonado a cada dia, e, de certa forma, quando a tinha nos braços, imaginava o que faria se fosse Mariazinha. Isso aumentava sua euforia, e Rosa, feliz e apaixonada, retribuía crente de que era amada de verdade.

Rino passou a frequentar-lhe a casa diariamente. Em uma semana, ficou a par dos hábitos e horários do casal. Ele não queria esperar muito mais. Notou que Mariazinha não saía mais sozinha e que Júlio só se ausentava para ir ao trabalho, permanecendo em casa todo o tempo disponível.

Como fazer? Resolveu deixar tudo pronto e não marcar o dia. Sempre tivera muita sorte. Tinha certeza de que seria favorecido de alguma forma. Por isso, comprou alguns alimentos, roupas, coisas que julgou essenciais para os momentos que idealizava passar com Mariazinha e foi a Campos de Jordão, onde arrumou tudo para o grande momento, verificando o que faltava providenciar.

Depois de deixar tudo preparado, voltou a São Paulo e continuou a vigiar a casa de Mariazinha, aguardando uma oportunidade de levar adiante seu plano.

Mendes chegou à casa de Neide com um pacote caprichosamente embalado e algumas flores. Tocou a campainha e esperou. A moça abriu a porta e, vendo-o, sorriu satisfeita.

— Você é pontual — disse. — Chegou bem na hora.
— Estava ansioso para vê-la. Isto é para você.
Mendes entregou-lhe as flores e o pacote. Ela corou de prazer.
— Espere um pouco. Vou pegar o vinho. Ficou no carro. Volto já.
Ele saiu e, dentro de alguns minutos, reapareceu com uma sacola de onde tirou o vinho e alguns petiscos, que dispôs sobre a mesa.
— Você é gentil. Obrigada.
— É muito importante para mim estar aqui com você.
— Para mim também é — Neide hesitou um pouco e depois disse: — Sinto um pouco de medo. Você está me interessando além do que eu gostaria. Estou cansada de sofrer. Não estou preparada para amar de novo.
Mendes abraçou-a com carinho:
— Não tenha medo dos seus sentimentos. Para ser sincero, nosso relacionamento é recente, mas, todas as vezes em que estamos juntos, o tempo voa e ficamos alegres e felizes. Isso é o que importa. O amanhã ninguém sabe. Não vale a pena atormentar-se com ele. Também sinto medo de amar de novo, mas é muito bom estar aqui e tê-la em meus braços. Você nunca foi valorizada como merece. Gostaria de poder fazer isso.
Ele beijou-a nos lábios amorosamente. Neide serviu o jantar caprichado que preparara para eles e depois foram para o quarto abraçados.
Uma hora depois, ainda na cama, com a cabeça apoiada no peito de Mendes, Neide considerou:
— Gostaria de havê-lo conhecido antes. Talvez meu destino houvesse sido diferente. Você me inspira pensamentos bons e faz-me sentir digna.
— Você é digna.
— Tenho sofrido muito, feito coisas erradas. Tive muitas ilusões e estou pagando bem caro por elas.
— Você ainda não esqueceu o Lineu.
— Não me lembre daquele patife.

— Você ainda gosta dele!

— Não é verdade. Eu o odeio! Vou me vingar. Você sabe, prometeu ajudar-me.

— Prometi e cumprirei. O que ele fez com você não se faz. Usou e abusou dos seus sentimentos e depois a atirou fora, pisou em sua dignidade.

Neide trincou os dentes com raiva.

— Além de quase me matar... Não bastaram a traição, a humilhação. Ainda me deu aquela surra. Só em pensar, meu sangue ferve!

— Acalme-se. Já passou. Ele fez tudo isso e agora está com a outra muito à vontade.

— Você sabe de alguma coisa?

— Bem... eu o vi com uma loira ontem. Não sei se é a mesma que você conhece.

— Alta, magra, metida a grã-fina?

— Isso mesmo. Estavam abraçados e pareciam muito apaixonados.

— Que cachorro!

— Mas você não sente ciúmes. Não gosta mais dele!

— Sinto ódio porque fui enganada. Só isso. Mas ele me paga!

— Você fala muito, mas na hora mesmo não tem coragem. Fica com pena dele.

— Eu?!

— Sim. Neide, temos saído juntos, e você nunca mais tocou naquele assunto. Acho que, na verdade, você não deseja vingar-se dele. Só fala. Se quisesse mesmo, sabe que estou aqui, disposto a ajudá-la, protegê-la e colocá-la a salvo, bem longe daqui.

— Está enganado. Não há nada que eu queira mais na vida do que isso. É que preciso ter algum dinheiro, programar o que farei depois. Aqui, tenho amigos, posso ganhar melhor, juntar algum para depois. Longe, em um lugar estranho, o que será de mim se não tiver recursos?

— Posso arranjar-lhe um emprego no norte do país. Se tiver interesse mesmo em refazer sua vida, em mudar, tenho certeza de que daremos um jeito.

Os olhos de Neide brilharam emocionados:

— Você acredita que eu possa me regenerar? Isto é, que depois de tudo que tenho feito aqui, do meu passado, ainda tenho chance de levar uma vida normal como qualquer mulher?

Mendes alisou o rosto de Neide com carinho.

— Claro. Você é livre para escolher seu caminho. Se escolheu este até hoje, e isso não a tornou feliz, por que não mudar? Conheço uma pequena cidade perto de Recife onde tenho alguns parentes e muitos amigos. Se estiver mesmo disposta a encarar uma nova vida, a trabalhar com vontade, posso arranjar-lhe um emprego digno, que lhe dê o suficiente para uma vida decente, embora sem luxo. Tudo depende do que você realmente quer, do que pensa que a fará feliz.

Neide suspirou pensativa e considerou:

— Estou cansada desta vida. De ser considerada leviana, escarnecida pelos homens, traída e vista com desconfiança pelas mulheres. Se eu pudesse voltar atrás, faria tudo diferente. Não escolheria este caminho, que só me trouxe desilusão, infelicidade. Se puder fazer isso por mim, serei-lhe agradecida pelo resto da vida.

— Farei, se você quiser.

— Eu quero. Mas, antes, vamos preparar a cama para o Lineu. Não posso esquecer o que ele me fez. Jurei que me vingaria.

— Para isso, também precisa ter com quê. Não se pode brincar com a justiça. Afinal, você não me contou ainda o que ele fez. Falou em crime, mas isso é muito vago.

— Vou contar-lhe tudo direitinho. Lineu tem uma turma de amigos que gostam de andar juntos. O mandachuva é um tal de Rino. Lineu e os outros não fazem nada sem falar com ele. Uma noite, ele chegou em casa muito irritado. Eu sabia que, quando chegava assim, Lineu havia se metido em alguma encrenca, o que é comum para esse grupo. Brigam com facilidade. No bairro, todos os temem. Quis comer, e eu esquentei a comida. Quando coloquei a mesa, havia um cachecol que eu nunca vira.

"— O que é isso? — perguntei. — Você nunca usou uma coisa dessas! — Ele era muito vaidoso e cuidava muito da aparência.

"— Claro que não é meu! Caiu na hora da briga. Rino cismou com uma garota, e demos um corre no malandro que estava com ela.

"— Parece que estou vendo. Ele está correndo até agora!

"— Nem tanto. Tivemos que arrepiar. Demos conta dele e do irmão, mas não sabíamos que perto havia um carro com o motorista deles, que puxou um revólver para nós. O jeito foi fugir... Ele deu alguns tiros, e nós nos escondemos no quintal do Nelsinho. Vimos quando eles entraram no carro e foram embora. Esses nunca mais aparecem aqui. Quando saímos, encontramos esse cachecol no chão. Apanhei-o de brincadeira.

"— Qualquer dia destes vocês ainda acabarão levando um tiro. Abusam demais.

"— Vire essa boca pra lá! Onde já se viu? Parece que está contra nós!

"— Não gosto de vê-lo metido em confusão.

"— Sabemos fazer as coisas. Não vai nos acontecer nada."

Neide calou-se por alguns instantes e depois continuou:

— O tempo passou, mas houve uma noite em que eu já estava dormindo quando Lineu apareceu e me acordou. Passava da meia-noite, e ele estava pálido e nervoso.

"— Escuta, onde está aquele cachecol que eu trouxe naquela noite? Você o guardou?

"— O cachecol? — respondi meio sonolenta. — Acho que guardei. Para que o quer a esta hora?

"— Para nada. Eu preciso dele. Onde está? Já revirei as gavetas, mas não o encontrei. Você vai dar conta dele.

"— Acho que está na sala. Vou procurar."

— Levantei-me e fui até a sala. Rino estava lá, pálido. Percebi que eles haviam se metido em alguma confusão. Procurei o cachecol e finalmente o encontrei. Lineu apanhou-o, sorriu e disse para o Rino:

"— Com isso, estamos salvos. A culpa recairá sobre ele! — e, voltando-se para mim, que os olhava curiosa, disse: — Este assunto não a interessa. Vá para a cozinha e faça um café bem forte. Rápido, estamos com pressa."

— Fui para a cozinha e coloquei a água no fogo, mas estava temerosa. Pé ante pé, aproximei-me da porta e procurei ouvir o que diziam:

"— Você acha que com isso despistaremos a polícia? — perguntou Rino.

"— Claro. Além do mais, há o revólver. Deve ser o mesmo que eles tinham no carro, que o motorista usou naquela noite.

"— Ele veio armado. O malandro pensou que assim estaria protegido. — Continuou Rino. — Ainda bem que você tomou a arma dele, senão um de nós poderia estar lá agora.

"— Tive o cuidado de limpar a arma. Não encontrarão nossas impressões digitais. Por sorte, guardei este cachecol. Sempre tive muita sorte. Nós o colocaremos lá e pronto. Ninguém saberá de nada.

"— Vamos logo, esqueça o café. Já pensou se alguém descobre o corpo?"

— Corri para passar o café para que eles não desconfiassem de que eu ouvira tudo. Era perigoso para mim. Servi o café, eles tomaram e saíram. Fui me deitar, mas não consegui dormir. Um crime! Fiquei apavorada. Depois, vi no jornal o que acontecera. O motorista levou a culpa, mas eu sei que ele é inocente. Fiquei com pena do moço, contudo, nada pude fazer. Senti medo. Eles ficaram contentes, comemoraram. Quando o rapaz foi condenado, marcaram até um jantar para festejar. Ouvi algumas conversas entre eles. Rino é apaixonado pela Mariazinha, mas ela não gosta dele. Bem feito! Soube que ela se casou com outro. Eles deram até uma surra no rapaz, mas não o intimidaram. O motorista, no entanto, está preso até hoje.

— Tudo o que me contou é muito triste, Neide. De fato, esse moço continua preso. Conheço o caso.Você não tem nenhuma prova a não ser seu testemunho? Se quiser incriminá-lo, terá de depor como testemunha e contar tudo o que sabe à polícia.

Neide deu um pulo na cama assustada:

— Eu?! Eles acabariam comigo. Quero preparar uma armadilha, mas não posso aparecer. Deus me livre!

— Você é muito corajosa. Não pode desistir agora. Nós procuraremos um advogado amigo, que já foi policial, e ele nos dirá como fazer. Ninguém saberá de nada. Reabriremos o processo, e, a essa altura, você estará longe daqui. Quando for testemunhar, nós a traremos sob custódia e, em seguida, voltará para onde estiver. Eles não poderão fazer nada. Já pensou que desforra? No tribunal, testemunhar diante dele e contar tudo como foi? Será magistral!

Os olhos dela brilharam de alegria.

— Acha que serei capaz? Que terei coragem? Garante que não me acontecerá nada?

— Claro! Eles estarão presos e nada poderão fazer.

Neide calou-se pensativa e depois disse:

— Não sei, não. E se não der certo? E se eles conseguirem se safar? Rino é rico, e o pai, muito poderoso. Eles sempre fizeram o que quiseram, e ninguém nunca conseguiu vencê-los. Além disso, são muito espertos.

Mendes sorriu confiante.

— Só que agora eles abusaram. Um crime não é brincadeira. Tenho certeza de que você não correrá nenhum risco. Sei fazer as coisas. Tenho experiência. Confie em mim. Está na hora de alguém pôr esses malandros na cadeia e libertar o motorista, que é inocente. O que fizeram com ele não se apaga com facilidade.

— Concordo. Deve ser muito triste ficar preso por um crime que não cometeu.

— Sem falar do desprezo da família. Segundo sei, ele era como filho na casa. Não tem parentes e foi criado pela família da vítima. Foi duplamente machucado! Já pensou se ele fosse seu irmão ou coisa assim? Como você estaria?

— É verdade. Tem razão. Se me garante que nada me acontecerá, eu topo. Me vingarei daquele cachorro e ainda farei uma boa ação. É como se eu me limpasse um pouco de toda a sujeira que tem sido minha vida.

328

Sinto-me cansada de ser desprezada. Quero mudar de vida, ser decente, trabalhar e quem sabe... um dia... Deus me ajudará e eu poderei reconstruir minha vida. Longe daqui será mais fácil.

Mendes beijou-a delicadamente na face.

— Isso mesmo. Você é uma boa moça e merece ser feliz. Conte comigo para tudo quanto precisar. Tenho certeza de que meus amigos também a ajudarão. Amanhã, você irá comigo ver o Vanderlei, um amigo advogado que nos ajudará. Juntos, traçaremos nosso plano.

Neide segurou a mão de Mendes e apertou-a com força.

— Você ficará comigo o tempo todo?

— Certamente.

— Você me dá muita segurança. Ao seu lado, sinto-me forte.

— Pode contar comigo. Ficarei com você desde agora.

Ela abraçou-o agradecida. Mendes inspirava-lhe ideias novas de felicidade e renovação. Sentia vontade de formar família, criar filhos, levar uma vida comum, em paz. Desejava algo mais consistente do que uma aventura. Já não era criança e precisava pensar no futuro. Não queria passar o resto da vida sozinha, infeliz.

Mendes passou lá o resto da noite e, na manhã seguinte, levou-a ao escritório de Vanderlei. Diante dele, Neide contou tudo quanto sabia.

Ouvindo-a descrever a história que eles tanto desejavam conhecer, ele comoveu-se muito. Acreditava na inocência do Jovino, confiava nele, contudo, diante da verdade, da prova da sua inocência, não pôde conter a emoção.

Finalmente, sabiam como Alberto fora assassinado. Suas suspeitas confirmaram-se. O caso era da máxima gravidade, por isso, ele chamou o tio, mais experiente do que ele, para juntos resolverem o que fazer.

— Em primeiro lugar, a testemunha é fundamental e a peça mais importante. — Considerou o doutor Rogério. — Temos de garantir sua segurança. Antes de qualquer providência concreta, ela precisa desaparecer. Arranjaremos um lugar seguro, que ninguém saiba, e a esconderemos lá.

— Fora da cidade? — indagou Neide.

— Por enquanto, não será preciso. Espalhe para os amigos e para os vizinhos que vai embora de São Paulo. Ninguém, mas ninguém mesmo, poderá saber do seu paradeiro.

— Eu cuidarei disso. — Decidiu Mendes. — Ficarei com ela todo o tempo.

— Isso mesmo — concordou Rogério. — Ela deve desaparecer de circulação, enquanto montamos a peça principal. Pediremos a revisão do processo e a reabertura do caso.

329

— Acha que conseguiremos? — perguntou Vanderlei. — Ele pode alegar que ela está agindo assim por despeito, porque ele a abandonou. O juiz pode aceitar essa hipótese. Rever uma condenação não é fácil.

— Ele pode alegar isso mesmo, mas a verdade tem um peso muito forte. Não creio que consigam ludibriar a justiça. Conto com isso.

— Estou pronta a tudo, mas, infelizmente, não tenho dinheiro suficiente para fazer o que me pedem. Talvez seja preciso esperar um pouco mais. Tenho tentado economizar, juntei algum, mas não o suficiente. Nem sequer posso pagar seus honorários.

Foi Vanderlei quem respondeu:

— Não se preocupe. Sei como arranjar isso. Mendes, você pode tratar de tudo. Vou dar um cheque para as primeiras despesas.

— Está bem. Providenciarei tudo e voltarei para dar notícias assim que estiver pronto.

Quando eles saíram, Vanderlei não escondeu sua alegria. O tio comentou:

— Parece que você venceu. Finalmente, encontrou o que procurava. Para ser franco, não pensei que conseguiria. Não acreditava muito na inocência de Jovino.

— Eu, sim. Você não o conhece. É um moço bom e digno. Preciso contar essa novidade a Magali e à família.

— As coisas ainda não estão resolvidas. Temos um bom trabalho pela frente.

— O mais difícil aconteceu. As provas de que precisávamos.

— Como pensa em arranjar dinheiro?

— Tenho certeza de que doutor Homero terá interesse em ver esse caso solucionado. Júlio também. Rino anda rondando Mariazinha, e ele vive preocupado. Agora, nós temos certeza de que ele tem motivos para isso.

— Faça isso. Vou redigir o depoimento da Neide, para que ela o assine, e a petição pedindo a reabertura do processo e a inclusão dessa prova nos autos.

— Capriche, tio. Temos de conseguir.

— Será minha obra-prima! Você verá. Não haverá juiz que resista.

Satisfeito, Vanderlei saiu. Estava na hora do almoço. Pretendia dar a boa-nova a Magali e à sua família. Por certo, estariam reunidos. Não aguentaria esperar até a noite.

Meia hora depois, tocou a campainha da casa de Magali, notando com satisfação que o carro do doutor Homero estava parado em frente à casa.

Uma criada atendeu-o e convidou-o a entrar. Eles estavam à mesa, e Vanderlei disse delicadamente:

— Não os incomode. Tenho um assunto urgente, mas os esperarei almoçar.

A criada saiu da sala, e logo Magali apareceu com um sorriso:

— Vanderlei, que bom vê-lo!

— Desculpe vir à hora do almoço, mas tenho novidades e desejo falar com todos da família. Calculei que estariam reunidos agora.

— Aconteceu alguma coisa?

— Aconteceu, mas é muito boa. Vá terminar seu almoço. Eu espero.

Aurora apareceu na sala.

— Vanderlei! Venha almoçar conosco. Mandei colocar mais um prato.

— Não se preocupe, dona Aurora. Tenho boas notícias e não aguentei esperar.

— Boas notícias? — indagou ela curiosa.

— Sim. Termine o almoço e falaremos.

— Só se almoçar conosco.

— Está bem — concordou Vanderlei um pouco acanhado.

Conduzido à copa, o rapaz cumprimentou Homero, que o convidou a sentar-se, e ignorou Rui, que mal respondeu ao seu bom-dia. Enquanto comiam, Vanderlei explicou:

— Vim em hora imprópria porque aconteceram algumas coisas que eu gostaria de contar-lhes.

Homero olhou-o admirado, mas não disse nada. Rui comia com os olhos no prato, como se ali não houvesse ninguém. Vanderlei continuou:

— Gostaria que me ouvissem ao terminarmos.

— Está bem — concordou Homero.

Depois do café, Homero convidou:

— Venham todos ao meu gabinete. Lá, nós conversaremos melhor.

— Não estou interessado — disse Rui. — Vou para o meu quarto.

— Gostaria que me ouvisse — disse Vanderlei com voz calma. — Garanto-lhe que serei breve e que o assunto interessa a todos.

— Vamos, Rui — disse Homero, olhando-o sério.

Evidenciando má vontade, Rui acompanhou-os. Uma vez lá, Vanderlei foi direto ao assunto.

— Creio que todos vocês sabem como conheci Magali e do meu interesse em resolver o caso do Jovino. Depois de tanto tempo, finalmente,

331

temos provas de que ele não matou Alberto! Ele é mesmo inocente. Descobrimos quem é o assassino.

— Santo Deus! — disse Aurora, levantando-se da poltrona.

Homero também se levantara e, um tanto pálido, perguntou:

— Tem certeza do que afirma?

— Tenho, doutor Homero. Sabemos como aconteceu, o porquê e quem foi. Vamos reabrir o processo, e tenho certeza de que, desta vez, faremos justiça.

Magali não conseguiu articular palavra. Lágrimas desciam-lhe pelas faces. A moça abraçou a mãe, que tremia sem poder conter-se.

Homero passou a mão pelos cabelos, tentando controlar a emoção. Sentou-se novamente, respirou fundo e pediu:

— Por favor, Vanderlei, conte-nos tudo.

Ele não se fez de rogado. Falou das tentativas de encontrar o assassino, do atentado que Júlio sofrera na véspera do casamento e da intenção de Mendes de prender o homem. De seu trabalho junto a Neide e, finalmente, de tudo quanto ela contara em seu escritório naquela manhã.

— Eu sempre disse que Jovino era inocente! — disse Magali. — Ele nunca seria capaz de matar ninguém, muito menos Alberto a quem sempre defendeu.

— Estou penalizada por causa dele — comentou Aurora. — Como deve ter sofrido! Nós nem sequer o ouvimos!

— Ele nos considerava sua família — prosseguiu Magali. — Mas é um moço tão bom que, mesmo dentro do que lhe fizeram, conseguiu entender nossa atitude e não nos condena, embora se sinta triste e desiludido com a atitude de vocês.

Homero passou novamente a mão pelos cabelos e disse:

— Quem poderia imaginar? A polícia estava tão segura, tão certa! Eu acreditei. O coração humano guarda muitos mistérios. Poderia mesmo haver sido ele.

— Mas não foi — disse Magali. — Agora, ele será reabilitado. Não é sem tempo.

— Certamente, minha filha. Sinto-me envergonhado. Agora compreendo muitas coisas. Alberto estava certo! Não foi sonho mesmo. Ele sabia que estávamos enganados.

Rui abanou a cabeça negativamente.

— Vocês são muito crédulos. Essa conversa toda bem pode ser invenção da moça. Ela quer vingar-se porque foi abandonada. Vocês podem, isso sim, estar incriminando um inocente, um moço de boa família.

Foi Vanderlei quem respondeu:

— Tenho absoluta certeza de que ela disse a verdade. Contou o caso em minúcias e com detalhes.

— Eu acredito nela — disse Homero com voz firme. — E, agora, o que faremos?

— Devemos fazer tudo para que a verdade apareça e libertarmos Jovino. Ele já sofreu muito. Devemos reparar esse erro o mais depressa possível — decidiu Aurora.

— Meu tio Rogério já está estudando o caso e preparando os documentos necessários para a reabertura do processo.

— Acha que vai demorar? — perguntou Magali.

Vanderlei sacudiu a cabeça.

— Não sei. Vamos fazer a petição, juntar novas provas, o depoimento da Neide e esperar a decisão da justiça.

— Isso pode demorar muito. Sei como são essas coisas. Não teríamos uma forma de apressar isso? Jovino já foi injustiçado demais. Precisa ser libertado o quanto antes. Repugna-me saber que ele é inocente e está lá preso e condenado.

— Concordo, doutor Homero. Faremos tudo para apressar essa decisão.

— Gostaria de colaborar.

— Vamos precisar da sua ajuda. Ele foi condenado. Se conseguirmos sensibilizar a justiça, ele irá a um novo julgamento. A batalha está apenas começando.

— Conte comigo. Quero acompanhar de perto todos os detalhes. Desta vez, não serei omisso. A justiça será feita.

— Nesse caso, gostaria que o senhor fosse ao nosso escritório para discutirmos o caso juntos. Temos que nos preparar. Rino é moço rico e de família influente. Não poupará esforços para defender-se.

— Irei quando quiser. Há duas coisas que pretendo fazer: primeiro, visitar o Jovino e, depois, conhecer esse casal que fez mais por nós e por Jovino do que qualquer pessoa.

— Refere-se a Mariazinha e ao Júlio. Será ótimo. Juntos, haveremos de libertar o Jovino.

Rui olhava em silêncio. Parecia-lhe que eles fantasiavam. Não acreditava que Jovino fosse inocente, por isso acrescentou:

— Melhor tomarem cuidado. Podem acabar caindo em uma arapuca. Esses advogados fazem tudo por dinheiro.

Homero endereçou ao filho um olhar severo.

— Melhor seria se você cooperasse. Pode arrepender-se de ser tão insolente. Vanderlei, espero que não leve em consideração o que ele disse. Seu tio é um advogado respeitável a quem admiro e em quem confio.

— Estou tratando deste caso e gostaria de acompanhá-lo até o fim, contudo, o senhor tem toda a liberdade de consultar outros da sua confiança.

— Absolutamente. Tudo está muito bem como está. Não quero ninguém mais. Nós vamos conseguir o que desejamos. Agora, tenho certeza disso.

— Nada mais tenho a fazer aqui. Vou para meu quarto. Ainda acho que vão meter-se em encrencas — concluiu Rui, retirando-se em seguida.

Vendo-o sair, Aurora aproximou-se de Vanderlei e disse:

— Não ligue para ele. Isso passa. Quando tudo terminar, ele terá de aceitar a verdade.

Vanderlei sorriu:

— Não se preocupe, dona Aurora. Basta-me o apoio de vocês. Agora preciso ir. Desejo dar a boa-nova a Júlio.

Homero apertou a mão de Vanderlei com força e disse com emoção:

— Obrigado, meu filho. Hoje, você despertou em mim nova motivação para viver e a certeza de que ainda teremos dias melhores. Obrigado.

O moço não respondeu. Apertou a mão de Homero com força e recebeu o abraço agradecido de Aurora. Magali acompanhou-o até o portão.

— Estou tão contente! Estamos chegando perto do que desejávamos.

Vanderlei abraçou-a com carinho e disse:

— Eu também, mas para meu maior sonho ainda falta um tempo. Mal posso esperar!

— Depois de hoje, papai vai nos favorecer. Você acabou por conquistá-lo de vez. Sei o que estou dizendo.

— Seu pai é um homem digno, e não pretendo abusar de sua estima. Só nos casaremos quando eu tiver possibilidades financeiras.

— Essa é a sua pressa?

— Você sabe o que eu estou dizendo. Não tente me fazer fraquejar.

Vanderlei beijou-a com carinho e saiu. Magali acenou satisfeita vendo-o desaparecer e entrou em casa.

Vanderlei consultou o relógio. Àquela hora, Júlio já teria voltado ao trabalho. Teria de esperar a noite para contar-lhe as novidades. Decidiu telefonar. Voltou ao escritório e ligou para o amigo. Depois dos cumprimentos, foi direto ao assunto:

— Tenho boas-novas. Finalmente, a Neide deu o serviço. Contou tudo.

Júlio não conteve a curiosidade:

— E então?

— Nossas suspeitas eram verdadeiras. Foi mesmo Rino junto com Lineu.

— Tem provas?

— Ela contou tudo nos mínimos detalhes. Falei com Magali e a família. Eles vão cooperar. Doutor Homero quer conhecê-los. Disse que vai visitar o Jovino e trabalhar para libertá-lo. Amigo, estamos na reta final!

— Precisamos dar a boa-nova a Jovino! Poderíamos arranjar uma visita extra.

— Como advogado, verei o que posso fazer.

— Mariazinha ficará feliz. Finalmente, essa história vai terminar bem.

— Gostaria de saber os detalhes.

— Não por telefone. À noite, irei até sua casa para conversarmos.

— Venha jantar e traga Magali.

— Vamos ver.

— Estaremos esperando. Às sete, está bem?

— Está bem. Precisamos pensar nos detalhes. Vamos iniciar uma batalha judicial, e Rino se defenderá de todas as formas.

— Mas a verdade há de vencer. Confio em Deus.

— Assim espero. Até a noite.

— Até.

Júlio desligou o telefone e ficou pensando. Só ficaria sossegado quando Rino estivesse longe. Esforçava-se para não lhe desejar nada de mal, mas reconhecia que sua obstinação por Mariazinha era preocupante.

Agora que tinham a certeza de que fora ele mesmo o assassino, precisavam aumentar a segurança. Haviam suspendido a vigilância da casa. Mantê-la durante o dia inteiro não era nada fácil. Agora, pelo menos enquanto Rino estivesse por ali, deveriam pensar em alguma coisa. À noite, falaria com Vanderlei sobre isso.

Capítulo 27

Mariazinha acenou para Júlio e entrou em casa. Dirigiu-se à cozinha satisfeita. O almoço fora delicioso, e Júlio adorara. Enquanto tirava a mesa e procedia com a arrumação, sentia-se feliz e alegre.

Ligou o rádio, como sempre fazia enquanto se entretinha nas atividades da casa. Lavou a louça, guardou tudo, acabou a cozinha e apanhou um livro para ler, sentando-se confortavelmente em uma poltrona para iniciar a leitura.

Passava das quinze horas quando o telefone tocou. Mariazinha atendeu:
— Alô.
— É da casa de dona Mariazinha?
— Sou eu. Quem está falando?
— Um colega de seu pai na fábrica. Houve um acidente com ele.
Mariazinha assustou-se:
— É grave? O que aconteceu?
— É grave. Preferi avisar a senhora. Não quis avisar dona Isabel.
Mariazinha tremia:
— Fez bem. Onde ele está?
— No pronto-socorro. Estão pensando em removê-lo para o Hospital Matarazzo. Ele está chamando a senhora. Venha correndo.
— Irei. Qual é o pronto-socorro?
— Em frente à fábrica. A senhora conhece.
— Sei. Irei correndo. Não deixem levá-lo antes que eu chegue aí.
— Farei o possível.

Trêmula, sentindo as pernas fraquejarem, Mariazinha fechou a casa e apanhou a bolsa. Pensou em ligar para Júlio, mas não podia perder tempo. Ligaria do hospital.

Fechou a porta e saiu. Iria de táxi. Estava ansiosa para chegar. Sua rua era deserta e lá não passavam muitos carros. Precisava caminhar alguns quarteirões para chegar à avenida, onde por certo conseguiria o que pretendia.

Quando se preparava para atravessar a rua, sentiu que alguém a segurava pelo braço e alguma coisa dura empurrava suas costelas. Assustou-se, ia gritar, mas ouviu uma voz ameaçadora:

— Vá andando naturalmente. Não grite. Se reagir, eu atiro.

— Rino! Você enlouqueceu de vez! Deixe-me ir! Estou com pressa. Meu pai está mal. Por favor! Solte-me!

— Venha comigo, calada.

Levou-a até o carro parado a alguns metros dali. Abriu a porta e obrigou-a a entrar, sempre com a arma apontada para a moça, que, pálida, tremia sem saber o que dizer.

Rino entrou no carro e disse com voz que procurou tornar calma:

— Se me obedecer, nada lhe acontecerá. Você sabe que eu a amo muito e só farei o que for bom para você.

Um pensamento de terror tomou conta de Mariazinha.

— O que fez com meu pai? Foi você, não foi?

— Ele está em lugar seguro. Se me obedecer, nada acontecerá a ele. Caso contrário...

— O que fará?

— Depende de você. Só de você. Se se comportar, prometo que ele voltará para casa são e salvo.

— Para onde quer me levar?

— Para um lugar maravilhoso, onde estaremos no nosso paraíso. Nosso sonho de amor se tornará realidade. Você nunca soube o quanto eu a amava, mas chegou a hora de eu provar isso. Você verá.

Mariazinha, assustada, notou que Rino estava determinado. Havia algo em sua fisionomia que a fazia acreditar que ele estava disposto a tudo. Rino parecia louco, e ela resolveu ganhar tempo. Estava com o coração apertado, mas lutou contra o medo e tentou dar à voz um tom calmo.

— Eu acredito que me ame. Não duvido disso. Mas me casei com outro. Não tem mais jeito.

— Você vai me amar. Hei de ensinar-lhe isso. Vamos embora.

Apavorada, Mariazinha viu Rino pôr o carro em movimento, e, em poucos minutos, estavam na periferia da cidade. Aonde estavam indo? Arrependeu-se de não haver telefonado para Júlio. Estava à mercê daquele obstinado. Teria mesmo aprisionado seu pai?

— Você machucou meu pai ? — perguntou aflita.

— Não. Ainda não. Pegamos ele só para garantir sua obediência. Se me obedecer, nada acontecerá a ele.

— O que está tentando fazer? Não vai dar certo! Pense um pouco. O que está fazendo não é direito. Sou casada e amo meu marido. Por que não desiste? Está a fim de destruir minha vida?

— Estou a fim de realizar nossa felicidade. Não acredito que ame aquele paspalho. Posso lhe dar muito mais do que ele. Você ainda reconhecerá isso. Além do mais, eu não aguentava mais pensar que, todas as noites, você estava nos braços dele e que ele podia beijá-la quando quisesse. Você é minha e, se não for minha, não será mais de ninguém.

— Você enlouqueceu! Não vê que é impossível? Não adianta querer me obrigar. Eu nunca o amarei. Leve-me de volta, por favor. Deixe meu pai em paz, e esqueceremos tudo isso. Prometo que não contarei a ninguém o que você fez. Por favor!

Ele riu sarcástico:

— Isso é o que você quer! Voltar para aquele idiota! Você nunca mais o verá. Agora me pertence. Ou será minha ou acabaremos tudo agora mesmo! Não me custa jogar o carro em qualquer barranco. Estou desesperado. Um homem desesperado faz qualquer coisa!

Mariazinha sentiu um arrepio de terror. Rino estava realmente louco. O que fazer? Como agir? Estaria destinada a morrer nas mãos dele? De nada lhe adiantaria pedir. Ele não a atenderia. Precisava encontrar uma forma de livrar-se. Mas como? Pensou em abrir a porta do carro e atirar-se, mas teve medo. Estavam em uma estrada deserta, e ela poderia machucar-se muito, piorar as coisas e não conseguir escapar. Seria fácil para ele parar o carro e apanhá-la de novo.

Calou-se, tentando desesperadamente encontrar uma saída. Ele pareceu advinhar seus pensamentos.

— Não adianta nada. Não vai se livrar de mim. Se tentar fugir, eu atiro. Não duvide.

— Como fez com Alberto! — disse ela, enraivecida.

— Isso mesmo! Como fiz com ele e como farei com qualquer um que tente separá-la de mim.

— Foi você quem tentou matar Júlio antes do nosso casamento!

— Fui eu mesmo.

— A polícia vai prendê-lo por isso. Não duvide.

— Não há provas contra mim. Naquela noite, eu estava oficialmente em Nova York. Quem poderá acusar-me?

— Por que me persegue tanto? Por que não me deixa ser feliz com a vida que escolhi?

— Porque ninguém a ama tanto quanto eu! Estou lhe contando todas as loucuras que cometi por seu amor! Não fica orgulhosa em saber disso? Eu matei por sua causa e estou jogando minha vida por esse amor. Não acha que mereço ser amado? Não percebe o quanto a amo?

Mariazinha não encontrou palavras para responder. Estava paralisada de medo. Compreendia, talvez um pouco tarde, o quanto Rino estava perturbado. Estaria destinada a morrer nas mãos dele? Depois de haver confessado seus crimes, ele por certo não pretendia deixá-la escapar. O que estaria planejando?

Seus pensamentos tumultuavam-se em perguntas assustadoras. Ele sabia que, de posse da verdade, Mariazinha jamais permitiria que um inocente continuasse preso, enquanto o verdadeiro assassino ficava impune. Rino a conhecia o suficiente para saber que ela jamais concordaria em acobertá-lo. Se ele lhe confessara tudo fora porque pretendia acabar com ela também.

Mariazinha sentiu um arrepio de terror e pensou em Alberto. Lembrou-se do centro espírita, onde tantas vezes recebera ajuda, e por fim pensou em Deus. Fechou os olhos e pediu ajuda. Estava nas mãos daquele insano. Ninguém sabia onde estavam nem o que lhe acontecera. Naquele instante, teve a certeza de que só Deus poderia ajudá-la.

Júlio chegou em casa e estranhou ao ver tudo escuro. Mariazinha estaria dormindo? Abriu a porta, acendeu a luz e procurou-a por toda parte. Intrigado, notou a cozinha arrumada, mas nem sinal do jantar. Ela saíra e pelo jeito não voltara ainda. Era estranho, porquanto ela nunca se ausentava sem lhe dizer. O que teria acontecido? Teria havido alguma coisa com os pais da esposa? Por que não lhe telefonara? Deu uma busca pela casa e teve a certeza de que Mariazinha realmente saíra, pois não encontrou a bolsa da esposa. Aonde teria ido?

Procurou pela casa para ver se ela deixara algum bilhete, mas não encontrou nada. Então, resolveu ir até a casa dos sogros, pois eles não tinham telefone. Ao chegar lá, eles mostraram-se surpresos. Não sabiam de nada.

Júlio, inquieto, procurou dissimular a preocupação.

— Com certeza, ela foi fazer alguma compra e logo estará de volta — disse para não assustá-los. — Vai ver que já está em casa. Vou voltar para lá.

— É estranho Mariazinha sair sem falar nada. Ela sempre diz aonde vai. Nunca saía sem dizer para onde — comentou Isabel admirada. — Será que aconteceu alguma coisa?

— Não. Claro que não — disse Júlio, tentando acalmar-se. — Vou para casa. Vai ver que ela já voltou.

— Acho que iremos com você — disse José preocupado.

— Não é preciso.

— Então, eu telefono logo mais. Não ficarei sossegado.

— Está bem. Agora, vou indo. Boa noite.

Júlio foi saindo e voltou para casa ansioso. Mariazinha ainda não voltara. Um pressentimento, um receio, tomou conta dele. Apanhou o telefone e ligou para Vanderlei.

— Vanderlei, estou assustado. Saí um pouco mais cedo, pois desejava avisar Mariazinha de que você viria para o jantar. Cheguei em casa e não a encontrei. Ela desapareceu. Nem fez o jantar. Sinto que aconteceu alguma coisa. Mariazinha nunca sai sem me falar. Pelo jeito, ela saiu há muito tempo. Nem recolheu a roupa do varal, coisa que ela nunca deixa de fazer.

— Não teria ido fazer alguma compra?

— Não. Desde aquele dia em que Rino a abordou, ela nunca mais saiu sozinha para compras. Temos ido sempre juntos. Além do mais, que eu saiba, não estávamos com intenção de comprar nada. Estou preocupado. Já anoiteceu, e não sei dela.

— Procurou ver se ela deixou algum bilhete ou coisa assim?

— Não deixou nada. Já vistoriei tudo.

— Buscarei o Mendes, e iremos até aí imediatamente.

— Estou apavorado. Teria sido coisa daquele patife? Acha que ele ousaria fazer alguma coisa contra ela?

— Fique calmo. Talvez não tenha acontecido nada. Dentro de alguns minutos estaremos aí.

Júlio desligou o telefone e sentiu a inquietação aumentar. Foi para o jardim e olhou atentamente para os dois lados da rua, na esperança de vê-la surgir. Ficou andando de um lado para outro, inquieto.

Quando Vanderlei chegou com Mendes, meia hora depois, ele ainda estava andando inquieto de um lado a outro, sem poder dominar a ansiedade. Vendo-os chegar, foi logo dizendo aflito:

— Ela ainda não apareceu. Sinto que alguma coisa aconteceu. Mariazinha não costuma sair e muito menos deixar de fazer o jantar.

— Calma. Pode não ser nada de mais. Vamos entrar. Quero ver se descubro alguma coisa.

Uma vez lá dentro, eles procuraram alguma pista.

— Olhe tudo e procure descobrir se há alguma coisa diferente — disse Vanderlei.

341

— Já procurei. Tudo parece igual. Não há nenhum sinal que possa significar que aconteceu alguma coisa. Está tudo em ordem. Ela saiu e levou a bolsa. Isso eu já vi.

— O que quer dizer que ninguém entrou aqui.

— Se entrou, não deixou nada — disse Júlio.

— Se aconteceu o que estou pensando... — Mendes parou interdito, sem coragem de finalizar.

— Fale — encorajou Júlio num fio de voz. — Eu também estou pensando nisso.

— Bem, se Rino teve alguma coisa a ver com isso, ele procurou atraí-la para algum lugar, fazê-la sair espontaneamente.

— Meu Deus! — disse Júlio asustado. — Se foi ele, precisamos encontrá-los! Como saber?

— Vamos procurá-lo. Você sabe onde é a casa da pequena dele?

— Da Rosa? Sei. É logo aqui em frente.

— Vamos até lá.

Os três saíram e tocaram a campainha da casa de Rosa, que apareceu na varanda. Vendo-os aproximou-se admirada.

— Boa noite — disse Júlio.

— Boa noite.

— Gostaria de falar com Rino. Ele está? — perguntou Vanderlei.

Ela sacudiu a cabeça negativamente.

— Não. Ele ainda não chegou. Quando vocês tocaram, pensei até que fosse ele.

— A que horas ele costuma chegar? — perguntou Júlio.

— Já deveria ter chegado. Posso saber do que se trata?

— Temos um negócio urgente a tratar com ele. Pensamos que o encontraríamos aqui — disse Vanderlei. — Se não se incomodar, voltaremos mais tarde. Talvez já tenha chegado.

— Está bem.

Despediram-se e saíram.

— Ele também desapareceu — disse Júlio. — O que vamos fazer?

— Vamos à casa dele. Sabe onde mora?

— Eu sei — respondeu Mendes. — Andei atrás dele por muito tempo. Vamos até lá.

Quando dona Eunice abriu a porta, Vanderlei perguntou por Rino.

— Ele saiu — disse ela. — Do que se trata?

— Precisamos vê-lo com urgência — disse Vanderlei. — Sabe a que horas ele saiu?

— Não sei bem. Pouco depois do almoço. Por quê? Aconteceu alguma coisa?

— A senhora sabe a que horas ele vai voltar?

Ela fez um gesto negativo.

— Ele nunca tem hora para voltar.

— Precisamos encontrá-lo. Sabe aonde foi?

— Ele raramente diz aonde vai. Não estará na casa da namorada?

— Não. Já o procuramos lá.

Mendes mostrou os documentos e disse:

— Sou da polícia e estou seriamente preocupado com seu filho. Ele corre perigo. Precisamos avisá-lo.

Eunice empalideceu.

— Meu Deus! Perigo de quê? Ele se meteu em alguma briga?

— Depois explicaremos tudo. Agora precisamos da sua ajuda para encontrá-lo. Poderíamos dar uma busca no quarto dele?

— Por quê? O que pensam que encontrarão lá?

— Talvez uma pista de onde ele esteja. Suspeitamos de que seu filho tenha ido se encontrar com pessoas muito perigosas. Ele está correndo risco sem saber. Temos de avisá-lo.

— Meu Deus! Aonde terá ido? Em que estará metido? Eu mesma vou dar uma olhada no quarto dele. Esperem um pouco. Meu marido não está, e eu não posso deixar ninguém entrar aqui.

Ela fechou a porta e entrou. Eles esperaram impacientes do lado de fora. Quando ela voltou, disse:

— Está tudo em ordem. Não há nada diferente. Vocês não teriam se enganado?

— Infelizmente, não. Aqui está um telefone. Se Rino aparecer, ligue para este número e informe que ele voltou. É para o bem dele.

— Sinto-me assutada. O que está acontecendo?

— Nada podemos dizer-lhe por ora. Só pedir que nos ajude. Assim estará ajudando seu filho.

— Está bem. Assim que ele chegar, telefonarei.

— Obrigado.

Júlio quis passar novamente em casa para ver se Mariazinha havia voltado. Estava cada vez mais temeroso. O desaparecimento de Rino aumentava suas suspeitas. Ele não queria pensar no que poderia estar acontecendo.

— Vamos até a delegacia. Precisamos agir. Temos de encontrá-lo. Ele é capaz de tudo. — Decidiu Mendes.

— Estou apavorado — disse Júlio. — Temos que encontrá-la. Rino deve ter armado uma cilada, e ela caiu. Está nas mãos dele. Meu Deus!

343

— Vamos tomar providências — disse Mendes decidido. — Desta vez, ele não vai escapar.

Uma vez na delegacia, ele conversou com o delegado e obteve a autorização de que precisava. Por fim, disse aos dois amigos:

— Vou fazer uma diligência. Prender um cara que talvez saiba tudo o que está acontecendo.

— O Lineu! — disse Vanderlei.

— Esse mesmo. Está na hora de engaiolar o pássaro.

— Sob que alegação? — perguntou Vanderlei.

— Suspeita de sequestro. Vamos lá. Esperam aqui.

— Não aguentaria esperar — disse Júlio. — Nós vamos com você.

— Está bem.

Subiram na viatura e levaram mais um investigador consigo. Quando a criada abriu a porta, os policiais foram entrando e perguntando por Lineu.

Os pais correram assustados para saber do que se tratava e tentaram impedir a prisão de Lineu, mas, assim que o rapaz apareceu para ver o que estava acontecendo, deram-lhe voz de prisão.

Ele empalideceu.

— Não sei do que se trata! — disse. — Eu não fiz nada. Estão enganados.

— Vocês vão se arrepender dessa violência! — disse, enfurecido, o pai de Lineu. — Sob que acusação?

— Suspeita de sequestro. Ele precisa ir para a delegacia prestar declarações.

— Sequestro?! De quem? Nada tenho com isso. Não sequestrei ninguém!

— Se não tem nada a ver com o caso, não precisa temer. Faremos as averiguações, e você voltará para casa. Mas agora precisa nos acompanhar.

— Vou chamar meu advogado — disse o pai de Lineu.

— Pode chamar quem quiser. Só que nós vamos indo. Não podemos esperar. Vamos embora.

Pegaram Lineu e, sob os protestos do rapaz e da família, levaram-no para o carro. Vendo Júlio, Lineu empalideceu. Começou a suspeitar de que Rino tinha alguma coisa a ver com aquela história de sequestro. Procurou dissimular sua suspeita e aparentar calma e displicência. Nada poderiam provar contra ele. Teriam de soltá-lo em seguida.

Tentando aparentar calma, perguntou:

— Posso saber quem foi sequestrado? De que me acusam?

— Na delegacia conversaremos — disse Mendes. — Talvez as coisas se compliquem para você. Não se trata só de sequestro, mas de assassinato.

344

Lineu estremeceu e esforçou-se para dissimular. Teriam descoberto alguma coisa? De que forma? Eles não haviam deixado nenhuma pista. Eles estavam querendo intimidá-lo. A polícia costuma usar ardis para envolver as pessoas. Ele não se deixaria apanhar. Estaria prevenido.

Uma vez na delegacia, colocaram-no em uma pequena sala para interrogá-lo.

— Muito bem — disse Mendes. — Agora, podemos conversar. Pode ir contando o que sabe se quiser salvar sua pele. Onde está Rino?

— Rino? Eu não sei. Não o vejo há alguns dias. Desde que ele começou a namorar firme, nós não temos saído juntos.

— Mentira. Vocês têm se encontrado. Você sempre cooperou com Rino em tudo quanto ele faz. Aliás, são inseparáveis. Posso lhe esclarecer as coisas. Nós já estamos de posse de um depoimento estarrecedor. Sabemos como foi que você e Rino mataram o Alberto e forjaram as provas contra aquele motorista.

Lineu sentiu-se desfalecer. O susto fez suas pernas tremerem, mas o rapaz tratou de defender-se:

— Isso é mentira! Uma calúnia deslavada! Ninguém pode provar nada contra nós. Vocês estão querendo nos envolver. Eu bem conheço o Júlio. Sei que nos odeia. Acha que fomos nós que cometemos esse crime, mas ele mente. Não tem nenhuma prova.

— Ele não tem mesmo, mas nós temos. Alguém abriu o bico para a polícia e contou tudo. Vamos reabrir o processo. O advogado já juntou o depoimento no processo e já pediu sua reabertura.

— É mentira. Vocês estão todos enganados.

— Não adianta mais negar. O melhor é contar como foi. Sabemos que não foi você quem deu os tiros. Foi o Rino. Ele está perdido, e, se acobertá-lo, você também ficará. Sabe qual é a pena por assassinato e por sequestro?

— Não sei de nenhum sequestro. Por que insistem nisso?

— Porque Mariazinha desapareceu e Rino também. Ele a raptou, e você sabe onde eles estão. Se nos disser, prometo que intercederemos por você no julgamento.

— Rino não seria tão louco! Ele disse que já a havia esquecido.

— Mas não esqueceu. Ele a sequestrou, e você sabe onde eles estão!

— Juro que não sei. Como posso saber?

— Ele deve ter combinado tudo com você, como sempre fez. O tempo passa, e precisamos encontrá-los. Vamos! Onde eles estão?

Lineu abanava a cabeça apavorado. Dessa vez, a loucura de Rino fora longe demais. Sequestrar Mariazinha! Nada lhe dissera sobre isso, mas não tinha dúvida de que fora mesmo Rino. Uma loucura dessas só poderia ter sido dele! Muitas vezes, avisara-o de que ainda se destruiria por causa daquela paixão. Além do mais, ainda o comprometera daquela forma.

Abanou a cabeça energicamente:

— Sou amigo do Rino, mas não sei nada sobre isso. Faz tempo que não saímos juntos. Desde que ele começou a namorar a Rosa, paramos. Vocês estão enganados. Ele até está pensando em se casar com ela! Não acredito que ele tenha alguma coisa a ver com Mariazinha. Vocês estão querendo me incriminar. Eu não fiz nada!

— Não? — questionou Mendes com ironia. — Se não me disser já onde eles estão, vou indiciá-lo por crime de morte. Você matou Alberto, e nós já temos provas suficientes para mandá-lo para a cadeia.

— Não fui eu. Isso é mentira. Esse tal de Júlio cismou conosco. Tem ciúmes de Mariazinha e vive pensando que Rino ainda gosta dela.

Mendes agarrou Lineu pelo gasnete, levantando-o da cadeira. Olhando-o bem nos olhos do rapaz, disse furioso:

— Vai contar ou teremos de persuadi-lo? Fique sabendo que temos métodos especiais para os mentirosos.

Lineu empalideceu. Estava apavorado. Aquela história do Alberto poderia complicar-se. Hesitou. Um brilho astucioso passou por seus olhos, e Mendes percebeu:

— Se eu fosse você, ajudaria a polícia. As coisas estão muito complicadas. Você pode se dar mal acobertando um criminoso. Estamos começando a pensar que você pode é estar querendo encobrir seu crime.

— Eu não cometi nenhum crime! Ninguém pode provar nada contra mim.

— Eu posso. Neide contou tudo, sabia? Ela sabe até dos detalhes daquele crime e muito mais.

Ele estremeceu de surpresa e de raiva.

— Ela está despeitada. Levou o fora. Quer me incriminar.

— E conseguiu. Com as provas que temos, você não sairá daqui tão cedo. Amanhã mesmo, será responsabilizado pela morte de Alberto. Você e seu amigo Rino.

— Estão cometendo uma tremenda injustiça. Dar ouvidos a uma mulher desprezada!

— Ela também deu queixa contra você por ferimentos graves. A surra que lhe deu a deixou marcada, e nós fizemos exame médico comprobatório. Você está realmente em maus lençóis. Agredir uma mulher daquela forma é crime, sabia? Só por isso, você pegará cadeia por um bom tempo.

Lineu mordeu os lábios tentando encontrar uma saída e não conteve um pensamento de rancor. Neide ia ver quando ele escapasse daquele lugar.

Mendes pareceu ler seus pensamentos quando disse:

— Ela está bem longe daqui e em um lugar seguro. Você não poderá fazer nada contra ela. Estamos perdendo um tempo precioso. Vá falando. Conte tudo. O escrivão vai tomar nota.

— Não vou dizer nada. Não tenho nada a dizer.

— Se me disser o que quero saber, intercederei por você. Talvez, dependendo do seu depoimento, até possa liberá-lo.

Os olhos de Lineu brilharam. Se conseguisse sair dali, ninguém mais colocaria as mãos nele. Iria para bem longe, para o exterior talvez, e ficaria até que não corresse mais nenhum risco.

Decidiu cooperar. Afinal, Rino o metera naquela confusão. Tentar raptar Mariazinha era uma rematada loucura.Tentou ganhar tempo.

— Se eu soubesse onde ele está, eu diria. Creia, Rino não me disse nada sobre Mariazinha. Ele sabia que, se me contasse, eu não o deixaria cometer essa loucura... se é que ele fez mesmo isso.

— Não podemos perder mais tempo. Ele a raptou e precisamos saber onde estão. Para onde você acha que ele a levaria?

— Não tenho a menor ideia. Pode ter ido para qualquer hotel, em qualquer cidade distante. Não sei. Ele enlouqueceu de vez. Não sei de nada e não quero participar dessa aventura. Chega de loucuras. Rino já fez muitas por causa dela. Agora, eu não quero mais nada com ele nessas coisas. Quero cuidar da minha vida, estudar, casar e ter família. É só o que eu quero.

— Ficou bonzinho de repente! — disse Mendes.

Um policial entrou e disse algumas palavras em voz baixa para Mendes.

— Chame o Maia e o Lauro para que continuem com este caso.

Saiu da sala e foi atender ao telefone.

— Senhor Mendes? Aqui é a mãe do Rino. Estou muito preocupada porque ele ainda não voltou. A criada viu que ele levou uma porção de coisas da despensa e uma mala. Fui procurar a chave de nossa casa de Campos de Jordão, e ela sumiu. Ele teria ido para lá? Tentei telefonar para lá, mas ninguém atende. Se ele corre perigo, por favor, nos ajude.

— Claro. Estamos pensando em ajudar a todos. A senhora poderia nos acompanhar até lá para nos ensinar o caminho?

— Certamente. Meu marido também poderá ir conosco. Estamos aflitos e assustados. Poderia nos dizer o que está acontecendo? Qual é o risco que ele está correndo?

— Logo estaremos aí e então conversaremos.

Mendes desligou o telefone, chamou Júlio e Vanderlei e contou-lhes o que estava acontecendo.

— Iremos imediatamente. Finalmente, temos uma pista. Ele a levou para lá! Não temos tempo a perder.

— Isso mesmo — disse Vanderlei. — Vamos no meu carro.

— Podem nos acompanhar, mas iremos com o carro da polícia. Ele pode reagir. Ao tomar essa atitude, ele deve estar decidido a tudo. É preciso ter cuidado. Levarei alguns homens armados.

— Santo Deus — disse Júlio. — Mariazinha deve estar apavorada!

— Calma, Júlio — tornou Vanderlei. — Desta vez, nós o pegaremos. Deus é grande.

Em poucos minutos, eles saíram e passaram na casa de Rino, onde seus pais estavam prontos. Mendes tentou convencer Eunice a ficar.

— Seu marido nos acompanhará — disse. — Se Rino voltar para casa, a senhora poderá nos avisar. Talvez ele não esteja lá.

— Estou angustiada. Quero saber o que está acontecendo com meu filho! Em que ele está metido agora?

— Sim — disse o pai dele. — Nós temos o direito de saber.

Mendes olhou muito sério e disse:

— Seu filho raptou uma moça contra a vontade dela. O marido está conosco, e nós vamos buscá-la. Suspeitamos de que ele não esteja bem. Está alterado e fora de si.

— Ultimamente, ele vinha muito triste — disse Eunice contendo o pranto. — Por que faria isso? Tem certeza de que foi ele?

— Sim. É quase certo. Ela desapareceu, e Rino a perseguia mesmo depois de casada. Infelizmente, parece que foi ele mesmo.

— Não acredito — disse Eunice. — Vá, Hamílton — disse ao marido. — Leve esses senhores até lá e mostre a eles que não aconteceu nada disso. Rino foi para lá sozinho ou com algum amigo. Nada mais. Vocês vão ver.

— Veremos isso — disse Mendes. — Vamos indo. O senhor pode ir conosco. Há lugar.

Eles se acomodaram no carro da polícia e partiram, seguidos pelo carro de Vanderlei e Júlio.

Encolhida em um canto do carro, Mariazinha via aterrorizada se distanciarem cada vez mais. Onde Rino a estaria levando? Precisava dar um jeito de fugir, mas como? Pensava na aflição de Júlio sem saber onde ela estava. Desconfiaria da verdade? Estariam à sua procura?

Mesmo que desconfiassem de Rino, como descobririam onde eles estavam? Ele levava algumas horas de vantagem. Júlio só teria chegado

em casa às seis. Já escurecera, e ele continuava estrada afora, subindo uma serra que parecia nunca ter fim.

Mariazinha sentia-se enjoada e com dores na barriga.

— Gostaria que parasse em algum lugar — disse. — Preciso ir ao banheiro.

— Por aqui não há nenhum lugar para parar. Logo chegaremos, e então tudo estará resolvido. Acalme-se. Nossa aventura está apenas começando.

— Por que não me leva de volta? Ainda é tempo de voltar para casa! Pense um pouco. Não me encontrando, minha família irá à polícia. Pode ser pior para você. Está errado o que está fazendo. Vamos voltar e esqueceremos tudo. Não direi nada sobre você.

— Fique quieta. Está me deixando nervoso. Planejei tudo tão bem, e você vai cooperar. Tudo o que fiz foi por nossa felicidade. Ainda vou lhe provar o quanto eu a amo e como sou muito melhor do que aquele idiota do seu marido.

— Você está louco! Não vê que é impossível? Eu gosto do Júlio. É só ele que eu amo. Nada do que fizer poderá modificar isso. Ao contrário. Me fará odiá-lo. Não percebe isso?

— Vocês, mulheres, são muito resistentes. Precisam ser dominadas. O homem nasceu para dominar, e vocês adoram ser dominadas. Sei como fazer isso. Verá.

— Não é nada disso. Deixe-me em paz. É só o que eu quero.

— Estamos chegando.

As luzes da cidade já apareciam, e Mariazinha, angustiada, receava chegar. O que ele pretendia? Passaram pelas ruas movimentadas da cidade e logo tomaram uma pequena estrada sem iluminação e calçamento. Em frente a um largo portão de madeira, Rino finalmente parou, desceu e abriu o portão.

Mariazinha olhou em volta, sentindo um aperto no coração. Estavam em um lugar escuro e deserto. Pensou em tentar fugir, mas para onde? Nem sequer enxergava onde estavam.

Rino subiu no carro e colocou-o para dentro, parando em frente da casa completamente às escuras.

Mariazinha tremia de frio e de medo. Ele foi até o portão e fechou-o, passando a corrente e o cadeado. Depois voltou, abriu a porta da casa e acendeu a luz da sala. Vendo que Mariazinha continuava dentro do carro, abriu a porta dizendo:

— Desça. Venha conhecer nosso paraíso. Preparei tudo com muito carinho para recebê-la.

Mariazinha continuou no mesmo lugar, e Rino insistiu:

349

— Venha, não adianta relutar. Você agora está em minhas mãos. Posso fazer de você o que quiser. Estamos muito longe e não há nenhuma casa aqui por perto. Pode gritar, fazer o que quiser. Ninguém a ouvirá.

Ela continuou dentro do carro. Rino puxou-a para fora, dizendo irritado:

— Não vá estragar tudo agora. Se o fizer, juro que acabo com você. Eu sempre me aproximei de você cheio de amor, e você só me repelia. Agora acabou. Trate de ser amável, senão acabo com você agora mesmo.

Rino tirou a arma e apontou-a para Mariazinha. Seus olhos brilhavam estranhamente, e a moça percebeu que ele estava completamente fora de si. Ela, de fato, estava nas mãos de Rino. Ninguém viria em seu socorro. Ninguém sabia onde eles estavam.

Ela não queria morrer. Amava a vida, o marido, os pais. Era muito moça para acabar daquela forma, nas mãos de um louco. Resolveu reagir e tentar acalmar-se. Precisava de toda a sua lucidez para encontrar uma saída. Decidiu-se:

— Não precisa ficar nervoso. Não pretendo fazer nada. Sei que estou em suas mãos. Reconheço que você foi mais esperto e inteligente do que todos nós.

Ele guardou a arma.

— Assim é melhor. Depois de tudo, não gostaria de ver nossos melhores momentos, a realização de nossos sonhos, destruída. Vamos entrar. Venha ver o que eu preparei para você.

Mariazinha sentia o coração bater descompassado, mas lutou para controlar-se. Talvez pudesse ganhar tempo. Entrar um pouco no jogo dele.

— Venha — disse ele. — Vou acender a lareira. Deixei tudo preparado.

Enquanto ele acendia a lareira, Mariazinha fingiu prestar atenção, mas, furtivamente, procurava uma maneira de fugir dali. Apesar de absorto no que fazia, Rino mantinha-se atento ao menores gestos de Mariazinha, que não tinha dúvidas de que, se tentasse fugir, ele atiraria.

— Com o fogo aceso, fica mais confortável — disse ele olhando satisfeito as labaredas que já começavam a aparecer.

— A casa é sua? — perguntou Mariazinha, tentando amenizar um pouco a situação para ver se ele descuidava.

— Sim. Comprei-a há alguns anos. Esperava passar aqui a nossa lua de mel. Sempre sonhei com o dia em que estivéssemos aqui, só nós dois, como agora.

Rino aproximou-se dela olhando-a apaixonadamente, e Mariazinha estremeceu.

— Estou com fome — disse.

350

— Eu pensei em tudo. Vou preparar um belíssimo jantar para nós. Não nos faltará nada. Você verá.

— Aqui?

— Sim. Preparei tudo. Estive aqui e deixei tudo pronto. Se quiser comer, dentro de meia hora no máximo nós jantaremos. Venha comigo. Quero mostrar-lhe.

Orgulhosamente, Rino levou-a à cozinha, abriu a geladeira, e ela pôde ver que estava repleta de iguarias.

— Eu mesmo vou fazer tudo. Quero ter o prazer de servir esse jantar. Primeiro, vamos tomar alguma coisa para quebrar o gelo. Você está nervosa. Quero que fique à vontade e esqueça tudo o que passou. Vamos fazer de conta que nos casamos hoje e que o passado nunca existiu. Ou melhor, que nós namoramos e nos casamos como todo mundo. O que você bebe?

Mariazinha tentou reprimir o tremor que lhe percorria o corpo e acalmar-se.

— Você sabe que não bebo.

— Hoje é uma ocasião especial. Você tem que beber!

— Está bem. Um Martini.

— Vou preparar no capricho.

Enquanto ele preparava prazerosamente a bebida, Mariazinha procurava ansiosamente uma brecha para poder escapar. Mesmo que conseguisse sair da casa, vira que Rino fechara o portão com cadeado e guardara a chave no bolso. Seu instinto dizia-lhe que não deveria irritá-lo.

Com ar triunfante, Rino estendeu-lhe o copo com o aperitivo, no qual colocara um palito com pedacinhos de maçã e uma cereja.

— Vejo que tcm jcito para isso — disse ela pegando o copo. — E você? Não vai tomar nada?

— Claro. Só que não essa perfumaria. O meu é especial.

— Quero ver como você faz.

Lisonjeado com a postura de Mariazinha, Rino esmerou-se no preparo do seu aperitivo, com os olhos brilhando de prazer ao vê-la observá-lo.

— Está pronto. Agora, sente-se na sala. Faço questão de servi-la. Sinto-me muito feliz esta noite. Finalmente, estamos juntos.

Mariazinha obedeceu, enquanto ele preparava alguns petiscos, que dispôs na mesa, em frente ao sofá.

— Experimente isso. Veja que delícia!

Mariazinha não sentia vontade de comer, mas pegou um salgadinho.

— À nossa felicidade! — disse ele brindando. E, como Mariazinha não respondeu, ele insistiu: — Vamos! À nossa felicidade!

Ela olhava-o assustada. Rino estava completamente louco. Ele pegou-a pelo braço e apertou-a com força. Mariazinha gemeu de dor.

— Vamos, brinde! À nossa felicidade! Quero ouvi-la dizer isso.

Mariazinha engoliu a raiva e o medo e murmurou:

— À nossa felicidade!

O rosto de Rino desanuviou-se.

— Assim é melhor. Verá que, quando faz o que eu quero, as coisas correm melhor. Por que você não foi assim desde o começo? Por que tive de fazer tudo o que fiz?

— Por que matou Alberto? Ele não lhe fez nenhum mal.

— Ele a roubou de mim. Eu sou louco por você! Vamos, dê-me um beijo! Vivo sonhando com isso há muito tempo!

Mariazinha estremeceu. Tentando desviar o assunto, perguntou:

— E a Rosa? Você não vai casar-se com ela? Ela o ama muito!

Rino balançou a cabeça:

— Não. Nunca pensei nisso. Está com ciúmes? Não precisa. Eu só a procurei porque queria ficar perto de sua casa, estudar seus hábitos, programar nossa viagem. Agora, estamos aqui, juntos. Finalmente! Venha, meu amor. Beije-me!

Rino aproximou-se dela tentando abraçá-la, e Mariazinha, apesar do medo que sentia, empurrou-o firme:

— Não, Rino. Não faça isso!

— Vou fazer, e você vai cooperar. Chega de me repudiar. Quer me levar à loucura?

Tomou-a nos braços e tentou beijá-la. Mariazinha defendeu-se como pôde, e ele agarrou-a firme, colocando os braços da moça nas costas, fazendo-a gemer de dor.

— Eu queria que fosse diferente, mas, se você não quiser cooperar, terei de amarrá-la.

— Não precisa fazer isso.

Mariazinha sabia que, se ele a amarrasse, ficaria ainda mais indefesa e a fuga seria-lhe mais difícil. Não podia perder as esperanças.

— Então, prove que vai cooperar. Venha e me beije.

Mariazinha, trêmula e sentindo náuseas, aproximou-se e beijou-o levemente na face.

— Não é isso o que eu quero. Venha que vou lhe mostrar como é que se faz.

Rino abraçou-a com força e beijou-a nos lábios apaixonadamente. Mariazinha tremia, e seu coração batia descompassado de terror e nojo. Mas, ao mesmo tempo, sabia que estava lidando com uma pessoa fora de si, que estava disposta a tudo. Tinha certeza de que, se não o obedecesse, ele usaria de violência para obrigá-la. Ela precisava de toda a sua força para aproveitar qualquer oportunidade de fuga que aparecesse. Apesar do horror que sentia, pedia em pensamento a ajuda de Deus. Só Ele poderia ajudá-la naquela hora dramática.

Aproveitando um momento em que ele a largara e tomava alguns goles de aperitivo, Mariazinha pediu:

— Estou com muita fome. Você disse que ia fazer o jantar.

— Vá comendo os salgadinhos. Agora eu quero ficar perto de você.

— Posso ajudá-lo a preparar a comida. Sou boa nisso. O que tem para o jantar?

— Comprei tudo pronto. Não precisamos fazer nada. Só esquentar. Agora venha. Vamos ao que interessa. Esta noite será a melhor da nossa vida. Você nunca terá outra igual.

— É que não comi nada desde cedo. Não almocei, porque estava indisposta — mentiu ela. — Agora estou tonta de fome. Além do mais, você me assustou muito. Agora estou mais calma. Cheguei a ficar com medo de você.

Rino aproximou-se e abraçou-a carinhosamente.

— Você sabe que eu seria incapaz de fazer qualquer coisa contra você. Tudo o que eu faço é visando à nossa felicidade. Sei que só eu tenho o poder de fazê-la feliz.

— Eu seria muito feliz agora se pudesse comer algo quente. Estou realmente com muita fome.

— Está bem. Não quero que diga que fui muito egoísta. Vamos lá. Vou preparar o jantar. Venha comigo. Quero-a bem perto de mim.

Mariazinha obedeceu. Enquanto Rino ia e vinha, preparando tudo, ela olhava-o estudando a situação. Apesar de ocupado, ele não se descuidava. Com a arma pendurada na cintura, ao alcance da mão, ela sabia que, se tentasse algo, Rino atiraria.

Rino arrumou a mesa, cuidando de tudo com esmero, enquanto a comida era esquentada no fogão. Tudo estava disposto com luxo e finura. Desde a toalha ricamente bordada à mão, a louça inglesa, os copos de cristal, os talheres de prata aos candelabros, cujas velas ele acendeu emocionado:

— Veja — disse. — Sei fazer um clima delicioso. Aposto como você nunca teve uma mesa tão linda!

— Nunca — concordou Mariazinha, tentando ganhar tempo.

— Vamos apagar todas as luzes. Só as velas presenciarão nossa felicidade. Nosso ninho de amor!

353

Rino aproximou-se dela e beijou-a demoradamente nos lábios. Mariazinha não reagiu. Animado com a aparente passividade da moça, ele disse emocionado:

— Estou inclinado a deixar esse jantar para depois. Vamos para o quarto.

— Você disse que este seria um jantar inesquecível! Faço questão dele. Estou com muita fome. Depois iremos.

Animado pela docilidade de Mariazinha, Rino concordou. Tinham muito tempo. Ele estava sendo muito afoito. Pretendia saborear aquela noite.

Colocou a comida na mesa e, antes de sentar-se ao lado de Mariazinha, alisou-lhe os cabelos e o rosto com enlevo.

— Assim é que eu gosto de você. Preparei esta festa porque a amo muito.

— Eu sei — respondeu Mariazinha, percebendo que, quando concordava com ele, Rino se acalmava.

— Finalmente, começou a perceber o quanto eu a amo! Só isso valeu todo o meu esforço. Agora coma. Estou sem fome. Vou servir o vinho.

Mariazinha também não sentia fome, mas tinha de fingir. Serviu-se e começou a comer vagarosamente. Apanhou a taça de vinho que ele colocara em sua frente e brindou:

— Ao bem e à felicidade — disse.

— À nossa felicidade! — corrigiu ele.

— Sim. À nossa felicidade.

Ele bebeu animado, e ela comentou:

— Que vinho delicioso!

— É importado. Aqui só temos do bom e do melhor.

— Nunca provei nada igual!

— Beba, é bom para relaxar — disse Rino enchendo as taças novamente.

Mariazinha não estava acostumada a beber, mas, naquela hora, reconheceu que seria bom para acalmar a tensão. Tratou de comer para não ficar tonta. A comida era boa e muito bem preparada, mas ela nem sequer prestou atenção nisso.

— Este prato está delicioso. O que é?

— Peito de peru. Feito de uma forma especial. Só um lugar tem esse prato.

— Não vai comer?

— Não agora.

Ele levantou-se e foi virar os discos da vitrola.

— Gosta dessas músicas? Escolhi especialmente para nós.

354

Mariazinha percebeu que eram músicas românticas. Apesar da loucura, Rino pensara em tudo nos mínimos detalhes. À medida que o tempo passava, a moça sentia aumentar sua preocupação. Tentou prolongar aquele jantar por mais tempo possível. O que ela esperava? Um milagre talvez. Sabia que estava nas mãos de Rino e estremecia de medo imaginando o que ele pretendia fazer quando não conseguisse mais entretê-lo.

Enquanto fingia beber e tentava engolir a comida, seu pensamento em súplica muda e desesperada procurava pedir a ajuda dos espíritos, lembrando-se do centro que frequentava. Pensou em Alberto. Ele teria condições de ajudá-la?

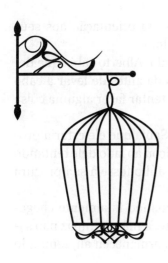

Capítulo 28

Foi com preocupação e tristeza que Alberto acompanhou a movimentação de Rino na preparação do seu terrível plano. Tentou influenciá-lo de todas as formas que sabia para que ele desistisse do seu intento, sem, contudo, obter nenhum resultado.

Recorrera a seus assistentes espirituais, que o aconselharam a acompanhar o caso de perto, mantendo pensamentos positivos e a confiança na ajuda de Deus.

Não tendo conseguido nada com Rino, foi à casa de Mariazinha, procurando envolvê-la com energias positivas e ampará-la para que pudesse defender-se.

Tranquila e despreocupada, Mariazinha entretinha-se nos afazeres domésticos com disposição e alegria. Alberto ficou ao lado dela, disposto a protegê-la, contudo, angustiado, viu-a atender o telefone e tentou influenciá-la para que não saísse. Mas a moça estava por demais preocupada com o pai, e ele não conseguiu detê-la.

Alberto nada pôde fazer quando Rino a abordou e a obrigou a entrar no carro. Ele sabia para onde ele a estava conduzindo. Sentado no banco traseiro do carro, Alberto procurava influenciar Rino, mas, desolado, descobrira que não conseguia. Ele estava fora da realidade, enlouquecido.

Vendo-o, ouvindo-o e sentindo seus pensamentos, Alberto não conseguia vencer a repulsa que sentia, vendo-o mencionar o crime do qual fora vítima e o horror de Mariazinha, no desespero da situação inesperada e perigosa em que se encontrava.

Tentou acalmar-se. Sabia que precisava manter a serenidade e que não deveria de forma alguma dar força àquela energia negativa que sentia.

Na tentativa de manter a serenidade, rezou, pediu orientação aos seus amigos espirituais e sentiu-se um pouco mais calmo.

A noite já caíra, e eles continuavam viajando. Alberto sabia que demorariam a chegar. Sabia que Rino não faria nada antes de levar a cabo seu plano. Por isso, ele tinha algum tempo para tentar fazer alguma coisa de outra forma.

Imediatamente, foi ao encontro de Júlio. Sabia que ele estaria procurando a esposa, sem saber o que acontecera. Ficou ao lado dele tentando orientá-lo na busca. Mentalizava Rino para que Júlio fosse à sua procura na sua casa.

Acompanhou-os durante todo tempo e, quando finalmente chegaram à casa do Rino, Alberto exultou. Infelizmente, a mãe do rapaz não sabia de nada, e eles foram embora. Mas Alberto permaneceu ali, tentando de alguma forma envolvê-la.

Eunice ficara muito assustada com a polícia à procura de seu filho e principalmente com o fato de ele estar em perigo. Fora uma boa ideia do Mendes.

Depois que eles se foram, Eunice sentou-se na sala, apanhou uma revista, mas não conseguiu ler. O tempo passava, e Alberto, preocupado, aproximava-se dela, dizendo-lhe ao ouvido:

— Você precisa fazer alguma coisa para ajudar seu filho! Ele está em perigo, e você pode salvá-lo! Vamos. Vá ao quarto dele e procure melhor.

Eunice levantou-se e começou a andar de um lado a outro. Sentia uma preocupação e angústia muito grandes. Chamou a criada e perguntou:

— Maria, estou preocupada com Rino. Ele saiu e parece que foi se meter em encrenca. Você está aqui há tanto tempo... Sei que deseja o bem dele. Preste atenção e me conte. Você viu alguma coisa diferente ontem ou hoje com ele?

— Eu pensei que ele fosse viajar. Arrumou a mala, colocou muita comida e vinho no carro, roupa de cama, tudo. Ele não disse nada à senhora?

— Não, Maria. Não disse. Ele pode estar em perigo. Preciso ajudá--lo. Estou angustiada. Sinto que ele está em perigo.

— Cruz-credo, dona Eunice! Senti até um arrepio! A senhora tem razão.

— Aonde terá ido?

— Será que não foi pra Campos de Jordão? Ele se preparou como quando vai pra lá com os amigos.

— Pode ser mesmo. Vou ver se a chave está no escritório.

Alberto exultou e acompanhou-as até lá.

— Olha, Maria, a chave não está. Ele foi mesmo pra lá.

— Se ele foi pra lá, não tem perigo de nada.

— É. Isso é. Lá não tem perigo de nada. Mas ele não foi sozinho. Será que levou algum marginal? Rino gosta do perigo. Vive se metendo em encrencas... Bom, vou esperar mais um pouco e telefonar para lá. Quem sabe ele atende e explica tudo?

— Isso mesmo, dona Eunice. Vai ver que não aconteceu nada. É melhor sossegar.

Eunice voltou à sala e apanhou novamente a revista. Sentia-se mais calma. Tentou interessar-se pela leitura.

Alberto não desistiu. O tempo estava passando, e ele precisava voltar até onde Mariazinha e Rino estavam. Aproximou-se de Eunice e, procurando envolvê-la, disse ao ouvido:

— Seu filho está em perigo. Telefone para polícia e conte tudo. Vamos! Antes que seja tarde.

Ela sobressaltou-se, pensou em ligar para a polícia, pedir ajuda, mas conteve-se. Alberto não lhe deu trégua. Ficou ali, repetindo aquela frase ao ouvido de Eunice, até que ela não suportou a incerteza, se levantou e foi telefonar para o Mendes.

Alberto respirou aliviado. Comovido, agradeceu a Deus por haver conseguido. Esperou a chegada da polícia e, vendo-os sair rumo a Campos do Jordão, foi até lá.

Quando chegou, viu logo que a situação era crítica. Eles estavam terminando o jantar. Mariazinha tentava prolongá-lo ao máximo, mas Rino não se sentia mais disposto a esperar.

— Agora chegou a nossa hora — disse, levantando-se e abraçando-a com paixão.

— Não, por favor. Deixe-me, Rino.

— Agora, estamos só nós. Ninguém poderá ajudá-la. Você me pertence!

Foi nesse instante que Alberto, surpreendido, viu Cristina entrar na sala. Estava pálida, e seus olhos chispavam de rancor. Passou por Alberto sem vê-lo e atirou-se sobre Rino, dizendo:

— Louco! Você está louco! Essa paixão vai acabar com você! Como pode ainda gostar dela desse jeito? E eu? Não pensa em mim? Em tudo o que sacrifiquei por sua causa? E agora só tem olhos para ela! Não posso permitir que faça o que pretende. Você quer atirar-se ao precipício, e eu vou impedi-lo!

Rino sentiu uma tontura violenta e largou Mariazinha, que, aproveitando-se dessa inesperada situação, correu para o quarto, fechando a porta à chave. Com o coração batendo descompassado, ela encostou uma pesada poltrona na porta.

Apoiado na mesa, Rino tentava reagir.

"Eu bebi e não comi", pensou ele. "É melhor eu comer mesmo sem fome."

Agarrada a Rino, Cristina beijava-o com carinho e dizia-lhe ao ouvido:

— Eu voltei! Agora, sei que você não sairá dessa situação sozinho. Tenho que ajudá-lo! Meu Deus! Eu ainda não posso nada. Se ao menos eu pudesse levá-lo até o hospital. Lá eu melhorei tanto!

Em um canto, sem ser visto, Alberto observava-os. Norma chegou preocupada e dirigiu-se a ele:

— Ela fugiu. Não conseguimos detê-la. Foi ficando aflita, aflita, e não houve o que pudesse impedi-la. Vim para tentar ajudar.

— Também estou tentando. Apesar de tudo, ela chegou na hora certa, e sua intervenção foi providencial. De certa forma, ela conseguiu impedi-lo de ir adiante. Ele está obstinado. Não consegui demovê-lo.

— Há momentos em que a força das coisas é muito atuante. Nós não conseguimos modificá-las. Agora, só nos resta observar e doar energias. A confiança em Deus é sempre a maior ajuda.

— Tem razão.

Sentado à mesa, Rino preparara um bom prato e comia mesmo sem apetite. Atordoado, sentia a cabeça pesada, o corpo dolorido, o estômago enjoado. Talvez comer não fosse a melhor solução. Sentindo aumentar o enjoo, largou o prato e foi ao banheiro à procura de algum remédio para tomar. Arranjou um comprimido e tomou-o apressado.

Depois, sentou-se em uma poltrona e passou a mão pela testa, numa tentativa de afastar o peso que sentia na cabeça. Lembrou-se de Mariazinha. Aonde fora?

Levantou-se e foi procurá-la. Viu a porta do quarto fechada e tentou abri-la.

— Mariazinha! — chamou. — Abra esta porta. Sei que está aí.

Cristina procurou arrastá-lo para a poltrona.

— Sente-se — disse ela abraçando-o fortemente. — Vamos. Sente-se, senão vou jogá-lo no chão! Você não fará o que pretende. Não vou deixar. Vim aqui para isso. Enquanto eu puder, você não cometerá esse crime.

Rino sentiu a tontura aumentar e assustou-se. O que estaria acontecendo com ele? Sempre tivera boa saúde. Por que isso agora?

Cambaleando, foi até a poltrona e sentou-se. As coisas não estavam acontecendo como planejara. Por que tudo estava contra ele? Precisava acalmar-se. A emoção daquela hora fora muito forte. Ele tinha tempo. Ninguém sabia onde eles estavam. Podia descansar um pouco, melhorar e depois continuaria.

Deixou-se ficar na poltrona, enquanto Cristina, abraçada a ele, o mantinha sob controle.

Alberto, admirado, comentou:

— Norma, você pode não concordar, mas Cristina, apesar de tudo, está conseguindo fazer mais do que nós. Pelo menos está impedindo-o de cometer um erro e prejudicar uma pessoa inocente.

— A vida tem seus próprios meios e ela aproveita tudo da maneira certa. Naturalmente, Mariazinha atraiu a ajuda que nessa hora seria mais eficaz.

— É surpreendente. À primeira vista, poderíamos pensar que alguém, com nível melhor de lucidez e mais desenvolvimento espiritual, é mais eficaz na hora de ajudar. No entanto, Cristina, que ainda está tentando recuperar-se do seu desequilíbrio, conseguiu muito mais do que nós dois.

— Isso é natural. Você se esquece de que ela conviveu muito estreitamente com Rino e o conhece muito bem. Afina-se com sua energia e usa de meios de persuasão que, para ela, são válidos e naturais e que nós não teríamos vontade de usar.

— É mesmo. Tudo é relativo e adequado.

— Nessa hora, nós podemos compreender por que existem na Terra tantos níveis diferentes de compreensão e como as pessoas se atraem mutuamente, na busca da satisfação de suas necessidades de progresso e aprendizagem.

— Sinto-me comovido — disse Alberto, com os olhos brilhando de emoção.

— A perfeição do universo comove e alegra. Agora, vamos nos concentrar muito bem. Eu sinto que a vida nos colocou aqui reunidos com uma finalidade. Sei que, juntos, tentaremos vencer uma etapa hoje. Que Deus nos ajude!

Alberto concentrou-se em oração. Ele também sentia que o momento exigia prece e confiança.

No quarto, sentada na cama, Mariazinha procurava acalmar-se. O silêncio do Rino fazia-a ter esperanças de que ele houvesse desistido. Contudo, não se atrevia a abrir a porta e olhar. Tentara abrir a janela, mas ela estava bloqueada por fora, então, Mariazinha a fechara novamente. Estava frio.

Mariazinha ouviu o barulho de um carro. Seria possível? Teriam sido descobertos? Foi com o coração batendo de alegria que ela ouviu uma voz dizer:

— Rino, meu filho, você está aí? Abra o portão, sou eu.

Silêncio. Rino teria saído?

— Rino, sou eu, seu pai. Vamos, venha abrir o portão. Está muito frio aqui, e eu desejo entrar.

Na sala, Rino, ao ouvir a voz do pai, ficou enraivecido. O que ele teria ido fazer lá? Não permitiria que ele entrasse. Abriu a janela e gritou:

— Vá embora. Não vou abrir. Não o quero aqui.

— Vamos, meu filho. Deixe-me entrar. Sou eu, seu pai.

— Você veio com mais pessoas. Estou vendo daqui. Como pôde fazer isso? Você me traiu. Agora não há mais remédio para mim.

— Não diga isso. Vamos, abra para mim. Vai me deixar aqui fora a noite toda? Está muito frio.

— Não vou abrir para você nem para ninguém. Você não é meu pai. É um inimigo que quer me derrotar. Mas aviso que não vai conseguir. Juro que não! E não tentem entrar! Mariazinha está aqui comigo. Se tentarem entrar, ela morre. Eu juro que vocês não vão mais pôr as mãos em nós. Deixem-nos em paz.

Lá fora, Hamílton chorava assustado:

— Ele enlouqueceu! — dizia aos policiais. — Não acredito no que estou ouvindo. O que vamos fazer? Ele parece disposto a fazer o que está dizendo.

— Não podemos ir embora — disse Mendes. — Vamos traçar uma estratégia para apanhá-lo.

— Vou entrar de qualquer jeito — disse Júlio aflito.

— Você fica onde está — respondeu Vanderlei com voz firme. — Um gesto em falso pode precipitar tudo. Fique calmo. Eles sabem como enfrentar situações como esta.

Mendes, rodeado por policiais, conversava em voz baixa, combinando como iriam invadir a casa. Todo cuidado era pouco. Eles não sabiam o que estava acontecendo lá dentro e se Mariazinha estava bem. Depois, ele aproximou-se de Hamílton, que, arrasado, observava e pediu:

— Diga-lhe que não faça mal à moça e que, se ela estiver bem, nós iremos embora. Peça a ela para falar conosco. Se Mariazinha fizer isso, nós iremos embora.

Passando o lenço nos olhos, Hamílton pigarreou, tentando firmar a voz, e gritou:

— Filho, não faça nada para a moça. Deixe-a ir.

Silêncio.

— Não adianta pedir-lhe isso. Vai irritá-lo ainda mais — disse Mendes. — Diga-lhe que, se ela falar conosco e disser que está bem, iremos embora.

Hamílton concordou com a cabeça:

— Estamos preocupados com a moça. Queremos saber se ela está bem. Se ela falar conosco e disser que está tudo bem, nós iremos embora.

— Ela está bem e não dirá nada. E tratem de sair daqui o quanto antes, senão vou expulsá-los.

Atrás da janela, com o revólver em punho, Rino olhava para fora na tentativa de impedir que entrassem no jardim. Viu um vulto galgar o muro e atirou.

— Santo Deus! Ele está armado! — disse Hamílton horrorizado.

Vendo-o atrás da janela, o policial jogou uma capa sobre o muro, e, enquanto Rino atirava nervoso, os outros tentavam entrar pelos fundos.

No quarto, Mariazinha rezava aflita. Não se atrevia a forçar a janela, pois temia precipitar a tragédia.

— Ouça, Rino, é a polícia — disse Mendes com voz firme. — A casa está cercada. Entregue-se. Saia com as mãos para cima. Não vamos atirar. Vamos! Obedeça, e nada lhe acontecerá.

— Venham! — gritou ele. — Venham! Você e aquele paspalho do Júlio. Eu sei que ele está aí. Veio atrás de Mariazinha.

— Entregue-se. — Continuou Mendes. — Você não tem outro caminho. Vamos resolver tudo com calma. Seu pai está aqui e quer falar com você! — Em voz baixa, ele disse para Hamílton: — Fale com ele, entretenha-o. É preciso distraí-lo para que ele não perceba que nossos homens estão nos fundos.

Nervoso, Hamílton fez um esforço para falar alto e conseguiu, mesmo com alguma dificuldade:

— Rino — chamou. — Nós compreendemos que você queria muito essa moça, mas volte à razão. Ela casou-se com outro e não quer ficar com você. Conforme-se. Não pode obrigá-la desse jeito! Não é justo.

— Você não compreende nada! — gritou furioso. — Ninguém compreende! Mariazinha é minha e sempre foi. Ninguém vai tirá-la de mim nunca mais. Ficaremos juntos para sempre. Vão embora, senão acabarei com tudo já! Se não saírem daqui imediatamente, eu darei cabo dela e me matarei. Morreremos juntos. Esse é o nosso destino.

Hamílton, pálido, disse aos policiais:

— Meu filho enlouqueceu! Nunca pensei que isso pudesse acontecer. Ele está louco. Ajudem-no. Ele fará o que diz. Meu Deus! Será uma tragédia. Vou entrar para impedi-lo.

Hamílton precipitou-se pelo jardim, e Mendes atirou-se sobre ele, derrubando-o. Na mesma hora, ouviram alguns disparos que passaram raspando no local onde eles estavam.

— Contenha-se! — disse Mendes com voz enérgica. — Está me obrigando a afastá-lo daqui. Quer precipitar tudo? Ele está louco e você também. Vamos nos arrastar até o lado de fora. Venha com cuidado. Devagar. Ele pode atirar de novo. A estas horas, você poderia estar morto.

Hamílton soluçava descontrolado, e Mendes conseguiu rastejar e arrastá-lo para fora. Enquanto isso, outro policial conversava com Rino, tentando desviar sua atenção e mantê-lo ocupado. Dois policiais haviam ido pelos fundos da residência e, cautelosamente, tiraram algumas telhas, saltando para dentro do banheiro. Com cuidado, espiaram para fora e viram Rino de costas no fim do corredor, com a arma em punho diante da janela.

— Vou atraí-lo — disse um baixinho.

O outro acenou concordando. Ele dirigiu-se à cozinha e, colocando-se atrás da porta, fez um ruído. Imediatamente, Rino virou-se assustado.

— Quem está aí? — perguntou. — É você, Mariazinha?

Silêncio. Preocupado, ele tornou a perguntar:

— Quem está aí?

Com passos cautelosos, ele caminhou pelo corredor em direção à cozinha, e, ao passar pelo banheiro, o policial vibrou um murro violento no revólver, derrubando-o. Depois, saltou sobre ele tentando dominá-lo.

Rino reagiu violentamente. Acertou um soco violento no policial, que deu um grito de dor, enquanto o outro saía da cozinha apontando a arma e dizendo:

— Pare ou eu atiro. Você está preso. Acabou.

Por um momento, Rino parou e olhou-o sem compreender. Isso não estava acontecendo com ele. Não podia ser. Era um pesadelo.

De um salto, apanhou o revólver do chão e atirou. Apanhado de surpresa, o policial escondeu-se atrás da parede, mas ainda assim sentiu que a bala o atingira no ombro e o sangue escorria. Nervoso, gritou:

— Largue a arma ou eu acabo com você!

Em vez de obedecer, Rino arrastou-se e escondeu-se atrás de uma mesa que derrubara fazendo de trincheira. Não estava disposto a entregar-se. Venderia caro sua vida.

— Venham todos — gritou. — Venha, Júlio! Por que não vem? Covarde! É com você que eu gostaria de ajustar contas! Fui um idiota. Por que não acabei com você daquela vez?

Do lado de fora, aflitos, Vanderlei e Júlio esforçavam-se para controlar-se. Sabiam que Mendes era capaz e confiavam nele.

Alberto e Norma, atentos, procuravam manter a calma apesar de tudo. Cristina, abraçada a Rino, concitava-o a resistir.

— Ninguém vai prendê-lo, meu amor. Estou aqui para defendê-lo. Você não irá para a cadeia. Confie em mim.

— Ninguém me prenderá! — dizia ele. — Vocês não podem comigo! Eu sou mais forte.

O policial ferido saiu pela porta dos fundos, enquanto o outro continuava com a arma apontada. Mendes decidiu entrar. Apanhou a arma e entrou pelos fundos. Apareceu no corredor, fez um sinal ao companheiro e começou a atirar alguns objetos para cima.

Assustado, Rino atirou várias vezes, e, de repente, os policiais perceberam que as balas do revólver haviam acabado. Não lhe deram tempo de carregá-lo de novo. Saltaram sobre ele, segurando-o fortemente.

Rino esperneava e gritava como louco. Foi difícil segurá-lo. Os demais entraram e ajudaram a contê-lo. Ele espumava de raiva. Muito bem amarrado e algemado, seus olhos pareciam querer sair das órbitas.

Júlio e Vanderlei entraram e começaram a procurar Mariazinha. Chamaram-na, e ela finalmente abriu a porta do quarto. Estava pálida e trêmula. Ao ver Júlio, correu para ele abraçando-o e chorando nervosamente.

— Graças a Deus! — exclamou ele, apertando-a nos braços. — Quase morri de preocupação! Meu Deus! Não esquecerei esta noite enquanto eu viver! Calma, meu amor. Tudo está bem agora. Acabou. Vamos para casa.

Vendo-os, Rino ficou ainda mais furioso.

— Vocês me pagam! — gritou com voz que a raiva enrouquecia. — Vou acabar com vocês! Ninguém me vence! Eu não perdi. Eu sempre ganho. Clarinha é minha! Só minha! Me pertence. Eu sou seu marido. Só eu. Ela nunca será de outro. Não vou deixar!

Agarrada a ele, Cristina chorava desesperada.

— Flávio, sou eu, Cristina. Eu estou aqui. Eu nunca o traí. Eu o amo.

— Cristina! Cristina! Você também? Você também? O que quer de mim? Pedir-me contas?

Penalizados com a situação, Norma e Alberto aproximaram-se para tentar acalmá-los. Foi quando Rino notou a presença de Alberto.

— Alberto! — gritou. — Você veio vingar-se de mim! Maldito! Voltou do inferno para me acusar? Se eu não estivesse amarrado, acabaria com você de novo.

— Ele está delirando! — disse Hamílton assustado. — Meu filho enlouqueceu. Que tragédia!

— Foi Alberto quem me salvou — disse Mariazinha trêmula. — Eu pedi a ajuda dele, e agora temos a prova. Ele está aqui. Meu Deus! Obrigada, Alberto. Deus o abençoe.

— Vamos voltar — disse Mendes. — Precisamos passar no hospital. Maia está ferido. Nada grave, espero, mas ele precisa de cuidados.

— Meu filho também precisa ser atendido. Ele está mal! — disse Hamílton nervoso.

365

— Seu filho será atendido quando voltarmos. Na cela, ele vai se acalmar e voltar ao normal — disse Mendes.

— Ele está fora do normal! Está doente! Não pode prendê-lo.

— Ele está preso. Se estiver doente, será atendido na delegacia. Mas, de agora em diante, ele está preso por tentativa de sequestro e assassinato.

— Assassinato?

— Sim. Mas essa é uma história que resolveremos depois. Carlos, dê uma busca. Vamos ver o que encontramos mais.

Rino continuava brigando e dizendo coisas desconexas. Colocaram-no na viatura bem amarrado, e seu pai, inconformado e triste, sentou-se a seu lado.

Vanderlei revistou a bolsa de Rino e mostrou uma carta que encontrara. Emocionado, não conseguiu falar o que ela continha.

Mendes apanhou-a e leu. Nela, Rino contava por que idealizara tudo e que, depois daquela noite, na qual submeteria Mariazinha a seus caprichos, ele a mataria e se mataria. Havia também na carta o relato de todas as loucuras que ele fizera pela moça, inclusive uma confissão completa sobre como matara Alberto.

— Essa é a prova mais importante de todo o caso — comentou ele sastisfeito. — Ainda bem que chegamos a tempo!

Vanderlei concordou aliviado. Sim. Eles chegaram a tempo, e tudo terminara bem. Mas, certamente, eles haviam recebido alguma ajuda extra, algo especial, que podia ser sentido. Algo, contudo, que não podia ser traduzido com palavras.

Enquanto o carro da polícia se preparava para voltar a São Paulo, Vanderlei, junto com Júlio e Mariazinha, levou o policial ferido para um pronto-socorro, onde ele foi medicado. A bala passara de raspão pelo ombro e deixara um ferimento pouco profundo.

Depois de o policial ser atendido, eles retornaram a São Paulo. Durante a viagem de volta, Mariazinha contou como tudo acontecera, e Vanderlei pôde finalmente contar sobre Neide e a conversa que tivera naquele dia com a família de Magali.

— Os acontecimentos se precipitaram — disse Júlio. — Jovino pressentiu.

— Apesar de tudo, Nair ficará contente. Agora ele será libertado — disse Mariazinha.

— Mal posso esperar para dar a notícia a Jovino — comentou Vanderlei. — Ele é o maior interessado. Solicitei uma visita especial ao presídio para amanhã. Como seu advogado, eu posso.

— Gostaria de ir com você! — disse Júlio.

— Eu também — ajuntou Mariazinha.

— Vamos ver. Doutor Homero e dona Aurora também gostariam de ir, mas penso que só no domingo poderão visitá-lo. Em todo caso, depois da carta de Rino confessando tudo, penso que o juiz anulará o julgamento e poderemos impetrar um mandato de segurança para libertá-lo e esperar o desfecho legal em liberdade.

— Quem diria! — disse Mariazinha — tudo parecia tão difícil, tão distante, e, de repente, todas as portas se abriram.

— É mesmo. Muita ajuda espiritual, disso eu tenho certeza, mas certamente Jovino encontrou o caminho da liberdade.

— Eu estive pensando... — disse Vanderlei. — Faz tempo que não vou a nenhum centro espírita. Acho que começarei a frequentar o de vocês. O que acham?

Júlio sorriu malicioso e considerou:

— Não foi por falta de convite. Sempre o chamamos para ir.

— Agora, estou com vontade.

— Certamente. Assim é que se faz.

A conversa fluiu alegre, enquanto desciam a serra e se aproximavam de São Paulo. E Júlio, abraçado a Mariazinha, intimamente não se cansava de agradecer a Deus por poder trazê-la de volta sã e salva.

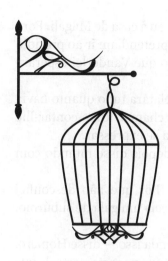

Capítulo 29

Sentado no leito da cela, Jovino apertava as mãos inquieto. Na véspera, Vanderlei estivera com ele e contara-lhe detalhadamente os últimos acontecimentos.

Emocionado, ouvira tudo sem articular palavra. Finalmente, sua inocência ficaria provada de forma inquestionável. Sabia que seria libertado, porém, agora que a situação realmente ocorrera, não conseguia dominar a emoção.

Finalmente! Dona Aurora e o doutor Homero sabiam que ele não matara Alberto. Eles viriam vê-lo naquele domingo. Sentia-se nervoso e inquieto. As horas não passavam. Como os receberia? O que lhes diria? Como lhes contaria sobre sua dor aqueles anos todos, sozinho, desprezado e carregando uma culpa que não tinha? E o que eles lhe diriam?

Levantou-se agitado, caminhando pela cela de um lado a outro. Vanderlei dissera-lhe que, dentro de mais alguns dias, ele seria libertado. Para onde iria? Sem dinheiro nem emprego, o que faria?

Não tinha medo quanto ao futuro. Certamente, arranjaria um bom emprego. Estava disposto a trabalhar muito e a refazer sua vida. Pensou em Nair e seu coração vibrou de alegria.

Pretendia casar-se com ela e ter sua própria família. Ele não seria mais só no mundo. Teria filhos, esposa, um lar só dele, onde seria feliz.

Por que as horas custavam tanto a passar? E se eles não viessem? E se se arrependessem? Não, isso não iria acontecer. Doutor Homero agora estava interessado em libertá-lo. Prometera dedicar-se a isso, mesmo quando Rino ainda não havia sido preso.

Era quase meio-dia quando Vanderlei chegou à casa de Magali. Fora convidado para almoçar com a família, e depois pretendiam ir ao presídio visitar Jovino. Ele estava feliz. Era um momento que Vanderlei esperara com ansiedade.

Estivera com a família no dia anterior e relatara tudo quanto havia acontecido. O doutor Homero fizera questão de chamar Rui e contar-lhe tudo. Assustado, ele não encontrou palavras para se expressar.

Guardou silêncio por alguns instantes e depois disse lutando com a emoção:

— Então foi mesmo aquele pretensioso. Por que não desconfiei dele? Nunca pensei que ele tivesse coragem. Parecia um galã de subúrbio. Um filhinho de papai.

— Não deve menosprezar as pessoas. Aprenda isso — disse Homero. — Pois foi ele quem atirou em Alberto. Confessou tudo na carta, certo de que a descobriríamos depois que ele estivesse morto. A vida dispôs diferente.

— Ninguém me tira da cabeça que teve o dedinho de Alberto. Foi ele quem mais se esforçou para libertar Jovino — disse Aurora convicta.

— Eh! Mãe, não precisa exagerar agora. Está ficando fanática.

— Melhor faria você se começasse a encarar essa realidade — disse Homero bem-humorado. — Quem sabe eles conseguem dar um jeito em você!

— Agora o senhor deu para caçoar de mim. Até parece que cismou comigo — reclamou Rui.

— Não, meu filho. Nós vamos visitar Jovino e gostaríamos que fosse conosco. É o mínimo que podemos fazer por ele depois de tudo.

— A culpa não foi nossa. A polícia tinha provas. Ele não pode nos culpar de nada.

— Ele não culpa ninguém. Compreendeu a situação. Ficou triste, mas não guardou mágoa — disse Magali.

— Vamos, Rui — disse Aurora. — Vocês sempre foram amigos. Jovino sempre atendeu a tudo o que você queria com dedicação e amizade. Sempre defendeu vocês, inclusive naquela noite da briga.

— É verdade. Naquela noite, ele foi grande! Às vezes, penso no porquê de Alberto ter voltado lá escondido? Parece uma tentação.

Uma sombra de tristeza passou pelo rosto de Aurora. Ela ficou pensativa e depois disse:

— Eu também pensava como você, mas agora sei que o que precisa acontecer tem uma força invencível. Ninguém consegue impedir.

— Se ele não tivesse ido até lá naquela noite, nada teria acontecido — retrucou Rui.

— Não teria sido naquela noite, mas teria sido em outra. Se nós precisávamos passar por essa experiência, nada nem ninguém conseguiria impedir. Tenho comigo que um dia, seja onde e quando for, ainda saberemos a causa verdadeira de tudo quanto nos tem acontecido. Agora, eu sei que não existe injustiça. Só acontece o que é preciso para nossa aprendizagem.

Homero abraçou a esposa e disse com voz calma:

— Começo a pensar que tem razão. Muitas vezes, tenho me sentido impotente diante da força das coisas que ocorrem contra minha vontade. Outras tantas, sem fazer nada, acontece tudo. Como explicar?

— Eu também estou intrigado com certas coisas, por isso resolvi começar a estudar esse assunto com dona Dora — disse Vanderlei.

— Essa é uma boa notícia — retrucou Magali com alegria. — Seria bom se você, Rui, fizesse o mesmo. Garanto que se surpreenderia com o nível intelectual dos estudiosos desses temas, que são mais para gente erudita, ao contrário do que muitos pensam.

— Até que me provem o contrário, não irei — disse ele.

— Esse é um problema que só você poderá resolver. Não desejo provar nada para ninguém. Dou graças a Deus por encontrar um caminho melhor para mim. Mais feliz, mais alegre, mais gratificante.

— Estou vendo que vocês são fracos. Estão todos fantasiando.

— Seja como for, sairemos dentro de alguns minutos — disse Aurora. — Você irá conosco?

— Tem certeza de que querem mesmo ir a um presídio? Não seria melhor esperar quando ele saísse de lá?

Homero abanou a cabeça.

— Se quiser ir, vamos. Se tem medo de ir ao presídio, paciência. Iremos do mesmo jeito.

— Medo? Eu? Quem disse isso? Não é por medo, não. Mas, hoje, eu não quero ir.

— Faça como quiser, meu filho — disse Homero. — Vamos indo, que é hora.

❖

Chegando ao presídio, encontraram-se com Nair, Mariazinha e Júlio logo na entrada. Magali abraçou-os com alegria e apresentou-os ao pai. Homero cumprimentou-os emocionado.

— Tenho muito prazer em conhecê-los. Vocês nos ajudaram muito. Sou muito grato por tudo.

— Nós também estamos felizes por termos conseguido descobrir a verdade. Desde o começo, sabíamos que Jovino era inocente — disse Júlio.

Homero olhou-os sério e seus olhos brilhavam quando disse:

— Foi muito difícil para mim entender isso, mas agora que sei a verdade, reconheço que a inocência de Jovino me devolve a confiança na vida, nas pessoas, na amizade.

— Ele era como um filho — disse Aurora emocionada. — Foi muito duro pensar que havíamos perdido os dois de uma só vez.

— Vamos entrar — disse Vanderlei. — Jovino deve estar impaciente.

Conduzidos ao pátio, eles esperavam emocionados. Jovino apareceu com a cabeça erguida com dignidade, porém, seus olhos brilhavam ansiosos procurando por eles. Vendo-os, parou a uma pequena distância.

Aurora correu para ele e abraçou-o com força:

— Jovino, me perdoe! Eu não sabia o que estava fazendo. O golpe foi muito duro. Durante muito tempo, não pude concatenar as ideias! — Parou engasgada de emoção, apertando-o nos braços, enquanto ele soluçava sem poder falar.

Tanto sofrimento guardado, tanta mágoa, tanta dor, reprimidos durante aqueles anos, transformaram-se em lágrimas que ele não conseguia dominar. Abraçado a Aurora, sentia naquele momento o quanto, na solidão de sua cela, desejara poder abraçá-la de novo, o quanto desejara poder descansar a cabeça no aconchego bondoso do seu coração de mãe.

Os demais, com os olhos úmidos e brilhantes, esperaram que a crise passasse. Quando os viu mais calmos, Homero disse a Jovino:

— Eu também desejo que me perdoe. Fomos mais injustos com você do que a própria justiça.

Aurora afastou-se um pouco, e Jovino olhou para Homero. Quis falar, mas não conseguiu. Fez um gesto desalentado.

Homero abraçou-o carinhosamente:

— Sinto muito o que lhe fizemos. De agora em diante, tudo será diferente.

— Desculpe — balbuciou ele. — Esperei tanto por este momento, pensei no que iria dizer, faz, mas agora não sei... Fiquei sem saber. Não consegui me controlar.

— É natural — disse Júlio. — Afinal, conseguimos. Vamos deixar as tristezas. De hoje em diante, elas acabaram para nós. Venha de lá esse abraço!

Jovino tentou sorrir e abraçou-o carinhosamente. Um por um abraçaram o rapaz, e Nair, por último, beijou-o delicadamente na face.

— Nós conseguimos — disse. — O pior já passou! Agora, podemos fazer nossos planos para o futuro.

— É verdade. Agora, tudo será diferente — disse Jovino. — O pesadelo acabou. Vamos nos sentar e conversar.

As mulheres sentaram-se em um banco, enquanto os homens ficaram em pé ao lado.

— Como Vanderlei já deve ter lhe dito, você sairá dentro de dois ou três dias. Já estamos cuidando de tudo.

— Obrigado — respondeu Jovino.

— Vou arrumar o quarto do Alberto para você — disse Aurora. — Nunca mais quis deixar ninguém dormir lá. Agora, é seu.

— Dona Aurora, não me leve a mal, mas estou decidido a cuidar de mim. Aprendi muito aqui e, apesar de tudo, tenho estudado, feito planos. Quero casar, ter minha própria família, meus filhos, fazer alguma coisa por mim. Vocês já me deram muito. Agora que sou um homem, não é justo que eu continue dependendo da família.

— Tem toda razão — disse Homero. — Compreendo o que quer dizer. Contudo, tenho pensado muito também. Você sempre viveu em nossa casa, nós o criamos e somos sua família. É verdade que, no momento em que precisou, nós não soubemos ajudá-lo. Mas o fato de nos sentirmos duplamente feridos, pensando que você havia cometido o crime, demonstra o quanto o estimamos. Naquela noite, perdemos dois filhos. Agora, estamos arrependidos, pois finalmente conhecemos a verdade. E se um não pode voltar aos nossos braços agora, o outro pode. Não nos prive desse conforto.

— Não sei o que dizer, doutor Homero...

— É importante para nós sentir que, de fato, você não está magoado conosco. Que compreendeu e nos perdoou.

— Quanto a isso, eu posso entender... Afinal, a polícia me culpou.

— Então, você vai lá para casa, pensa no que quer fazer e no que quer trabalhar. Se quiser terminar seus estudos, terei a maior alegria em ajudá-lo. A independência é uma conquista, e você tem razão quanto a isso, contudo, ela precisa ser bem planejada. Terei muito gosto em cooperar para o que quiser. Será uma forma de me sentir útil e de desfazer um pouco o mal que involuntariamente lhe fizemos.

— Além do mais, tenho certeza de que Alberto deseja isso mesmo. Foi ele quem se esforçou para que soubéssemos que era inocente e ficará feliz vendo-o em casa, no quarto que era dele, vivendo conosco.

Comovido, Jovino não tinha coragem de recusar. Olhou para Nair, que sorriu feliz, e fixou os olhos nos rostos amigos, que o fitavam alegres. Ele exclamou:

— Ah! Se eu pudesse ir com vocês agora!

— Pode ter certeza de que isso não vai demorar.

Alberto observava-os com prazer. Finalmente, conseguira o que pretendia. Mais um pouco, e tudo estaria em paz. Saiu dali e foi ter com Norma.

— Felizmente, agora tudo se encaminha melhor — disse ele assim que a viu. — E Cristina?

— Infelizmente, continua colada a Rino. Gostaria que fosse comigo até lá para ver se conseguimos ajudá-la.

— Estou à sua disposição.

Levado à delegacia e colocado em uma cela, Rino deu vazão ao seu descontrole. Furioso, arrebentava tudo o que lhe caía nas mãos. A polícia solicitara a visita de um psiquiatra, e a família mandara um médico famoso. Não desejava que ele fosse atendido pelo profissional da delegacia.

Juntos, os dois médicos tentaram estudar o caso de Rino e chegaram à conclusão de que ele estava em crise e o remédio seria fazê-lo dormir. Deram-lhe alta dose de sonífero, o que o fez perder a consciência.

Eles sabiam que, só quando Rino acordasse depois de alguns dias de sono, já mais calmo, poderiam fazer um diagnóstico. Enquanto isso, providenciaram alguns exames de rotina.

Norma e Alberto chegaram à cela onde Rino dormia. O corpo astral do rapaz estava estendido um pouco acima do corpo de carne. Ele estava completamente inconsciente. Cristina continuava ali, abraçada a ele, vigilante e dedicada.

Ela estava triste e abatida. Norma aproximou-se dela e chamou-a:

— Cristina, sou eu.

— Mãe, me ajude! Como essa desgraça foi acontecer com ele? Que loucura! Não sei o que fazer para ajudá-lo!

— Calma. O desespero e a tristeza só atrapalham.

— Eu sei, mas não consigo me acalmar. Ele está desesperado.

— Ele está com raiva, porque não conseguiu o que queria.

— Eu não podia deixá-lo cometer aquela loucura. Eu fiz para o bem dele. Mas não pensei que ele fosse enlouquecer por isso.

Norma olhou-a nos olhos e disse com firmeza:

— Filha, você não teve culpa de nada. Evitou um mal maior. Contudo, a vida deseja que ele aprenda que não pode controlar os outros nem usar as pessoas de acordo com sua vontade. Flávio fez isso a vida inteira. Há muitos anos que ele vem sendo mimado e se mimando, pretendendo que o mundo, as pessoas e as coisas girem em torno dele, de acordo com sua vontade. A verdade é bem diferente. Deus não mima ninguém. Olhando os problemas que as pessoas enfrentam em toda parte para aprender a disciplinar suas emoções, percebemos isso.

— Eu não queria que ele sofresse!

— Você o está julgando um fraco, que não pode resolver os próprios problemas. Está enganada. Ele é forte e inteligente e deve aprender a usar essa capacidade a favor da própria felicidade. Ninguém pode fazer isso por ele, por mais que o ame. O que está acontecendo não é um mal, ao contrário. É o remédio para que ele possa mudar para melhor.

— O que posso fazer para ajudá-lo?

— Nada. Você não pode fazer nada. É ele quem precisa ajudar-se. Claro que não faltarão dedicados assistentes espirituais, que, melhor do que você, certamente já o estão ajudando. Contudo, é preciso que as coisas amadureçam, que ele se conscientize e perceba coisas. Isso não depende de você. Tem estado ao lado dele durante tanto tempo, mas não conseguiu transformá-lo. Por isso, o melhor a fazer é voltar comigo para o tratamento, cuidar de si. Tentar aprender e preparar-se mais para que, quando chegar o momento propício, possa estar bem e cooperar com ele. Tudo é temporário, creia. Se quer fazer alguma coisa por ele, comece se ajudando, faça algo por si. Não perca mais tempo. Vamos voltar.

— E o que vai acontecer com ele?

— Veja, Cristina. Há enfermeiros aqui que estão cuidando dele.

Surpreendida, Cristina viu dois atendentes que, na cabeceira de Rino, o examinavam minuciosamente.

— Eles vão tomar conta dele?

— Sim. Vamos, venha comigo. Você poderá vir vê-lo quando quiser.

— Tem certeza de que ele ficará bem?

— Tenho. Agora, você precisa de atendimento. Veja seu estado. Quando melhorar, poderá voltar.

Olhando tristemente para Rino, Cristina finalmente concordou.

— Está bem. Eu realmente não me sinto bem. Reconheço que estava muito melhor, mais calma... Agora, depois do que fiz, sinto uma insatisfação, como se eu houvesse perdido alguma coisa. Não sei como explicar.

— É que, depois de haver experimentado um ambiente melhor, uma situação mais equilibrada, você não se sente confortável em voltar ao que era antes. Isso demonstra que você já progrediu. Ao contrário do que imagina, está indo muito bem. Dentro de pouco tempo, tenho certeza de que se sentirá muito melhor.

Cristina olhou-os pensativa e disse:

— Você sempre teve razão, mãe. Estou cansada. Já perdi muito tempo. Começo a pensar que tudo poderia ter sido diferente se eu tivesse percebido certas coisas.

— Filha, nada poderia ter sido diferente do que foi, porque era a maneira que você sabia ver na época. Não se culpe por isso. A culpa tem nos atormentado durante séculos, todavia, segundo sei, ninguém é culpado diante da vida. Somos todos inocentes. Sempre fazemos o que pensamos ser o melhor dentro do nosso nível de lucidez. O erro faz parte da aprendizagem e costuma ensinar muito mais do que o acerto.

— Mesmo quando cometemos um crime? Mesmo quando tiramos a vida de um ser humano? — perguntou Alberto emocionado.

— Mesmo assim. Quem age com violência e até com crueldade sempre pensa que está se defendendo. Não conhece ainda nada superior e acredita que o melhor seja isso. Na verdade, só o tempo, a vivência e a própria vida poderão mostrar-lhe uma nova maneira de viver, mais lúcida e feliz. Por isso, na cidade onde eu resido, todos gostamos de prestar serviços aos que sofrem. Mas fazemos isso sem paternalismo, porquanto ele mais prejudica do que ajuda. Nós nos abstemos de julgar quem quer que seja e só cooperamos com os que realmente desejam mudar, que já perceberam que precisam agir de forma diferente do que fizeram. Nessa hora, todo recurso de auxílio bem dirigido faz maravilhas.

— Reconheço que o peso da culpa é muito doloroso. Eu mesmo, quando tive conhecimento do passado, senti isso. Ainda hoje, a consciência do erro, quando aparece, me deixa deprimido. O remorso também me deixa angustiado.

— Não se atormente. Procure cultivar a autoestima, porque ela desenvolverá sua dignidade como espírito eterno. Deus não fez ninguém errado. Cada um é perfeito em seu nível, e todos nós estamos desenvolvendo nossos potenciais. As dificuldades, os problemas, os enganos e até as ilusões são formas de treinamento para que alcancemos a maturidade. Por isso, a culpa deve ser banida da nossa mente. Somos todos inocentes, todavia, estamos sujeitos às leis naturais do universo. Elas respondem a todos os nossos atos e são os mestres do nosso desenvolvimento. Então, alegremo-nos e cultivemos a confiança na vida, que sempre faz o melhor.

— Ah! Se eu pudesse pensar como você! — disse Cristina. — Mãe, eu quero mudar. Quero ser feliz, aprender. Me ajude a viver melhor. Farei tudo o que você mandar.

Norma abraçou-a com alegria.

— Obrigada pela confiança. Agora, vamos embora. Rino ficará bem assistido.

Cristina aproximou-se de Rino e beijou-o delicadamente na testa.

— Adeus — disse. — Reconheço que nunca o ajudei verdadeiramente. Agora, sei que não podia fazer melhor.

— Vamos embora — disse Norma.

Conversando amigavelmente, os companheiros de jornada saíram da cela, ganharam a rua e desapareceram no horizonte.

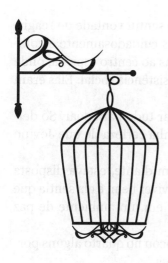

Capítulo 30

Aurora entrou no quarto de Alberto decidida. Queria arrumá-lo e deixar tudo bonito. Finalmente, Jovino sairia naquele dia. Magali e Vanderlei iriam buscá-lo, e, dentro de algumas horas, ele estaria de volta.

Libertá-lo levara um pouco mais de tempo do que eles esperavam. Doutor Rogério juntara as provas aos autos, reabrira o processo e, ao mesmo tempo, descrevera em uma peça magistral a situação de Jovino, que fora preso injustamente, e o que ele já sofrera. Diante dos fatos, solicitou ao juiz que o libertasse antes mesmo do tempo legal dos trâmites do processo. Impetrara um *habeas corpus* e fora atendido.

Comovida, Aurora passou a mão pelo travesseiro onde Alberto dormia e não pôde deixar de recordar seu rosto bonito e alegre. Sentiu uma onda de saudade, porém não se deixou dominar pela tristeza.

— Você está bem onde está, e eu desejo que seja muito feliz — disse ela em voz alta como se ele estivesse ali.

Decidida, arrancou a roupa da cama e dobrou-a cuidadosamente. Desde a noite em que Alberto saíra, ela nunca mais mexera naquela cama. Não permitia que ninguém tocasse nela. Mas, agora, sentia que não devia mais retardar essa mudança.

O quarto estava limpo, e ela arrumou pessoalmente a cama e abriu o armário. Lá ainda estavam algumas roupas do filho. Ela doara boa parte delas, contudo, conservara algumas peças como lembrança.

Alberto observava-a e aproximou-se dela. Abraçando-a, disse ao ouvido da mãe:

— Mãe, não guarde mais nada que a entristeça. Vamos renovar nossas vidas.

Embora não o pudesse ver nem ouvir, ela sentiu vontade de reagir. Decidida, Aurora apanhou as roupas, dobrou-as cuidadosamente e colocou-as dentro de uma mala. Pretendia mandá-las ao centro espírita, onde eles costumavam desenvolver um trabalho de assistência social. Elas eram grandes demais para Jovino.

Aurora começou a abrir as gavetas e juntar tudo para doar. Só deixou alguns objetos de uso de Alberto que ela tinha certeza de que Jovino gostaria de possuir.

Feito isso, sentiu-se aliviada. De agora em diante, estava disposta a deixar a tristeza de lado. Sua família precisava viver bem, e ela sentia que podia contribuir muito para que eles vivessem em um ambiente de paz e serenidade.

Abriu as janelas e deixou o sol entrar. Colocou no quarto alguns porta-retratos dos três meninos e um vaso com flores.

Finalmente, Jovino podia chegar. Aurora sentou-se em uma poltrona e ficou pensando. Sentia-se alegre como há muito tempo não se lembrava de estar. A volta do Jovino dava-lhe agradável sensação de bem-estar.

Agora, que conhecia a reencarnação, Aurora perguntara-se muitas vezes que ligações eles teriam tido em vidas passadas. Por que Jovino viera à sua casa e acabara sendo criado e educado por eles? Por que Alberto partira tão cedo e de forma tão dramática? E quanto a Jovino? Por que teria sido atingido?

"Sei que tudo acontece da maneira certa. Terei um dia condições de saber?", pensou ela.

Alberto, que a observava, abraçou-a e disse ao ouvido de Aurora:

— Mãe, não pense nisso agora. Aproveite a vida e a felicidade que pode desfrutar agora.

Rui enfiou a cabeça na porta e perguntou:

— Mãe, o que está fazendo?

Aurora olhou-o e pediu:

— Entre aqui, meu filho. Desejo lhe falar.

Surpreendido, Rui entrou. Ele também evitava entrar no quarto do irmão.

— Sente-se aqui ao meu lado.

Ele obedeceu. Aurora segurou a mão de Rui afetuosamente. Alberto abraçou o irmão com muito carinho.

— Precisamos conversar. Como todos nós, você sofreu muito com o que nos aconteceu. Apesar das diferenças de temperamento entre você e Alberto, vocês sempre foram inseparáveis e se estimavam de verdade.

Pelo rosto do Rui passou uma sombra de tristeza.

— É verdade, mãe. Sinto muito a falta dele.

— Eu sei. Contudo, ele se foi, e nós ficamos aqui. Eu sei que a morte não é o fim de tudo. Quer você queira, quer não, o espírito de Alberto continua vivo e feliz. É claro que ele sente saudade e que gostaria que nós fôssemos felizes. Por isso, filho, nossa tristeza, certamente, o tem castigado muito.

— Mãe, não consigo acreditar nisso. Se ele estivesse mesmo vivo, então, seria mais fácil me conformar. Mas, até agora, não tive nenhuma prova disso.

— Mentira. Nós tivemos inúmeras provas. Você tem se fechado e se recusado a falar sobre o assunto. Não pretendo insistir nisso. Esse é um problema só seu, mas tomei a resolução de modificar nossa vida, de começar a viver melhor, e preciso de sua ajuda para isso. É importante para mim que você coopere conosco para que possamos nos compreender melhor e sermos mais felizes e tolerantes uns com os outros.

— Não tenho feito nada contra ninguém. Aliás, nesta casa a minha opinião é a última que importa.

— Não seja injusto. Nós lhe queremos muito bem e nos sentimos tristes quando percebemos que você não se sente feliz. Que se fecha no quarto em vez de sair com os moços da sua idade, de namorar, de divertir-se.

— Você está me mandando fazer isso?

— Sim, eu. Até quando continuará a agir como uma criança caprichosa, batendo o pé, se machucando, pensando em brigar com a vida? Ela não trará Alberto de volta nem se preocupará com sua atitude infantil. Está na hora de crescer, de ser homem, de perceber que você é responsável por sua vida.

Rui olhava-a assustado. Aurora nunca conversara com ele daquela forma, e ele sentiu-se tocado.

— Por que está me dizendo todas essas coisas?

— Porque gosto de você e quero que cresça, amadureça e se torne um homem. Um homem digno, feliz e responsável.

— Você fala como Magali. Como se isso dependesse só de mim.

— E só depende. Saiba que, se você continuar na dependência, se julgando vítima de um destino implacável, pode atrair para si mais infelicidade, filho. Não percebeu como cultiva a tristeza, a insatisfação, a raiva, a revolta? Sua energia é tão agressiva que chega a tolher toda manifestação de carinho que sentimos por você.

— Até você, mãe, me critica agora?

— Não o estou criticando, e você sabe disso. Estou pedindo para cooperar conosco. Chega de tristezas e de tragédia. Gostaria que se esforçasse para ser mais alegre, mais calmo, mais amigo. Sei que você pode e que existe muito amor e muita vontade de ser feliz dentro do seu coração.

Rui sentiu que lágrimas lhe vinham aos olhos.

— Eu gostaria, mãe, mas não tenho muita sorte. Com o Alberto sempre foi tudo diferente. Tinha muita sorte.

— Isso não é verdade. Ele morreu e você ainda está vivo. É que ele era mais amável, bem-disposto, mais compreensivo. Por que não tenta isso? Tenho certeza de que tudo se modificará em sua vida.

— Não é tão fácil assim.

— Não coloque dificuldade. Você pode fazer como ele e até mais. Jovino está de volta hoje. Como sabe, seu pai o convidou para morar aqui.

— Eu sei.

— Agora, ele está mudado. Tem estudado, quer continuar os estudos e pretende se casar.

— Ele? Mesmo preso, Jovino arranjou uma namorada?

— Sim. Ele e Nair vão se casar, assim que ele estiver bem-empregado. Magali também pretende casar-se no ano que vem. Você, por enquanto, ainda não pensa nisso, portanto, dentro em breve, ficaremos só nós três nesta casa. Assim, eu espero que possamos ser felizes juntos e viver melhor.

— Jovino, aquele sonso! Vai se casar mesmo?

— Vai. E ele não é sonso. Lá no presídio, conseguiu impor respeito. É estimado pelos outros presos e pela administração. Você precisava ouvir os elogios dos diretores. Eles ficaram muito felizes com a libertação dele.

— Pensei que ele seria motorista de novo.

— Não mais. Nós agora não precisamos de um. As coisas mudaram. Mas como ele decidiu estudar Direito, já tem emprego no escritório do doutor Rogério junto com Vanderlei.

— Logo com esse!

— Meu filho, seria melhor que procurasse ser amigo de Vanderlei. Dentro em pouco, ele fará parte da família, e, se você não o aceitar, será posto de lado por Magali. Ela gosta muito de você e adoraria que vocês se dessem bem, mas, se continuar a hostilizá-lo, perderá a amizade de sua irmã.

— Ela gosta mais dele do que de mim.

— É diferente. Você é irmão, e ele, o noivo. Ela gosta muito dos dois, só que de forma diferente. Ela me disse que reza todas as noites para que você aceite a amizade de Vanderlei.

— Afinal, o ruim sou eu — lamentou ele.

— Sim. O teimoso é você. O irredutível é você. E quem está perdendo é você. Porque eu estou tentando incluí-lo em nossas vidas e desejando que coopere conosco para que possamos ser felizes juntos, mas, se você não quiser e continuar agindo como até agora, pretendemos respeitar sua vontade. O deixaremos de lado até que se decida. Nós já escolhemos. Queremos viver bem. Estamos cansados da infelicidade. Pretendemos aproveitar nossa convivência e viver melhor.

Rui abriu a boca e tornou a fechá-la. A dignidade de Aurora impressionava-o. Seu tom firme e carinhoso não deixava margem a que ele mantivesse a postura costumeira. Ela nunca lhe falara daquela forma. Suspirou pensativo.

— Você está mudada — disse.

— Estou. Aprendi que não vale a pena cultivar a revolta e a queixa, pois elas só nos atormentam sem nenhum resultado bom. De agora em diante, nunca mais farei isso, aconteça o que acontecer. Estou ouvindo um barulho. Acho que eles estão chegando.

O carro de Vanderlei parara diante do portão da casa, e Homero já saíra para recebê-los.

Jovino desceu do carro em silêncio. Não conseguia articular palavra. Nair, que o acompanhava, observava-o comovida.

— Que bom que chegaram! — disse Homero com alegria. — Estava ansioso.

— Nós nos demoramos um pouco, porque alguns detentos quiseram homenageá-lo.

— Você precisava ver — comentou Magali com entusiasmo. — Tivemos de esperar mais de uma hora. O diretor do presídio fez questão de dar uma coleção de livros para Jovino e disse que espera que ele possa utilizá-la no seu curso de Direito.

Aurora apareceu, abraçou Jovino e cumprimentou Nair.

— Venha — disse. — Vamos entrar. Hoje é dia de festa, porque você está de volta.

Rui estava parado à porta de entrada da sala, e Jovino olhou-o sério. Não sabia o que ele iria dizer. Temia que não aprovasse sua volta à casa.

Rui, vendo-o, sentiu-se comovido. Aproximou-se dele, olhou-o nos olhos, e Jovino sustentou o olhar. Compreenderam-se. Rui abraçou-o fortemente e não conteve as lágrimas. Esqueceu-se de onde estava, das outras pessoas, e permaneceu abraçado a ele chorando sem encontrar palavras.

Alberto também os abraçou. Chorava, mas seu pranto era de gratidão, alegria, felicidade e de reencontro. Finalmente, eles estavam juntos de novo. Haviam sofrido, amadurecido, aprendido. Seus espíritos encontraram-se naquele abraço, e eles sentiam que, dali para frente, haveria novos caminhos de progresso, de felicidade e de paz. Uma nova força alimentava-os. Uma visão mais real da vida, das pessoas e das coisas e uma vontade muito forte de viver e de amar.

Horas mais tarde, quando deixou a casa, Alberto sentia-se livre e leve. Estava em paz. Dali para frente, poderia cuidar de sua vida tranquilamente. A vida era uma aventura extraordinária e incessante, em que havia muitas coisas a descobrir, e ele se sentia como um adolescente, cheio de alegria, entusiasmo e fé. Tudo estava certo no universo. Só existia o amor e o caminho da felicidade. Por mais ingênuo que alguém fosse e por mais que demorasse a perceber, sempre haveria para ele o dia de se encontrar e a hora de ser feliz.

Olhando o céu, onde as primeiras estrelas começavam a brilhar, sentiu um profundo sentimento de gratidão, e, embora seus lábios se abrissem em um largo sorriso, algumas lágrimas começaram a rolar em sua face.

Fim

GRANDES SUCESSOS DE
ZIBIA GASPARETTO

Com 20 milhões de títulos vendidos, a autora
tem contribuído para o fortalecimento da literatura
espiritualista no mercado editorial e para a popularização
da espiritualidade. Conheça os sucessos da escritora.

Romances
pelo espírito Lucius

A força da vida

A verdade de cada um

A vida sabe o que faz

Ela confiou na vida

Entre o amor e a guerra

Esmeralda

Espinhos do tempo

Laços eternos

Nada é por acaso

Ninguém é de ninguém

O advogado de Deus

O amanhã a Deus pertence

O amor venceu

O encontro inesperado

O fio do destino

O poder da escolha

O matuto

O morro das ilusões

Onde está Teresa?

Pelas portas do coração

Quando a vida escolhe

Quando chega a hora

Quando é preciso voltar

Se abrindo pra vida

Sem medo de viver

Só o amor consegue

Somos todos inocentes

Tudo tem seu preço

Tudo valeu a pena

Um amor de verdade

Vencendo o passado

Rua das Oiticicas, 75 — SP
55 11 2613-4777

contato@vidaeconsciencia.com.br
www.vidaeconsciencia.com.br